Von Annelies u. Jürgen zum Geb.
(6/05)

Mythos und Mythologie

Herausgegeben von
Reinhard Brandt und Steffen Schmidt

Mythos und Mythologie

Herausgegeben von
Reinhard Brandt und Steffen Schmidt

Akademie Verlag

Abbildung auf der Titelseite: Herakles holt Kerberos aus dem Hades, Andokidesmaler, Bauchamphora 520-510 v. Chr., Paris, Louvre, in: Erika Simon, Die griechischen Vasen, Aufnahmen von Max und Albert Hirmer, Abb. XXXI, München 1976.

ISBN 3-05-003775-X

© Akademie Verlag GmbH, Berlin 2004

Das eingesetzte Papier ist alterungsbeständig nach DIN/ISO 9706.

Satz: Steffen Schmidt, Berlin
Einbandgestaltung: Ingo Scheffler, Berlin
Druck und Bindung: Druckhaus »Thomas Müntzer«, Bad Langensalza

Printed in the Federal Republic of Germany

Inhalt

Inhalt 5

Vorrede 7

Reinhard Brandt
Mythos und Mythologie 9

Jan Assmann
Tod, Staat, Kosmos: Dimensionen des Mythos im Alten Ägypten 23

Stefan M. Maul
Altorientalische Schöpfungsmythen 43

Arbogast Schmitt
Mythos bei Platon 55

Klaus Koch
Vom Mythos zum Monotheismus im alten Israel 89

Reimar Schefold
Die mehrstimmige Botschaft:
Männer- und Frauenperspektiven in indonesischen Mythen 123

Jürgen Leonhardt / Katharina Krause
Poesie und Bild: Die Actaeon-Geschichte in Ovids *Metamorphosen* 147

Renate Schlesier
Freuds Dionysos 169

Joachim Heinzle
Unsterblicher Heldengesang:
Die Nibelungen als nationaler Mythos der Deutschen 185

Stefan Breuer
Das Dritte Reich 203

Herfried Münkler
Der Antifaschismus als Gründungsmythos der DDR 221

Michael Friedrich
Chinesische Mythen und chinesische Mythologie 237

Hinweise zu den Autoren 255

Vorrede

Die hier versammelten Arbeiten zum Thema „Mythos und Mythologie" wurden, außer dem einleitenden Beitrag, im Wintersemester 2001–2002 im „Studium generale" der Marburger Philipps-Universität vorgetragen. Den Autoren sei hier noch einmal gedankt; das Ergebnis ist eine höchst informative Sammlung beispielhafter Untersuchungen zu dem gemeinsamen Thema.

Dem Akademie-Verlag, besonders Herrn Mischka Dammaschke, danken wir für die couragierte Drucklegung. Die Autoren haben sich an den Druckkosten des Bandes beteiligt, dafür unser Dank. – Wir widmen den Band dem Marburger „Studium generale".

Reinhard Brandt (Marburg) und Steffen Schmidt (Berlin)

REINHARD BRANDT

Mythos und Mythologie

„Mythos" heißt auf Griechisch, vage genug: „Rede", „Erzählung", „Sage"; „mythologeo": „Ich erzähle einen Mythos", so wie sich auch „Fabel", „fabula" von „fari", „reden" herleitet. Zugleich gibt es jedoch schon in der Antike den Gegensatz von Mythos und Logos („logos", „legein", ebenfalls „reden"; „Legende"), von Erzählung und rationalem Argument, und Mytho-Logie ist entweder die Gesamtheit von Mythen oder aber die wissenschaftliche Untersuchung der Mythen, der „logos" über die Mythen. Der „logos" folgt hierbei zeitlich und logisch auf die Mythen, so wie die Traumdeutung auf den Traum folgt, die Reihenfolge läßt sich nicht umkehren, denn aus der argumentierenden, kritischen Untersuchung erfahren wir etwas über die Mythen, aber die Mythen können nicht umgekehrt die Wissenschaft analysieren und deuten. Andererseits setzt die kritisch-logische Untersuchung auch Motive fort, die in den Mythen schon enthalten waren; auch Mythen sind auf ihre Weise vernünftig und verfügen über eine eigentümliche Rationalität, und eine Mythendichtung wie die *Ilias* ist höchst luzide in ihrer Psychologie und reflektiert und artistisch in ihrer literarischen Darstellung. Auch umgekehrt: Man kann zu zeigen versuchen, daß schon der Mythos Aufklärung ist und umgekehrt die Aufklärung in Mythologie zurückschlägt.[1] So steht neben dem Bruch von Mythos und Logos auch das Kontinuum und die Fortsetzung. Und es gibt in geschichtlich-kritischen Zeiten das Fortleben der frühen Mythen und die neue mythische Überformung von Wirklichkeitszonen *neben* der kritischen Sondierung der Fakten. Aber was sind die Mythen?[2] Wodurch unterscheiden sie sich in bestimmten Stücken von Märchen, Sagen oder Legenden? Was unter den Titelwörtern zu verstehen ist, läßt sich nur annäherungsweise und nach Gesichtspunkten der Praktikabilität und Wortgeschichte bestimmen; eine verbindliche Festlegung von „Mythos" gibt es sowenig wie von dem, was ein Bild ist. Es soll eine ungefähre Bestimmung des Wortes und Begriffs des Mythos bzw. der Mythologie an den Anfang des Bandes gestellt werden.

---

[1] Horkheimer und Adorno 1968, 10.

[2] Apropos „Mythen": War dieser Plural die Grundlage für den kuriosen Singular „die Mythe"? Er findet sich leider schon in dem sonst so musterhaften 18. Jahrhundert.

1. Ursprüngliche Mythen

Ursprüngliche Mythen sind mündliche, später auch schriftliche Erzählungen bestimmter Völker oder Volksgruppen; sie handeln vom Ursprung der Welt, der Götter und Heroen, aber auch der Menschen, Tiere und Pflanzen und vielfältiger Zwischengebilde und -monster, und sie erzählen von den Taten und Leiden, der Liebe und Feindschaft, von Herrschaft und Unterwerfung und von den Metamorphosen dieser Wesen und Unwesen. Die Mythen werden außer in Erzählungen auch in der Malerei und Plastik dargestellt oder in Riten, im Mimus und Tanz nachgestellt (aber es gibt auch Mythen ohne Riten etc.). In allen drei Vermittlungsformen wird das erzählte, bildlich geformte oder ritualisiert-mimetische Geschehen einerseits in die zeugenentzogene Vorzeit zurückverlegt, andererseits wird das Vergangene, dem alles Übel und alles Gute entstammen soll, selektiv vergegenwärtigt. In dieser Repräsentierung in der Imagination, im Bild oder im Ritus und Kultus liegt die magische, die belehrende, bewegende und das Leben mitgestaltende Kraft des Mythos: Was in ferner Zeit war, ist zugleich gegenwärtige Macht im einzelnen und im kollektiven Leben, wobei der zeitliche Hiat es ermöglicht, daß der zum Überleben erforderliche Realismus durch den Mythos nicht übermäßig gestört wird. Um zu überleben, müssen sich die Menschen in anderer Weise als in den Erzählungen der Mythen verhalten, sie müssen das Bild des Stieres an der Höhlenwand vom wirklichen Stier unterscheiden, und natürlich ist jedes mythenerzählende Volk zu einer bewußten „Subjekt-Objekt-Trennung" in den Alltagshandlungen fähig.

Der ursprüngliche Mythos verknüpft elementare Erfahrungen der eigenen Existenz, der Gesellschaft und der Natur zu einem imaginativen, emotionalen und handlungsleitenden symbolischen Weltgefüge; er reduziert und koordiniert häufig tatsächliche historische Begebenheiten, die der Mythenforscher später als Rudimente herauspräparieren kann.[3] Hier liegt ein wichtiger Unterschied zwischen Märchen und Mythen: Märchen nennen keine Eigennamen, die sich auf Personen der vorgeschichtlichen Geschichte beziehen. Niemand kann Hänsel und Gretel zu seinen Vorfahren rechnen, wohl aber Herakles und Hera. Mythen und Sagen nennen genealogiefähige Personen und Orte in einer verifizierbaren Geographie, aber dies alles in einer anfänglichen Geschichte, die grundsätzlich *vor* der Überprüfbarkeit und *vor* der Verschriftlichung liegt.

Es gibt grobschlächtig-derbe Mythen und höchst sensible; die letzteren zeichnen die Charaktere und Temperamente der mythischen Gestalten minutiös und plastisch nach, sie konturieren das Verhalten der beiden Geschlechter in Liebe und Haß, sie feiern die übermenschliche Größe der Götter und Helden und zeigen ihre unmenschliche Gewalt und Grausamkeit, ihre Perversionen und Pathologien im Großformat. Die Motive des Handelns, der Zorn des Achill, die Verletzbarkeit des starken Ajas, die Arroganz des Königs Agamemnon, um nur einige Beispiele der homerischen Helden zu nennen, sind im Epos und in der Tragödie mit größter Könnerschaft herauspräpariert worden. Hier ist der Mythos literarisch komponiert

---

[3]   Vgl. Joachim Heinzle zum Nibelungenlied in diesem Band.

und in diesem Sinn nicht mehr ursprünglich; Aristoteles spricht daher zu Recht in der *Poetik* von einer durchdachten Komposition der Handlung.[4] So konnten europäische und außereuropäische Mythen zum unerschöpflichen Fundus der Dichtung, der Malerei, Musik und Psychologie werden, und bis heute lernt die Literatur und mit ihr die Filmkunst von ihnen.

Die Funktion der Mythen sei, so urteilt die nachfolgende Mythologie und Mythenforschung, die Erklärung und Rechtfertigung von Herrschaft, von Institutionen und Bräuchen, ja, darüber hinausgehend, überhaupt die Gestaltung und damit die erste Humanisierung einer zuvor unbestimmten Wirklichkeit; der Mythos leiste die Versprachlichung der anonymen Gegenmacht des Menschen, stifte Vertrauen und Orientierung.[5] In Mythen können daher wesentliche Bereiche des Handelns der jeweiligen Völker koordiniert und begründet werden. Hierbei ist jedoch zu beachten, daß Mythen nicht nur eine einheitliche Praxis in festen Strukturen präformieren, sondern auch Dissense artikulieren und so in der Gemeinschaft lebbar machen.[6]

Diese Funktion macht es verständlich, daß es kein Volk ohne ursprüngliche Mythen gibt und daß sich die Mythen, auch wenn sie unabhängig voneinander entstanden, überraschend ähnlich sind. Diese Beobachtung ist die Grundlage der Mythologie in der *Scienza Nuova* von Giambattista Vico (1725; dritte erweiterte Auflage 1744): „Ogni nazione gentile ebbe un suo Ercole [...]"[7]; sie wird systematisch erweitert und präzisiert in der vergleichenden Mythenforschung.

Kritik und Kontrolle durch die Forderung logischer Konsistenz („Wie paßt das zueinander?"), kausaler Möglichkeit („Wie konnte das eine das andere hervorbringen?") und zeitlicher Präzision („Wann genau?") sind den mit unmittelbarer Wahrheitsüberzeugung tradierten Mythen bzw. dem mythischen Denken fremd,[8] und entsprechend halten sie der empirischen Nachforschung ihrer Erzählungen nicht stand. Nicht logische Konsistenz und kausale Erklärung und das Verharren beim Partikularen, sondern Ambivalenzen, Homologien und Assoziationen und ungedeckte Totalisierungen bestimmen die narrativen Inhalte und ihre Ordnungen. Auch die Moral ist für die Mythen aller Völker eine unbekannte oder prekäre Größe, und diese ihre Amoral ist einer der starken Gründe, warum die sich zivilisierenden und humanisierenden Gesellschaften die Mythen aus ihrer Machtposition zu drängen versuchen. In der moralischen Beurteilung der Handlungen aller Vernunftwesen, auch der Taten und Leiden der Götter, liegt ein im Prinzip irreversibler Humanitätsfortschritt der Logos-Epoche. Die romantische Retrospektive beurteilt aus gesicherter Zivilisationsdistanz den Bruch mit der Macht des Mythos freilich anders, sie beklagt den Verlust der Götternähe, der völkischen Einheit oder des Daseins ernster, einfacher Menschen; all das werde

---

4 Aristoteles 1972, 3; 13 – *Poetics* 1; 7. Vgl. dazu Schmitt 2001, 9–52 und den Beitrag in diesem Band.
5 Nach Blumenberg 1979, bes. 9–39.
6 Vgl. den Beitrag von Reimar Schefold.
7 Vico 1963, I 124 – *Scienza nuova* II 43.
8 Entsprechend kontrastiert Wilhelm Nestle in seinem bekannten Werk schon im Titel Mythos und Logos (Nestle 1940).

durch die Aufklärung und die Technik zerstört. Die Sehnsucht nach dem unmittelbaren
Dasein scheint eine unvermeidliche Begleiterscheinung der mythisch-obdachlosen Zivilisation und Kultur zu sein. Anders die Diagnose einer internen „Dialektik der Aufklärung":
Falsch begonnen, zerfällt der Logos zur bloßen Naturmacht, statt den Menschen vom Mythos und der Natur zu befreien.[9]

2. Wissenschaftliche Ursprungsfrage

Lassen sich die vielfältigen Mythen aus einer gemeinsamen Wurzel herleiten? Sie erzählen
von den Ursprüngen, ihren eigenen Ursprung jedoch verschweigen sie, er kann also nur
erschlossen werden. Die reflexive Mythenforschung und Philosophie, die Sprachkunde und
Psychologie haben dazu verschiedene Versuche gemacht und den Ursprung der Mythen
entweder im Epistemischen oder im Ausdruck des Emotional-Triebhaften oder im politischen Willen der Handlungssteuerung gesehen.

Zur ersten Gruppe zählen die allegorischen Interpretationen schon der Sophistik, in denen mythische Wesen und Vorgänge als dichterische Verkleidungen von realen Vorkomm-
nissen der Natur und der Menschengeschichte dechiffriert werden. Gegen die allegorische
Interpretation wendet sich Karl Philipp Moritz in seiner *Götterlehre* (1791); er übereignet
die Mythen ganz der Phantasie und möchte sie von aller Fremdbestimmung freihalten: „Die
mythologischen Dichtungen müssen als eine Sprache der Phantasie betrachtet werden." Die
Phantasie scheue alle metaphysischen und abstrakten Begriffe, entsprechend sei es nötig,
die mythologischen Dichtungen „ohne Rücksicht auf etwas, das sie bedeuten sollen, gerade
so zu nehmen, wie sie sind [...]." Dadurch werde „ihre Auflösung in bloße Allegorie verhindert."[10] Also keine „All-egorie", sondern, wie S. T. Coleridge und F. W. J. Schelling das
Gemeinte benennen werden, „Tautegorie"[11]. „Allegorie" kommt von „allos" und „agoreuo",
„anderes besagen"; dagegen wird jetzt in auffälliger Übereinstimmung mit der „Selbst"-
Kultur der Aufklärung[12] das Kunstwort der „Selbst-Rede", der „Tautegorie" („tauto" =
„dasselbe") eingeführt; die Mythen werden sich selbst gewissermaßen zurückgegeben. Dies
aber spielt sich alles in der epistemischen Ebene ab. Auch die Theorie von F. Max Müller
bezieht sich auf die Erkenntnisleistung der Mythen. Er unterscheidet vier Stufen in der Geschichte der Menschheit: Die der Sprachschöpfung, danach die der Mythen, der Religion
und schließlich des Denkens. Die Mythen entspringen im wesentlichen der Etymologie der
Wörter, besonders der Namen.[13]

---

[9] Adorno und Horkheimer 1968.
[10] Moritz o. J., 7–8.
[11] Vgl. Schelling 1959, VI 198 – „Historisch-kritische Einleitung in die Philosophie der Mythologie",
      8. Vorlesung.
[12] Vgl. dazu Brandt 2003.
[13] Vgl. zusammenfassend Müller 1898 und 1899.

Im Kontrast dazu bildet in einer anderen Richtung das Emotional-Triebhafte den Ursprung der Mythen, so z. B. bei Sigmund Freud; eine Prämisse seiner psychoanalytischen Deutung besteht in einem Erbstück der Kantischen Philosophie mit ihrer Unterscheidung von Ding an sich und Erscheinung; Arthur Schopenhauer modifizierte diese Dichotomie so, daß der Mensch sich mit seinem Erkenntnisvermögen nur dem Schleier der Erscheinungen und den bloßen Vorstellungen zuwende; den Zugang zum Ding an sich jedoch, das bei Schopenhauer zum blinden Willen wird, finde der Mensch nicht einzig in der Moral wie bei Kant, sondern u. a. in der Sexualität.[14] Diesen letzteren Gedanken nimmt Freud auf in seiner Seelenmythologie oder Seelenwissenschaft; die einer bewußten Steuerung entzogenen Träume und Mythen und Neurosen der Menschen kreisen, so die Psychoanalyse, um dieses Eine, die Sexualität. Das Urbegehren richte sich auf die Mutter, aber die Erfüllung dieses sexuellen Urwunsches werde durch den Vater verhindert. Der Vater also muß erschlagen werden, um die Mutter heiraten zu können. Eben dies sei das Thema des Ödipus-Mythos, der so zum Grundmythos schlechthin avanciert.[15]

Thomas Hobbes verbindet eine epistemische Komponente mit dem Trieb der Selbsterhaltung und der auf ihm basierenden Angst vor der anonymen Bedrohung. Die polytheistischen Göttermythen entspringen, so die These im *Leviathan* (1651), der Angst, die ihrerseits auf einem mangelnden Kausalwissen beruhe. Nicht Ödipus, sondern der gefesselte Prometheus ist hier die exemplarische Figur, der Urmythos: „[...] da sich die Menschen sicher sind, daß alle Dinge, die sich bisher ereignet haben und die sich in der Zukunft ereignen werden, Ursachen haben, so ist es unausbleiblich, daß jemand, der ständig danach strebt, sich gegen ein befürchtetes Übel zu sichern und sich das gewünschte Gut zu verschaffen, ständig Sorgen um die Zukunft macht. So ist also jeder, besonders die Übervorsichtigen, in der gleichen Lage wie *Prometheus*. Denn wie *Prometheus*, d. h. der *Weitsichtige*, an den Berg *Kaukasus* gefesselt war, ein Ort, der eine weite Aussicht gestattet, wo ein an seiner Leber fressender Adler am Tag ebensoviel verschlang wie nachts wieder hinzuwuchs, so nagt auch die Furcht vor Tod, Armut oder einem anderen Unglück den ganzen Tag am Herzen des Menschen, der aus Sorge über die Zukunft zu weit blickt, und er hat vor seiner Angst nur im Schlaf Ruhe. Diese ständige Furcht, die die Menschheit in ihrer Unwissenheit in Bezug auf die Ursachen stets begleitet, als wäre sie im Dunkeln, muß notwendiger Weise etwas zum Gegenstand haben. [...] Das ist vielleicht der Sinn des Ausspruchs eines antiken Dichters, nämlich die Götter seien zuerst von der menschlichen Furcht erschaffen worden."[16] Die „Arbeit des Mythos" ist die primäre Bewältigung der bedrohlichen, unerkannten

---

[14] Schopenhauer 1947–1961, II 165–182; 385–391 – *Die Welt als Wille und Vorstellung* II § 27; IV § 60.

[15] Vgl. Freud 1940–1987, II/III 267–271 – *Die Traumdeutung* V.

[16] Hobbes 1966, 82–83 – *Leviathan* I 12 „Von der Religion". Hobbes verweist auf Lukrez, der neben vielen anderen antiken Autoren den Götterglauben aus der objektlosen Furcht ableitete, vgl. Lukrez 1957, 218–220 – *De rerum natura* V 1161–1240; vgl. auch Cicero 1968, 54 – *De natura deorum* II 14.

Wirklichkeit durch die Imagination; später folgt die Aufklärung durch systematische Kau-
salerkenntnis auch im zuvor Dunklen und nur Imaginierten.

3. Vorschatten der Vernunft

Die philosophische Reflexionskultur der Vorsokratik und Sophistik macht die Mythen Homers und Hesiods zum Thema ihrer Analyse und Kritik und distanziert sich damit von den
Mythen; sie seien eine nur vorgängige, erkenntnismäßig und moralisch defizitäre Aus-
drucks- und Lebensform. Hier wird der Begriff des Mythos erstmals fixiert, mit dem wir
noch heute umgehen. Die Bezeichnung und begriffliche Fassung fordert den Gegenbegriff –
„logos" – und die Reflexion über die qualitative Differenz von Mythos und Logos. Die bei
diesen Untersuchungen praktizierte allegorische Mythenerklärung ist ambivalent: Sie ist
Zerstörung und Rettung des Mythos zugleich, wobei den Dichtern der ursprünglichen Erzählung entweder zugestanden wird, daß sie schon eine Einsicht in die nunmehr explizit
gemachten rationalen Strukturen und Inhalte hatten, diese aber für das Fassungsvermögen
des Volks in eine imaginative Erzählung kleideten, um das Volk auf diese Weise zu beleh-
ren oder zu betrügen; oder daß sie selbst zum Volk gehörten und die kollektive Imagination
mit traumwandlerischer Sicherheit die richtige, im Unbewußten präformierte Erkenntnis
zum sinnlichen Ausdruck brachte. Seit ihrem Beginn setzt sich die griechische Philosophie
mit der Mythologie kritisierend und rettend in einem unüberschaubaren Reichtum an Überlegungen auseinander.[17] Aber auch andere Disziplinen knüpfen an den Mythos an und setzen sich von ihm ab, so die Geschichtswissenschaft. Die Arbeit des kritischen „logos" am
„mythos" faßt Plutarch (46 bis ca. 120 n. Chr.) in seinem *Leben des Theseus* so, daß er den
„mythos" reinigen und dem „logos" unterwerfen und ihn dann als Geschichte darstellen
will.[18] Plutarch vergleicht den Mythos mit den geographischen Zonen, die auf den Rändern
der Landkarten als unbekannte Wildnis eingetragen werden; die historische Durchdringung
der Mythen vollzieht sich nicht derart, daß eine empirische Forschung und Quellenarbeit
geleistet wird, sondern der Mythos selbst wird auf seinen rationalen Kern, auf das eigentlich
Gemeinte hin, also allegorisch befragt.
    Francis Bacon publizierte 1609 eine Abhandlung *De sapientia veterum*, in der in 31 My-
then die „prisca sophia" in der mythologischen Hülle entdeckt wird.[19] Die nicht sicher datierte Schrift *De principiis atque originibus, secundum fabulas cupidinis et coeli*[20] verknüpft
in komplizierter Interpretationskunst die mythische und naturphilosophische Kosmogonie.
Die neue Naturwissenschaft, die Bacon gegen den Aristotelismus propagiert, sichert ihre
Legitimation durch die Rückdatierung auf die griechischen Mythen der Urzeit; daß Bacon

---

[17] Dazu Vernant 1973.
[18] Plutarch 1959, I 4 – „Theseus" I 5.
[19] Bacon 1963, VI 617–686 bzw. mit Übersetzung 764.
[20] Bacon 1963, III 79–118.

hiermit den antiken Stoff nach eigenen Gesichtspunkten unter der Wahrung gewisser Eck-
daten umgestaltet, versteht sich von selbst. Von Francis Bacon lernt Giambattista Vico in
seiner schon erwähnten *Scienza nuova*. Beide entdecken Vorschatten der Vernunft in den
Mythen früherer Völker, die sie mit interpretatorischem Scharfsinn neu beleben, Bacon im
Hinblick auf die Naturwissenschaften, Vico in Bezug auf eine umfassende Geschichtswissenschaft des menschlichen Geistes.

Die Aufklärer des 18. Jahrhunderts beschäftigen sich kaum noch mit Mythen. Schon für
John Locke ist die Mythologie kein Gegenstand des Interesses. Voltaire und Hume, Diderot
und Rousseau, Wolff und Baumgarten bringen für unser Thema „Mythos und Mythologie"
keine nennenswerten Beiträge. Rousseau und nach ihm Herder machen jedoch auf ein für
die Interpretation der Mythen wichtiges Desiderat aufmerksam: Vorstufen des jetzigen
Weltverhaltens könnten nicht aus der heutigen Perspektive erfaßt werden, sondern nur aus
deren Eigenlogik und Eigensinn; das wird sowohl für die ontogenetische wie für die phylo-
genetische (noch heute in bestimmten Erdregionen präsente) Kindheit geltend gemacht;
Kinder und Wilde und frühe Kulturen seien nur aus sich selbst zu verstehen, nicht aus der
Fremdsicht der Erwachsenen oder einer späteren oder anderen Kultur. Hier fänden wir eine
Kritik der Vernunft, die sich ihre Objekte nach zeitgenössischen Maßstäben zurecht lege
und damit apriori entstelle.

Hält man sich an das bloße Wortvorkommen, so gilt auch für Kant, daß er sich für Mythen und Mythologie nicht interessiert. In seinen Druckschriften wird nur zweimal in pole-
mischer Absicht vom Begriff oder Wort des Mythos Gebrauch gemacht.[21] Aber zugleich
gibt Kant mit seinem Aufsatz *Mutmaßlicher Anfang der Menschengeschichte* (1786)[22] eine
methodisch reflektierte rationale Deutung der „Genesis" der *Bibel*, die er zwar nicht als
Mythos bezeichnet, aber (gegen Rousseau) Satz für Satz als wahrheitsfähigen Mythos dechiffriert. Genau hier schließt die Magisterarbeit des 17jährigen Friedrich Wilhelm Joseph
Schelling an: *Antiquissimi de prima malorum humanorum origine philosophematis Genes.
III. explicandi tentamen criticum et philosophicum*[23]. Die Erzählung vom Sündenfall wird
als versinnlichte Darstellung einer philosophischen Erkenntnis destruiert und gerettet; auch
in der Bibel fänden sich „mythoi, sub quibus arcana sapientia latet". Schellings Text bewegt
sich noch in ganz konventionellen Interpretationsmustern[24]; die Arbeit findet nur deswegen
besondere Beachtung, weil sie die erste Beschäftigung des Philosophen ist, der sich während seines ganzen Schaffens mit der Mythologie beschäftigen wird und den Mythen ihr
„Selbst" zurückgeben will, also nicht als Allegorien interpretiert, sondern als Tautegorien
sprechen läßt. Schelling bestimmt die sich derart zurückgegebenen Mythen als Erzeugnisse
eines vom Denken und Wollen unabhängigen Natur-Prozesses, dem das Bewußtsein „in der
That" unterworfen ist und in dem es sich allererst formiert. Mythen seien „nicht bloß *vorge-*

---

[21] Kant 1900 ff., VII 63 und VIII 60.
[22] Kant 1900 ff., VIII 107–123.
[23] Schelling 1959, I. Erg. Bd. 1–40.
[24] Vgl. Tilliette 1984, 13–15.

stellte Potenzen", sondern schöpferische Naturpotenzen, „deren ursprüngliches Erzeugniß das Bewußtseyn selbst ist".[25]

1793 erscheint Kants *Religion innerhalb der Grenzen der bloßen Vernunft.* Die Schrift setzt sich mit der Religion in systematischer und in historischer Hinsicht auseinander. Systematisch hält einzig eine Vernunftreligion am Leitfaden der Moral der reinen praktischen Vernunft der Prüfung statt; historisch ergibt sich ein Dreiphasen-Konzept. Das *Alte Testament* sei, so heißt es, ein Inbegriff bloß statutarischer, also bloß äußerlicher Gesetze und gehöre im eigentlichen Sinn noch nicht zur Religion, führe jedoch zu ihr hin, es habe zur Gründung der christlichen Kirche die „physische Veranlassung" gegeben.[26] Die zweite Epoche werde durch das Christentum gebildet; es sei noch an eine äußerliche Offenbarung gebunden, leite jedoch über zu einem reinen Vernunftglauben und zu dem mit diesem Glauben verbundenen ethischen Reich Gottes. Das auf den inneren Prinzipien der reinen Moral fußende ethische Gemeinwesen ist somit gemäß früherer (Joachim von Fiore) und späterer Diktion das Dritte Reich, in dem die Menschheit zur sittlichen Selbstbestimmung gelangt, bei Kant kein Mythos, sondern eine moralische Aufgabe.[27] Im Gegensatz zu den früheren und späteren Autoren hält Kant an einer strikten Trennung von Recht und Ethik fest; das ethische Reich Gottes, das sich am Horizont nach der jüdischen und der christlichen Religion abzeichnet, ist auf die innere Gesinnung bezogen und bleibt getrennt vom Recht der äußeren Freiheit unter staatlichen Gesetzen.

4. Kunstmythologie

Nach und neben den ursprünglichen Mythen gibt es viele Formen der Kunstmythen in späteren Geschichtsphasen. Für Aischylos und Hesiod werden die Mythen, die sie dichterisch gestalten, noch lebenswirksam gewesen sein; wenn Apollonios Rhodios jedoch im dritten vorchristlichen Jahrhundert seine *Argonautica* schreibt, nimmt er dieselbe kritische Distanz ein wie Ovid in den *Metamorphosen* und Gustav Schwab in den *Schönsten Sagen des klassischen Altertums.* Neben die aufgeklärte Rezeption der alten Mythen tritt die Dichtung oder Erzählung neuer Mythen; sie bedient sich des literarischen Genres, aber in bestimmten Varianten der Politik und des Marktes auch der psychologischen Macht und imaginativen Überwältigung, die die ursprünglichen Mythen ausübten. Wir unterteilen die Kunstmythen in diesem Sinn in eine philosophische, poetische und politische Mythologie.

1. Die *philosophische* Kunstmythologie Platons bezieht sich auf Sphären der Wirklichkeit, die sich durch den exakten Logos nicht adäquat erfassen lassen, sondern die der Lizenzen der ungenauen Einbildungskraft bedürfen, weil sie selbst ungenau sind. Eine derartige

---

[25]   Schelling 1959, VI 194–199.

[26]   Kant 1900 ff., VI 125 – *Religion innerhalb der Grenzen der bloßen Vernunft* III 2.

[27]   Zur Tradition des „Dritten Reiches" vgl. den Beitrag von Stefan Breuer in diesem Band.

Bestimmung rechtfertigt dann auch einen Teil der ursprünglichen Mythen.[28] Philosophische Kunstmythen können gefordert werden, um zwischen der Ideenlehre und der Alltagserfahrung zu vermitteln. In diesem Sinn heißt es im sog. *Ältesten Systemprogramm des deutschen Idealismus*: „Zuerst werde ich von einer Idee sprechen, die so viel ich weiß, noch in keines Menschen Sinn gekommen ist – wir müßen eine neue Mythologie haben, diese Mythologie aber muß im Dienste der Ideen stehen, sie mus eine Mythologie der *Vernunft* werden." Und zuvor hieß es, nicht nur der große Haufen, auch der Philosoph bedürfe der sinnlichen Religion.[29] Der Autor sucht eine Verbindung von Sinnlichkeit und Vernunft in einer neuen Mythologie; er nobilitiert damit den Mythos, emanzipiert ihn jedoch nicht von der Herrschaft der Vernunft.

2. Neben die philosophischen treten *poetische* Bearbeitungen der alten Mythen oder auch neue Kunstmythen, geschaffen aus der Distanz in der Phase einer empirisch-prüfenden, quellenkritischen Wirklichkeitserfassung. Der Musterautor dieser Kunstmythologie ist Ovid, der Dichter der unübertrefflichen *Metamorphosen*. Er läßt keinen Zweifel am rein fiktionalen Charakter der Erzählungen aufkommen und spielt artistisch mit den überkommenen Motiven, wenn auch auf eine subtile Art von Lebensweisheit bedacht, die sich in den mythologischen Motiven ausspricht und verbirgt.

3. Zu den artifiziellen Mythen gehören drittens auch die *politischen* Mythen, Begleitphänomene des politischen Handelns.[30] Sie können wegen ihrer suggestiven Kraft bewußt zur Etablierung von Herrschaft und deren Institutionen eingesetzt werden. Durch seine Wirklichkeitsreduktion, die gleichwohl ikonisch oder narrativ oder in Ritualen, in Musik und Märschen die Imagination anspricht im Gegensatz zu abstrakten Begriffen rationaler Erklärung, kann der politische Mythos das Identitätsbewußtsein eines Volkes oder Staates stärken, Handlungsmächtigkeit erzeugen und Vertrauen in die gemeinsame Zukunft stiften. So fungierte schon bei den Griechen, besonders den Athenern, der Marathon-Mythos, der bewußt und strategisch für die Politik entwickelt und eingesetzt wurde.[31] Die Erstürmung der Bastille wird mit demselben Tag des 14. Juli 1789 zum Gründungsmythos des neuen Staats stilisiert.[32] Auch der Schrecken des Untergangs wird zu einem Mythos und in ein sprechendes Wort gefaßt: „Stalingrad".

Mit den imaginativen Bündelungen der politischen Mythen ist die Gefahr einer Realitätsabkoppelung verbunden.[33] Wenn die Erkenntnis durch Mythen getrübt wird und Bilder den Blick auf die Wirklichkeit verstellen, ist souveränes politisches, an Rechtsbegriffen orien-

---

[28] Vgl. Arbogast Schmitts Ausführungen in diesem Band.

[29] Jaeschke (Hg.) (1990), 98.

[30] So Herfried Münkler in seinem Beitrag.

[31] Vgl. den Beitrag zum Marburger Studium generale 2002–2003 von Karl-Joachim Hölkeskamp „Die Schlacht von Marathon – Geburtsschrei Europas oder Strandscharmützel?", in: Wolfgang Krieger (Hg.), *Dramatische Ereignisse der europäischen Geschichte*, voraussichtlich Stuttgart 2004. Dort auch der Beitrag von Erich Pelzer, „14. Juli 1789 – Geschichte und Mythos eines merkwürdigen Tages".

[32] Vgl. die vorige Anmerkung.

[33] Münkler, hier 223f.

tiertes Handeln nicht mehr möglich. Wie unheilvoll die Erkenntnis durch mythologisches, imaginatives Denken überwältigt werden kann, zeigt die politische Realität, so weit wir sie zurückverfolgen können; gegen die nüchterne Analyse wird die Macht der Bilder und Mythen mobilisiert; ursprüngliche Mythen wie der Nibelungengesang können in bestimmten Geschichtskonstellationen ideell oder direkt zu politischen Zwecken wiederbelebt werden; sie werden dann durch Überformungen der neuen Funktion angepaßt.[34]

Der politische Mythos retuschiert und präformiert die Politik der Polis oder des Staats. Ihm hat Ernst Cassirer seine letzte umfangreiche Studie gewidmet, *The Myth of the State*, beendet 1945, publiziert 1946. Cassirer analysiert den „Leviathan" der Moderne durch historisch akribische Rückgänge, um die Sache aus ihrer Genese zu begreifen, er klärt auf, er beteiligt sich nicht luziferisch an der Verbreitung eines politischen Mythos durch eine ästhetisierende, theologisch überhöhte Darstellung „des" Politischen wie Carl Schmitt. Eine Nebenbeobachtung: Ein Kapitel ist überschrieben „The Machiavelli Legend"[35]. In diesem Kapitel selbst ist vom „Machiavelli myth" die Rede.[36] Dies scheint der Sprachgebrauch nahezulegen; in einem legeren Sinn kann das Wort „Mythos" an die Stelle von „Legende" treten, aber nicht umgekehrt, denn das Buch hätte auf keinen Fall von der „Legende des Staats" handeln können. Legenden schließen sich an historisch oder vielleicht auch mythisch gesicherte Personen und Ereignisse an, sie übernehmen keine Gewähr für die Richtigkeit des Erzählten, könnten jedoch im Prinzip wahr sein. Die „Machiavelli-Legende" ist die literarische Aura, die sich um den Namen und die Schriften des Florentiners gebildet hat, des Fürstendieners *und* Republikaners.

Wenn wir *Die schönsten Sagen des klassischen Altertums* (1838–1840) von Gustav Schwab lesen, haben wir den Eindruck, es könnte statt „Sagen" auch „Mythen" im Titel stehen. In Adornos und Horkheimers *Dialektik der Aufklärung* (1947) wird das Wort „Mythos" jedoch nicht so gebraucht, daß es durch „Sage" zu ersetzen wäre. Schon der Mythos ist Aufklärung, und die Aufklärung schlägt in den Mythos zurück, so lautet die schon oben erwähnte These des Buches. Dies wäre die Resignation der Vernunft, die vor der Totalforderung der Autoren kapituliert und deswegen totaliter an den Schrecken des Anfangs zurückversetzt wird. Jede Äußerung, jede Handlung ist immer schon Auschwitz.

4. Neben diesen drei Formen der Kunst- und Kulturmythen gibt es eine unselige Schar von *Pseudo-Mythen*, die unseren Alltag nach dem Willen der Wortverwender durchfluten.[37] Zum Mythos wird alles erhoben, worüber viel geredet wird und noch mehr geredet werden soll, vom Mythos Rhein und Mythos Beethoven zum Mythos der Stars und Sterne der Film- und Fußballwelt. Wenn etwas zum Mythos wird, dann entsteht eine Aura, die kein Verzeichnis aller Eigenschaften zu erfassen vermag, erzeugt durch den Mehrwert der Rede und der Bilder. Allgegenwärtig der alte Mythos in den Namen der Produkte, die mit ihnen ei-

---

[34] Vgl. für das Nibelungenlied den Beitrag von Joachim Heinzle.
[35] Cassirer 1963, 116.
[36] Cassirer 1963, 117.
[37] Von Pseudo-Mythen spricht Hübner 1985, 361 ff.

gentlich nichts zu tun haben, Venus und Diana, Herkules und Herakles, der ganze Olymp ist mitsamt den Halbgöttern auf Griechisch und Latein im Warenhaus versammelt.

5. Mythenforschung

Der Mythenforscher erkennt die Macht des Mythos, ohne ihr zu erliegen; er wird nicht zum hermeneutischen Zwangsopfer der jeweiligen geschichtlichen Verhältnisse. Keiner der Autoren regrediert selbst in eine mythologische Kunstpose, keiner hält seine Erkenntnis für eine bloße Erzählung. Gerade in diesem Sammelband wird dokumentiert, daß der Gegenstand der Mythenforschung, die mythische Erzählung selbst, als eine dem Forscher externe Realität begriffen wird, über die man richtige oder falsche Urteile fällt; nur so ist eine voranschreitende Forschung denkbar. Diese Forschung gehört zu einem der ersten Zweige der Geisteswissenschaften, die sich in der griechischen Vorsokratik und besonders der Sophistik allmählich ausbildet.

Die hier versammelten Beiträge sind am Inhalt der Mythen und vorwiegend an ihrer gesellschaftlichen Funktion, also an ihrer Bedeutung für die Praxis interessiert; nur Arbogast Schmitt lenkt den Blick mit Platon auf den epistemischen Status der Mythen. In keinem Beitrag wird der Mythos in einem bestimmten Defizit-Stadium der Menschheit lokalisiert, das durch eine nachfolgende Phase des Logos und der Aufklärung nun glücklicherweise beendet ist. Die Aufgabe wird in einer genauen Analyse der tradierten Sachverhalte gesehen und in der Selbstlokalisierung in einem fortschreitenden Erkenntnisprozeß; die Vorlesungen über „Mythos und Mythologie" sehen sich selbst entsprechend als Elemente der Aufklärung.

Die einzelnen Beiträge

Jan Assmann zeigt in seinem Vortrag „Tod, Staat, Kosmos: Dimensionen des Mythos im Alten Ägypten", in welcher Weise der Osiris-Mythos und der Mythos vom Sonnenlauf die drei Dimensionen des sterblichen Menschen, der staatlichen Gesellschaft und des zyklischen Kosmos deuten und die einzelnen Elemente zu einer konnektiven Weltsicht verknüpfen. Der Mythos durchdringt diese drei Dimensionen, er steht ihnen nicht wie in einer monotheistischen Religion äußerlich gegenüber.

Stefan M. Maul stellt an den Beginn seiner Darstellung des babylonischen Herrschaftsmythos die akkadische Zeitauffassung, gemäß der wir mit dem Gesicht in die Vergangenheit schauen und rückwärts in eine unbekannte Zukunft schreiten. Die Vergangenheit ist die Zeit der Orientierung, aus ihr bezieht der Mensch sein Wissen und die politische Herrschaft ihre Legitimation. Dies letztere wird am Marduk-Mythos und an der Kulttopographie Babylons anschaulich gezeigt.

Arbogast Schmitt stellt der modernen die platonisch-aristotelische Mythenauffassung entgegen. Während die erstere den Mythos als das Irrational-Ursprüngliche konzipiert und den Logos als die abstrakte Rationalität, ist nach Platon und Aristoteles der Mythos dem Anschaulichen, uns Näheren verpflichtet, während der Logos die Sache selbst aus ihrer Funktion, d. h. Idee, erkennt. Mit dieser Auffassung erweist sich die vielfältige Verwendung des Begriffs des Mythos bei Platon als innerlich konsistent.

Klaus Koch verfolgt die Genese des hebräischen Monotheismus aus dem Mythos (z. B. der Sonne) und dem mythischen Denken (z. B. in der Konzeption von Luft, Sprache, menschlichem und göttlichem Atem) im Alten Testament; detailliert wird das erste monotheistische Manifest in Deuterojesaja (Jesaia 40–55) untersucht, das während der babylonischen Gefangenschaft entstand. Spannungen im Monotheismus entstehen in der Polarität von Universalismus versus Partikularismus und der Transzendenz eines außerirdischen Gottes bei gleichzeitiger Immanenz besonderer Orte der Verehrung.

Reimar Schefold geht aus von einer Kritik der rein funktionalistischen und strukturalistischen Mytheninterpretation; sie setzt eine unangefochtene innere Ordnung voraus. An unterschiedlichen Erzählweisen von Mythen durch Männer und Frauen in Mentawei (westlich von Sumatra) wird gezeigt, daß in einer Ethnie die unterschiedlichen Interessen und Sehweisen bei der Wahrnehmung von Heiratsallianzen mit Partnern außerhalb der eigenen Siedlung in subtilen Differenzen artikuliert werden.

Jürgen Leonhardt und Katharina Krause widmen ihren Beitrag den *Metamorphosen* Ovids; im ersten Teil wird kurz auf das gesamte Dichtwerk eingegangen und sodann exemplarisch der Diana-Actaeon-Mythos, die Metamorphose also des Jägers Actaeon in einen Hirsch, den die Hunde zerreißen (III 138–252), in seiner an Filmszenen erinnernden Erzählstruktur und in der dichterischen Gestaltung vor Augen geführt. Im zweiten, kunstgeschichtlichen Teil wird die ikonische Rezeption ab ungefähr 1500 sowohl des Diana-Actaeon- wie auch des Danae-Mythos vergegenwärtigt.

Renate Schlesier folgt den geringen und doch wichtigen Spuren, die der antike Gott Dionysos bzw. Bacchus im Werk Sigmund Freuds hinterlassen hat. Unter dem Einfluß verschiedener Autoren (Friedrich Nietzsche, Robertson Smith, Salomon Reinach) stilisiert Freud seinen Dionysos zu einem Gegenbild von Christus. Das Schlußzitat von *Totem und Tabu*: „Am Anfang war die Tat" zeigt die atheistische Grundtendenz Freuds.

Joachim Heinzle untersucht die Nibelungen-Sage in der Brechung ihrer nationalideologischen Remythisierung im Vaterlandsdiskurs des 18. bis 20. Jahrhunderts. Das Nibelungenlied wurde 1755 neu ediert, es wurde in den Napoleonischen Kriegen zum Nationalepos erhoben und lieferte zu Beginn des 1. Weltkrieges das Stichwort der Nibelungentreue. Stalingrad wird von Hermann Göring zum „Kampf der Nibelungen" stilisiert. Selbst ein Gegner des Wahnsystems wie Victor Klemperer ist der Tradition der Mythisierung verpflichtet.

Stefan Breuer will sich nicht der Frage zuwenden, ob die seit Joachim von Fiore (ca. 1135–1202) tradierte Vorstellung vom Dritten Reich ein Mythos ist, sondern den Topos in seinen Metamorphosen von Ibsens Drama *Kaiser und Galiläer* (1873, deutsch 1888) bis ins 20. Jahrhundert in Literatur und Politik verfolgen. Herausragende Literaten sind neben anderen Autoren des Diederich-Verlags Ernst Krieck, Dimitrij Mereschkowskij, Dietrich Eckart und vor allem Moeller van den Bruck, der auch entscheidende Schritte in der Überleitung von der literarischen Imagination zur politischen Realisierung tat und den Topos vom Dritten Reich aus einem „Mythos, der vor uns liegt"[38] zu einem Pseudomythos degradiert.

Herfried Münkler konfrontiert den Gründungsmythos der DDR mit dem der BRD. Während der erste sich auf den Antifaschismus der kommunistischen Partei bezog und im Kampf gegen den Faschismus die Legitimation des eigenen politischen Systems erblickte, setzte die BRD auf die D-Mark und das Wirtschaftswunder. Schon beim Bau der Mauer 1961 als eines antifaschistischen Schutzwalls verlor der kommunistische Mythos seine Bindekräfte, während Helmut Kohl noch die Wiedervereinigung mit dem Rüstzeug des westlichen Mythos griffig konzipieren konnte.

Michael Friedrich schildert, mit welchem Aufwand die Kommunistische Partei Chinas das Andenken des mythischen Gelben Kaisers pflegt; er soll vor 5 000 Jahren gelebt und den Vielvölkerstaat China gegründet haben. Im Zentrum der Ausführungen steht der Reichsmythos dieses Kaisers und seine politisch motivierte Ausgestaltung. Daneben werden Mythenfragmente anderer chinesischer und nichtchinesisicher Filiationen vorgestellt, die bis heute von genealogischem Interesse sind.

Literatur

Assmann, Aleida und Jan (1998): „Mythos", in: Handbuch religionswissenschaftlicher Grundbegriffe, hg. v. Hubert Cancik u. a., Bd. IV, 179–200, Stuttgart / Berlin / Köln.
Bacon, Francis (1963): The Works, hg. v. Spedding, Ellis und Heath, London 1857–1874, ND Stuttgart-Bad Cannstatt.
Blumenberg, Hans (1979): Arbeit am Mythos, Frankfurt am Main.
Brandt, Reinhard (2003): Universität zwischen Selbst- und Fremdbestimmung. Kants Streit der Fakultäten. Mit einem Anhang zu Heideggers Rektoratsrede, Berlin.

---

[38] Breuer, hier 214.

Cassirer, Ernst (1963): The Myth of the State, New Haven und London.

Cicero (1968): De natura deorum, hg. v. W. Ax, Stuttgart.

Freud, Sigmund (1940–1987): Gesammelte Werke, hg. v. Anna Freud u. a., London, ab 1960 Frankfurt a. M.

Hobbes, Thomas (1962): Leviathan, hg. v. A. D. Lindsay, London / New York.

Horkheimer, Max und Theodor W. Adorno (1968): Dialektik der Aufklärung. Philosophische Fragmente, Amsterdam.

Hübner, Kurt (1985): Die Wahrheit des Mythos, München.

Jaeschke, Walter (Hg.) (1995): Das Älteste Systemprogramm des deutschen Idealismus (1796/97), in: Früher Idealismus und Frühromantik. Der Streit um die Grundlagen der Ästhetik (1795–1805). Quellenband, Hamburg, 97–98.

Kant, Immanuel (1900 ff.): Gesammelte Schriften, Berlin.

Lukrez (1957): De rerum natura, hg. v. Joseph Martin, Leipzig.

Moritz, Karl Philipp (o. J.): Götterlehre oder mythologische Dichtungen der Alten (1791; 1795), Berlin / München / Wien.

Müller, F. Max (1898, 1899): Beiträge zu einer wissenschaftlichen Mythologie, Bd. I und II, Leipzig.

Nestle, Wilhelm (1940): Vom Mythos zum Logos. Die Selbstentfaltung des griechischen Denkens von Homer bis auf die Sophistik und Sokrates, Stuttgart.

Plutarch (1959): Lives, with an English Translation by Bernadotte Perrin, Cambridge (Mass.).

Schelling, Friedrich Wilhelm Joseph (1959): Schellings Werke, hg. v. Manfred Schröter, München.

Schmitt, Arbogast (2001): „Homer, Ilias – ein Meisterwerk der Literatur?" In: Reinhard Brandt (Hg.): Meisterwerke der Literatur, Leipzig, 9–52.

Tilliette, Xavier (1984): La mythologie comprise. L'interprétation schellingienne du paganisme, Napoli.

Vernant, Jean-Pierre (1973): Mythe et pensée chez les grecs, Paris.

Vico, Giambattista (1963): La scienza nuova secondo l'edizione de 1744, hg. v. Paolo Rossi, Milano.

JAN ASSMANN

Tod, Staat, Kosmos: Dimensionen des Mythos im Alten Ägypten

Vorbemerkung

Eine Vorlesungsreihe zum Thema Mythos und Mythologie mit dem Alten Ägypten beginnen zu lassen, ist sicher keine schlechte Wahl. Denn der Mythos, was immer wir darunter verstehen wollen[1], tritt uns hier in einer Form entgegen, die noch nicht von einer Gegenposition aus relativierbar und kritisierbar ist, so wie etwa in Griechenland von der Position des Logos oder in Israel von der Position des Nomos. In Ägypten gibt es keine Spät- und Außenhorizonte des Mythischen und daher auch keine „Arbeit am Mythos"[2], sondern der Mythos oder das mythische Denken[3] bildet hier das einzige Medium einer umfassenden Weltmodellierung und Wirklichkeitserschließung, was uns, da wir das Thema Mythos und Mythologie immer nur von den alten Griechen (denen wir ja auch die entsprechenden Begriffe verdanken) her zu denken gewohnt sind, einigermaßen fremd erscheint und ganz gewiß ein früheres Stadium der geistigen Entwicklungsgeschichte der Menschheit (wenn es so etwas gibt) repräsentiert.

Damit habe ich auch schon angedeutet, was von Ägypten her unter Mythos zu verstehen ist: Eine Denkform *und* ein Diskurs, ein Weltbild *und* seine sprachliche, bildliche und rituelle Artikulation in Form fundierender Konstellationen, Szenen und Erzählungen. Anders als in Griechenland gibt es in Ägypten keine in einer Fülle verschiedener Mythen reich entfaltete Mythologie, sondern eigentlich nur drei absolut, d. h. überlokal und überzeitlich dominierende und verbindliche mythische Komplexe: die Kosmogonie von Heliopolis[4], den Osiris-Mythos[5] und den Mythos vom Sonnenlauf[6], die dazu auch noch untrennbar mitein-

---

[1] Ich lege im Folgenden den Begriff von Mythos als „heilige" bzw. „fundierende Geschichte" zugrunde, den Aleida Assmann und ich in unserem Überblick über die geläufigsten Mythosbegriffe als „M³" bezeichnet haben, vgl. Aleida und Jan Assmann 1998.

[2] Hans Blumenberg 1979.

[3] Im Sinne von Ernst Cassirer 1925.

[4] Vgl. hierzu Susanne Bickel 1994.

[5] Vgl. hierzu Verf. 2001.

[6] Vgl. hierzu Verf. 1983c.

ander zusammenhängen und sich zu einem einzigen Makro-Mythos vereinigen. Daneben oder darunter gibt es dann eine unüberschaubare Fülle kleinerer, lokaler „Mikro-Mythen" oder wie immer man diese narrativen, szenischen oder ikonischen Komplexe von rein lokaler oder episodischer Bedeutung bezeichnen will. Wiederum anders als in Griechenland, aber auch in Mesopotamien kommen diese mythischen Komplexe nie zusammenhängend, und schon gar nicht in literarischer Form, als Tragödie oder Epos, zur Sprache, sondern immer nur ausschnitt- und anspielungsweise.[7] Diese Mythen „leben" im kulturellen Gedächtnis der alten Ägypter nicht in der Form zusammenhängender Erzählungen[8], sondern einzelner Bilder oder Szenen von welterschließender Strahlkraft. Wenn ich also in meinem folgenden Vortrag zwei dieser mythischen Komplexe in der Form einer nacherzählenden Rekonstruktion vorstellen werde, tue ich ihnen in gewisser Weise Gewalt an. Einem alten Ägypter, der in diesen Bildern dachte und lebte, wäre eine solche zusammenhängende Rekonstruktion vermutlich nicht in den Sinn gekommen, ja nicht einmal möglich gewesen.

Wenn nicht in zusammenhängender Erzählung, wie kommt der Mythos im Alten Ägypten dann zur Sprache? Diese Frage werde ich in meinem Vortrag weitgehend ausblenden müssen, um mich nicht in einer Fülle philologischer Details zu verlieren.[9] Daher will ich sie vorweg kurz zu beantworten versuchen. Mythen kommen in Ägypten eigentlich immer nur in einem rituellen, auf jeden Fall handlungsbezogenen Kontext zur Sprache. Es gibt ein paar Ausnahmen, aber sie bestätigen die Regel.[10] Die Funktion der mythischen Bilder oder „Ikonen" ist, Handeln zu ermöglichen, zu fundieren und zu legitimieren, nicht nur das kultische Handeln der Priester, sondern auch das heilende der Ärzte, das politische des Königs und viele sonstige Formen krisenüberwindender Interventionen, wobei vor allem die ganz besonders elaborierten Totenriten hervorzuheben sind.[11] Die alten Ägypter waren keine Philosophen wie Platon und Plutarch und keine Dichter wie Homer und Hesiod, und ihre spekulative Imagination war immer praxisbezogen. Die mythischen Bilder und Szenen wurden zur Sprache gebracht, um damit etwas zu erreichen, Wirkungen zu erzielen, Krisen zu überwinden, Unheil abzuwenden, die Dinge zu ordnen und in Gang zu halten[12], aber nicht um sie als „Stoff" einer künstlerischen oder philosophischen Behandlung zugrundezulegen. Die mythischen Bilder fungierten im wahrsten Sinne des Wortes als imagines agentes, „wirkkräftige

---

[7] Vgl. hierzu Verf. 1977, vgl. dazu einschränkend Jürgen Zeidler 1993.

[8] Jedenfalls was die schriftliche Überlieferung betrifft. Natürlich könnte der eigentliche Ort des Mythos in Ägypten die mündliche Überlieferung gewesen sein.

[9] Für die Frage, wie in einer gegebenen Kultur Mythos zur Sprache kommt, ist die Unterscheidung zwischen Geno- und Phänotext entscheidend, vgl. hierzu Verf. 1977, 38f. Mythen sind Genotexte, die sich auf verschiedenste Weise oberflächenstrukturell realisieren können: als epische Erzählungen, Dramen, Riten, aber auch Bilder, vgl. zu letzteren insbes. Erik Hornung 1979.

[10] Ausnahmen sind die offenbar rein literarischen „mythologischen Erzählungen" des Neuen Reichs, vgl. dazu Friedrich Junge 1994; J. Baines 1996 und 1999.

[11] Hierzu Verf. 2001.

[12] Die Formen, in denen Mythos zur Sprache kommt („mythische Aussagen"), sind immer „performativ". Das gilt auch für bildliche Darstellungen, weshalb man parallel zu „Sprechakten" auch von „Bildakten" sprechen kann, vgl. dazu Verf. 1990a.

Bilder"[13], und ihre vielfältige Wirksamkeit läßt sich wohl am besten auf eine einfache Formel bringen, wenn man sagt, daß ihre Funktion darin bestand, Beziehungen zu knüpfen und Zusammenhang herzustellen. Mythische Bilder setzen verschiedene Ebenen oder Dimensionen der Wirklichkeit zueinander in Beziehung, lassen sie sich ineinander spiegeln und sich gegenseitig beleuchten. In letzter Konsequenz, das ist jedenfalls die These, die diesem Vortrag zugrunde liegt, handelt es sich dabei um genau drei Dimensionen, die ich ‚Mensch', ‚Gesellschaft' und ‚Kosmos' nennen möchte. Die Leistung der großen, beherrschenden Mythen in Ägypten besteht darin, diese drei Größen miteinander zu ver-knüpfen und zueinander in die Beziehung einer wechselseitigen Modellierung zu setzen. Das Göttliche steht dieser Welt aus Kosmos, Gesellschaft und Mensch nicht als eine vierte Größe gegenüber, sondern durchdringt und strukturiert sie von innen, so daß jede dieser Größen nur Sinn und Bestand hat, insofern sie mit den anderen beiden in engster, gewissermaßen symbiotischer Beziehung steht. Mythos als Denkform ist das Prinzip dieser konnektiven Weltmodellierung. Das möchte ich im folgenden an zwei Beispielen demonstrieren: dem Osiris-Mythos und dem Sonnen-Mythos. Die heliopolitanische Kosmogonie spielt in beiden Komplexen eine Rolle; damit wird auch dieser dritte Mythenkomplex mitbehandelt.

1. Der Osiris-Mythos

Das Königtum des Osiris

Der Osiris-Mythos wird in ägyptischen Quellen, wie gesagt, nie zusammenhängend erzählt. Das haben erst die Griechen versucht, vor allem Diodor und Plutarch.[14] Ein einziger ägypti-scher Text, ein Osirishymnus aus der 18. Dynastie, stellt einmal eine zusammenhängende Folge der Szenen zusammen, die sonst immer nur einzeln zur Sprache kommen.[15] Daraus geht hervor, daß Osiris als König herrschte, von seinem Bruder Seth erschlagen wurde, von seiner Schwester und Gattin Isis gefunden, mit Hilfe ihrer Schwester Nephthys beweint und vorübergehend wiederbelebt wurde; daß Isis von Osiris noch einen Sohn empfing, diesen Sohn im Verborgenen aufzog, so daß er, groß geworden, Seth vor Gericht stellen, Osiris Recht verschaffen und den Thron für sich zurückerobern konnte. Der Hymnus schließt mit einem Triumphlied auf die Thronbesteigung des Horus. An dieser Szenenfolge wollen wir uns orientieren, wenn wir im Folgenden die Szenen im einzelnen betrachten.

Zunächst also das Königtum des Osiris.[16] In der Tat: Osiris ist *der* paradigmatische Kö-nig innerhalb der ägyptischen Götterwelt. Immer wird er mit den Herrschaftsinsignien,

---

[13]   Francis A. Yates 1994, 24–28.

[14]   John G. Griffiths 1970; Theodor Hopfner 1940.

[15]   Paris, Stele Louvre C 286, vgl. Alexandre Moret 1930; Günther Roeder 1923, 22–26; Adolf Erman 1923, 187–192; Herrmann Kees 1928, 28f. Nr. 41 (Ausschnitt); ÄHG Nr. 213.

[16]   Zu Osiris vgl. John G. Griffiths 1980.

Kronen, Krummstab und Wedel dargestellt, und die Hymnen erschöpfen sich meist in einer Aufzählung von Herrschaftsprädikaten. Osiris ist aber nicht König der *Götter*. Diese Rolle kommt nur dem Schöpfer zu, der in den Quellen als Atum, Re oder Amun-Re erscheint. Osiris ist kein Schöpfer und daher kein kosmischer, sondern ein politischer Herrscher, der vor seinem Tod über Ägypten geherrscht hat und nach seinem Tod als Herrscher der Toten in der Unterwelt residiert. In der Ikonographie des Osiris tritt uns also zunächst und vor allem die staatliche Sinndimension entgegen. Osiris ist das Urbild eines Königs, jeder Zoll ein Herrscher. Zugleich ist er der menschlichste Gott in der Götterwelt, der Gott, mit dem sich am intensivsten die Vorstellung eines menschlichen Schicksals verbindet. Er ist der Gott, der gestorben und durch das Todesschicksal hindurch zu einer neuen, unvergänglichen Existenzform vorgedrungen ist. Auf diesem Weg möchte ihm jeder Mensch nach dem Tode nachfolgen. Es geht also, was die Sinndimension „Menschenschicksal" angeht, um den Tod als den Kern des menschlichen Problems, und was die Sinndimension „Gesellschaft" betrifft, geht es um den Staat bzw. das Königtum. Osiris ist der Tote und zugleich der König unter den Göttern.

Osiris ist aber kein irdischer König, der nach seinem Tod vergöttlicht wurde, sondern umgekehrt ein Gott, der das irdische Königtum ausgeübt hat. Nach ägyptischer Vorstellung herrschten vor den menschlichen Königen die Götter auf Erden.[17] Von ihnen ging die Herrschaft auf die „verklärten Ahnengeister" und von diesen auf die Menschen über.[18] Herodot, Diodor und andere berichten über diese Mytho-Chronologie, die auf das Abendland einen ungeheuren Einfluß ausgeübt hat. Sie tritt uns z. B. noch bei Vico entgegen, der drei Zeitalter unterschied, das göttliche, das heroische und das menschliche, und diesen drei Medien und drei Gattungen zuordnete: dem göttlichen die Bilder und die Poesie, dem heroischen die Embleme und die epische Dichtung und dem menschlichen die Buchstabenschrift und die Prosa.[19]

Mit dem Königtum des Osiris befinden wir uns also noch im Zeitalter der Götter. Osiris hat das Königtum von seinem Vater Geb, dem Erdgott, geerbt; an diesen war es von dessen Vater, dem Luftgott Schu gekommen, und diesem hatte es wiederum sein Vater Re, der Sonnengott, überantwortet, der als Schöpfer die Herrschaft zuerst ausgeübt hat. Damit tritt uns nun vollkommen eindeutig die kosmische Sinndimension entgegen, innerhalb derer die Herrschaft eine Abwärtsbewegung vollzieht: vom Himmel, wo sie der Sonnengott ausübt, sinkt sie in den Luftraum, den Schu verkörpert, und steigt von da zum Erdgott Geb herab, von wo sie Osiris in die Unterwelt bringt, während sein Sohn Horus sie auf Erden ausübt. Zugleich entfaltet sich in dieser Sukzession eine Elementenlehre: Re steht für das Licht, Schu für die Luft, Geb für die Erde und Osiris für das Wasser.

---

[17] Vgl. zu dieser Überlieferung Ulrich Luft 1978.
[18] Die ägyptischen Vorstellungen einer Genealogie der Herrschaft waren in Form der Königsliste kodifiziert, vgl. hierzu Donald B. Redford 1986.
[19] Vgl. Verf. 1998, 145f.; Paolo Rossi 1969; Peter Burke 1990, 36, 39, 50–54, 67–70, 88; Umberto Eco 1994, 100f.

Mit diesen vier Göttergenerationen bewegen wir uns im Rahmen der heliopolitanischen Kosmogonie, die ich auf diese Weise auch kurz einbeziehen möchte.[20] Am Anfang war der Gott Atum, der Gott der Präexistenz, des noch-nicht-Seins, der bewußtlos im Urwasser trieb wie in der Bibel der Geist Gottes über den Wassern schwebte. Der Übergang von der Präexistenz zur Existenz ereignete sich, als dieser Gott in dem sich bildenden Urhügel einen Standort fand, zu sich kam und sich aus seiner präexistenten Einheit zur Dreiheit entfaltete, indem er das erste Götterpaar, den Luftgott Schu und die Flammengöttin Tefnut[21], aus sich heraussetzte, während er selbst als Sonne aufging. Schu und Tefnut, also der lichterfüllte Luftraum, zeugten das Götterpaar Geb und Nut, Erde und Himmel, das sie nach oben und unten räumlich begrenzte. Diese wiederum brachten fünf Kinder zur Welt: Osiris, Isis, Seth, Nephthys und Horus, wobei Horus eigentlich das Kind von Isis und Osiris ist. Mit dem Übergang von Geb zu Osiris tritt die kosmische Sinndimension in den Hintergrund und die staatliche in den Vordergrund. Die beiden Dimensionen gehören aber von Anfang an zusammen. Die Kosmogonie von Heliopolis ist zugleich eine „Kratogonie". Mit der Entfaltung der Welt entfaltet sich die Herrschaft. Re herrscht als Schöpfer noch über Götter und Menschen und, wie es scheint, ohne staatliche Institutionen. Der Staat wird eigentlich erst eingerichtet, als sich Re in den Himmel zurückzieht und seinen Sohn Schu mit der Herrschaft beauftragt. Jetzt erst werden Himmel und Erde getrennt und damit auch Götter und Menschen.[22] Der Staat ist dazu bestimmt, diese Trennung zu kompensieren, indem er unter den Bedingungen der Trennung die Formen der Verbindung und die Medien der Kommunikation bereitstellt. Dazu ist niemand befähigter als der Luftgott Schu, der den Abstand zwischen Himmel und Erde überbrückt und auf diese Weise die nun getrennten Sphären zusammenhalten kann.[23] Von diesem Gott heißt es in einem Text aus dem Anfang des 2. Jahrtausends:

> Ich bin es, der den Schrecken vor ihm [dem Sonnengott] denen einflößt, die nach seinem Namen forschen.
> Ich bin es, der inmitten der Millionen ist und die Reden hört der Millionen.
> Ich bin es, der die Worte des Selbstentstandenen [Sonnengottes] gelangen läßt zu einer Menge [Geschöpfen][24]

---

[20] Vgl. hierzu, neben Susanne Bickel 1994, auch Winfried Barta 1973.

[21] Tefnut wurde bisher immer als „Feuchte" interpretiert, vgl. Winfried Barta 1973, 89–94, der in 89 Anm. 9 die ältere Literatur zu diesem Punkt aufführt. Ursula Verhoeven 1985 meldet zu Recht in ihrem Artikel „Tefnut" vorsichtige Zweifel an der konventionellen Deutung der Tefnut als Göttin der Feuchtigkeit an, ohne allerdings eine alternative Deutung vorzutragen. Dafür gibt es überhaupt keinen Anhaltspunkt (vgl. auch Susanne Bickel 1994, 72–86). Ganz im Gegenteil: alles, was wir von Tefnut aus den Texten erfahren, weist auf eine Göttin des Feuers hin.

[22] Von der Trennung von Himmel und Erde erzählt der Mythos von der Himmelskuh, vgl. Erik Hornung 1982. Vgl. auch Herman te Velde 1977.

[23] Vgl. Verf. 2000, 42f.

[24] A. de Buck 1935, 322–324.

Schu ist der Gott, der die Unerforschlichkeit des fernen Sonnengottes garantiert und zugleich die Kommunikation zwischen ihm und den Geschöpfen institutionalisiert.[25]

Mit dem Erdgott Geb nimmt die Herrschaft dann die Form der „Territorialherrschaft" an, schließlich geht es bei der Herrschaft ja um die Erde und ihre politische Gliederung. Bis hierhin entfaltet sich die heliopolitanische Kosmogonie in engster Verflechtung der kosmischen und der politischen oder staatlichen Dimension. Vom Tod ist bis hierher nicht die Rede.

Osiris und Seth: wie der Tod in die Welt kam

Auch der Tod ist einmal entstanden, und wer sich auf einen Ursprung vor der Entstehung des Todes zurückführen kann, der ist ihm enthoben:

> Die Mutter des Königs ist schwanger geworden mit ihm als einem Nutbewohner
> gebildet worden ist der König von seinem Vater Atum
> als der Himmel noch nicht entstanden war,
> als die Erde noch nicht entstanden war
> als die Menschen noch nicht entstanden und die Götter noch nicht gebildet waren,
> als der Tod noch nicht entstanden war
> N entgeht dem Todes-Tage wie Seth seinem Todestag entging.[26]

Der Tod kommt erst mit der vierten Generation dadurch in die Welt, daß Osiris von seinem Bruder Seth umgebracht wird, der die Herrschaft an sich reißen will. Der Mord des Seth an Osiris spielt in der ägyptischen Mythologie eine ähnlich fundierende Rolle wie der Mord des Kain an Abel in der Bibel. Osiris ist der erste der Götter-Könige, der einen Bruder und damit einen Feind hat. Das macht ihn zum ersten König im vollen politischen Sinne. Mit Geb wurde die Herrschaft territorial, mit Osiris wird sie politisch. Politische Herrschaft impliziert immer ihre eigene Infragestellung in Form von Rebellion. Politische Herrschaft heißt legitime Herrschaft und setzt daher ihr Gegenteil voraus. Dieses Gegenteil verkörpert Seth. Was immer man von Carl Schmitt und seiner Begriffsbestimmung des Politischen anhand der Leitdifferenz von Freund und Feind halten mag[27] – hier trifft sie den Nagel auf den Kopf. Die Herrschaft, wie Osiris sie ausübt und verkörpert, wird erst durch den Feind politisch. Seth ist in der Tat, man kann es nicht treffender ausdrücken, des Osiris „eigne

---

[25] Es handelt sich, genau genommen, um indirekte oder Fern-Kommunikation, im Unterschied zu unmittelbarer oder face-to-face-Kommunikation. Schu personifiziert das Medium dieser Fern-Kommunikation, vermittelst dessen sie auch über große Entfernungen gelingen und den Zusammenhang der Millionen untereinander sowie mit ihrem Schöpfer und Herrn sicherstellen kann. Dahinter steht die Erfahrung der Schrifterfindung als notwendiger Vorbildung zur Bildung des ägyptischen Staates. Der durch Zentralisierung der Macht hergestellte und aufrechterhaltene Staat bedarf der symbolischen Integration in der Form politischer Kommunikation und bürokratischer Verwaltung.

[26] Kurt Sethe 1908–1922, §§ 1466a–1467a.

[27] Carl Schmitt 1932; vgl. dagegen Dieter Conrad 1990.

Frage als Gestalt", im Sinne jener sibyllinischen Verse Theodor Däublers, die Carl Schmitt seiner Begriffsbestimmung des Politischen zugrunde gelegt hat:

> Der Feind ist unsre eigne Frage als Gestalt,
> und er wird uns, wir ihn zum selben Ende hetzen.[28]

Gegen diese Begriffsbestimmung des Politischen läßt sich viel einwenden.[29] Aber was die Gestalt des Osiris angeht, so kommt man im Licht dieser Theorie zu einem tieferen und volleren Verständnis des Zusammenhangs von Staat und Tod. Indem er den Tod überwindet, wird der Staat zu einer Institution der Unsterblichkeit. Aber damit greife ich vor. Wie der Tod überwunden wird, das zeigen die nächsten beiden Szenen.

Isis und Nephthys: wie der Tod überwunden wird 1: das Körper-Selbst und die weibliche Trauer

Was ich bisher erwähnt habe, das Königtum des Osiris und seine Ermordung durch Seth, wird in ägyptischen Texten so gut wie nie erzählt.[30] Es bildet vielmehr die Vorgeschichte dessen, wovon diese Texte handeln. Sie läßt sich aber aus diesen Texten mühelos rekonstruieren. Mit den nächsten beiden, eng zusammengehörenden Szenen steigen wir nun in die Fülle der Texte ein, die im Rahmen der ägyptischen Totenriten zur Behandlung des Toten rezitiert werden. Hier zeigt sich nun die handlungsermöglichende Funktion des Mythos in aller Deutlichkeit. Der Komplex des Todes verliert in der mythischen Ausformung seine paralysierende Endgültigkeit und wird zum Ausgangspunkt von Handlungen, die nichts Geringeres als seine Behandlung, ja Heilung zum Ziel haben. Dabei wird der Todeskomplex in ein Geflecht sozialer Beziehungen zerlegt und in fünf Rollen aufgespalten: die Rollen von Seth, Osiris, Horus, Isis und Nephthys, die wiederum drei Basis-Konstellationen oder Urszenen der Todesüberwindung bilden: Seth und Osiris, die Konstellation der Feindschaft, Osiris und Horus, die Konstellation von Vater und Sohn, sowie schließlich Osiris und Isis, die Konstellation der Ehe. In solcher Aufspaltung einer komplexen Erfahrung möchte ich eine spezifische Leistung dieses Mythos und vielleicht des mythischen Denkens überhaupt erblicken. Wir verstehen auch, daß eine solche Auffächerung und Differenzierung komplexer Phänomene im Rahmen einer polytheistischen Religion viel leichter ist. Die Götter verkörpern zusammenwirkende und gegenstrebige, in jedem Falle aber differenzierte Aspekte der Wirklichkeit.[31]

---

[28] Theodor Däubler 1919, *Sang an Palermo*, 65; vgl. Heinrich Meier 1998, 91 Anm. 103 sowie ders. 1994, 76ff.

[29] Vgl. dazu Verf. 2000, 25ff.

[30] Mit der einen Ausnahme des o. zitierten Osiris–Hymnus ÄHG Nr. 213.

[31] Das soll nicht heißen, daß es in monotheistischen Religionen keine Mythen gibt, eine Auffassung, die ja schon Ignaz Goldziher (1876) mit Vehemenz bestritten hat. Die Bibel ist überreich an Mythen im Sinne „fundierender Erzählungen". Hier hat der Mythos aber nicht mehr die Funktion einer „konnektiven" Weltmodellierung, weil das Göttliche die Welt hier nicht mehr strukturierend von

Was nun die Szenenfolge der mythischen und rituellen Todesbehandlung angeht, fällt sofort eine Zweiteilung ins Auge: Sie ist um zwei zentrale Bilder herum organisiert.[32] Das eine betrifft die Zerstörung des Körpers. Hier geht es um das Sammeln und Zusammenfügen der einzelnen Glieder und ihre Beweinung und Beseelung bis hin zu einer neuen Form leiblicher Ganzheit und Unversehrtheit.[33] Das andere Bild betrifft die Zerstörung der Sozialbeziehungen des Toten, seine totale Isolation, sein Herausgefallensein aus allen sozialen Lebensbindungen, das als ein totaler Verlust von Status, Würde, Ehre, Prestige dramatisiert wird.[34] Beide Aspekte beziehen sich auf die Ausgangssituation des Toten, bei der die Todesbehandlung ansetzt. Beide werden sie ins Extreme übersteigert oder „dramatisiert": der leblose Körper wird als zerrissen und zergliedert dargestellt, und die Trennung von den Lebenden als eine Art von Schande und Ehrverlust. Je tiefer der Ausgangspunkt, desto höher der Zielpunkt der rituellen Umwandlung.

Diese Bilder spalten den Komplex Tod auf in einen *körperlichen* und einen – nicht etwa „seelischen", wie wir vielleicht erwarten würden, sondern vielmehr – *sozialen* Aspekt, um beiden Aspekten eine jeweils andere Behandlung angedeihen zu lassen. Die Behandlung des körperlichen Todesaspekts war eine vornehmlich weibliche, die Behandlung des sozialen Aspekts eine vornehmlich männliche Aufgabe. Um die Wiederherstellung des Leibes, das Einsammeln und Zusammenfügen der Glieder, ihre Beweinung und Beseelung, sehen wir Isis und Nephthys bemüht, denen der Gott Anubis assistiert, und die Wiederherstellung der Ehre des Toten und seine Resozialisation in der Götterwelt liegt in den Händen des Horus, dem der Schreibergott Thot, die vier „Horussöhne" und wiederum Anubis beistehen. Der Zweiteilung des Todeskomplexes entspricht also eine eindeutige Geschlechterdifferenzierung in der Rollenverteilung der Todesbehandlung.

In den Klageliedern der Isis und Nephthys geht es einerseits um Gefühle der Liebe, Sehnsucht und Trauer, und andererseits um den Körper des Geliebten, den sie von Kopf bis Fuß beschreiben, um ihn im Medium des Textes wieder zusammenzusetzen. Die geschlechtliche Liebe wird hier ganz bewußt als ein Medium eingesetzt, um den Toten in seinem körperlichen Selbst zu restituieren. Die hochemotionale Sprache soll sein Herz rühren und beleben, die Beschreibung seiner Glieder soll den Körper im Medium der Sprache wieder zusammensetzen. Ähnlich wie im Mythos von Orpheus und Euridike erscheint die Gattenliebe als eine todüberwindende Kraft. Sie vermag den Toten soweit wiederzubeleben, daß Isis von ihm noch ein Kind empfangen kann: Horus, den Sohn und Rächer.

---

innen durchdringt, sondern ihr in Gestalt des Einen Gottes von außen gegenüber steht. Der Mythos „fundiert" die Menschenwelt, aber nicht ein symbiotisches, Mensch, Kosmos und Gesellschaft integrierendes Weltverhältnis.

[32] Für die Einzelheiten vgl. Verf. 2001, Kap. 1–4.

[33] Vgl. Verf. 2001, Kap. 1.

[34] Vgl. Verf. 2001, Kap. 2–3.

Wie der Tod überwunden wird 2: der Beistand des Sohnes

Die Sohnesliebe ist bei der Behandlung des Todes genauso wichtig wie die Gattenliebe. Beide Affekte haben die Kraft, die Schwelle zwischen Leben und Tod, Diesseits und Jenseits, zu überspannen und den Toten aus dem Todeszustand herauszuholen, aber nicht zurück ins irdische Leben, wie es Orpheus im griechischen Mythos fast mit Eurydike gelungen wäre, sondern durch den Tod hindurch in die Götterwelt, in der Osiris als Herrscher der Toten nun einen unsterblichen Platz einnimmt. So paradox es klingt: Osiris wird *als Toter* unsterblich. Das ist die ägyptische Form der Todesüberwindung, wie sie in diesem Mythos artikuliert wird. Es geht dabei um eine Auferstehung aus der Todeswelt, aber nicht zurück in die Oberwelt, sondern hinüber in einen dritten Raum, die Götterwelt.

So wie Isis und Nephthys zusammen mit Anubis den Toten in seiner leiblichen Ganzheit wiederherstellen, so stellt Horus ihn als soziale Person wieder her. Hier geht es darum, ihn aus seiner Isolation zu befreien und aus der Tiefe seiner Entehrung und Entwürdigung, in die Seth ihn durch die Schändung der Leiche gestoßen hat, zur völligen Rehabilitation zu verhelfen, seine Ehre wiederherzustellen, ihm in der Götterwelt Respekt zu verschaffen und ihn in seine herrscherlichen Rechte wiedereinzusetzen. Damit tritt auch die staatliche Dimension wieder ins Zentrum, die wir in der Szene der weiblichen, körperbezogenen Klage aus den Augen verloren haben.

In der Wiederherstellung des Toten in seiner Sozialsphäre steht die Konstellation der Feindschaft von Seth und Osiris im Zentrum. Jetzt tritt Seth als eine Hauptperson auf, im Gegensatz zu den Riten der leiblichen Wiederherstellung, bei denen alles darauf ankommt, ihn fernzuhalten. Mit der Konstellation von Seth und Osiris wird der Tod aufgespalten in die beiden Aspekte Mörder und Opfer. Für das mythische Denken gibt es gar keinen natürlichen Tod; jeder Tod ist verschuldet, jeder Tod ist Unrecht, ist Mord.[35] Der Mythos von Seth und Osiris macht es möglich, den Toten von seinem Tod zu dissoziieren, den Tod namhaft zu machen, vor Gericht zu stellen und das Unrecht zu sühnen, das heißt Osiris „gegen" Seth zu „rechtfertigen". Das mythische Denken oder der Mythos als Denkform stellt also nicht nur Verbindungen her, wo wir keine erkennen können, sondern trifft auch Unterscheidungen, die uns fremd sind. Dazu gehört die Unterscheidung zwischen dem Toten und seinem Tod im Sinne von Opfer und Täter, woraus dann die Möglichkeit folgt, den Toten gegen den Tod zu rechtfertigen. Diese „Rechtfertigung gegen" den Tod bildet den entscheidenden Schritt der Todesüberwindung. Dafür muß Seth vor Gericht gestellt und verurteilt werden. Der Thron des Osiris fällt seinem Sohn Horus zu, Osiris wird Herrscher der Unterwelt. Damit ist die Welt wieder in Ordnung, der Tod geheilt.

Der Osirismythos ist daher nicht nur der Mythos des Todes und liegt als solcher den Totenriten zugrunde, er ist auch der Mythos des Staates. Jeder König ist Horus, trägt den Gottesnamen als Titel, und legitimiert sich als „liebender Sohn" seines Vorgängers, der im Tode zu Osiris geworden ist, so wie er selbst zu Osiris werden und von seinem Nachfolger

---

[35] Vgl. hierzu Thomas Macho 1987, 47: „Vielleicht ist jeder Tod eigentlich Mord".

als seinem liebenden Sohn bestattet werden wird. Le roi est mort, vive le roi. Der ägyptische
Staat beruht auf der Konstellation eines toten Vaters und eines liebenden Sohnes.[36]

Diese Konstellation wird rituell und mythologisch in der Ka-Umarmung ausgedrückt.
Der Ka ist ein väterlich-dynastisches Prinzip, das sich durch die genealogische Linie repro-
duziert. So gilt der im König verkörperte Gott Horus als dessen Ka.[37] Der Ka-Begriff verbindet den Toten daher zugleich mit seinen Vätern und mit seinen Söhnen. Der Ka wird
durch eine Umarmung übertragen, die ziemlich genau dem Segen entspricht, der in den
Patriarchengeschichten der Bibel von Abraham auf Isaak, von Isaak auf Jakob usw. übergeht. So umfaßt zum Beispiel der Schöpfergott Atum das aus ihm entstandene Zwillingspaar Schu und Tefnut:

> Atum Cheprer, [...]
> Du hast deine Arme um sie gelegt als die Arme des Ka,
> damit dein Ka in ihnen sei.[38]

Wenn Horus den Thron besteigt, heißt es im Mythos:

> So geriet Osiris in die Erde in der Königsburg [d. h. Memphis]
> auf der Nordseite dieses Landes, zu dem er gelangt war.
> Sein Sohn Horus erschien als König von Ober- und Unterägypten
> in den Armen seines Vaters Osiris.[39]

In dieser Umarmung wird ein Bund zwischen Diesseits und Jenseits, Lebenden und Toten,
gestiftet, der die Grundlage der ägyptischen Gesellschaft bildet. Jeder Pharao ist Horus und
steht mit dem Jenseits in Verbindung, als hinterbliebener „Sohn" sowohl der gesamten Reihe seiner Amtsvorgänger bis zurück in grauseste Vorzeit, als auch der gesamten Götterwelt,
der er im Kult als seinen Vätern und Müttern gegenübertritt. Das Band, das der Ka zwischen totem Vater und hinterbliebenen Sohn über die Todesschwelle hinweg knüpft, bindet
und trägt die ganze ägyptische Religion, Kultur und Gesellschaft.

Fassen wir zusammen. Der Osirismythos verknüpft in seiner Szenenfolge die anthropologische Ebene des Todes, die politische Ebene des Staats und die kosmische Ebene, in der
es um die Beziehung von Oberwelt, Todeswelt und Götterwelt geht. Auf allen drei Ebenen
funktioniert er als eine fundierende Geschichte, von der eine orientierende, Handeln ermög-
lichende und legitimierende Kraft ausgeht. Dabei beruht die Erklärungs- und Orientierungs-
leistung des Mythos vor allem auf der Beziehung, die er zwischen diesen Ebenen herzustellen weiß. Der Mythos garantiert die Lesbarkeit der Welt, nicht auf der Basis einer von
außen kommenden Sinnstiftung wie im christlich-jüdischen Bild von der Welt als Buch
Gottes[40], sondern auf Grund einer internen Semiose, kraft derer eines auf das andere ver-

---

[36] Vgl. hierzu Verf. 2001, Kap. 3.
[37] Vgl. zu diesem Aspekt insbesondere Lanny Bell 1985. Allgemein zur Bedeutung des Ka im Toten-
      glauben der alten Ägypter vgl. Verf. 2001, 131–139.
[38] Pyramidentexte §§ 1652–53.
[39] Kurt Sethe 1928, 76–77.
[40] Vgl. hierzu Aleida Assmann 1980; Hans Blumenberg 1981.

weist. Sinnstiftung funktioniert hier als Herstellung von Zusammenhang. Die Verknüpfung von Tod und Staat ist evident. Der Tod wird überwunden durch die Thronbesteigung des Sohnes. Die Auseinandersetzung mit dem Tod wird im Mythos als ein Streit um die Thronfolge dargestellt. Der volle Sinn dieses Mythos wird aber erst klar, wenn wir die kosmische Dimension einbeziehen. Die Konstellation von totem Vater und überlebendem Sohn hält Diesseits und Jenseits zusammen.[41] Der Osiris-Mythos modelliert ein Weltbild, in dem es jenseits von der Oberwelt, wo die Lebenden leben, und Unterwelt, wo die Toten tot sind, noch ein Drittes gibt, eine Sphäre tod-entrückter Unsterblichkeit.

2. Der Mythos vom Sonnenlauf

Das zweite Beispiel, den ägyptischen Mythos vom Sonnenlauf, muß ich im Rahmen der verbleibenden Zeit etwas summarischer behandeln. Wir haben schon gesehen, daß der Sonnengott, nachdem er über eine ungeschiedene Welt von Menschen und Göttern geherrscht hatte, den Himmel von der Erde getrennt hat. Seitdem befährt er ihn Tag für Tag in einer Barke von Osten nach Westen, um dann die Unterwelt in der Gegenrichtung zu durchfahren und am nächsten Morgen im Osten wieder aufzugehen. Diese Sonnenfahrt wird in einer Fülle mythischer Bilder entfaltet und in Hunderten von Texten, vor allem Sonnenhymnen[42] aber auch den Weltbeschreibungen der sogenannten Unterweltsbücher[43], dargestellt. Dieser Mythos spielt also nicht wie der Osiris-Mythos „in illo tempore", in der mythischen Urzeit, die immer gleich vergangen und gleich gegenwärtig ist, sondern er spielt „in hoc tempore", in dieser unserer je gegenwärtigen Zeit, und er spielt nicht nur in dieser Zeit sondern *ist* diese Zeit: sein Thema ist das Wesen und das Funktionieren der Zeit.

In dieser Mythologie steht daher der Kosmos im Vordergrund. Hier wird in Bildern veranschaulicht, wie der Kosmos funktioniert. Jedes dieser Bilder läßt aber zugleich auch mindestens eine der beiden anderen Dimensionen – Staat und Tod – sichtbar werden. Der Son-

---

[41] In ihr liegt das Geheimnis der Kontinuität beschlossen, die sich der Ägypter als Verbindung von Gestern und Morgen oder auch von Neheh und Djet denkt. Neheh und Djet sind die beiden ägyptischen Zeit- oder auch Ewigkeitsbegriffe. Neheh bedeutet soviel wie die in der unendlichen Wiederkehr der Tage und Jahre kreisende Zeit, Djet die unwandelbare Fortdauer dessen, was in dieser kreisenden Zeit zur Vollendung gereift ist. Osiris ist der Herr der Djet-Ewigkeit als unwandelbarer Fortdauer. In seiner kosmischen Bedeutung erzählt der Mythos, wie es zu dieser Djet kommt und was es mit ihr auf sich hat. Er vermittelt dem Menschen die Hoffnung, auch seinerseits in den heiligen Raum der Dauer einzugehen, wenn er durch den Vollzug der Totenriten zu Osiris wird.

[42] Die wichtigsten Sonnenhymnen habe ich in deutscher Übersetzung zusammengestellt in: Verf. 1975a. Für eine Untersuchung der kultischen Sonnenhymnik vgl. Verf. 1969. Für eine kommentierte Edition der wichtigsten ägyptischen Texte vgl. Verf. 1983c, sowie für eine religionsgeschichtliche Auswertung der ägyptischen Sonnenhymnik Verf. 1983b.

[43] Mit dieser Literatur hat sich vor allem Erik Hornung in zahlreichen Publikationen und Editionen beschäftigt. An Übersetzungen und Einführungen vgl. besonders Erik Hornung 1997, 1991 und 1984.

nenlauf bildet gewissermaßen den Pulsschlag des Kosmos, den sich der Ägypter als einen
Prozeß, und nicht als einen Raum denkt. Im Sonnenlauf wiederholt sich die Schöpfung, die
auf ägyptisch „das erste Mal" heißt, das erste Mal nämlich von etwas, das sich Morgen für
Morgen wiederholt.[44] Daher heißt es immer wieder, daß der Sonnengott am Morgen „aus
dem Urwasser" aufsteigt. Das Urwasser, also das ägyptische Äquivalent zum biblischen
tohuwabohu und zum griechischen Chaos, ist mit der Kosmogonie nicht überwunden, sondern umgibt und durchdringt weiterhin die Erde, und alles, was damit in Berührung kommt,
erneuert sich wie beim „Ersten Mal".[45]

Der einzige Unterschied zwischen dem ersten Mal und allen weiteren Malen ist die Anwesenheit des Feindes. Das erste Mal vollzieht sich ohne Widerstand. Anders etwa als für
die Mesopotamier vollzieht sich für die Ägypter die Weltentstehung ohne Kampf und Konflikt. Bei seiner täglichen Fahrt durch Himmel und Unterwelt stellt sich jedoch dem Sonnengott in Gestalt einer riesigen Wasserschlange ein Feind entgegen, der das Urwasser des
Himmelsozeans auszusaufen und die Sonnenbarke auf den himmlischen Sandbänken stran-
den zu lassen droht. Genau wie im Falle des Osiris-Mythos gewinnt durch die Anwesenheit
des Feindes auch der Sonnenmythos über seinen kosmischen Charakter, als Erzeugung von
Licht, Wärme und Zeit, hinaus auch den eminent politischen Sinn einer Ausübung von
Herrschaft, als Durchsetzung von Gerechtigkeit und Ordnung (Ma'at).[46] Der Sonnenlauf ist
also kein perpetuum mobile, sondern bedarf einer unausgesetzten Anstrengung, kraft derer
der Fortbestand der Welt, die Inganghaltung des kosmischen Prozesses, der von der Wasserschlange Apopis verkörperten Gravitation zu Stillstand und Auflösung abgerungen werden muß. Durch die Konfrontation mit Apopis gewinnt die Sonnenfahrt den Charakter eines
Sieges, ägyptisch: einer „Rechtfertigung gegen". Re muß sich gegen Apopis rechtfertigen,
um die Herrschaft aufrechtzuerhalten, genau wie sich Osiris gegen Seth rechtfertigen muß,
um die Herrschaft zurückzugewinnen.[47]

Seth[48] spielt übrigens in beiden Mythen, im Sonnenmythos und im Osirismythos, eine
jeweils entgegengesetzte Rolle. Im Sonnenmythos kämpft er auf Seiten des Sonnengottes.
Er steht am Bug der Sonnenbarke und sticht seinen gewaltigen Speer in den Apopisdrachen,
so daß dieser alles Wasser, das er eingeschlürft hat, wieder von sich geben muß. Diese
Doppelrolle des Seth zeigt, daß die Ägypter zwar den Tod als Feind und Verkörperung des
Bösen, aber nicht als das absolute Böse betrachtet haben. Auch der Tod wirkt im Rahmen
der Weltordnung, er bedroht nicht die Welt von außen, sondern das Leben von innen. Re
macht sich in seinem ständigen Kampf gegen die zerstörerischen Kräfte, die sich seinem
Werk der In-Gang-Haltung der Weltordnung entgegenstellen, den Tod zu nutze und bietet

---

[44] Zu ägyptischen Schöpfungsvorstellungen vgl. James P. Allen 1988; Susanne Bickel 1994.
[45] Zur fortwirkenden Gegenwart des Urwassers in der geschaffenen Welt vgl. Erik Hornung 1956.
      Zur Idee der Erneuerung vgl. ders. 1977.
[46] Vgl. hierzu Verf. 1990b, 6. Kapitel. Zum Prinzip der „Gespaltenen Welt" vgl. auch ders. 1996,
      211–222.
[47] Vgl. Hellmut Brunner 1983.
[48] Zu diesem Gott vgl. Herman te Velde 1977.

ihn gegen Apopis, die Personifikation der absoluten Zerstörung, auf. Seth kann aus der Welt nicht eliminiert werden, ohne sie nicht zum Stillstand zu bringen.

Diesem Kampf schauen die Menschen nicht gleichgültig zu, denn von seinem Ausgang hängt ihr Wohlergehen ab. Der Sonnenlauf wird daher auf Erden mit Riten begleitet, die auf dem Parallelismus von Kosmos und Königtum basieren. Die Feinde Pharaos werden mit dem Sonnenfeind gleichgesetzt und dessen Schicksal ausgeliefert, nach dem Prinzip: „Komm zu Pharao, Re, fälle ihm seine Feinde wie er dir Apopis gefällt und dir den Bösartigen bestraft hat".[49] Zugleich mit der kosmischen Wohlfahrt sollen diese Riten auch die politische „Wohlfahrt" befördern und mit dem Sonnenlauf auch die pharaonische Herrschaft in Gang halten:

> Wenn man den Feind nicht köpft, den man vor sich hat
> aus Wachs, auf Papyrus oder aus Holz nach den Vorschriften des Rituals,
> dann werden sich die Fremdländer gegen Ägypten empören
> und Bürgerkrieg und Revolution im ganzen Land entstehen.
> Man wird auf den König in seinem Palast nicht hören
> und das Land wird seiner Schutzwehr beraubt sein.[50]

Das politische Handeln des Königs bildet das weltinganhaltende, kosmosschaffende Handeln des Sonnengottes auf Erden ab. Zu diesem Zweck und als sein Ebenbild[51] hat der Sonnengott den König, d. h. den Staat auf Erden, eingesetzt. Hierzu gibt es einen sehr zentralen, oft kopierten Text, in dem über die Beziehung von König und Sonnengott u. A. folgendes gesagt wird:

> Re hat den König N. N. eingesetzt
> auf der Erde der Lebenden
> für unendliche Zeit und unwandelbare Dauer
> beim Rechtsprechen den Menschen, beim Zufriedenstellen der Götter,
> beim Verwirklichen des Rechts [Ma'at], beim Vernichten des Unrechts [jsfet];
> er gibt den Göttern Opferspeisen,
> und den Verklärten Totenopfer.[52]

So wie Re im Himmel, so setzt der König auf Erden die Gerechtigkeit durch und vertreibt das Unrecht. So wie der Sonnenlauf nach dem Modell staatlicher Herrschaftsausübung modelliert ist, so versteht sich die Herrschaftsausübung des Königs als Abbild des Sonnenlaufs. Das ist das Prinzip der mutuellen Modellierung, das dem mythischen Denken in Ägypten zugrundeliegt.

---

[49] pBM 10188, 22.4 vgl. dazu Raymond O. Faulkner 1936–1938 sowie ders. 1933.

[50] Pap. Jumilhac XVII.19–XVIII,11: es handelt sich um eine wesentlich längere Darstellung des Zusammenhangs zwischen Riten und kosmischer wie politischer Ordnung, aus der oben nur einige Sätze zitiert wurden. Jaques Vandier 1960, 129f. Zum Zusammenhang zwischen Ritual und Politik in Ägypten vgl. auch Verf. 2000, 86–89.

[51] Bild Gottes ist im Ägypten des Neuen Reichs die häufigste Bezeichnung des Königs, vgl. dazu Boyo Ockinga 1984, 7. Auch in Mesopotamien ist der König „Bild Gottes". Das hierfür verwendete Wort salmu entspricht hebr. säläm, das in Gen 2,26–27 für den Menschen als Bild Gottes verwendet wird.

[52] Zu diesem Text vgl. Verf. 1970.

Aber auch die Sinndimension des Todes spielt hier eine zentrale Rolle. Zwischen Sonnenuntergang und Sonnenaufgang steigt der Sonnengott in die Unterwelt hinab, erweckt die Toten aus ihrem Todesschlaf, spendet ihnen Licht und Luft, redet sie mit seinem Herrscherwort an und weist ihnen Nahrung zu, richtet die Bösen, überwindet den Apopisdrachen, der sich ihm auch hier entgegenstellt, und teilt selbst das Schicksal der Toten, in dem er sich mit Osiris als seinem Leichnam vereinigt.[53] Aus dieser Vereinigung wächst ihm die Kraft der Erneuerung zu. In Osiris und Re vereinigen sich Anfang und Ende, Gestern und Morgen, wie es im 17. Totenbuchkapitel heißt.

> Was „Gestern" betrifft, das ist Osiris.
> Was „Morgen" betrifft, das ist Re.[54]

Von der Sinndimension des Todes her betrachtet, erscheint der Sonnenmythos als die zentrale ägyptische Heilsgeschichte. Das Geheimnis des Heils und die große Verheißung der Unsterblichkeit liegt in der Kreisbahn, die den Sonnengott im Verlauf eines jeden Tag-Nacht-Zyklus' die Pole von Geburt und Tod durchlaufen läßt. Im Sonnenmythos schwängert der Sonnengott seine eigene Mutter, die Himmelsgöttin, indem er des Abends in ihren Mund eingeht und am Morgen aus ihrem Schoß heraustritt, ein ewig kreisläufiger Prozeß vaterloser Reproduktion. Diese Ausdeutung des scheinbaren Kreislaufs der Sonne um die Erde verleiht der ägyptischen Unsterblichkeitshoffnung eine natürliche Evidenz. Die Sonne lebt vor, was jeder nachleben möchte: Die Lebenslinie zum Kreis formen, zum Ursprung zurückkehren, den Tod überwinden, indem er als Empfängnis vollzogen und mit der Geburt zur Deckung gebracht wird.

Von dem griechischen Arzt und Philosophen Alkmaion von Kroton, einem Schüler des Pythagoras, überliefert Aristoteles folgenden rätselhaften Satz:

> Alkmaion sagt, daß die Menschen darum vergehen, weil sie nicht die Kraft haben, das Ende mit dem Anfang zu verknüpfen.[55]

Genau dies scheinen die Ägypter angestrebt zu haben. Daher wird der Sarg der Himmelsgöttin Nut gleichgesetzt und die Sarglegung nach dem Vorbild der Sonne als eine Rückkehr in den Mutterschoß vollzogen.[56] Sarginschriften lassen die Himmelsgöttin zum Toten sagen:

> Ich lege dich in mich hinein, ich gebäre dich zum zweitenmal,
> so daß du aus- und eingehst unter den Unvergänglichen Sternen
> und erhoben, lebendig und verjüngt bist wie der Sonnengott Tag für Tag![57]

---

[53] Vgl. Erik Hornung 1991.
[54] Erik Hornung 1979, 60f.
[55] „*Tous anthropous phesin Alkmaion dia touto apollysthai, hoti ou dynantai ten archen to telei proshapsai.*" Fr. 2 nach Aristoteles, Probl. 17.3, vgl. Hermann Diels / Walther Kranz 1964, I, 215.
[56] Zu dieser Idee vgl. Verf. 2001, 7. Kapitel.
[57] Sargbrett LD III 271d.

Hier erfüllt sich die Unsterblichkeitssehnsucht als *imitatio solis* in der zyklischen Zeit unendlicher Erneuerung. In der Sonnen-Nachfolge will der Tote sein eigener Vater werden und sich im Schoß der Muttergöttin ewig selbst hervorbringen.

Der Sonnenmythos handelt zwar vom Kosmos, aber zugleich auch vom Tod, indem er den Tod als ein Durchgangsstadium im ewigen Kreislauf der zyklischen Zeit und damit als das Geheimnis der Erneuerung darstellt. Umgekehrt handelt der Osirismythos zwar vom Tod, aber zugleich auch vom Kosmos, indem er den Tod als Durchgangsstadium zu einem elysischen Raum der Unsterblichkeit darstellt. Das Besondere der ägyptischen Mythologie liegt nun darin, daß diese beiden Mythen sich nicht etwa widersprechen, sondern komplementär ergänzen. Sie gehören untrennbar zusammen. Ich habe hier nicht etwa zwei beliebige, wenn auch zentrale Mythen herausgegriffen, sondern *den* ägyptischen Doppelmythos vorgestellt, in dem sich das ägyptische Weltbild artikuliert. In der kosmischen Dimension entspricht diesem Doppelmythos das Doppelgesicht der Zeit, die sich der Ägypter als Verbindung von Neheh und Djet denkt.[58] Neheh und Djet sind die beiden ägyptischen Begriffe für Zeit – oder auch Ewigkeit. Neheh bedeutet soviel wie die in der unendlichen Wiederkehr der Tage und Jahre kreisende Zeit, Djet die unwandelbare Fortdauer dessen, was in dieser kreisenden Zeit zur Vollendung gereift ist. Osiris ist der Herr der Djet-Ewigkeit als unwandelbarer Fortdauer, Re ist der Herr der Neheh-Zeit als unendlicher Erneuerung. In seiner kosmischen Bedeutung erzählt der Osiris-Mythos, wie es zu der Djet-Zeit kommt und was es mit ihr auf sich hat. Er vermittelt dem Menschen die Hoffnung, auch seinerseits in den heiligen Raum der Dauer einzugehen, wenn er durch den Vollzug der Totenriten und die Rechtfertigung im Totengericht zu Osiris wird. Der Sonnenmythos dagegen stellt dar, wie der Sonnenlauf die Neheh-Zeit generiert, indem der Sonnengott unaufhörlich den Zyklus von Leben und Tod durchläuft. Er vermittelt dem Menschen die Hoffnung, sich auch seinerseits im Tod zu erneuern, indem er in den Sarg als den Mutterschoß zurückkehrt und daher seinen Lebenslauf nach dem Vorbild des Sonnenlaufs zur Kreisbahn formt. In der Osiris-Nachfolge will der Verstorbene in die Gestalt des „toten Vaters" eingehen, dessen Sohn im Diesseits seine Stellung hält und sein Gedächtnis bewahrt. Osiris steht für das väterliche Prinzip, die Normen der Kultur, die linerare Zeit menschlichen Handelns und Leidens. Das Sonnenschicksal dagegen steht für das mütterliche Prinzip, die ewig kreisläufige Regeneration der Natur, die zyklische, reversible Zeit des kosmischen Lebens. Osirismythos und Sonnenmythos gehören zusammen wie lineare und zyklische Zeit, Geschichte und Kosmos, Erinnerung und Erneuerung. Das sind Gegensätze, die das ägyptische Denken nicht gegeneinander ausspielt, sondern zu einer höheren Einheit verbindet.

Dieselbe Verbindung des Osirianischen und des Solaren zeigt sich auch auf der staatlichen Ebene. Jeder König ist zugleich Sohn seines Vorgängers und Sohn des Sonnengottes. Er ist doppelt legitimiert: einmal, indem er als Horus das Erbe des zu Osiris gewordenen Vorgängers antritt, und zum anderen, indem er auf Erden das herrschaft-durchsetzende, kosmos-schaffende Wirken des Sonnengottes abbildet. Auf dieser Doppelrolle des Königs

---

[58] Vgl. hierzu Verf. 1975b; Verf. 1983a.

beruht die Kontinuität des Staates: einmal in der unzerreißbaren dynastischen Kette, in der nach dem Prinzip „le roi est mort – vive le roi" das Königtum als Ka vom Vorgänger auf den Nachfolger übergeht und beide in der Vater-Sohn-Konstellation verknüpft (was immer auch die tatsächlichen Verwandtschaftsverhältnisse sein mögen), und zum anderen in der Abbildbeziehung zum Sonnenlauf, in der durch den Vollzug der Riten die irdischen Verhältnisse den himmlischen angeglichen und die Geschichte des Landes dem kosmischen Leben integriert wird.

Ich glaube, es ist deutlich geworden, in welcher Weise beide mythischen Komplexe, der Osirismythos und der Sonnenmythos, die Sinndimensionen Kosmos, Staat und Tod bzw. Welt, Gesellschaft und Mensch umfassen und zueinander in Beziehung setzen. Beide Mythen erzeugen Sinn dadurch, daß sie diese Sphären sich ineinander spiegeln lassen. Mythos erscheint hier als Denk- und Ausdrucksform eines Weltverhältnisses, das ich „symbiotisch" nennen möchte. Das Göttliche steht der Welt nicht gegenüber, sondern durchdringt und beseelt sie von innen. Es ist der Welt in den drei Sinndimensionen des Kosmos, des Staats und des Todes oder, allgemeiner gesagt, des menschlichen Lebensschicksals eingeschrieben. Erst im Monotheismus und in der griechischen Philosophie emanzipiert sich das Göttliche aus seiner symbiotischen Eingebundenheit in Kosmos, Gesellschaft und Schicksal und tritt der Welt als eigenständige Größe gegenüber. Im gleichen Zuge emanzipiert sich auch der Mensch aus seinem symbiotischen Weltverhältnis und entwickelt sich in Partnerschaft mit dem außerweltlichen, aber weltzugewandten Einen Gott zum autonomen bzw. theonomen Individuum. Damit emanzipieren sich Gott und Mensch aus den Grenzen des mythischen Denkens. Geistige Orte werden gewonnen, von denen aus sich wahr und falsch unterscheiden läßt. Im Lichte dieser Unterscheidung verliert der Mythos seine unbedingte Verbindlichkeit und wird zum Spiel, zur Fabel, zur Metapher, in deren Gewand er jedoch, das soll abschließend betont werden, weiterhin seine orientierenden, fundierenden und motivierenden Impulse ausübt.

Mythos als Denkform und Wissensform bemißt sich nicht nach seinem kritisch überprüfbaren Wahrheitsgehalt, sondern nach seiner konnektiven Leistung, d. h. nach dem Grad, in dem es ihm gelingt, die Dimensionen der Wirklichkeit zu einander in Beziehung zu setzen und in einander zur Erscheinung zu bringen. Es geht nicht darum, die astronomischen Gesetzmäßigkeiten der scheinbaren Bewegung der Sonne um die Erde zu ergründen, sondern darzustellen, was dieser „Sonnenlauf" für das kosmische, staatliche und menschliche Leben bedeutet.

Literatur

Allen, James P. (1988): Genesis in Egypt. The Philosophy of Ancient Egyptian Creation Accounts, New Haven.

Assmann, Aleida (1980): Die Legitimität der Fiktion, München.

Assmann, Aleida und Assmann, Jan (1998): „Mythos", in: Cancik, H. et al. (Hg.): Handwörterbuch religionswissenschaftlicher Grundbegriffe Bd. IV, Stuttgart, 179–200.

Assmann, Jan (1969): Liturgische Lieder an den Sonnengott. Untersuchungen zur altägyptischen Hymnik I (Münchner Ägyptol. Studien 19), Berlin.

Assmann, Jan (1970): Der König als Sonnenpriester. Ein kosmographischer Begleittext zur kultischen Sonnenhymnik in thebanischen Tempeln und Gräbern (ADAIK 7), Glückstadt.

Assmann, Jan (1975a): Ägyptische Hymnen und Gebete, Zürich / München (Neuausgabe Fribourg 1999).

Assmann, Jan (1975b): Zeit und Ewigkeit im alten Ägypten. Ein Beitrag zur Geschichte der Ewigkeit (Abh. d. Heidelberger Akademie der Wissenschaften), Heidelberg.

Assmann, Jan (1977): „Die Verborgenheit des Mythos in Ägypten", in: Göttinger Miszellen 25, 7–43.

Assmann, Jan (1983a): „Das Doppelgesicht der Zeit im altägyptischen Denken", in: Mohler, A. / Peisl, A. (Hg.): Die Zeit (Schriften der C. F. v. Siemens-Stiftung Nr.6), München, 189–223 (wiederabgedruckt in: Stein und Zeit. Mensch und Gesellschaft im Alten Ägypten, München 1991, 32–58).

Assmann, Jan (1983b): Re und Amun. Die Krise des polytheistischen Weltbilds im Ägypten der 18.–20. Dynastie (Orbis Biblicus et Orientalis 51), Fribourg / Göttingen.

Assmann, Jan (1983c): Sonnenhymnen in Thebanischen Gräbern (THEBEN I), Mainz.

Assmann, Jan (1990a): „Die Macht der Bilder. Rahmenbedingungen ikonischen Handelns im Alten Ägypten", in: Genres in Visual Representations, Visible Religion VII, 1–20.

Assmann, Jan (1990b): Ma'at. Gerechtigkeit und Unsterblichkeit im Alten Ägypten, München.

Assmann, Jan (1996): Ägypten. Eine Sinngeschichte, München.

Assmann, Jan (1998): Moses der Ägypter. Entzifferung einer Gedächtnisspur, München.

Assmann, Jan (2000): Herrschaft und Heil. Politische Theologie in Altägypten, Israel und Europa, München.

Assmann, Jan (2001): Tod und Jenseits im Alten Ägypten, München.

Baines, John (1996): „Myth and Literature", in: Loprieno, A. (Hg.): Ancient Egyptian Literature. History and Forms, Leiden, 361–377.

Baines, John (1999): „Prehistories of Literature: Performance, Fiction, Myth", in: Moers, G. (Hg.): Definitely: Egyptian Literature (Lingua Aegyptia: Studia Monographica 2), Göttingen, 17–41.

Barta, Winfried (1973): Untersuchungen zum Götterkreis der Neunheit (MÄS 28), München.

Bell, Lanny (1985): „Luxor Temple and the Cult of the Royal Ka", in: Journal of Near Eastern Studies 44, 251–294.

Bickel, Susanne (1994): La cosmogonie égyptienne avant le Nouvel Empire (Orbis Biblicus et Orientalis 134), Fribourg / Göttingen.

Blumenberg, Hans (1979): Arbeit am Mythos, Frankfurt a. M.

Blumenberg, Hans (1981): Die Lesbarkeit der Welt, Frankfurt a. M.

Brunner, Hellmut (1983): „Seth und Apophis – Gegengötter im ägyptischen Pantheon?", in: Saeculum 34, 226–234.

Buck, A. de (1935): The Egyptian Coffin Texts I, Chicago.

Burke, Peter (1990): Vico: Philosoph, Historiker, Denker einer neuen Wissenschaft, Frankfurt a. M.

Cassirer, Ernst (1925): Philosophie der symbolischen Formen, Bd. II: Das mythische Denken, Berlin.

Conrad, Dieter (1990): „Der Begriff des Politischen, die Gewalt und Gandhis gewaltlose politische Aktion", in: Assmann, J. / Harth, D. (Hg.): Kultur und Konflikt, Frankfurt a. M., 72–112.

Däubler, Theodor (1919): Hymne an Italien, Leipzig.

Diels, Hermann / Kranz, Walther (Hg.) (1964): Die Fragmente der Vorsokratiker I, Zürich / Berlin.

Eco, Umberto (1994): Die Suche nach der vollkommenen Sprache, München.

Erman, Adolf (1923): Die Literatur der Ägypter, Leipzig.

Faulkner, Raymond O. (1933): The Papyrus Bremner-Rhind (British Museum no. 10188). (Fondation Égyptologique Reine Élisabeth), Bruxelles.

Faulkner, Raymond O. (1936–1938): „The Bremner-Rhind Papyrus: I–IV.", in: JEA 22 (1936), 121–140; 23 (1937) 10–16, 166–185; 24 (1938) 41–53.

Goldziher, Ignaz (1876): Der Mythos bei den Hebräern und seine geschichtliche Entwicklung, Leipzig.

Griffiths, John G. (1980): The Origin of Osiris and his Cult, Leiden.

Griffiths, John G. (Hg.) (1970): Diodorus Siculus, Bibliotheca hist. I, 11–27. De Iside et Osiride, Cardiff.

Hopfner, Theodor (1940): Plutarch über Isis und Osiris, Prag.

Hornung, Erik (1956): „Chaotische Bereiche in der geordneten Welt", in: Zeitschrift für Ägyptische Sprache und Altertumskunde 81, 28–32.

Hornung, Erik (1977): „Verfall und Regeneration der Schöpfung", in: Eranos-Jahrbuch 46, 411–449.

Hornung, Erik (1979): „Die Tragweite der Bilder", in: Eranos-Jahrbuch 48, 183–237.

Hornung, Erik (1979): Das Totenbuch der Ägypter, Zürich.

Hornung, Erik (1982): Der ägyptische Mythos von der Himmelskuh: eine Ätiologie des Unvollkommenen (OBO 46), Fribourg / Göttingen.

Hornung, Erik (1984): Ägyptische Unterweltsbücher, Zürich.

Hornung, Erik (1991): Die Nachtfahrt der Sonne. Eine altägyptische Beschreibung des Jenseits, Zürich.

Hornung, Erik (1997): Altägyptische Jenseitsführer. Ein einführender Überblick, Darmstadt.

Junge, Friedrich (1994): „Mythos und Literarizität: Die Geschichte vom Streit der Götter Horus und Seth", in: Behlmer, H. (Hg.): Querentes Scientiam (Fs. W. Westendorf), Göttingen, 96–101.

Kees, Hermann (1928): „Ägypten", in: Bertholet, A. (Hg.): Religionsgeschichtliches Lesebuch, Heft 10, Tübingen, 28–29.

Luft, Ulrich (1978): Beiträge zur Historisierung der Götterwelt und zur Mythenschreibung (Stud.Aeg. IV), Budapest.

Macho, Thomas (1987): Todesmetaphern, Frankfurt a. M.

Meier, Heinrich (1994): Die Lehre Carl Schmitts. Vier Kapitel zur Unterscheidung politischer Theologie und politischer Philosophie, Stuttgart.

Meier, Heinrich (1998): Carl Schmitt, Leo Strauss und der „Begriff des Politischen". Zu einem Dialog unter Abwesenden, Stuttgart.

Moret, Alexandre (1930): „La légende d'Osiris à l'époque thébaine d'après l'hymne à Osiris du Louvre", in: BIFAO 30, 725–750.

Ockinga, Boyo (1984): Die Gottebenbildlichkeit im Alten Ägypten und im Alten Testament (Ägypten und Altes Testament. Studien zu Geschichte, Kultur und Religion Ägyptens und des Alten Testaments), Wiesbaden.

Redford, Donald B. (1986): Pharaonic King-Lists, Annals and Day Books. A Contribution to the Study of the Egyptian Sense of History (SSEA Publ. IV), Mississauga.

Roeder, Günther (1923): Urkunden zur Religion des Alten Ägypten, Jena.

Rossi, Paolo (1969): „La religione dei geroglifi e le origini della scrittura", in: ders., Le terminate antichitè. Studi vichiani. (Saggi di varia umanità 9), Pisa, 81–131.

Schmitt, Carl (1932): Der Begriff des Politischen, Berlin.

Sethe, Kurt (1908–1922): Die altägyptischen Pyramidentexte, Leipzig.

Sethe, Kurt (1928): Dramatische Texte zu altägyptischen Mysterienspielen, Leipzig.

Vandier, Jaques (1960): Le Papyrus Jumilhac, Paris.

Velde, Herman te (1977): „The theme of the separation of Heaven and Earth in Egyptian Mythology", in: Studia Aegyptiaca 3, 161–70.

Velde, Herman te (1977): Seth, God of Confusion. A Study of his Role in Egyptian Mythology and Religion. Reprint with some corrections (Probleme der Ägyptologie, hg. v. Wolfgang Helck, 6), Leiden.

Verhoeven, Ursula (1985): „Tefnut", in: Lexikon der Ägyptologie VI, 296–304.

Yates, Francis A. (1994): The Art of Memory, London 1966, repr. London 1994.

Zeidler, Jürgen (1993): „Zur Frage der Spätentstehung des Mythos in Ägypten", in: Göttinger Miszellen 132, 85–109.

STEFAN M. MAUL

Altorientalische Schöpfungsmythen

Betrachtet man die akkadischen (d. h. die assyrisch-babylonischen) Begriffe, die „Vergangenes" und „Zukünftiges" bezeichnen, nicht nur als Wortentsprechungen zu den jeweils zugeordneten deutschen Begriffen, ist eine zunächst erstaunliche Entdeckung zu machen. Ein Blick auf die Etymologie der Zeitbegriffe wie „früher": *pāna, pān*; *pānānu*; *pāni*; *pānû* oder „frühere Zeit, Vergangenheit": *pānātu*; *pānītu, pān*, zeigt, daß diese Begriffe zu akkadischem *pānum*, „Vorderseite", im Plural *pānū* „Gesicht" gehören. Die sumerischen Entsprechungen zu den akkadischen Zeitbegriffen der Vergangenheit sind mit dem Wort igi gebildet, das „Auge", „Gesicht" und dann auch „Vorderseite" bedeutet. In den akkadischen und sumerischen Zeitbegriffen der Vergangenheit wird das zugrundeliegende Wort „Vorderseite" gebraucht im Sinne von „etwas, das vor dem Betrachter / im Angesicht des Betrachters liegt". Ähnliches ist auch für die Begriffe, die Zukünftiges bezeichnen, zu beobachten. Akkadisches *(w)arka, (w)arkānu(m), (w)arki* in der Bedeutung „später, danach", *(w)arkû(m)* in der Bedeutung „zukünftig" und *(w)arkītu(m)*, „Späteres, spätere Zeit, Zukunft" gehören zu dem Wort *(w)arkatu(m)*, „Rückseite, Hinteres". Auch die entsprechenden sumerischen Begriffe (eger; murgu; bar) bedeuten ursprünglich „Hinteres" und „Rückseite". Obgleich dieses für das Verständnis der mesopotamischen Kultur höchst wichtige Problem der Eigenbegrifflichkeit hier nicht näher betrachtet werden soll, wird doch deutlich, daß für einen Babylonier die Vergangenheit vor ihm, ihm „im Angesicht" daliegt, wohingegen das Kommende, Zukünftige (*warkītum*), das ist, was er als hinter sich, in seinem „Rücken" liegend betrachtet. In der Gedankenwelt unserer eigenen modernen Gesellschaft wird jedoch das Umgekehrte als selbstverständlich hingenommen. Fest glauben wir, daß unser Blick nach vorn gerichtet ist, wenn wir „in die Zukunft schauen". Und kein Zweifel erschüttert unsere Überzeugung, daß die Vergangenheit in unserem Rücken, also hinter uns liegt. Während wir „der Zukunft zugewandt" auf der Zeitachse nach vorne schreiten, bewegten sich die Mesopotamier zwar ebenso wie wir auf dieser Achse in Richtung auf die Zukunft fort, ihr Blick war dabei jedoch in die Vergangenheit gerichtet. Sie bewegten sich gewissermaßen mit dem „Rücken" nach vorn, rückwärts gehend, in die Zukunft. Ohne das hier gewählte Bild überstrapazieren zu wollen, liegt nahe, daraus zu folgern, daß das ‚Augenmerk' der mesopotamischen Kultur in die Vergangenheit und damit letztlich auf den Urpunkt allen Seins gerichtet ist.

In der Tat ist das Interesse der mesopotamischen Kultur an der eigenen Vergangenheit allgegenwärtig: So ließen z. B. die babylonischen und assyrischen Könige des ersten vorchristlichen Jts. ihre Inschriften in einer Kunstsprache verfassen, die sich an der altertümlichen, als klassisch empfundenen akkadischen Sprache des beginnenden 2. Jts. v. Chr. orientierte. Die offiziellen Inschriften der neubabylonischen Könige aus dem 6. Jh. v. Chr. wurden darüber hinaus sogar häufig mit sehr archaischen Keilschriftzeichenformen niedergeschrieben, die im Alltagsleben etwa 2000 Jahre zuvor in Gebrauch waren. Die Schreiber legten – wie moderne Assyriologen – paläographische Zeichenlisten an und fertigten Tontafelfaksimiles, die so gelungen erscheinen, daß sich in der Gegenwart mancher Assyriologe über das wahre Alter des Dokumentes täuschen ließ. Der hochgelehrte neuassyrische König Assurbanipal (668–627 v. Chr.) rühmte sich gar, Inschriften „aus der Zeit vor der Sintflut"[1] entziffern zu können. Die wohl älteste Sprache der mesopotamischen Kulturen, das mit keiner bekannten Sprache verwandte Sumerische, galt noch um die Zeitenwende – 2000 Jahre, nachdem es als gesprochene Sprache aufgehört hatte zu existieren – als heilige Sprache, in der man die Götter anredete. Und Texte, die bereits im 3. Jt. v. Chr. entstanden, waren noch im 1. vorchristlichen Jahrhundert wesentlicher Bestandteil des Götterkultes.

Interesse an der Vergangenheit manifestierte sich jedoch keineswegs nur in der Verwendung von Sprache und Schrift, sondern betraf auch die materielle Kultur: Überraschend erscheint dem modernen Leser die in neubabylonischen Königsinschriften keineswegs selten anzutreffende Schilderung, daß im Auftrage des Königs in den Tempelbezirken der wichtigen Städte Babyloniens großflächige archäologische Ausgrabungen unternommen wurden.[2] Die Reste der Fundamente von uralten, oft seit langem vergessenen Kulteinrichtungen wollten die Babylonier freilegen, um „den ursprünglichen Zustand wiederherstellen" zu können, ohne dabei auch nur einen „Finger breit" von dem alten, uranfänglichen Plan „abzuweichen".

Unsere eingangs geäußerte und nur auf der Betrachtung der akkadischen Zeitbegriffe fußende Vermutung, das ‚Augenmerk' der mesopotamischen Kultur sei in die Vergangenheit und damit letztlich auf den Urpunkt allen Seins gerichtet, findet auch in zahlreichen keilschriftlichen Bauinschriften eine glänzende Bestätigung. Denn in diesen Texten betonen die königlichen Bauherren immer wieder ihre Absicht, in dem jeweiligen Neubau Verhältnisse aus „den Tagen der Ewigkeit" wiedererstehen zu lassen. In die gleiche Richtung weist auch die für solche Bauberichte kennzeichnende (akkadische) Wendung *„ana ašrīšu turru"*. In den Wörterbüchern wird sie zwar sachlich richtig, eigenbegrifflich aber eher unscharf mit „wiederherstellen" oder „restaurieren" wiedergegeben. Wörtlich übersetzt bedeutet sie „(eine Sache) an den jeweils für sie vorgesehenen / an den ihr (seit jeher) zugewiesenen Platz zurückführen". In dieser Formulierung spiegelt sich die mesopotamische Vorstellung, daß

---

[1]   Vgl. M. Streck 1916, Bd. II, 256, Tontafelinschrift L4, Kol. I, Z. 18 (*abnī ša lām abūbi*).
[2]   Hierzu vgl. G. Goosens 1948.

alle Dinge im Kosmos über einen festen, unverrückbaren Platz verfügten, den die Götter ihnen im Schöpfungsakt auf ewig zugewiesen hatten.

Ein Blick in die zahlreichen mythischen Texte Mesopotamiens zeigt sehr rasch, daß auch sämtliche kulturellen Errungenschaften – sei es die Baukunst oder die Kunst der Schreiber, sei es das Wissen der Handwerker oder das der Ärzte und Beschwörer – als Weisheit des Gottes Ea angesehen wurden, die dieser den Menschen zum Anbeginn der Zeiten offenbart hatte. Noch im 3. Jh. v. Chr. hielt Berossos, ein Marduk-Priester, der mit seinem griechisch-sprachigen Werk *Babyloniaka*[3] der hellenistischen Welt Geschichte und Kultur des alten Zweistromlandes nahebringen wollte, ein solches Selbstverständnis der babylonischen Kultur für wesentlich: Ein fischgestaltiges Wesen (aus keilschriftlichen Texten wissen wir, daß es als eine Erscheinungsform des Weisheitsgottes Ea galt) sei, so Berossos, im ersten Jahre der Welt, also unmittelbar nach Erschaffung von Himmel, Erde und Menschen, aus dem persischen Golf gestiegen und habe „die Menschen die Schriftkunde und die mannigfaltigen Verfahrensweisen der Künste, die Bildungen von Städten und die Gründungen von Tempeln gelehrt".[4] Ein erst jüngst bekannt gewordener Mythos aus dem frühen 2. vorchristlichen Jh.[5] bestätigt die Nachricht des Berossos, daß man in Babylonien auch die Gründung eines Tempels auf göttliches Wirken zurückführte. Im Mittelpunkt dieses Mythos steht die Urgeschichte des Eanna, des Haupttempels der südmesopotamischen Stadt Uruk. Dieser (tatsächlich existierende, sichtbare) Tempel galt, obgleich hundertfach restauriert, dem Text zufolge in seinem Ursprung keineswegs als Menschenwerk. Vielmehr habe der Himmelsgott An, in der Urzeit von seiner Tochter Inanna-Ischtar gezwungen, seinen himmlischen Palast freigegeben und zur Erde herabgelassen, damit dieser nunmehr der Göttin als irdische Wohnstätte dienen könne.

Spätestens an dieser Stelle wird offenbar, daß in einem mesopotamischen Tempel mythischer Raum (bzw. Handlungsschauplatz des Mythos) und realer Raum ineinander fließen, ja untrennbar miteinander verschmolzen sind. Die zuvor erwähnten Ausgrabungen, die die neubabylonischen Könige veranstalteten, hatten eindeutig zum Ziele, den uranfänglichen göttlichen Plan eines Tempels, der seinerseits als Teil des großen Weltschöpfungsaktes galt, frei von allen historischen Verfälschungen zu ermitteln, damit der Tempel in seiner reinsten Form und uranfänglichen Frische wiedererstehen konnte. Der König machte so in seinem Wirken als Bauherr das Königtum zum Teil dieser uranfänglichen Ordnung und seine Person zu deren Vollstrecker.

Altorientalische Tempelstrukturen sind, soweit durch Grabungstätigkeit erschlossen, bislang nur beschrieben, aber kaum gedeutet worden.[6] Allein aufgrund des archäologischen Befundes wird dies auch nicht möglich sein. Verschränkt man jedoch die Informationen aus keilschriftlichen Tempelbeschreibungen mit den archäologischen Befunden und weiteren Texten wie Bau- und Weihinschriften, Ritualbeschreibungen und Mythen, besteht eine gute

---

[3] Siehe P. Schnabel 1923 und S. M. Burstein 1978.

[4] Vgl. P. Schnabel 1923, 253.

[5] J. J. van Dijk 1998, 9ff.

[6] Vgl. zusammenfassend: E. Heinrich 1982.

Chance, das ‚Wesen' eines Tempels und seine Bedeutung für die Gesellschaft zu erfassen. Für eine solche Untersuchung bietet sich der Tempel des Marduk in Babylon ganz besonders an. Zum einen, da er zumindest in seinem architektonischen Aufbau vergleichsweise gut dokumentiert ist, zum anderen, da er als ‚Herz' des babylonischen Reiches Gegenstand vielfältiger Textzeugnisse ist.

Die Kulttopographie Babylons kann ohne das babylonische Weltschöpfungsepos, das *Enuma elisch*[7], nicht verstanden werden. Dieses babylonische ‚Nationalgedicht' schildert, wie sich die jungen, das Leben verkörpernden Götter gegen die alten Kräfte der bewegungslosen Unordnung, die Kräfte des Chaos, aufwarfen. Die alten Götter ertrugen die Unruhe der jungen nicht und wollten sie vernichten. Keiner außer Marduk weiß Rat. Unter dem Versprechen, ihn – sofern er erfolgreich ist – auf ewig zu ihrem König zu berufen, statten die jungen Götter Marduk mit den Gewalten eines Diktators aus, und Marduk gelingt es, seine Gegenspielerin, die große Urmutter Tiamat, zu besiegen. Wie einen Fisch spaltet er sie in zwei Hälften. Aus der einen formt er den Himmel, aus der anderen die Erde. Er erschafft Gestirne, Flüsse und Berge und erwählt inmitten der Erde Babylon zu seinem Wohnort. Dort wird nach seiner Weisung der Mensch erschaffen, um die anderen Götter von ihren Arbeiten zu entlasten. Diese nun erkennen Marduk auf ewig als ihren König an und errichten ihm zum Dank seinen Wohnsitz, den Marduk-Tempel Esagil und die Stadt Babylon, die als wahre Heimstatt aller Götter gilt.

Ort und Gestalt des Tempels des Marduk waren laut *Enuma elisch* freilich nicht zufällig gewählt. An dem Ort, von dem letztlich alles Leben ausgegangen war, dort, wo Marduk geboren und der Mensch erschaffen wurde, bauten die Götter ihrem König sein Haus. Dies, so wird in *Enuma elisch* eindringlich betont, sei geschaffen als irdisches Abbild des darüber am Himmel liegenden Palastes der himmlischen Götter und ebenso als Abbild des Palastes der *in* der Erde beheimateten Götter, der seinerseits unter Esagil, dem Palast des Marduk, liege. Jeder der drei kosmischen Bereiche, der Himmel, die Erdoberfläche und die Erde, wird dieser Vorstellung zufolge von einem Götterpalast beherrscht. Alle drei Paläste bilden eine vertikale Achse, in deren Zentrum Babylon mit dem Tempel Marduks liegt. Ausdrücklich wird dieser Tempel als Stütze und als Verbindung des in der Erde befindlichen Grundwasserhorizontes *apsû* mit dem Himmel bezeichnet. Das Heiligtum Esagil und die Stadt Babylon liegen also in der Mitte der vertikalen kosmischen Achse und verbinden diese mit der irdisch-gegenwärtigen Welt. Sie sind (nach *Enuma elisch*) der Ort, an dem Marduk bei der Formung der Welt aus dem Leibe der toten Tiamat den Schwanz der drachengestaltig gedachten erschlagenen Urmutter an der Weltenachse befestigte, um so mit ihrem Unterleib den Himmel festzukeilen und seinem Schöpfungswerk ewige Dauer zu verleihen. Diese *axis mundi* nahm für den Besucher des alten Babylons sichtbare Gestalt an in dem siebenstufigen Tempelturm, der den Namen É-temen-an-ki trug, das bedeutet „Haus, (das das) Fundament

---

[7]   Vgl. die jüngsten Übersetzungen von B. R. Foster 1993, Bd. I, 351–402 und W. G. Lambert 1994, jeweils mit weiterführender Literatur.

von Himmel und Erde (ist)" (siehe Abb. 1). Die Verknüpfung von Kosmos und irdischer Realität spiegelt sich wohl auch im Bauplan des Esagil (siehe Abb. 2). Archäologen haben sehr wohl bemerkt, daß der Innenhof des ansonsten sehr regelhaften Gebäudes nicht etwa rechteckig, sondern leicht trapezförmig ist. Nimmt man die in *Enuma elisch* gemachten Angaben ernst, ist die sicherlich nicht unbeabsichtigte Trapezform des Hofes zu erklären. Das Esagil sei – so heißt es in dem großen babylonischen Schöpfungsmythos – ein Abbild des himmlischen Götterpalastes. Als dieser galt jedoch das als Sternbild Pegasus am Himmel stehende Trapez, das dem Esagil seine Form verlieh.

Auch auf der horizontalen, irdischen Ebene befand sich Esagil im Zentrum der Welt. Denn alle Götter, wo auch immer sie verehrt wurden, so *Enuma elisch*, betrachteten das Esagil, das Haus ihres Retters, auf den sie ewige Treue schworen, als ihren tatsächlichen Kultort. Und in der Tat wurden all diese Götter im Esagil verehrt: unter der Prämisse freilich, die der Dichter des *Enuma elisch* den Göttern in den Mund legte: „Auch wenn die Menschen irgendeinen anderen Gott verehren sollten, ist Marduk der Gott eines jeden von uns!"

Der babylonische Zeitgenosse nahm die Anlage des Marduk-Tempels jedoch nicht nur als steingewordenes und von den Göttern geschaffenes Bild der Weltenordnung wahr. In dem Tempel selbst verschwammen für ihn Gegenwart und mythische Zeit. Trophäen und Reliquien des uranfänglichen Götterkampfes, der nach Marduks Sieg zur Erschaffung der gegenwärtigen Welt geführt hatte, konnte er dort leibhaftig bestaunen: Nach seinem Sieg über Tiamat hatte Marduk „Bilder" der 11 Ungeheuer der Tiamat aufgestellt, die er überwältigt hatte; wie es im *Enuma elisch* heißt: „als Zeichen, daß man es nie vergesse". Diese von Marduk selbst noch vor der Erschaffung des Menschen gefertigten Skulpturen waren in dem historischen Bauwerk Esagils sichtbar. Auch die Waffen, mit denen Marduk seine Gegner in der Gigantomachie besiegt, die Schicksalstafel, die er dem überwältigten Gott genommen hatte, und viele andere Objekte und Stätten, die in der Vorwelt eine wichtige Rolle auf dem Weg zur von Marduk geschaffenen gegenwärtigen Welt gespielt hatten, waren im historischen Babylon sichtbar gegenwärtig.

Besondere Verehrung genoß ein aus Lehmziegeln gemauertes Podest, das im Vorhof des Tempels stand und von den Babyloniern *parak šīmāti*, „Sockel der Schicksalsentscheidungen", genannt wurde. Wie die meisten Kulteinrichtungen in mesopotamischen Tempeln trägt auch dieser „Kultsockel der Schicksalsentscheidungen" einen sumerischen Namen, der du$_6$-kù lautet. Dies bedeutet wörtlich, „reiner" oder auch „heiliger Hügel". Der „heilige Hügel" ist uns bereits aus den ältesten mesopotamischen kosmogonischen Vorstellungen wohl vertraut. Mit ihm verbinden sich recht urtümliche Vorstellungen von der Weltentstehung. Aus den vorzeitlichen Urwassern, so glaubte man, habe sich zu Anbeginn der Welt der Urhügel, eben jener „heilige Hügel", erhoben, und aus ihm sei wie aus einer Keimzelle alles Weitere entstanden. In der noch ungeordneten Welt war er der Ursprung alles geordneten Seins und somit der ‚Nabel der Welt'. In dem gemauerten Podest auf dem Vorhof des Tempels, dem mythischen Urhügel, stülpte sich gewissermaßen die Vorwelt, der Uranfang allen Seins und aller Zeit, ein Pol der Zeiten, sichtbar und real in die Gegenwart des babylonischen Menschen.

In den Ritualen des Neujahrsfestes, den bedeutsamsten öffentlichen Ritualen Babyloniens, die zu Frühlingsbeginn in Babylon stattfanden, kam dem *parak šīmāti* eine besondere Stellung zu. Im Rahmen des Neujahrsfestes wurden alljährlich der Kampf des Marduk gegen die Kräfte des Chaos, der triumphale Sieg des Gottes und der ordnende Schöpfungsakt nachgelebt. Ebenso wie in dem soeben kurz zusammengefaßten Mythos *Enuma elisch* berichtet, kamen zu diesem Anlaß alljährlich die Götter des Landes in Babylon zusammen. Ihre Kultbilder reisten in feierlich ausgerichteten Prozessionen aus verschiedenen Städten Babyloniens zu diesem Ereignis an. Auf dem „Urhügel" genannten Podest versammelten sich diese Götter, um ihre Gewalt an den Götterkönig Marduk abzugeben. So legitimiert konnte dieser dann (wie im Mythos beschrieben) gegen seine große Gegenspielerin Tiamat und die Kräfte zu Felde ziehen, die die Welt in ihrem Bestand bedrohen.

Eine feierliche Prozession von dem „Kultsockel der Schicksalsentscheidungen" in das außerhalb der Stadt gelegene Neujahrsfesthaus und das Geschehen im Neujahrsfesthaus selbst sind von den Babyloniern als rituelle Reaktualisierung des im *Enuma elisch* geschilderten Auszugs und Kampfes des Marduk gegen Tiamat sowie seines Sieges über sie verstanden worden. Auf dem Weg ins Neujahrsfesthaus wurde Marduk von den „Göttern des Himmels und der Erde" und vom König Babylons begleitet. Der im Mythos beschriebenen triumphalen Rückkehr des Marduk, nach der ihn die Götter in ihrer Versammlung endgültig zum König erhoben, entsprach im Ritual des Neujahrsfestes die Rückkehr des Kultbildes des Marduk zum Esagil. Diese sehr feierliche Prozession fand ihren rituellen Höhepunkt und Abschluß in einer erneuten Versammlung der Götterbilder auf dem „Kultsockel der Schicksalsentscheidungen" (*parak šīmāti*): Eine klare Analogie zu der Götterversammlung im Mythos. Eine der wichtigsten Informationen über dieses Geschehen liefert eine Bauinschrift Nebukadnezars II. (604–562 v. Chr.):

„du$_6$-kù […] der ‚Kultsockel der Schicksalsentscheidungen' (*parak šīmāti*), auf dem im Neujahrsfest zum Jahresanfang am 8. (und) 11. Tage Lugaldimmerankia (= Marduk), der Herr der Götter, verweilt, auf dem die Götter des Himmels und der Erde ihm demütig aufwarten, indem sie knien, und auf dem sie vor ihm stehen und ein Schicksal ewiger Tage, das Schicksal meines Lebens festsetzen – diesen Kultsockel, den Kultsockel des Königtums […], des Fürsten Marduk, ([…] verkleidete ich mit Gold)."[8]

Sehr deutlich erkennen wir an diesem Zitat, daß auf dem „Urhügel" nicht nur die Erhebung Marduks zum König der Götter und sein ordnendes Schöpfungswerk nachgelebt wurde, sondern daß auch der babylonische König selbst an diesem zentralen Ereignis maßgeblich teilhatte. So wie im Mythos Marduk zum Götterkönig erhoben wurde und das Schicksal der Welt bestimmte, indem er die Schöpfung einrichtete, so wurde im Neujahrsfest der amtierende König von Marduk und den Göttern in seinem Amt bestätigt und sein Schicksal für das kommende Jahr bestimmt.

---

[8]   Siehe S. Langdon 1912, 126.

Der König hatte zuvor seine Insignien abzulegen, umfangreiche Bußrituale durchzuführen und seine Vergehen dadurch zu sühnen, daß ihn ein Priester ins Gesicht schlug „bis die Tränen fließen". Dann betrat er das Podest, den „Kultsockel der Schicksale". Für einen Augenblick stand er gemeinsam mit dem göttlichen Herrn der Welt auf dem Urhügel, der Keimzelle allen Seins, dem Pol von Raum und Zeit. Marduk, als König der Götter, und der irdische König, als König der Menschen, wurden in diesem Ritual in enger Analogie aneinander gebunden, und für einen Moment scheinen Vorzeit und Gegenwart, Götterkönig und irdischer König im Punkt des Uranfangs ineinander zu fließen. Aus der Hand der Götter erhielt der babylonische König dann die Herrschaftszeichen, die eigentlich die der Götter, aber nun seine eigenen waren. Dieses Ereignis ist der Höhepunkt des babylonischen Neujahrsfestes. Aus dem dort vollzogenen Ritualgeschehen dürfte der König in erheblichem Maße seine politische und theologische Legitimität bezogen haben. Durch den rituellen Akt auf dem (mythischen und doch realen) Urhügel wurde der amtierende König zum Teil der klaren und frischen Ordnung des Uranfangs, der – wie aufgezeigt – das Ideal der Ordnung für die Mesopotamier darstellte. Wie eingangs vermutet, zeigt sich hier sehr klar, daß das Idealbild der Gesellschaft und des Staatswesens, die Utopie der Mesopotamier, stets in der Urvergangenheit und nicht in der Zukunft angesiedelt war. Dementsprechend bestand die Aufgabe eines Königs darin, die von den Göttern in der Schöpfung geschaffene, geordnete Welt zu bewahren. Reformen werden daher in Mesopotamien grundsätzlich als das Wiederherstellen der (im Laufe der Zeit brüchig gewordenen) Ordnung des Uranfangs begriffen.

Die zentripetalen Kräfte von Weltenachse und Urhügel haben das zentrale babylonische Königtum nicht nur begünstigt, sondern gehören zu dessen prägenden Elementen. Staat und Königtum verstanden sich – wie in den Ritualen des Neujahrsfestes sinnfällig gezeigt – als Teil der kosmischen Ordnung, die sich den Menschen in der *axis mundi* offenbarte.

Entsprechend ist auch die Anlage der Königsstadt Babylon als ein Abbild der geordneten Welt anzusehen, die sich der Unordnung des Außen, der Welt des Feindes entgegenstellte. Es ist nicht zufällig, daß mehrere Stadtteile Babylons die Namen der wichtigsten mesopotamischen Kultzentren tragen. Mit der Absicht, die Stadt zu einem Abbild des Kosmos zu gestalten, wurden mit großem Aufwand fremdartige Pflanzen und auch Tiere in den Gärten des Palastes und der Stadt heimisch gemacht. Auch die systematische, sicherheitspolitisch nicht ganz ungefährliche Ansiedlung deportierter fremder Völkerschaften in der Königsstadt mag neben rein wirtschaftlichen Gründen ebenfalls diesem Zweck gedient haben. Die Stadt in ihrer Anlage feierte so den Götterkönig und den irdischen König Babylons als Herren der Welt.

Die Kraft der Weltenachse von Babylon war so signifikant, daß sie Gegenstand einer biblischen Parabel geworden ist. Dort, in Genesis 11:1–9, ist die Entstehung der ersten Stadt der (biblischen) Weltgeschichte geschildert: „Auf", sprachen die Menschen, „bauen wir uns eine Stadt und einen Turm mit der Spitze bis zum Himmel, und machen wir uns damit einen Namen, dann werden wir uns nicht über die ganze Erde zerstreuen". Der Turm, die *axis mundi*, gilt hier als die Kraft, die das Gemeinwesen zusammenhält.

Die Geschichte Babylons lehrt uns, wie zutreffend diese Einschätzung ist. Im 7. Jh.
v. Chr. versuchte ein assyrischer König, den Weltherrschaftsanspruch Babylons dadurch
endgültig zu brechen, daß er die Tempelanlage Babylons und namentlich den Tempelturm,
das Sinnbild der kosmischen Achse, schleifen und das Kultbild Marduks nach Assyrien
verschleppen ließ. Zwar wurden später die Tempel Babylons prächtiger als je zuvor wieder
aufgebaut. Aber als die persischen Achämenidenkönige die Herrschaft über Mesopotamien
übernahmen, kamen sie nur anfänglich den Pflichten des babylonischen Königtums nach
und nahmen am Neujahrsfest in Babylon teil. Als Babylonien dann nach und nach aus dem
Zentrum der Herrschaft rückte, gingen gefährliche Aufstände von Babylon aus, mit dem
Ziel, das alte Königtum in Babylon wiederzuerrichten. Xerxes ließ daraufhin den stein-
gewordenen Weltherrschaftsanspruch, Stufenturm und Tempel des Marduk, erneut schleifen. Alexander schließlich hat die machtpolitische Kraft, die in der kosmischen Einbindung
des babylonischen Königtums liegt, sehr wohl erkannt. Er wollte Babylon, ganz im Sinne
der uralten Traditionen, zu der Hauptstadt seines Weltreiches machen, und in seinem Auftrage sollte das Esagil nach alten Plänen wiedererstehen. Der frühe Tod Alexanders hat dies
verhindert. Und so verlor Babylon – ohne die Weltenachse – rasch an Bedeutung und geriet
in Vergessenheit.

In den kosmischen Entwürfen der mittelalterlichen sogenannten T-förmigen Landkarten,
die Jerusalem als Zentrum des irdischen Heilsgeschehens in den Mittelpunkt der Welt set-
zen, finden die babylonischen Vorstellungen der Weltenachse eine würdige Nachfolgerin.
So wie in Babylon Weltenachse und Urhügel in die reale Welt hineinragten, konnten die
Pilger dort unter der Stätte, an der Christus starb und die Menschheit endgültig erlöste, das
Grab des Adam, den Uranfang menschlichen Seins, betrachten.

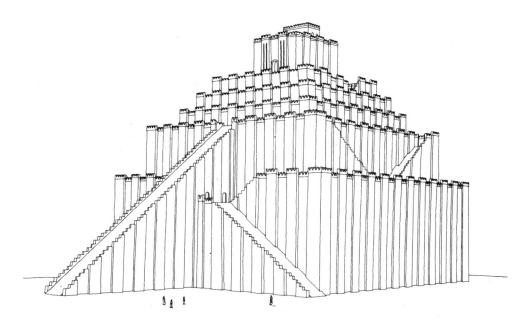

Abb. 1
É-temen-an-ki, der Tempelturm von Babylon
Rekonstruktion von G. Martiny (aus: H. Schmid, Der Tempelturm Etemenanki in Babylon,
Baghdader Forschungen Band 17, Mainz 1995, 35)

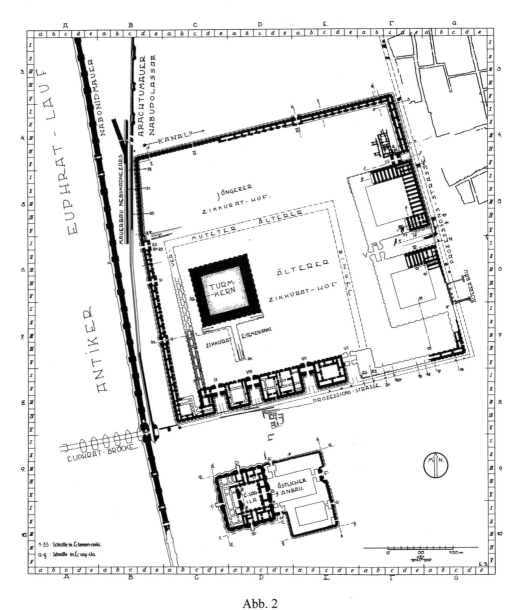

Abb. 2

Lageplan des Marduk-Heiligtums Esagil in Babylon mit dem Tempelturm
É-temen-an-ki
(aus: F. Wetzel, F. H. Weissbach, Das Hauptheiligtum des Marduk in Babylon, Esagila und
Etemenanki, WVDOG 59 (1938), Tafel 2)

Literatur

Burstein, Stanley M. (1978): „The Babyloniaca of Berossus", in: Sources of the Ancient Near East 1/5, 143–181.

Dijk, Jan J. van (1998): „Inanna raubt den ‚großen Himmel'. Ein Mythos", in: Maul, S. M. (Hg.): Festschrift für Rykle Borger zu seinem 65. Geburtstag am 24. Mai 1994. *tikip santakki mala bašmu* ... (Cuneiform Monographs 10), Groningen, 9–31.

Foster, Benjamin Read (1993): Before the Muses. An Anthology of Akkadian Literature, Bethesda Maryland.

Goosens, Godefroy (1948): „Les recherches historiques à l'époque néo-babylonienne", in: Revue d'assyriologie et d'archéologie orientale 42, 149–159.

Heinrich, Ernst (1982): Die Tempel und Heiligtümer im alten Mesopotamien, Berlin.

Lambert, Wilfred George (1994): „Enuma Elisch", in: Kaiser, O. u. a. (Hg.): Texte aus der Umwelt des Alten Testaments, Bd. III/4, Gütersloh, 565–602.

Langdon, Stephen (1912): Die neubabylonischen Königsinschriften (Vorderasiatische Bibliothek Band 4), Leipzig.

Schnabel, Paul (1923): Berossos und die babylonisch-hellenistische Literatur, Leipzig (Nachdruck: Hildesheim 1968).

Streck, Maximilian (1916): Assurbanipal und die letzten assyrischen Könige bis zum Untergang Niniveh's (VAB 7), Leipzig.

Arbogast Schmitt

Mythos bei Platon*

Aufklärung als Imperativ, ‚den eigenen Verstand zu gebrauchen‘, und als ‚Ausgang aus selbstverschuldeter Unmündigkeit‘ ist eine Konstante, die zu jedem Selbstverständnis von Modernität gehört. In diesem Sinn befinden wir uns in einer mythenlosen Zeit und Gesellschaft – allerdings in einer mythenlosen Gesellschaft[1], in der zugleich alles zum Mythos erklärt werden kann, ja, von der nicht wenige glauben, sie sei durch eine Wende zum Mythos charakterisiert[2]: Vom Mythos „Vollbeschäftigung“ über den Mythos „Nibelungentreue“[3] bis hin zum Mythos „Drittes Reich“[4] und Mythos „Karl der Große“[5] wird Zukünftigem ebenso wie Gegenwartsphänomenen oder Personen und Ereignissen aus der Vergangenheit, aber auch allgemeinen ‚zeitlosen‘ Konzepten gleichermaßen der Nimbus des Mythischen verliehen. Die Faszination dieses Nimbus hängt von der Vorstellung ab, daß sich etwas der rationalen Erfassung entzieht, und es gehört zum Selbstverständnis eines aufgeklärten Denkens, um die Irrationalität der Wirklichkeit zu wissen. Dabei ist es dann nur die Kehrseite derselben Überzeugung festzustellen, es gebe heute überhaupt keine Mythen mehr, und wir hätten die Fähigkeit, Mythen ‚zulassen‘ zu können, gänzlich verloren[6]. Es gibt viele Konstruktionen von Mythen, aber keinen Glauben (mehr) an den Mythos.

Diese Entgrenzung des Begriffs des Mythos in einer Gesellschaft ohne Mythen scheint vielen eine ganz neue, postmoderne, posthistorische (usw.) Erscheinung zu sein. Dieser

---

*   Eine Kurzfassung dieses Beitrages habe ich in dem Band *Platon als Mythologe* publiziert (M. Janka / C. Schäfer 2002).

[1]   W. Lange 1983, bes. 112f.

[2]   Wende zum Mythos: Wieviel Mythos braucht der Mensch? – so der Titel einer Tagung, die 1987 in Karlsruhe stattgefunden hat; oder auch: H. Schrödter 1991.

[3]   Vgl. den Beitrag von J. Heinzle in diesem Band.

[4]   Hierzu gibt es eine unübersehbare Flut von Forschungsbeiträgen: als ein (beliebiges) Beispiel unter vielen anderen verweise ich auf B. Burchard 1997; vgl. außerdem den Beitrag in diesem Band von S. Breuer.

[5]   M. Kerner 2001.

[6]   Diese These vom Verlust des Mythischen wurde insbesondere von dekonstruktivistischen Theoretikern vertreten: J.-P. Vernant 1980, 21–25.

Eindruck allerdings täuscht: Das ambivalente Verhältnis zum Mythos und die (anscheinend immer weiter zunehmende) Dominanz der Faszination durch den Mythos und das Mythische ist keine modische Zeiterscheinung der Gegenwart, sondern begleitet die europäische Moderne von ihrer ersten Stunde an. Hauptgrund für diese Faszination ist die Vorstellung, daß die abendländische, europäische Moderne und viele spezifisch moderne Phänomene durch eine besondere Form der Rationalität charakterisiert seien, die alle Lebensformen dominiere und zu einer Verkümmerung der nichtrationalen Seiten des Menschen, seiner ästhetischen, fühlenden, intuitiven Vermögen führe.

Dieser vorrationalen Seite des Menschen, die – wie dies etwa Hartmut und Gernot Böhme formuliert haben – als das „Andere der Vernunft"[7] verstanden werden soll, gehört der Mythos in einem ausgezeichneten Sinn an. Er ist ,ontogenetisch' ebenso wie ,phylogenetisch' die ursprünglichste und reinste Form einer Weisheit und Klugheit, die aller Verstandesreflexion und aller technischen Weltbeherrschung vorausliegt. Mythos steht daher auch für die ursprüngliche Form von Kunst – oder richtiger: für ein künstlerisches Verhalten zur Welt überhaupt. Denn das Künstlerische entziehe sich grundsätzlich dem Zwang einer zweiwertigen Logik, lasse sich grundsätzlich nicht an „der Kontrollinstanz einer adaequatio intellectus et rei"[8] messen, sondern gehe immer notwendig über das begrifflich Bestimmbare hinaus. Die Welterfahrung des Mythos ist von ihr selbst her bildhaft, ästhetisch, symbolisch, sie ist aber, da es in ihr die Trennung von ästhetischem und rationalem Denken noch gar nicht gibt, nicht rein ästhetisch, sondern umfaßt in noch ungeschiedener Einheit die ganze Komplexität des Menschseins.

Die Vorstellung, daß das mythische Denken eine eigene Wahrheit, eine eigene und höhere Logik und Intelligenz habe[9], enthält aber eine ungeklärte Zweideutigkeit, die es einem modernen Denken – und ,modernes Denken' soll hier heißen: ein Denken, das die Errungenschaften der Aufklärung, vor allem die Aufklärung des Denkens über sich selbst, nicht aufgeben will – schwer, wenn nicht unmöglich macht, mythische Wahrheiten noch als etwas Verbindliches anzuerkennen. Ein über sich selbst und seine eigene Vernunft frei verfügendes Subjekt *kann* sich nicht mehr in die Abhängigkeiten und Unfreiheiten des mythischen Denkens begeben, es *kann* sich nicht mehr unter dem Schleier der Unbewußtheit[10] verbergen und sich der ,Realität' des kategorialen Verschiedenseins von Subjekt und Objekt, von Ich und Welt[11] verschließen.

---

[7] H. u. G. Böhme 1983.

[8] R. Brandt 1984, 56; zu Schellings Kunstphilosophie vgl. z. B. D. Jähnig 1969.

[9] Die Argumente und Einwände sind in bezug auf das mythische Denken die gleichen wie die in bezug auf die Emotionalität des Menschen, auf seine unbewußte Seite, auf sein Herz im Gegensatz zum Verstand, und so kann man in Anlehnung an Pascals berühmtes Diktum (B. Pascal, Pensées IV, § 277 und 278, in: Pascal 1904–1914, Bd. 13, 201) diese Thesen zum Mythischen zusammenfassen in dem Satz: „Der Mythos hat Gründe, die der Verstand (oder: der Logos) nicht kennt."

[10] J. Burckhardt 1976, 123.

[11] Die Unverzichtbarkeit dieser Errungenschaften der ,Moderne' betont mit vielen anderen etwa W. Schulz 1979 und 1993.

Einerseits scheint der Mythos uns ja eine bestimmte Glaubwürdigkeit und Echtheit der Welterfahrung zu garantieren, er scheint noch in einer direkten und unverstellten Beziehung zu Ursprüngen zu stehen, die uns verloren gegangen sind.

> „Mythos ist etwas von fernen Zeiten und anderen Menschen, die sahen und sagten und wußten, was uns – durch unser bewußtes, distanziertes Verhältnis zur Wirklichkeit – abhanden gekommen ist."[12]

Daß wir im Mythos solche Einsichten verborgen glauben, liegt also gerade daran, daß er noch von keiner Vernunft ‚angekränkelt‘, von keiner bewußt deutenden Reflexion überformt ist. Aus dieser Entgegensetzung des mythischen gegen das vernünftige, rationale Denken ergibt sich aber auch, daß diese ursprüngliche Form der Welterfahrung noch keiner kritischen Kontrolle unterzogen war oder ist. Die Irrationalität, die wir dem Mythos damit unterstellen, führt dazu, daß wir Mythen auch für eine Gefahr halten, der sich ein kritisches Denken – trotz oder gerade wegen der Verführung und Verlockung, die sie auszuüben vermögen – nicht überlassen sollte. Denn in der gläubigen Hinnahme mythischer Wahrheiten entäußert sich das Individuum seiner Autonomie und begibt sich in selbstverschuldete (äußere und innerliche) Abhängigkeit und Knechtschaft.

Wer von einem Mythos des Nationalstaats, des Fortschritts, vom Mythos des Dritten Reichs oder der DDR, vom Nibelungenmythos oder sogar von einem Mythos der Rationalität usw. spricht, meint damit etwas Ideologieverdächtiges, d. h. etwas, das sich der Kontrolle durch das kritische Argument verschließt und das entweder von Trieben, Emotionen, Interessen und anderen Irrationalismen oder von anderen Subjekten, einzelnen anderen Menschen, abstrakten Subjekten wie Parteiapparaten, einflußreichen gesellschaftlichen Klassen, ‚dem Markt‘ oder auch von intellektuellen Autoritäten gesteuert ist. Mythos ist, wie Roland Barthes[13] glaubte belegen zu können, ein System reaktionärer Symbole, die Strukturen stabilisieren und durch ‚manipulatorische Mystifikation‘ gegen kritische Erneuerung abweisend machen sollen.

Nun könnte man denken, daß hier ein Mißbrauch des Begriffs des Mythos, eine erst ‚späte‘ Überformung und Instrumentalisierung vorliege. Der Mythos werde in der ‚Moderne‘ selbst rationalisiert und dabei um seinen Charakter des Ursprünglichen gebracht. Durch die Übertragung auf moderne Verhältnisse werde der Mythos verkürzt auf den Aspekt, daß auch er so etwas wie ein unbewußtes, irrationales Wirken handlungsleitender Muster sei, und werde damit seiner eigentlich für ihn charakteristischen Dimension beraubt. Ein rationalisierter oder von der Vernunft instrumentalisierter Mythos ist eben kein Mythos mehr.

Dieser angebliche Mißbrauch eines echten Mythosbegriffs[14] ist aber nicht ganz so willkürlich, wie es den Anschein hat. Denn wenn man die moderne Forschung, die sich mit dem sogenannten echten, authentischen Mythos beschäftigt, befragt, was denn die wesentlichen

---

[12] W. Burkert 1999, 20.
[13] R. Barthes 1957.
[14] Reflexionen über *den* eigentlichen Mythosbegriff gibt es in großer Vielzahl: z. B. W. Burkert 1980; ders. 1993; A. Horstmann 1979, 7–54 und 197–245; ders. 1984; F. Graf 1991, 7–14; ders. 1993.

Züge des mythischen Denkens früher Bewußtseinsstufen des Menschen gewesen sind, so erhält man Antworten, die sich von der Vorstellung einer *manipulatorischen Mystifikation* nicht weit entfernen und sich grundsätzlich nur dadurch unterscheiden, daß man diesen frühen Mythosformen keine bewußte Manipulationsabsicht unterstellt.

Die modernen Zugänge zum ‚ursprünglichen' Mythos bewegen sich vor allem auf drei Ebenen: Man sucht den Mythos historisch und phylogenetisch aus Formen des Ritus herzuleiten, insbesondere aus den Fruchtbarkeitsriten und aus den Initiationsriten, in denen archaische Gesellschaften die Aufnahme der Mädchen und der Knaben in die Gemeinschaft der Männer und Frauen vollzogen,[15] oder man sucht den Mythos als Teil einer ‚ontogenetischen' Betrachtungsweise, d. h. als Teil der Archäologie der Geschichte des Bewußtseins mit psychoanalytischen Mitteln in den Tiefenstrukturen der menschlichen Psyche zu ergründen,[16] oder man führt – und das ist heute wohl der allgemein dominierende methodische Ansatz – den Mythos (sozusagen in einer synchronen, überzeitlichen Betrachtungsweise) mit Methoden des Strukturalismus und der Semiotik auf allgemeine anthropologische Konstanten zurück.

Alle drei Erklärungsformen, die nicht selten auch miteinander verbunden werden, gehen davon aus, daß die Mythenbildung, die angeblich auf einer noch nicht durch das Denken verfälschten Wirklichkeitserfahrung beruht, in Wahrheit von einer immanenten Vernunft, von einer bestimmten Funktion, der sie dienen, gesteuert wird: Sie stabilisieren gesellschaftliche Ordnungen und Privilegien, sie kanalisieren das Wirken unbewußter Triebe und anderer irrationaler Strebungen im öffentlichen Leben, oder sie fixieren die Gestaltung allgemeiner menschlicher oder kultureller Prozesse. In diesem Sinn sind alle Mythen eine Art von, wie Malinowski[17] dies genannt hat, ‚charter myths', d. h. sie sind Ursprungsgeschichten, die etablierte Privilegien begründen. Sie erklären die Legitimität der Herrscherfamilien, gesellschaftlicher Hierarchien, von Besitz und Befugnissen, sie regeln den Umgang mit Geburt, Hochzeit, Tod, mit Krankheit und Heilung, sie sanktionieren die Bedeutung von Kult und Religion usw.[18]

Der moderne Interpret, der von seinem aufgeklärten Standpunkt aus erklärt, was der Mythos eigentlich ist, führt den Mythos gerade nicht auf Formen einer ursprünglichen Erkenntnis und Erfahrung, in denen mehr Realität enthalten ist als die, die er in seinen abstrakten Begriffen erfassen kann, zurück, sondern er führt sie auf analoge Steuerungsabsichten, die

---

[15] Die These von der (zeitlichen) Priorität des Ritus vor dem Mythos ist eine in der (strukturalistischen) Anthropologie und Ethnologie verbreitete Grundüberzeugung bzw. eines der zentralen Beweisziele der sog. Ritualtheorie, vgl. den Beitrag von R. Schefold in diesem Band, außerdem R. Ackerman 1991; W. M. Calder 1991; F. Boas 1938, 617 („[...] that the ritual itself is the stimulus for the formulation of the myth").

[16] Wichtig für die klassische Philologie sind die Forschungen von K. Kerényi 2001; ders. 1998; C. G. Jung u. K. Kerényi 1999; und vgl. K. Kerényi 1996; vgl. außerdem den Überblick über die Mythos-Forschung im 20. Jahrhundert bei A. Horstmann 1984, 300–318 (zur klassischen Philologie: 305–308).

[17] B. Malinowski 2000, passim; vgl. dazu W. Burkert 1999, 11ff.

[18] Vgl. auch die monumentalen Studien von J. G. Frazer 1928 u. a.

er auch in modernen Mythen wirksam sieht, zurück: auf Formen des Willens und des Machtstrebens, d. h. auf – allerdings unbewußte – Formen der Manipulation. Die Ursprünglichkeit und Authentizität des Mythos besteht im Sinn dieser gegenwärtigen Mythosforschung lediglich darin, daß der Mythos sich nicht in abstrakten Begriffen, sondern in Form von Geschichten ausdrückt, in denen einzelne konkrete Vorgänge erzählt werden, die die Aufgabe hatten zu erklären, daß das, was ist, auch so sein sollte, wie es ist.

Diese Art der funktionalen Strukturanalyse, die ‚Tiefenschichten' und allgemeine Mechanismen aufdeckt, hat die Konsequenz, daß das Wesentliche der untersuchten Mythen identische Erzählmuster sind, die in unterschiedlichen Ausprägungen immer wiederkehren und als sogenannte narrative Sequenzen der tradierten Geschichten die spezifische Gestalt dieser Mythen bedingen.

Dieses Ergebnis der modernen Mythenforschung ist zumindest erstaunlich. Denn es enthält nichts weniger als eine Destruktion des eigentlich Mythischen in den Mythen früherer Zeiten: ‚Eigentlich' – so lautet die zentrale These über den ‚ursprünglichen' Mythos – ist in diesen Mythen noch eine ursprüngliche Wirklichkeitserfahrung niedergelegt, ein authentisches Wissen, das uns verlorengegangen ist. Tatsächlich aber widerlegt die Mythenforschung diese ihre eigene Grundthese und demonstriert, daß diese Mythenbildung von denselben oder sehr ähnlichen Funktionen gesteuert sind wie die modernen Mythen. Nicht die Erkenntnis, sondern das Interesse scheint auch am Anfang des Mythos zu stehen.

Die Probleme, die sich aus diesem Befund für die moderne Mythendeutung ergeben, können wir hier nicht diskutieren. Wichtig für die Erschließung eines Zugangs zu Platons Verständnis des Mythos ist, daß die scharfe Entgegensetzung eines außer- oder vorrationalen Verständnisses des Mythos gegen das rationale Denken mit ihrer ungeklärten, aber letztlich vorherrschenden Zuweisung des Mythos zu irrationalen Trieben, Interessen, Machtbedürfnissen von vielen gegenwärtigen Interpreten auch auf Platon übertragen wird, ja, viele sehen in Platon sogar den Vater dieses gegensätzlichen Verhältnisses von Mythos und Vernunft, von Mythos und Logos, wie es Wilhelm Nestle[19] in seiner wirkmächtigen Studie formuliert und ausgeführt hat.

Mythos bei Platon – Problembefund

Es gibt eine ganze Reihe von Stellen in den platonischen Dialogen, in denen Platon Logos und Mythos einander entgegenstellt und dem Logos das rationale Argument und das Vermögen, die Wahrheit zu erkennen, zuordnet, dem Mythos dagegen das Verhaftetsein im Anschaulich-Bildhaften, das von Verzerrungen und Täuschungen durchsetzt sei.[20] Eine Folgerung, die er aus dieser Einschätzung zieht, ist, daß er Mythen als eine Gefahr für Men-

---

[19] W. Nestle 1975; zu der These Nestles vgl. auch G. W. Most 1999.
[20] Vgl. die Auflistung der Belegstellen des Begriffs ‚Mythos' in den platonischen Dialogen bei M. Janka 2002, 20–43.

schen, deren Denken noch nicht gereift ist, ansieht und deshalb als Beitrag zur Erziehung der Jugend und zur Kultivierung der Gefühle ausschließt. In eine wirklich gut konzipierte staatliche Gemeinschaft sollten diese Mythopoioi, die Mythenerfinder daher nicht aufgenommen werden (*Politeia* 595aff.; *Nomoi* 817aff.).

Andererseits gibt es nicht wenige Stellen, an denen Platon dem Mythos eine eigene Weise der Wahrheit zuspricht und es dem Mythos zugesteht, zur Erschließung der Erkenntnis bestimmter Gegenstände sogar besser geeignet zu sein. Weil der Mythos wegen seiner Bilder und seiner narrativen Struktur leichter verständlich sei, schlägt er vor, ihn schon von frühester Kindheit an zur musischen Erziehung, auf die eine gute staatliche Gemeinschaft unbedingt angewiesen sei, einzusetzen (*Politeia* 376cff., *Nomoi* 652b–667b, bes. 656a–660a). Außerdem hat Platon bekanntlich auch selbst Mythen ‚gedichtet‘, und zwar über Gegenstände, die ihm wichtig waren, und mit Aussagen, die er selbst als glaubwürdig und überzeugend bezeichnet hat (z. B. *Gorgias* 523a1–3). Alle diese Mythen beziehen sich auf Bereiche, die sich einer empirisch nachprüfenden Vernunft entziehen: auf das Leben der Seele nach dem Tod (*Phaidon, Gorgias,* Er-Mythos im 10. Buch der *Politeia*), auf apriorische Voraussetzungen des Denkens (*Menon, Politikos*), auf die Schöpfung der Welt (*Timaios*) und Elemente der Organisation und Geschichte des Kosmos (*Politikos*), auf die Realisierbarkeit staatstheoretischer Grundprinzipien (Urathen-Atlantis-Mythos im *Timaios*) usw. Das heißt: In der Form des erzählenden Mythos werden Gegenstände dargestellt und vermittelt, die selbst nicht bildlich-anschaulich sind, sondern auf die durch einzelne (Vorstellungs-)Bilder nur verwiesen werden kann.

Platoninterpreten, die sich vor allem auf Stellen dieser zweiten Art stützen, glauben, Platon gegen den Vorwurf des Rationalismus verteidigen zu sollen und schreiben ihm dieselbe Faszination durch den Mythos zu, wie sie für die modernen Rationalitätskritiker charakteristisch ist: Er habe in dem anschaulich bildlichen und symbolischen Denken des Mythos das Vermögen gesehen, in Bereiche vorzudringen, die der Erfahrung und den Möglichkeiten rationalen Beweisens entzogen sind.[21]

Nun hat Platon mit besonderem Nachdruck das Prinzip vertreten, daß widersprüchliche Aussagen nicht zugleich wahr sein können, und hat daraus den Schluß gezogen, daß es Widersprüche nur in unseren Meinungen gibt, und zwar dann, wenn wir es an einer Differenzierung haben fehlen lassen. Bedeutende antike Platoninterpreten (wie Plotin und Proklos) machen bei der Erklärung seiner Texte immer wieder deutlich, daß Platon sich mit größter Konsequenz um die Vermeidung von Widersprüchen bemüht habe, so daß sich Interpreten dort, wo sie meinen, einen Widerspruch in seinen Auffassungen feststellen zu müssen, prüfen sollten, ob nicht sie selbst erst genauer differenzieren müssen.[22]

---

[21] Dieses Hinausgehen über das, was mit dem Verstand noch erfaßbar ist, wird Platon insbesondere dann zugesprochen, wenn er dem ‚Rationalisten‘ und ‚Antimetaphysiker‘ Aristoteles und dessen Kunstauffassung gegenübergestellt wird: so z. B. noch bei M. Fuhrmann 1992, 88.

[22] In manchen Fällen folgt ihnen die moderne Forschung in diesem Unternehmen: z. B. in bezug auf das Problem des Charakters und der Beweisabsicht der Hypothesen des *Parmenides*: vgl. J. Halfwassen 1992, 265–297.

Aber auch unabhängig von der Meinung dieser antiken Platonkenner kann man sich bei einer hermeneutisch-kritischen Lektüre der Dialoge fragen, ob ein Denker wie Platon so offenkundige und ganz unübersehbare Widersprüche nicht bemerkt haben muß wie die, daß er zugleich behauptet, Mythendichter müßten aus dem Staat verbannt werden, und Mythendichter hätten eine unersetzliche Aufgabe für die musische Erziehung im Staat, oder: der Mythos sei eine Quelle der Täuschung (z. B. *Politeia* 277e; 601bc), und, der Mythos sei eine Quelle der Wahrheit (z. B. *Nomoi* 682a).[23] Rechnet man dagegen mit der Möglichkeit einer Differenzierung durch Platon, in welcher Hinsicht der Mythos für ihn etwas Positives und in welcher Hinsicht er etwas Negatives ist, findet man reichliche und eindeutige Belege dafür, daß für Platon Mythos und Mythos keineswegs dasselbe ist, sondern daß für ihn der Gehalt von Mythen von ganz unterschiedlicher Art sein kann, und zwar in Entsprechung zu den Erkenntnissen, die die dichterische Produktion dieser Mythen lenken.[24] Denn gute Dichtung zu verfassen und zu beurteilen, ist für ihn nicht in erster Linie eine ‚ästhetische‘ Frage, sondern eine Frage richtiger, differenzierter Erkenntnisse. Diese mythische Weise des Erkennens ist für Platon zwar nicht irrational und unkontrolliert, sondern steht in einer inneren Einheit mit der einen Vernunft des Menschen, sie ist aber auch für ihn verschieden von der Weise einer wissenschaftlich und methodisch vorgehenden Rationalität. Dieser Unterschied kann erst geklärt werden, wenn die Kritik, die Platon am Mythos übt, korrekt verstanden ist.

---

[23] Zu dieser scheinbar ambivalenten Einstellung Platons zum Mythos bzw. zur Dichtung vgl. jetzt die sorgfältig differenzierende Studie von S. Büttner 2000.

[24] Für Platon ist Dichtung in einem grundlegenden Sinn Mythos, er versteht unter ‚Mythos‘ aber ähnlich wie später Aristoteles, der ihm darin folgt, die Darstellung einer bestimmten, in sich geschlossenen Handlungseinheit. Er geht also in seiner Definition des Mythos und der Dichtung von den Gegenständen und Inhalten aus und nicht von der Produktionsweise oder den Medien, und kann deshalb Dichtung und Mythos miteinander identifizieren. Ich werde zur Begründung auf diesen Aspekt weiter unten noch einmal zurückkommen. Vorweg nur soviel: Wenn Platon Mythos und Dichtung identifiziert, dann liegt darin keine Mißachtung des Faktums, daß ein Mythos in verschiedenen Dichtungsgattungen und vielen verschiedenen einzelnen Dramen, Epen, lyrischen Gedichten usw. in verschiedenen Variationen verwirklicht werden kann. Platon unterscheidet zwischen einzelnen Mythen und dem, was den spezifischen Charakter des Mythos oder Mythischen ausmacht; und dabei zeigt sich, daß die unterschiedlichen Möglichkeiten der Versprachlichung und der Wahl des Mediums der Erzählung des Mythos nicht das wesentliche Merkmal des Mythos ausmachen und nicht den Maßstab für die Bewertung der Qualität eines Mythos abgeben können. Das Gleiche gilt auch für das (häufig genannte – z. B. von F. Graf 1985, 8; 11) Kriterium des Unterschieds zwischen einem bewußt und von einem bestimmten individuellen Subjekt geschaffenen, auf einen bestimmten Skopos verpflichteten Dichtungswerk einerseits und einem ‚überindividuellen‘ Mythos, von dem es keinen einzelnen Urheber geben könne und der unabhängig von irgendwelchen historisch bedingten Einflüssen im ‚kulturellen Gedächtnis‘ einer Gesellschaft vorliege und dort (auch) von einzelnen Dichtern als ihr Material abgerufen werden kann, andererseits. Nicht jede Erzählung, von der man keinen einzelnen Autor anzugeben weiß, erfüllt, nach Platon, die Kriterien dafür, im eigentlichen und primären Begriffssinn als Mythos bezeichnet werden zu können; und umgekehrt kann es auch von einem einzelnen Individuum geschaffene Erzählungen geben, die diesen Anforderungen gerecht werden.

Die schärfste Kritik an den Mythendichtern, insbesondere an Homer, übt Platon in den
Büchern 2 und 3 seiner *Politeia*. Platons Kritik hat dabei eine gewisse Ähnlichkeit mit der
Kritik, die viele christliche Kritiker in der Moderne an der klassischen griechischen Dichtung geübt haben, z. B. die Verteidiger der Moderne in der königlichen Akademie im
Frankreich Ludwigs XIV.[25] Ähnlich wie den zivilisierten christlichen Antikekritikern gefällt
es auch Platon nicht, daß die alten Epiker und Tragiker den Göttern und Heroen, von denen
sie berichten, verbrecherisches und überhaupt moralisch minderwertiges Verhalten zuschreiben: wechselnde Liebschaften, Ehebruch, Streitereien, Täuschungen, sentimentales
Jammern usw.

Platon hat aber andere und in bezug auf die Frage, warum durch solche Darstellungen die
Qualität der Dichtung in Frage gestellt ist, wohl auch bessere Gründe als seine modernen
Nachfolger. Denn seine Perspektive ist nicht die des guten Bürgers, der sich über die moralische Minderwertigkeit dieser alten Mythenerzählungen entrüstet, seine Perspektive ist
tatsächlich auf die Gründe gerichtet, die die Beurteilung der Qualität einer Dichtung möglich machen, d. h., er fragt nach den Bedingungen, von denen abhängt, daß eine Dichtung,
oder allgemeiner formuliert: eine Rede, die einzelne Handlungen im zeitlichen Nacheinan-
der erzählt, Form, Gestalt und Einheit haben kann.

In einer für moderne Vorstellungen leider mißverständlichen Formulierung könnte man
auch sagen, daß Platon nach dem Verhältnis, in dem das Dargestellte zur Idee steht, fragt.
Seit der frühen Neuzeit gilt die platonische Idee aber als etwas, das über alles, was der
Erfahrung zugänglich ist, hinausgeht. Nur wer sich in der Lage fühlt, jenseits aller Erfahrung das Schöne selbst, die Gerechtigkeit selbst usw. in einer geistigen Schau zu erblicken,
könne noch an Ideen im Sinn Platons glauben. Ideen setzen eine metaphysische Glaubens-
bereitschaft voraus, wir leben aber in einem nachmetaphysischen, kritischen Zeitalter.[26]

Die Sachverhalte, die in den platonischen Texten selbst erörtert werden, haben allerdings
gar keine Beziehung auf derartige pseudometaphysische Voraussetzungen. Das belegt auch
die Kritik, die Platon an den traditionellen Mythenerzählungen übt. Ähnlich wie für die Moderne der Mythos einen inneren Bezug zu Kunst und Poesie hat, ja in gewisser Weise als
deren Ursprung gilt (Vico, Herder, Cassirer), ist auch für Platon, wenn auch aus ganz anderen
Gründen, der Mythos etwas, was Kunst begründet und möglich macht. Seine Kritik an einer
unzulänglichen Mythenbildung kann er daher in den Rahmen einer allgemeinen Kunstkritik
stellen. Die Fragen, die Platon dabei erörtert, führen zunächst scheinbar weit von dem weg,
was wir traditionell unter Mythos verstehen, nämlich zu dem grundsätzlichen Problem des

---

[25] Dazu jetzt Verf. 2002.

[26] Dies sind zwar populäre, im allgemeinen Bewußtsein verbreitete Thesen über Charakter und Wert
      der platonischen Ideenlehre. Sie prägen aber – in mehr oder weniger modifizierter Form – ebenso
      auch die philosophiegeschichtliche Forschung (z. B. W. Halbfaß 1976, 102: es gebe noch meta-
      physische Relikte der antik-mittelalterlichen Tradition bei Descartes, die Idee sei noch nicht voll-
      ständig in das menschliche Bewußtsein transponiert usw.), und zwar nicht nur die Forschungen zur
      neuzeitlichen Philosophie, sondern sie sind auch in der Platonforschung selbst in ungebrochener
      Kontinuität präsent: vgl. A. Graeser 1993, 129–150.

Verhältnisses zwischen Idee, d. h. rational begreifbarer Sacheinheit, und den Formen, in denen diese ‚Sachen selbst' jeweils konkret ‚verwirklicht' sind, führen aber am Ende genau darauf zurück, nicht freilich, ohne den Begriff Mythos in einem ganz neuen Licht zu zeigen. Man kann nur von einem differenzierten Verständnis der Grundbegriffe der Ideenlehre (Teilhabe, Abbildcharakter der Einzeldinge, die Idee als Paradigma usw.) aus erschließen, was Mythos nach Platon eigentlich ist und unter welchen verschiedenen Perspektiven Mythen bewertet werden können.

‚Nachahmung der Wirklichkeit' – das ‚Dritte nach der Wahrheit'

Zu Beginn des 10. Buchs seines Dialogs *Politeia* faßt Platon seine Mythenkritik in einer allgemeinen Beurteilung der Bedeutung der Kunst für den Staat zusammen und betont dabei gleich mit den ersten Worten, daß sich seine Kritik nicht auf die Kunst überhaupt – und damit auch nicht auf den Mythos überhaupt – beziehe, sondern auf die Kunst, *soweit* sie von einem bestimmten falschen Kunstverständnis beeinflußt sei.[27] Dieses falsche Kunstverständnis entsteht nach seinen Worten dann, wenn sich die künstlerische Darstellung mit einem ‚Dritten nach der Wahrheit' begnügt (*Politeia* 599d; 602c). Der gemeinte Sinn dieses ‚Dritten nach der Wahrheit' ist uns nicht mehr unmittelbar zugänglich, er läßt sich aber nachvollziehen. Ich beginne mit der Erklärung sozusagen von unten, d. h. mit dem von Platon sogenannten ‚Dritten' selbst.

Diejenige Kunst, die Platon aus einem guten Staat ausgeschlossen wissen will, ist, wie er sagt, die Kunst, „sofern sie nachahmend ist" (*Politeia* 595a5). Die Beispiele, die er benutzt, zeigen, daß er an einen ganz strikten, engen Begriff von Nachahmung denkt. Er vergleicht die schöpferische Leistung solcher Nachahmungskünstler z. B. mit der Kunst eines Mannes, der mit einem Spiegel umhergeht und behauptet, er könne Tiere und Menschen, Himmel und Erde und überhaupt alles darstellen, was er wolle (*Politeia* 595d–e). Unter Nachahmen versteht Platon an dieser Stelle also ein schlichtes Kopieren der Wirklichkeit.

Zur Zeit Platons war in Athen gerade eine gewisse Technik der Illusionsmalerei (Schattenmalerei) in Mode, durch die man eine möglichst hohe Realitätstreue zu verwirklichen strebte. Es gibt eine ganze Reihe von Anekdoten, die die Vollendung der künstlerischen Raffinesse dieser Maler dokumentieren sollen.[28] Sie haben noch die Künstler der Renaissance und des Barock sehr beeindruckt und gehören bis heute zum Gemeingut kunsthistori-

---

[27] Zur Differenzierung zwischen den verschiedenen Begriffen von Mimesis bei Platon vgl. S. Büttner 2000, 131ff.; 208ff.

[28] Zu diesen Künstleranekdoten vgl. B. Hinz 2001, bes. 437f.

scher Bildung. So soll (nach Plin.nat.XXXV, 65f.) etwa Zeuxis Trauben gemalt haben, die so lebensecht waren, daß Vögel auf das Bild zuflogen. Sein Konkurrent Parrhasios aber übertrumpfte ihn durch einen in allen Nuancen so getreu gemalten Vorhang, daß selbst Zeuxis, der große Kenner, die Täuschung nicht bemerkte. Auf einer Ausstellung bat er, doch den Vorhang wegzuziehen, damit er das Kunstwerk seines Kollegen betrachten könne, der scheinbare Vorhang war aber bereits selbst das Bild.[29]

Bilder dieser Art charakterisierte man damals und charakterisieren wir heute als realistisch[30] oder veristisch. Eine veristische Darstellung will die Naturwahrheit (das ‚verum‘), ja im Sinn des Verismo des 19. Jahrhunderts die schonungslose Darstellung der Wirklichkeit selbst betonen. Platon nennt derartige Bilder nicht realistisch, sondern ‚phantastisch‘ und vermißt an ihnen gerade das, was den Ehrentitel ‚naturwahr‘ oder gar ‚Darstellung der Wirklichkeit selbst‘ verdienen könnte (*Sophistes* 236bff.).

Platons Kritik liegt uns keineswegs so fern, wie es unser Sprachgebrauch suggeriert. Allerdings bezieht sich seine Kritik auch nicht auf das, was uns am nächsten zu liegen scheint. Wir bezeichnen eine extrem realistische Kunst – also eine sozusagen „faksimilierende Mimesis" (B. Hinz) – ja auch als eine Illusionskunst. Wir meinen damit aber lediglich, daß dabei in der Zweidimensionalität der Leinwand und mit bloßer Farbe und Form die Illusion dreidimensionaler Körper aus echtem Fleisch und Blut, aus echter Wolle und dergleichen erzeugt wird. Auf der Entdeckung dieser Täuschung beruht dabei der eigentliche Kunstgenuß des Betrachters. Sie ist die Ursache seiner Bewunderung für die Virtuosität des Künstlers.[31] Platons Kritik an der Illusionskunst scheint aus dieser Perspektive von einem mangelnden Verständnis für die Wirkung von Kunst zu zeugen, zumindest erscheint sie als eine

---

[29] Zum Wettstreit Zeuxis-Parrhasios vgl. A. Lippold 1949, 1877f.

[30] Das trifft auf den allgemeinen Sprachgebrauch zu; aber auch die philosophische oder kunsttheoretische Begrifflichkeit hat hiervon ihren Ausgangspunkt genommen: Der Begriff des Realismus wird von Schiller in die ästhetische Diskussion eingeführt und meint noch in der Frühromantik (bei Schlegel und Schelling) Nachahmung der Natur in einem negativ konnotierten Sinn unter ausdrücklicher Bezugnahme auf Platons Verwendung des Mimesis-Begriffs im 10. Buch der *Politeia*. So schreibt Schelling 1927, 368: „Was ist Plato's Verwerfung der Dichtkunst [...] anderes, als Polemik gegen den poetischen Realismus". Zu einer positiven (Selbst)Bezeichnung einer Kunstrichtung werden die Begriffe Realismus und Verismus, die mit dem Anspruch auftreten, eine „Kunst des Wahren" (vgl. W. Klein 1989) zu sein, erst ab der Mitte des 19. Jahrhunderts. Es hat also nur den Anschein, als handele es sich bei diesem in der eben referierten Anekdote beschriebenen Phänomen lediglich um ein Beispiel für die kunsttheoretische Naivität der Antike. Tatsächlich wurden gerade und erst in der Neuzeit diese und ähnliche Quellen bei der Entwicklung der eigenen Kunstkonzepte als Orientierungspunkt oder Gegenbild herangezogen; so wird der Beginn der modernen Kunst (nach Vasari 1973, Bd. 1, 404) von dieser „trivialen Anekdotik eskortiert" (B. Hinz 2001, 439). Zur Bedeutung derartiger Künstleranekdoten für die Ausbildung des Kunstbegriffs vgl. E. H. Gombrich 1986, 167ff.; 228ff.

[31] Besonders in der holländischen Malerei des 17. Jahrhunderts übte diese Art des Illusionismus offensichtlich eine besondere Faszination aus (vgl. J. M. Weber 1991) – und das immer mit Rückgriff auf die antike griechische Kunst.

Kritik, die, wie Nietzsche nicht müde wurde zu wiederholen[32], die Kunst an der Elle einer sachfremden Moral mißt.[33]

Platons Kritik an dieser Stelle zielt aber auf etwas ganz anderes. Man verschafft sich vielleicht am ehesten einen Zugang zu dem, was Platon meint, wenn man einmal von allen kunstgeschichtlichen Kategorien absieht und nur auf das achtet, was wir auch im alltäglichen Sprachgebrauch meinen, wenn wir von der schlechten Photographie einer Person sagen, sie zeige gar nicht, wie dieser Mensch *wirklich* sei, in welcher Verfassung er sich befinde usw. Diese Kritik bestreitet nicht, daß der Mensch wirklich so ausgesehen hat, wie er abgebildet ist, ihre Spitze richtet sich, wenn man es einmal scharf formuliert, darauf, daß eine solche Photographie in Wahrheit nichts zeigt, d. h. nichts als einen beliebigen, nichtssagenden Ausschnitt, der überhaupt nicht zu erkennen gibt, wer oder was das Dargestellte ist.

Der Frage, wie es sein kann, daß eine völlig exakte Repräsentation von Wirklichkeit nur unzureichend oder sogar überhaupt nicht zu erkennen gibt, was diese sogenannte Wirklichkeit wirklich ist, hat Platon intensive Analysen gewidmet. Ich versuche, wenigstens einige Hauptzüge davon vorzustellen.

Der Rahmen, innerhalb dessen Platon diese Frage erörtert, ist die Erkenntnistheorie, genauer: die erkenntnistheoretische Analyse der Bedingungen, die es möglich machen, von empirischen Gegenständen, die sich ständig verändern und viel Zufälliges enthalten, das zu erkennen, was sie irgendwie identifizierbar macht, d. h. von dem her sie als etwas Bestimmtes, Unterscheidbares erfahren werden können. Nur wenn eine solche Unterscheidung zwischen dem Beliebigen und dem Wesentlichen möglich ist, kann man überhaupt einen Begriff von dem bekommen, was etwas wirklich ist.[34]

Dieser Anfang unterscheidet Platon allerdings noch nicht von den erkenntnistheoretischen Voraussetzungen, die auch eine realistische Malerei oder Dichtung machen muß. An der Rezeption der antiken Illusionsmalerei in Renaissance und Barock kann man sehen, wie sehr die Entwicklung einer Technik einer völlig exakten Wiedergabe der Natur von dem allgemeinen Ideal einer wissenschaftlichen Welterfassung durch genaues Aufzeichnen der Erscheinungsformen abhängt.[35] Gerade wenn man diese allgemeine Voraussetzung mitbedenkt, kann man aber erkennen, daß Platon offenbar eine andere und, wie wir sehen werden, vielleicht sogar realistischere Vorstellung von der möglichen Exaktheit einer Naturwis-

---

[32] Vgl. das berühmte Diktum Nietzsches, Platon sei „der größte Kunstfeind, den Europa bisher hervorgebracht hat" (Nietzsche 1968, 430).

[33] Die These von der grundsätzlichen Kunstfeindlichkeit Platons und seines mangelnden Sinns für das Poetische ist zwar in der Platonforschung schon mehrfach in Frage gestellt und widerlegt worden (vgl. S. Büttner 2000, bes. den Forschungsüberblick zur Mimesis-Kritik 170ff.), wirkt aber dennoch sowohl in allgemeineren Darstellungen (z. B. M. Fuhrmann 1973, 72ff.) als auch in der unmittelbaren Platon-Forschung unverändert weiter.

[34] Zentrale Texte hierzu sind *Phaidon* 95e–107a (dazu Verf. 1974, 133–148; 207–287); *Politeia* 475c–480a; 522c–524d; *Timaios* 48e–52c.

[35] Dazu vgl. auch Verf. 2001 und 1993.

senschaft und einer Naturdarstellung hatte, als sie der Illusionsmalerei und ihren (jeweiligen) naturwissenschaftlichen Vorbildern zugrunde liegt.

Daß man sich im 16. und 17. Jahrhundert plötzlich wieder so intensiv mit den Überlieferungen über die antike Illusionsmalerei beschäftigte, daß in dieser Zeit so viele detailreiche Blumen- und überhaupt Stilleben gemalt wurden,[36] hat seinen Grund ja nicht in einer willkürlichen Laune der damaligen Maler, sondern ist Teil einer allgemeinen Begeisterung für das genaue Erfassen des Sichtbaren, für die Dokumentation und Taxonomie alles empirisch Zugänglichen, und die Maler wirkten intensiv und aktiv an diesem Prozeß mit – man denke nur etwa an die großartigen Illustrationen, die Tizian für die neue Anatomie des Arztes Vesalius gemalt hat, oder an die „unzähligen aquarellierten Pflanzendarstellungen und die umfangreichen druckgraphischen Kompendien"[37], mit denen die Maler die Arbeit der Wissenschaftler unterstützten. Sie waren damit aber auch dem Ideal dieses Prozesses verpflichtet. Man glaubte, in der exakten Beobachtung, Beschreibung und Darstellung der sichtbaren Erscheinungsformen das Wesen der Dinge, ihre innere durchgängige Gesetzesbestimmtheit einfangen und gleichsam einfrieren zu können. Nicht nur der Wissenschaftler, der in der vergänglichen Erscheinungsform ihre unvergängliche Regel zu erfassen versuchte, auch der Maler überführte in seinen Bildern die vergängliche Welt der Dinge in die unvergängliche Welt der Kunst. Und das alles galt vielen, das möchte ich wenigstens anmerken, auch als eine Renaissance des Platonismus.[38]

Platon selbst war freilich kein Anhänger dieses Ideals. Für ihn enthält es eine massive Überforderung der Natur und der empirischen Wirklichkeit überhaupt. Die Überführung der Vergänglichkeit der Natur in die Unvergänglichkeit von Kunst und Wissenschaft wäre nach Platon nur möglich, wenn Wesen und Erscheinungsform eines Dinges einfach identisch wären, wenn Regel und Gesetz in allen Erscheinungsformen unmittelbar und ohne Abweichung zum Ausdruck kämen.

Im Unterschied zu dieser vor allem in der frühen Neuzeit ausdrücklich und nachdrücklich vertretenen Auffassung denkt Platon, man könnte sagen, ‚moderner'. Er glaubt nicht an die Möglichkeit einer völlig exakten Wissenschaft von der Natur, erreichbar ist in seinem Sinn allein das, was er einen ‚eikôs mythos' (*Timaios* 29d2), einen wahrscheinlichen Mythos nennt. Mit der Bedeutung der Behauptung, daß auch die Physik ein Mythos sei, ja sein solle, müssen wir uns später noch (kurz) etwas genauer beschäftigen. Man kann aber vielleicht schon einmal daran erinnern, daß Heisenberg von dieser These sehr angetan war und in ihr eine philosophische Vorwegnahme seiner Wahrscheinlichkeitstheorie der elementaren Physik sehen wollte.[39]

---

[36] Vgl. Anm. 31.

[37] B. Welzel 2001, 78f.

[38] Diese Auffassung war und ist – leider – sehr verbreitet, differenziertere Studien dazu, die aber dennoch an dieser These festhalten, hat z. B. H. Blumenberg 1981, 55–103 vorgelegt.

[39] W. Heisenberg 1969, 331f.; ders. 1958, 227ff., bes. 228; vgl. auch C. F. von Weizsäcker 1982, 307; 320.

Kritik an einer vollkommenen und exakten Bestimmtheit und Bestimmbarkeit der Natur gibt es aber nicht nur im Verhältnis der neueren Physik zur sogenannten Klassischen Physik, sie gibt es viel früher schon im Bereich der Kunst. Die naturwissenschaftliche Idee, daß die Natur gleichsam ein mathematisch lesbares Buch sei,[40] wurde von den Künstlern von der Renaissance bis weit in die Aufklärung hinein so ausgelegt, daß die Natur als ganze und alle natürlichen Dinge im einzelnen vollkommen von Regelmäßigkeit, von Proportion, Harmonie und Symmetrie durchgestaltet, d. h. schön seien. Daß die empirische Wirklichkeit diese hohe Erwartung an die Natur nicht erfüllt, ist aber eine Erfahrung, die vom 18. bis ins 20. Jahrhundert immer häufiger beschrieben und als die umfassendere und richtigere Wirklichkeitsbeschreibung empfunden wurde, so daß die alte Überzeugung jetzt als eine metaphysische Illusion erschien, ja als eine Täuschung, die den Menschen in den Glauben an eine Vollkommenheit der Wirklichkeit einlullte, die sich kritisch nicht verifizieren ließ.[41]

Daß diese angeblich platonische Metaphysik nicht platonisch ist, haben wir schon gesehen, man kann es aber noch genauer ausführen. Aus der Überzeugung, daß die ganze Wirklichkeit von ihr selbst her schön sei, folgt ja für die Frage, worin die Qualität von Kunst bestehe, daß diese in nichts anderem als einer getreuen Nachahmung der Wirklichkeit selbst gefunden werden könne. Diese Täuschung, d. h. die Meinung, daß es genüge, die äußeren Erscheinungsformen der Wirklichkeit nachzuahmen, um gute, schöne und wahre Kunst zustandezubringen, ist es, die Platon an den Illusionsmalern seiner Zeit kritisiert.[42] Nicht die Fertigkeit, durch bestimmte Techniken ein Trompe l'oeil hervorzurufen, ist Gegenstand seiner Kritik, sondern die Überzeugung, man könne durch eine Perfektionierung der Wahrnehmung ins Innere der Dinge vordringen (vgl. *Politeia* 23b5–7 und ff.[43]).

Im Sinn Platons hat ein Verfahren, das allein durch Nachahmung dessen, was sich wahrnehmen läßt, Kunst hervorbringt, bestimmte erkenntnistheoretische, ästhetische und ethische Voraussetzungen und Konsequenzen.

---

[40] Das Bild von dem Buch der Natur bzw. den zwei Büchern, dem Buch der Natur und der Heiligen Schrift, ist zwar antiken Ursprungs und zum ersten Mal bei Augustinus belegt (*De genesi ad litteram,* PL 32, 219ff.), wurde aber bis zum Beginn der Neuzeit nie im Sinn der These gebraucht, in der Natur seien die göttlichen Prinzipien unmittelbar verwirklicht und ablesbar, sondern immer nur im Sinn der Analogie. Die Natur wurde nur als etwas betrachtet, von dem ausgehend man auf das Göttliche, auf die begrifflichen Prinzipien von Sein und Erkennen schließen kann. Erst mit der Ausbildung der neuzeitlichen Naturwissenschaften (bei Galilei, Campanella, Kepler usw.) spricht man von dem Buch der Natur als einem mathematischen Regelwerk; diese Redeweise hat sich im Verbund mit der dahinterstehenden Grundauffassung bis in die neuesten naturwissenschaftlichen und wissenschaftstheoretischen Publikationen hinein gehalten: vgl. so z. B. immer noch: V. Bialas 1998.

[41] Programmatisch formuliert z. B. in einem der ‚Gründungsmanifeste‘ der literarischen Moderne, im Lord Chandos Brief von Hugo von Hoffmannsthal.

[42] *Politeia* 602c–d – der Terminus für diese Illusionsmalerei ist bei Platon ‚*skiagraphia*‘; vgl. auch *Politeia* 523b.

[43] Dazu vgl. auch Verf. 1989.

Er beginnt bei seiner Kritik mit dem Nachweis (*Politeia* 595a–608b), daß eine solche exakt nachahmende Repräsentation der Wirklichkeit in Wahrheit nicht einmal zu erkennen gibt, was dieses Stück dargestellter Wirklichkeit wirklich ist (vgl. *Kratylos* 389a–390e). Auf die Aufdeckung dieser Täuschung hin ist seine Unterscheidung des abbildenden Künstlers vom Handwerker angelegt.

Im Unterschied zu diesem Künstler gibt er dem Handwerker immerhin den Rang, ein zweiter nach der Wahrheit zu sein (*Politeia* 597b–e). Warum? Die meisten neueren Interpreten glauben, weil der Handwerker eben einen echten Vorhang und nicht nur eine Illusion von Vorhang herstelle. Davon steht aber nicht nur nichts im Text, dieser Unterschied hätte auch überhaupt keine Bedeutung für die Frage, woran man erkennen kann, was etwas wirklich ist.

Am Ende könnte es auch ein Handwerker genauso halten wie der abbildende Künstler und einen bereits fertigen Gegenstand in Kopie einfach nachbauen. Ein richtiger Handwerker versteht aber nach Platon etwas mehr von seinem Gegenstand, er versteht nämlich, wie es auch im griechischen Wort ‚Demiourgos‘ schon im Namen liegt, etwas vom ‚Werk‘, vom ‚ergon‘ einer Sache. Der Blick auf das Werk, moderner formuliert: auf die eigentümliche Funktionsmöglichkeit eines Gegenstands hat nach Platon aber eine ganz erhebliche Bedeutung für denjenigen, der erkennen will, mit was für einem Gegenstand er es zu tun hat (vgl. *Politeia* 52d8–353d12; 477c1–d6), so daß diese Bedeutung es verständlich macht, weshalb Platon den Kenner des Werks eines Gegenstands der Idee näher rückt als einen, der bloße äußere Erscheinungsformen zur Kenntnis nehmen will.

In der Theorie teilen auch wir zwar immer noch die Überzeugung der Wissenschaftler der frühen Neuzeit, die glaubten, man erkenne Gegenstände durch möglichst vollständige Wahrnehmung ihrer Erscheinungsformen und mache aus diesen Wahrnehmungen Wissenschaft durch instrumentelle und experimentelle Beobachtung und Vermessung und ordnende Registrierung der Wahrnehmungsdaten. Auch unsere Sprache ist von dieser Grundüberzeugung geprägt, wenn wir etwa sagen, daß wir Tische sehen, oder auch, daß wir *Beobachtungen* machen etwa über Depressive, über das Verhalten bestimmter sozialer Gruppen usw. In der Praxis halten wir uns aber nur bedingt, auf keinen Fall aber konsequent an diese Maxime. Denn wir stören uns normalerweise überhaupt nicht daran, ob ein Tisch z. B. quadratisch oder rund, braun oder weiß, aus Holz oder Glas ist. Warum werden wir durch diese ganz verschiedenen und z. T. gegensätzlichen Beobachtungsdaten nicht irritiert, sondern fühlen uns ziemlich sicher in der Lage, alle diese so verschieden erscheinenden Gestalten immer gleich als Tisch zu identifizieren und sie alle mit demselben Namen zu benennen?

Offenbar, weil wir zuerst auf das ‚Werk‘, auf die bestimmten Funktionsmöglichkeiten eines Tisches blicken und dabei schon mit Hilfe eines ziemlich oberflächlichen Begriffs, etwa, daß etwas das Werk eines Tisches erfüllt, wenn man etwas darauf legen und man sich an diesen Gegenstand setzen kann, in der Lage sind, eine Auswahl unter den vielen Erscheinungsformen zu treffen, was von ihnen für die Erkenntnis des Tisches relevant ist und was nicht.

Die Leichtigkeit, mit der uns solche Begriffe, die die Auswahl unserer Beobachtungen steuern, zur Hand sind, erweist sich freilich nicht immer als Vorteil, man braucht nur daran zu denken, wie schnell man ‚Beobachtungen‘, die man etwa an einer bestimmten Gruppe von Ausländern macht, dem Ausländerstatus dieser Gruppe zuordnet, obwohl die beobachteten Erscheinungen vielleicht gar nicht charakteristisch für die Menschen dieses Landes sind, weil sie z. B. nur auf einzelne Individuen zutreffen oder auf den sozialen oder religiösen Status dieser Gruppe.

Der in der empirischen Wirklichkeit beobachtbare Gegenstand ‚Ausländer‘ kann und darf also keineswegs in allen seinen Erscheinungsformen registriert werden, wenn man erkennen will, was ein oder auch nur, was dieser einzelne Ausländer ist. Eine solche Repräsentation der von außen aufgenommenen Informationen im Begriff ist vielmehr Anlaß zu vielfältigen Täuschungen.

Die vollständige Wiedergabe eines äußeren Gegenstands der sogenannten Wirklichkeit im Begriff oder in der Kunst erschließt also gerade *wegen* ihrer Vollständigkeit, und nicht deswegen, weil sie mit dem Äußeren nicht exakt übereinstimmt, oder weil sie nur eine Vorstellung oder ein Bild ist, keine Wahrheit. Der vollständige Gegenstand bietet immer eine Vielzahl von sachfremden Informationen, von dem wir ihn, wie Platon sagt, erst ‚reinigen‘ müssen, um auf das zu stoßen, was an diesem ‚ganzheitlichen‘ Gegenstand der Wirklichkeit wirklich Deutscher oder Franzose, was an ihm wirklich ein depressiver oder ein trauriger Mensch ist, d. h., um zu einer wirklich begrifflichen Sacherkenntnis zu kommen (*Politeia* 472bff. und vgl. *Politeia* 399e).

Um den Prozeß dieser (gedanklichen) Reinigung, (‚Katharsis‘) empirischer Erkenntnisse verständlich zu machen, verweist Platon in hinführender, didaktischer Absicht – in vielen Zusammenhängen und so auch im 10. Buch der *Politeia* – auf den Handwerker. Wenn ein Handwerker oder Techniker einen Tisch, eine Schere, eine Waage, eine Laute oder auch einen Computer macht, muß er in der Tat sich zuerst ziemlich genaue Kenntnis über das Werk, über die eigentümliche Funktionsweise des Gegenstands, den er herstellen will, verschaffen:

Welche Funktion muß etwas überhaupt erfüllen, um ein Tisch sein zu können? Dann aber auch: welche Funktion hat ein Eßtisch, Couchtisch, ein Operationstisch, ein Tisch für bestimmte Repräsentationsaufgaben usw.?[44] Oder: welchen Tonbereich und welche Klangfarbe soll ein bestimmtes Instrument, etwa eine Laute, hörbar machen? Erst danach setzt die – auch auf Beobachtung und andere Wahrnehmungen sich stützende – Auswahl der Materialien und ihrer Strukturierung ein, die immer an der erstrebten Funktion orientiert bleiben müssen.

Die Auszeichnung des Handwerkers vor dem bloß abbildenden oder nachahmenden Künstler durch Platon soll also auf eine bestimmte, erkenntnistheoretisch grundlegende Differenz aufmerksam machen: auf die Differenz zwischen der einen Sache und ihren vie-

---

[44] Das Beispiel, das Platon im *Politikos* verwendet, ist die Webkunst, bei der er analog dem eben beschriebenen Fall unterscheidet zwischen nach Materialien und Arten von Kleidungsstücken verschiedenen Arten des Webens: *Politikos* 297aff.

len verschiedenen Erscheinungsformen.[45] Die Orientierung am ‚Werk' von etwas kommt der Erkenntnis von dem, was ausmacht, daß etwas etwas Bestimmtes, ein bestimmter Gegenstand, eine bestimmte Person oder eine bestimmte Sache usw. ist, schon viel näher als eine bloße Registrierung oder Darstellung seiner Erscheinungsformen.

Die Bezugnahme auf den Handwerker könnte allerdings das Mißverständnis nahelegen, als ob Platon – vielleicht als ‚Erblast' seiner Abhängigkeit von seinem Lehrer Sokrates[46] – der Praxis vor der Theorie den Vorzug geben möchte und ähnlich wie moderne pragmatische Philosophien die Erkenntnis einer Sache von ihrer Bewährung in der Praxis abhängig machen wollte. Daß diese Vermutung nicht zutreffen kann, braucht man aber vielleicht gar nicht auszusprechen, zu deutlich ist der Vorrang der Theorie vor der Praxis von Platon an vielen und systematisch wichtigen Stellen formuliert. Platon meint zwar, daß man eine Schere nicht daran erkennt, daß sie länglich und silbrig ist, sondern daran, daß sie schneidet – und das kann eben auch eine breite Schere aus weißem Kunststoff – und daß derjenige, der sie richtig gebraucht, maßgebend ist für die Beurteilung der Sache und daß auch nur er in der Lage ist, anderen ein Wissen von dieser zu vermitteln (vgl. *Kratylos* 390bff. und *Politeia* 601dff.); auch das Schneidenkönnen und die Kriterien des richtigen Umgangs mit etwas aber sind etwas, was begriffen werden muß. Wie wollte man denn sonst in der Praxis feststellen, daß etwas schneidet, und wie sollte man zwischen richtigem und falschem Gebrauch unterscheiden?

Und natürlich muß man seine Augen auch benutzen, um zu ‚beobachten', daß etwas schneidet, Platon betont aber nachdrücklich, daß man das, worauf es dabei ankommt, nämlich die Funktion, gerade nicht sieht (denn im eigentlichen Sinn *sehen,* mit dem Sehsinn wahrnehmen, kann man nur Farben und Formen, dazu s. u. 78f.), sondern begreifen muß[47]. Daß Platon im Recht ist, kann man sich leicht klarmachen, wenn man die Erkenntnisbedingungen erschwert. Was sieht denn jemand, der einen Computer aufmacht und das Innere in seiner Aktion beobachtet? Ohne ein bereits ziemlich genaues Wissen um bestimmte Kombinationsmöglichkeiten, die sich aus einer besonderen Form disjunktiver und konjunktiver Logik ergeben, und ohne ein Wissen, wie diese Möglichkeiten in bestimmten Materialien realisiert werden können, sieht er trotz der besten Augen von der Funktion, die dieses Computerinnere erfüllt, nichts. In diesem Sinn kann man – ohne jeden metaphysischen Unterton – sagen, daß die äußere Wirklichkeit den Augen etwas ‚verbirgt', was dem Begriff offenliegt.

---

[45] Chr. Horn 1997, 298–306 hebt zurecht diesen Aspekt der Einheit der Sache im Unterschied zur Vielheit der Instanzen als wesentliches Kriterium der von Platon intendierten Unterscheidung hervor.

[46] Die ‚lebenspraktische' Ausrichtung der sokratischen Philosophie scheint schon Aristoteles als Charakteristikum festzuhalten (*Metaphysik* 987b1f.; 1078b17f.); in mehr oder weniger explizitem Anschluß an diese von Aristoteles vorgetragene philosophiehistorische These (und freilich als Ergebnis der Interpretation der sogenannten sokratischen Frühdialoge Platons) wird diese Theorie in der neueren und neusten Forschung immer wieder neu formuliert: z. B. P. Hadot 1991, 15–18; A. Patzer 1987, bes. 435; 446ff.

[47] Vgl. die Herleitung des Unterschieds zwischen Begreifen und Sehen: *Politeia* 523a–545c.

Der Mythos – ein ‚Drittes nach der Wahrheit'?

Wendet man sich nach dieser Klärung dessen, was nach Platon ein ‚Drittes nach der Wahrheit' ist, wieder der Beurteilung mythischer Poesie zu – und genau diesen Schritt macht auch Platon im 10. Buch der *Politeia* –, dann wird bereits sehr viel besser verständlich, weshalb er in Dichtungen, die ganz auf die Darstellung der Wirklichkeit, wie sie sich in den äußeren, beobachtbaren Erscheinungsformen zeigt, konzentriert sind, keine Wahrheit erkennen kann. Man wird auch unschwer nachvollziehen können, weshalb derartige Darstellungen auch ästhetisch kaum vollendet sein können. Weshalb Platon sie auch als ethisch problematisch beurteilt, hoffe ich wenigstens andeuten zu können.

Vielleicht sollte man an dieser Stelle noch einmal daran erinnern, daß wir, d. h. die modernen Mytheninterpreten, in der Bindung des Mythos an die konkrete Anschauung, an das konkrete Bild, an die konkrete Geschichte, in der an einer beispielhaften Sequenz von ‚Begebenheiten' ein Muster vorgeführt werde, wie z. B. eine gerechte Besitzverteilung in einer Gesellschaft geschehen müsse –, daß wir in dieser Bindung gerade die Auszeichnung, das Ursprüngliche und Echte des Mythos erkennen und es gegen eine von abstrakten Begriffen gesteuerte Lebensgestaltung absetzen. Platons Umgang mit der Bindung der mythischen Darstellungsweise an einzelne Gegenstände, einzelne Personen, einzelne sich in der Zeit vollziehende Ereignisse und Handlungen ist differenzierter. Er sieht in dieser Bindung zwar auch den eigentümlichen Nutzen des Mythos, aber auch eine Gefahr. Eine Gefahr ist diese Bindung an Einzelfälle, wenn diese Einzelfälle selbst zum Kriterium der Erkenntnis der dargestellten Sache gemacht werden. Platon meint nicht, daß in den mythischen Bildern in ungeschiedener Einheit die ganze Wahrheit und Weisheit der Welt enthalten ist, sondern er hält diese Vorstellung für eine Konfusion und für eine Quelle von Täuschungen, weil man eben in den einzelnen Verwirklichungen einer Sache immer etwas vor sich hat, das sowohl zur Sache Gehöriges als auch Sachfremdes an sich hat und das zur Abgrenzung des Sachfremden kein Kriterium an die Hand gibt. Er sieht aber auch den besonderen (didaktischen) Vorteil der Bildlichkeit der Darstellungsweise und weiß diese in seinen Dialogen auch einzusetzen. (Ich werde auf diesen Aspekt zum Schluß noch einmal kurz zu sprechen kommen.)

Ausgangspunkt der Definition des Mythos ist bei Platon die Bestimmung der Gegenstände, die in Mythen dargestellt und von denen durch den Mythos bestimmte Erkenntnisse vermittelt werden können.

Wovon handeln die Mythen? Sie handeln von Kriegen und Kriegsgründen, von Vertrag und Vertragsbruch, von Ehrungen und Entehrungen usw., d. h. von gerechtem und ungerechtem, tapferem und feigem, wahrhaftigem und unwahrhaftigem Handeln, von Liebe, Haß, Empörung, Zorn usw. und bieten durch die Darstellung solchen Handelns, weil es nicht das Handeln einfacher, gewöhnlicher Menschen, sondern das Handeln von Göttern, Heroen und überhaupt heldischen Menschen einer großen Vorzeit ist, Vorbilder, Muster, an denen sich die Leser, Hörer oder Zuschauer orientieren sollen.

Mit Mustern dieser Art hat Platon aber, wie jeder Leser auch nur irgendeines seiner Dialoge weiß, Probleme. Wie steht es z. B. mit wahrhaftigem Handeln? Kann man am Handeln eines Menschen, der ein Muster von Wahrhaftigkeit bietet und z. B. sogar durch die Androhung des Todes sich nicht zu einer Lüge verleiten läßt, sozusagen einfach ablesen, welche Anforderungen ein Mensch erfüllen muß, damit er als ein Vorbild der Wahrhaftigkeit erkannt und nachgeahmt werden kann? – In der Regel ja, würde die platonische Antwort lauten, aber es gibt Ausnahmen, die zeigen, daß man sich nicht auf konkrete Handlungsmuster fixieren darf, sondern sich viel mehr und sogar grundsätzlich an der Motivation orientieren muß, die dieses Handeln überhaupt erst zu einem Muster und Vorbild macht. Platonische Ethik ist nicht Teil einer shame-culture, die ausschließlich auf den Handlungserfolg und nicht auf die dahinterstehende Gesinnung blickt; und sie ist ebensowenig Teil einer guilt-culture, also einer Kultur, die das Handeln der einzelnen Menschen ausschließlich an dem Maßstab der bewußten Intention mißt, sondern sie bezieht sowohl äußere als auch innere Aspekte mit in die Bewertung ein und entscheidet schließlich nach der tatsächlich von dem einzelnen Individuum geleisteten Erkenntnis. Entscheidend ist bei diesem Ansatz, daß man in ethischen Fragen nicht verallgemeinernd urteilen und sich auch nicht gemäß solchen Verallgemeinerungen verhalten darf, sondern daß man in möglichst umfassender Weise die konkreten Gegebenheiten der Situation berücksichtigt und nicht blind irgendwelchen allgemeinen Maximen folgt. Wenn etwa – ich erlaube mir ein platonisches Beispiel zu aktualisieren – jemand 1943 von der Geheimpolizei gefragt worden wäre, ob er einen jüdischen Mitbürger versteckt hält, dann hätte nach Platon – anders als etwa für Kant – auch für den wahrhaftigen Menschen eine Pflicht zur Lüge bestanden. Ein ‚Musterbild der Wahrhaftigkeit‘ ist also für Platon keineswegs immer auch ein Vorbild für richtiges wahrhaftiges Verhalten.

Oder: wenn eine Gesellschaft, die nicht zu einem Haufen von Dieben verkommen will, sich zur Regel setzt und diese Regel ihren Mitgliedern in anschaulichen Geschichten präsent macht, daß Eigentum respektiert und Geschuldetes zurückgegeben werden muß: kann man an diesen Regeln und an diesen Beispielgeschichten erkennen, was einen gerechten Menschen zu einem gerechten Menschen macht? – Die platonische Antwort wäre auch in diesem Fall: nein, oder richtiger: Es hängt vom jeweiligen (historisch immer wieder anderen) Einzelfall ab, ob sich diese Regeln dabei als Ausdruck des Verhaltens eines gerecht denkenden Menschen verstehen lassen. Wenn man es z. B. mit einem verbrecherischen Menschen zu tun hat, der seine Waffe zurück haben will, um andere Menschen zu töten, dann wird der gerechte Mensch gerade alles daran setzen, um die Rückgabe des geschuldeten Gutes zu verhindern, statt sich an die konventionelle Regel seiner Gesellschaft zu halten (vgl. *Politeia* 331c).[48]

---

[48] In dieser Differenz von (allgemeiner) Regel und Sache (in ihrer nur potentiellen Allgemeinheit) liegt auch der Ansatz für ein adäquates Verständnis der allegorischen Mythendeutung im Sinn Platons. Bei einer solchen dürfen nicht einzelne Motive oder Symbole unabhängig von ihrem jeweiligen Kontext isoliert als beliebig einsetz- und zusammensetzbare Versatzstücke aufgefaßt werden, die immer und ohne Unterschied das gleiche bedeuten und für das gleiche stehen. Platonische Mythendeutung erfolgt mit Blick auf die im Mythos anschaulich abgebildete Sache und weist unter

Die Folgerung aus derartigen Analysen, die Platon zu nahezu allen gesellschaftlich relevanten Verhaltensformen vorgelegt hat – im *Charmides* zeigt er, daß sich Besonnenheit nicht immer in bedächtigem, sondern manchmal auch in raschem Handeln äußert, im *Euthyphron*, daß Frömmigkeit nicht immer in der Ausübung bestimmter religiöser Riten erkennbar wird, im *Laches*, daß Tapferkeit nicht immer im Standhalten gegenüber einem Feind besteht usw. –, ist, daß man dann, wenn man über richtig und falsch bei einer solchen Verhaltensform entscheiden muß, weder einfach die äußere Wirklichkeit zum Maß nehmen kann noch irgendwelche Regeln oder Muster, die man aus ihr abstrahiert oder ableitet. Dabei ist es gleichgültig, ob man diese Regeln in konkrete idealtypische Geschichten verpackt oder ob man sie auf abstrakte Normen reduziert. Weder idealisierte Normen noch in irgendeiner Weise im Geist erschaute ideale Gegenstände sind Beispiele für das, woran man sich nach Platon orientieren kann, um zu erkennen, was wirklich gerechtes, tapferes, besonnenes (usw.) Handeln ausmacht.

Rationale Begriffsfindung als Voraussetzung für gute Dichtung bei Platon

Wir wollen das negative Ergebnis des letzten Abschnitts zunächst einmal einfach festhalten. Die darüber hinausgehende Frage, wie man einen Begriff von dem gewinnt, was wirklich zum gerechten Handeln gehört, von dem also, was Platon die Idee des Gerechten nennt, können wir wegen ihrer Schwierigkeit nicht erschöpfend behandeln. Einige zentrale Verständnisvoraussetzungen möchte ich aber darlegen.

Gerecht sein heißt nach Platons berühmter Definition: ‚Jedem das Seine zukommen lassen' (*Politeia* 433a). Dabei ist ‚das Seine' von Platon in einem genauen Sinn gebraucht. Es meint die optimale Entfaltungsmöglichkeit der eigenen Vermögen und Fähigkeiten. Der Mensch, der sich selbst dazu ausbildet und erzieht bzw. erziehen läßt, ist zu sich selbst gerecht, der Staat, der dafür sorgt, daß seine Mitglieder sich zu sich selbst und zueinander so verhalten, daß jeder dieses Seine erfüllen kann, ist ein gerechter Staat.

Wer etwas von gerechtem Handeln verstehen will, muß nach Platon also nicht ein Set von Regeln kennen, sondern er muß sich selbst kennen, d. h., er muß sich auf das verstehen, was die spezifischen Vermögen des Menschen sind, was jemand als Mensch kann und leistet. Er muß also etwas vom ‚Werk', vom ‚ergon' des Menschen verstehen. Das kann man

---

dieser Perspektive einzelnen Momenten der Handlung oder der Charakterisierung der handelnden Personen oder einzelnen Elementen der Szenerie usw. ihre spezifische Bedeutung zu. Das bedeutet auch: platonische Mythendeutung nimmt nicht durch eine rationale Abstraktion dem konkret mythischen Geschehen seine inhaltliche Bestimmtheit und reduziert sie ‚durch den Einbruch bewußter Reflexion' auf abstrakte Regeln, sondern sie erschließt den eigentlich konkreten Gehalt der Bilder, die für sich genommen, d. h. ohne begriffliche Deutung, gerade keine ‚welterschließende' und Orientierung gebende Bestimmtheit haben.

nach Platon durchaus. Über die elementaren Grundvoraussetzungen ist ohnehin leicht Übereinstimmung zu erzielen – z. B. darüber, daß man jemandem nur aus sehr schwerwiegenden
Gründen, etwa weil er ein auf andere Weise nicht zu verhindernder Massenmörder ist, das
Leben, die Bedingung jeder Selbstentfaltung, nehmen darf. Je mehr und genauer aber jemand über das ‚Werk‘ eines oder der Menschen Bescheid weiß, desto mehr wird er erkennen können, was jemandem zukommen oder nicht zukommen soll, d. h., desto mehr wird er
einen zutreffenden Begriff von dem haben, was für einen einzelnen Menschen oder für die
Menschen im allgemeinen gerecht ist.

Die Frage, woran man sich orientiert, um gerechtes Handeln richtig darzustellen, ist, wie
man sieht, nicht eine Sonderfrage unter den vielen Fragen, die zu klären sind, woher eine
mythische Darstellung ihre Gestaltungsprinzipien nehmen soll. Denn der Mythos hat, wenn
wir einmal von Göttern und Dämonen absehen, menschliches Handeln zu seinem Gegenstand.

Menschliches Handeln aber kann nicht, wie jetzt schon deutlich ist, an jeder beliebigen
Äußerungsform begriffen werden. Vieles von dem, was jemand tut, ist gar kein eigenes
Tun, sondern ist Produkt vielfältiger äußerer und innerer Einflüsse. Auch einen Menschen
kann man nicht an dem Gesamtbild seiner ‚wirklichen‘ Erscheinungsformen erkennen,
sondern eben nur an seinem ‚Werk‘, oder, wie die mittelalterlichen Scholastiker dies ausgedrückt haben, am ‚Akt‘ des Menschen, d. h. an den Leistungen der Vermögen, die für ihn
als Menschen spezifisch sind. Wenn also die Frage, ob jemand das Seine tut, der Maßstab
richtigen, gelungenen bzw. falschen und scheiternden Handelns ist, dann muß jemand, der
Mythen dichten, d. i. menschliches Verhalten darstellen will, etwas von Gerechtigkeit, d. h.
vom richtigen und optimalen Vollzug der menschlichen Vermögen begriffen haben.

Mythos in positivem Sinn

Genau in diesem Sinn hat Platon seine eigene literarische Tätigkeit verstanden. Das, was er in
seinen Dialogen grundsätzlich und insbesondere in seinem Dialog über den Staat anstrebt, ist
ein möglichst vollkommener Mythos, d. h. eine Darstellung, in welcher Weise das, was Gerechtigkeit von ihrem Begriff her ist, im Leben des einzelnen Menschen wie im Leben der
Gemeinschaft realisiert werden müßte.[49] Daß Platon auf diese Weise auch Literatur von
höchstem Rang zuwege gebracht hat, ist ihm bis heute von beinahe niemandem bestritten

---

[49] Über diesen Skopos der *Politeia* wird in dem ersten einleitenden Teil des (in der Dialogfiktion
      folgenden) Dialogs *Timaios* diskutiert, wobei insbesondere auf das Verhältnis von Urbild und Ab-
      bild und auf den Unterschied zwischen einer Darstellung eines begrifflichen Prinzips und der Dar-
      stellung einer einzelnen, (historischen) konkreten Instanz dieses Sachverhalts hingewiesen wird.
      Der neuplatonische Kommentator Proklos hat über diese auch für die Ideenlehre insgesamt grund-
      legenden Differenzierungen eine um den genauen Wortlaut bemühte Interpretation vorgelegt: vgl.
      dazu G. Radke 2003, 285–347.

worden. Diese richtige Weise mythischer Darstellung, von der sich, wie wir noch sehen werden, ein weiterer und ein engerer Mythosbegriff ableiten läßt, beschreibt Platon an einer zentralen Stelle seines Staatsdialogs folgendermaßen (*Politeia* 472cff. und 500b–501c)[50]:

Wenn jemand, der bereits einen Begriff von der Gerechtigkeit und den anderen Akten des Menschen gewonnen hat, die Aufgabe gestellt bekomme, darzustellen, wie das, was er allgemein versteht, sich in einzelnen Handlungen realisieren lasse, dann werde er zuerst die Charaktere, die er darstellen möchte, ‚reinigen' (*Politeia* 501a).

Was mit dieser Reinigung gemeint ist, ist inzwischen schon klar: Dieser philosophische Mythendichter nimmt nicht alles auf, was er an einem bestimmten Menschen in der sogenannten Wirklichkeit vorfindet, sondern er wählt nur das aus, was für diesen – insofern er ein gerechter, das Seine verwirklichender Mensch ist – eigentümlich ist: Dieser Mensch hat seine Vermögen in der und der Weise ausgebildet und ist dadurch ein Mensch mit bestimmten Neigungen und Abneigungen geworden, der nicht beliebig und unberechenbar immer wieder neu und anders reagiert.[51] Dasjenige Handeln, das aus diesen Neigungen und Abneigungen hervorgeht, wird aus allem anderen, was dieser Mensch sonst noch tut oder leidet, ausgesondert, es wird davon gereinigt.

Nach dieser Reinigung, so fährt Platon fort, wird der Künstler zwischen dem Begriff von gerechtem Handeln und den einzelnen Handlungen, die aus gerechten Maximen hervorgegangen sind, hin- und herblicken und das eine, wo dieses Handeln noch nicht ganz den Forderungen der Gerechtigkeit entspricht, auslöschen, anderes, worin sich die Gerechtigkeit noch genauer äußert, hinzufügen und so die Darstellung dieses Charakters möglichst vollkommen machen. „Das wäre", so stellt der Gesprächspartner in der *Politeia* fest, „das bei weitem schönste Bild" (*Politeia* 501c3).

Auch die ästhetische Form einer künstlerischen Darstellung folgt in diesem Sinn aus ihrem Inhalt. Nur wer etwas von den Bedingungen charakterlich bestimmten Handelns des Menschen versteht, kann dieses Handeln auch kunstgemäß darstellen: „Wie aber" – so läßt Platon Sokrates, den Gesprächsführer seines Dialogs, fragen – „der Stil der Darstellung und die sprachliche Form, folgen die nicht dem Charakter? Dem Stil der Darstellung aber folgt das Übrige? Die schöne Form der Rede also, das klare Maß, die Durchgestaltetheit und die gelungene Rhythmisierung, alles folgt dem durchgebildet guten Charakter". (*Politeia* 400d6ff.)

---

[50] Dazu auch Verf. 2001.

[51] Das ist nach Platon ebenso wie nach Aristoteles überhaupt das Kriterium dafür, ob ein einzelner Mensch einen bestimmten Charakter hat und von welcher Art dieser bestimmte Charakter ist. Systematisch entwickelt wird diese Charakter- und Handlungstheorie von Aristoteles vor allem in der *Nikomachischen Ethik* und in der *Poetik*. Vgl. dazu Verf. 1995.

Konkretes Handeln als Verwirklichung charakterlicher Möglichkeiten – der platonische und aristotelische Mythos-Begriff

Über die uns ungewohnt, ja sachfremd erscheinende These Platons, daß nur ein guter Charakter auch ästhetisch gut dargestellt werden könne, wäre noch viel zu sagen.[52] An diesem hohen Anspruch jedenfalls hat Platon nicht nur die Dichtungen gemessen, die in einen gut konzipierten Staat aufgenommen werden sollten, diesem Anspruch versuchte er in seinen Dialogen zu genügen, die in lebendigem Gespräch nachvollziehen, was zur Erkenntnis von Ideen im allgemeinen gehört, und er hat auch Mythen im engeren Sinn, d. h. Erzählungen von handelnden Menschen gedichtet, die diesen Anspruch erfüllen sollen, z. B. den sogenannten Er-Mythos am Ende des Dialogs Politeia (*Politeia* 614b–621d) oder die Geschichte von Atlantis in den Dialogen Timaios und Kritias (*Timaios* 20d–25d; *Kritias* passim). In diesem Atlantis-Mythos wird nach Platons eigenen Worten (*Timaios* 19b–c) erzählt, wie ein Staat in Aktion sein müßte, d. h., welche Menschen mit welchen konkreten Handlungen in ihm aktiv sein müßten, wenn diese Menschen in ihren einzelnen Handlungen nachzuvollziehen, d. h. nachzuahmen versuchen würden, was in dem Dialog über den Staat als allgemeine Bedingungen des optimalen Vollzugs menschlicher Handlungsmöglichkeiten ermittelt worden war.

Die Konjunktive, die Platon hier gebraucht, um die Aufgabe seines Mythos von Atlantis zu charakterisieren – er möchte ja darstellen, „wie ein Staat in Aktion sein *müßte*, wenn er eine möglichst vollkommene Nachahmung seines idealen Staatskonzepts *wäre*", hatte er analog auch schon gebraucht, um das Anliegen seines Staatsentwurfs zu beschreiben: „Wir suchen zu ermitteln, wie ein gerechter Mann ‚ins Werden treten', d. h., sich in konkret empirischen Handlungen darstellen *würde* (οἷος ἂν εἴη γενόμενος), wenn er sich ganz an den Forderungen des Gerechtseins ausrichten würde" (*Politeia* 472c5f.). Genauso hatte er sich auch bei der Formulierung der Aufgabe eines guten Malers ausgedrückt: er müsse ein Bild malen, „wie der schönste Mensch wäre, d. h. aussehen würde, wenn [...]" (*Politeia* 472d5).

Dieser Hinweis auf die konjunktivischen Formulierungen (im Griechischen handelt es sich um Optative) ist nicht philologischer Selbstzweck. In den Formulierungen, die Platon hier gewählt hat, ist vielmehr in prägnantester Form die Grundaussage einer Kunsttheorie enthalten, von der nicht nur die Theorie, sondern auch das Anliegen der ausführenden Künstler in Europa mehr als 2000 Jahre lang intensiv beeinflußt war, auch wenn es neben Zeiten einer adäquaten Rezeption auch Zeiten einer erheblichen Um- oder Mißdeutung gegeben hat.

Der erste, der mit der prägnanten Formulierung auch das Grundanliegen der Kunsttheorie Platons wieder aufnahm, war Aristoteles in seiner *Poetik*. Aristoteles lehnt ganz im Sinn der Kritik zu Beginn des 10. Buches der platonischen *Politeia* in dem berühmten 9. Kapitel sei-

---

[52] Vgl. dazu dann ausführlicher Verf.: *Aristoteles, Poetik* [erscheint voraussichtlich Darmstadt 2004], dort die Kommentierung zum 2. Kapitel.

ner *Poetik*[53] eine Dichtung ab, die einfach die Wirklichkeit wiedergibt (und auch ebenda bereits im 8. Kapitel: 1451a16ff.). Wer meint, er könne bei der Gestaltung einer Dichtung einfach dem Ablauf der Ereignisse oder dem Verlauf des Lebens einer Person folgen, versteht nach Aristoteles nichts von dem, was Literatur überhaupt erst zur Literatur macht. Aristoteles verweigert solchen Darstellungen die Bezeichnung ‚Mythos'. Denn ‚Mythos' ist für ihn ein Ehrentitel, den er ausschließlich solchen Darstellungen vorbehält, die Platon als die schönste oder beste Kunst charakterisiert hatte. Aristoteles ist bei den Anforderungen an diese gute, mythische Form der Kunst – in der *Poetik* geht es ihm naturgemäß nur um die Dichtung – weniger streng als Platon, seine Auffassung liegt uns daher näher und kann so zugleich dazu dienen, uns dem Verständnis dessen, was Platon gemeint hat, näher zu bringen.

Zunächst aber ein Wort zur Forschungssituation. Viele glauben, daß der Begriff von ‚Mythos', wie ihn Aristoteles in seiner *Poetik* verwendet, weder mit dem platonischen noch gar mit dem traditionellen, ursprünglichen Mythosverständnis bei den Griechen in Zusammenhang stehe. Mythos bezeichne bei Aristoteles einfach die Fabel oder den *Plot*, die formale Zusammenstellung der Handlungselemente.[54]

Ich glaube nicht, daß diese verbreitete Auffassung richtig sein kann. Neben vielen Argumenten, die wir hier nicht behandeln können, spricht dafür allein die Tatsache, daß Aristoteles das zentrale 9. Kapitel seiner *Poetik*, in dem er erklärt, was seiner Meinung nach Dichtung zu Dichtung macht, mit genau der Formulierung beginnt, in der Platon die Aufgabe eines guten Mythos beschrieben hatte. Er sagt nämlich, Aufgabe der Dichtung sei es nicht, wirklich Geschehenes darzustellen, sondern darzustellen, wie etwas geschehen *müßte* (οἷα ἂν γένοιτο *Poetik,* Kap. 9, 1451a37). Außerdem teilt Aristoteles mit Platon die Überzeugung, daß es nicht die formalen Gestaltungsmittel sind, die die ästhetische Qualität eines Kunstwerks ausmachen, sondern daß dafür der Inhalt verantwortlich ist. Man könnte, so sagt er, den ganzen Herodot in Verse setzen, es bliebe trotzdem ein Geschichtsbuch, d. h. eine Darstellung des äußeren Geschehens, dem die Qualität des Mythos und damit das Prinzip einer konsequent einheitlichen Durchgestaltung fehlt (1451b2–4).

Wodurch bekommt eine Darstellung diese Qualität, d. h. die Fähigkeit darzustellen, wie eine Handlung sein müßte? Aristoteles sagt: Wenn alles, was ein Dichter jemanden sagen oder tun läßt, so ist, daß es als wahrscheinliche oder notwendige Äußerungsform seiner allgemeinen charakterlichen Vorlieben oder Abneigungen verstanden werden kann (1451a36–38; 1451b6–9).

Da Handeln immer konkretes Handeln in einer individuellen Situation ist, ist im Sinn dieser Aussagen des Aristoteles als Aufgabe, einen Mythos zu konzipieren, also gefordert, einen Entwurf zu machen, wie jemand auf Grund seiner charakterlichen Verfassung sich in einer bestimmten Situation für ein bestimmtes Handlungsziel entscheidet und dieses Ziel mit den Möglichkeiten, die er als dieser bestimmte Charakter hat, erreicht oder verfehlt. Alles, was

---

[53] Dazu Verf. 1995 und Verf. 2003.
[54] Z. B. S. Halliwell 1986, 138ff. Die gleiche Deutung schon beim ersten Kommentator der *Poetik*, bei Francesco Robortello 1968, 73–83.

zur Verfolgung dieses Ziels an Reden und Einzelhandlungen von diesem Charakter ausgeht, wofür er, wie Aristoteles sagt, selbst Prinzip und Ursache ist (1450b8–9)[55], gehört zu dem, was dieses Geschehen zu einem Mythos macht, alles andere behindert die mögliche inhaltliche und formale Einheit der Darstellung und ist deshalb literarisch uninteressant.

Daß diese Maxime des Aristoteles keineswegs trivial ist, kann man nicht nur daran erkennen, daß die Forderungen, die Aristoteles aus ihr ableitet, und die mit diesen verbundene Konkretisierung des Literaturbegriffs von den meisten Literaturtheorien seit der Renaissance nicht mehr akzeptiert werden, man sieht es vor allem daran, daß Aristoteles das Verhältnis von Charakter und Handlung ganz anders bestimmt, als es im Sinn eines modernen, empirisch begründeten Urteils möglich scheint. Aristoteles behauptet ja, daß der Charakter für den Dichter eine Vorgabe, sozusagen ein Arsenal von Möglichkeiten bietet, von denen her der Dichter erkennen kann, wie er einzelne Handlungen und Handlungsfolgen gestalten muß, während wir eher denken würden, daß ein Dichter zuerst die Erscheinungsformen beobachten müsse, in denen sich ein Charakter äußert, um erst dann von ihnen auf den ihnen zugrundeliegenden Charakter zurückzuschließen oder eine Intuition und ein der konkreten Individualität gerecht werdendes, nicht rational überformtes und rationalistisch verkürztes Gefühl von diesem Charakter zu bekommen. Man hat es doch immer zuerst mit wirklich handelnden Menschen zu tun und kann nicht ohne Blick auf sie einfach konstruieren, wie sie handeln müßten.

In der Tat verlangt dieses Letztere auch Aristoteles nicht. Man soll einen Charakter nicht konstruieren, sondern begreifen. Er hätte aber gute Gründe, uns einige kritische Fragen zu stellen, v. a., woran wir denn unterscheiden, ob etwas, was ein wirklicher Mensch aus Fleisch und Blut tut, Ausfluß gerade seines Charakters ist und nicht von beliebigen Einflüssen, denen er mehr oder weniger ausgesetzt war.

Vor diesem Unterscheidungsproblem steht man sogar schon bei einzelnen Charakterzügen. Woran will man etwa erkennen, daß jemand zornig ist? An bestimmten, sich immer wieder gleich wiederholenden Äußerungsformen kann man sich jedenfalls nicht orientieren. Denn Zorn äußert sich zwar nicht beliebig, aber sehr unterschiedlich. Seneca z. B. beschreibt den Zornigen als jemanden mit hochrotem Kopf, der laut wird, dem sich die Haare sträuben, der mit den Füßen stampft, der sich an der Lust auf die schrecklichste Rache weidet, usw., und er folgt seinen eigenen theoretischen Vorgaben auch in seiner dichterischen Praxis, z. B. in seiner Darstellung der alles menschliche Maß übersteigenden Rachelust Medeas. Blicken wir dagegen auf das klassische Zorndrama der griechischen Antike, auf die *Medea* des Euripides,[56] finden wir eine heftig zürnende Frau, die in besonnener, ruhiger, rhetorisch geschickt überlegter Rede mit den vornehmen Frauen von Korinth spricht, die den König durch ihre klaren Argumente und ihren Mann durch ihre Einsichtigkeit beeindruckt und die sich durch einen tapferen Appell an ihr Ehrgefühl überwinden muß, zur

---

[55] Zum Begriff der *Prohairêsis* vgl. auch Aristoteles, *De motu animalium* 701a4–5; EN III,3–5. bes. 1111a22–24; 1112a11–2; 1113a4–7.

[56] Vgl. meine Gegenüberstellung der beiden Medea-Tragödien des Euripides und Senecas und der in diesen vorausgesetzten Konzepte von Leidenschaft und Affekten: Verf. 1994.

Rache zu schreiten und ihre Kinder zu töten – ganz anders als bei Seneca, dessen Medea von der Lust an der Rache übermannt und weggerissen wird.

Es ist gar keine Frage, daß man bei Euripides auf eine ganz andere Weise über den Zorn Medeas informiert wird als bei Seneca. Euripides läßt nicht einfach jemanden feststellen, daß Medea zornig ist, oder stellt typische Erscheinungsformen des Zorns an ihr dar. Das, was er tut, ist, daß er Medea von den heiligen Eiden sprechen läßt, mit denen sie und Jason sich gegenseitig verpflichtet haben, davon, was sie für Jason alles aufgeopfert hat, was alles sie für ihn gewagt und an Gefahr auf sich genommen hat, wie sie ihre ganze Existenz allein auf ihn gegründet hat, und wie sie jetzt durch seine Untreue und seinen Verrat ganz und gar verlassen und vernichtet ist.

Euripides informiert, wie man sieht, über die Gründe von Medeas Zorn, und schon das Wenige, das ich genannt habe – das Drama als ganzes ist natürlich noch viel genauer – genügt, um erkennbar zu machen, daß sich Medea in einem Zustand des Zorns und nicht etwa der Beschämtheit oder der Traurigkeit befindet: Medea ist über ein Unrecht empört. Aber Euripides zeigt noch viel mehr. Er zeigt zugleich, in welcher besonderen Weise sich das, was Zorn im allgemeinen ist, gerade bei Medea äußert: Sie ist eine außergewöhnlich liebende Frau, die mit großer Klugheit und Konsequenz alles gewagt hat, um ihre Liebe durchzusetzen, die bereit ist, vieles zu opfern, aber auch in Kauf zu nehmen. Mit diesen und einer Reihe weiterer von Euripides subtil exponierter Charakterzüge muß man also auch rechnen, wenn eine verletzte Medea sich im Zorn zur Wehr setzt.

Worin liegt der Gewinn dieser Darstellungsweise des Euripides? Zunächst einmal darin, daß sie das einende Band liefert, das erst erkennbar macht, daß die verschiedenen Handlungen Medeas, ihre Gespräche mit den Frauen, dem König, mit Jason, ihr Verhalten gegenüber den Kindern usw. überhaupt Äußerungen dieser einen bestimmten, von diesen seelischen Haltungen und Tendenzen individuell bestimmten Frau sind, die ganz von heftigsten Zorngefühlen beherrscht ist. Beinahe nichts von dem, was Medea sagt und tut, könnte ein Psychologe in ein Lehrbuch aufnehmen, um seinen Studenten signifikante Verhaltensmuster von Zornigen vorzuführen – ähnliche Erfahrungen könnte man im übrigen bei der Affektdarstellung beinahe jeder griechischen Tragödie des 5. Jahrhunderts machen; dennoch weiß man an jeder Station des Dramas, daß das, was sie gerade sagt und tut, Ausdruck der erzürnten Medea ist, weil bei allen von Euripides ausgewählten und gestalteten Handlungen deutlich ist, daß und wie sie im Dienst der inneren, von dem Medea eigentümlichen Gefühl des Zorns bestimmten Intentionen stehen.

Alle diese Handlungen bringen zum Ausdruck, wie eine erzürnte Medea sich in dieser Situation gegenüber diesen Personen verhalten *müßte*, wenn das, was sie Euripides gerade tun läßt, etwas sein soll, was wirklich aus ihrem Charakter kommen kann, d. h. etwas, das man wirklich als notwendigen oder wahrscheinlichen Ausdruck ihrer charakterlichen Disposition begreifen kann.

Zum Verständnis der poetischen Verfahrensweise dieser Art von Darstellung ist der Vergleich zwischen Künstler und Handwerker durch Platon durchaus hilfreich. So wie etwa bei einer Laute die für sich isolierten Einzelstücke, Boden, Deckel, Bügel, Saiten, Griffe usw., selbst wenn sie schon geformt sind, nicht von sich her Lautenteile sind und als solche zu erkennen sind, sondern erst für den dazu werden, der ihr Verhältnis untereinander und zum Ganzen vom Blick auf das Werk, auf die Funktion, der sie dienen, beurteilen kann, so ist es auch bei der Darstellung innerer Motive eines Menschen. Der Zorn ist so wenig mit seinen Erscheinungsformen identisch wie die äußeren empirischen Gegenstände. Man sieht daher auch nicht einfach, daß jemand zornig ist, sondern man begreift es. Für dieses Begreifen bietet aber das, was Platon und Aristoteles Mythos nennen, eine substantielle Hilfe.

Denn der Mythos ist das einheitliche Gestaltungselement, das bewirkt, daß die einzelnen Handlungsteile nicht beliebig nebeneinander stehen, sondern als wahrscheinlicher oder notwendiger Ausfluß einer charakterlich begründeten Entscheidung folgerichtig auseinander hervorgehen und untereinander und zum Ganzen einer Handlung zusammenstimmen. Der in diesem prägnanten Sinn definierte Mythos ist als σύστασις τῶν πραγμάτων, als Anordnung einzelner charakterlich in bestimmter Weise motivierter Handlungen das Prinzip und Kriterium der Einheit und Qualität einer jeden erzählten oder auf der Bühne dargestellten oder schriftlich niedergelegten Geschichte. Er ist also der Maßstab, an dem die (pädagogische ebenso wie ästhetische) Qualität jeder einzelnen mythischen Erzählung, jedes einzelnen Mythos gemessen werden kann, oder für Platon formuliert: anhand dessen Platon zwischen guten und minderwertigen Mythen unterscheidet. Die durch die Verwendung dieses Maßstabs vom Dichter, vom ‚Mythen-Produzenten‘, erzielte Folgerichtigkeit und dieses einheitliche Zusammenstimmen ist für den Zuschauer oder Leser – modern gesprochen – die Rezeptionssteuerung, die ihn von den äußeren Erscheinungsformen der Handlungen auf das Innere, das ‚Werk‘, eines Charakters verweisen, das in ihnen gleichsam als ihr Grund verborgen ist. Wer die verschiedenen und von der Oberfläche her gesehen zum Teil gar nicht als Ausdruck von Zorn verstehbaren Äußerungen und Handlungen Medeas in ihrer einheitlichen Zusammengehörigkeit begreift, wird eben dadurch auf die charakterliche Mitte, aus der sie hervorgegangen sind, hingeführt und versteht sie so aus ihrem inneren Grund.

Die Rede vom Verborgensein darf man aber nicht metaphysisch mißverstehen. Es geht nicht um einen Grund jenseits oder hinter den Dingen und Handlungen, oder um etwas, was in ihrem tiefsten Inneren verborgen liegt, sondern es geht einfach um den Unterschied zwischen sehen und begreifen. Es ist eben vieles für das Auge verborgen, was der Verstand sieht, und zwar an eben demselben empirischen Gegenstand, den die Wahrnehmung auch vor sich hat.

Vielleicht reicht dieser Hinweis schon, um deutlich zu machen, daß Platon einige Gründe hat, die sittliche Wirkung einer Dichtung, in der dieses Begreifen nicht geleistet ist, für bedenklich zu halten. Wer sich einfach an die äußeren Erscheinungsformen von Handlungen hält und an das, was an ihnen konventionell, typisch, regelhaft ist, wird nur zu leicht geneigt sein, nur den Zorn dessen, der laut schreit, und nicht dessen, der freundlich lächelt, zu bemerken, und dem Mitleid zu geben, der geschickt zu jammern versteht, dem gegenüber, der tapfer sein unverdientes Unglück erträgt, hingegen kein Mitleid zu zeigen.

Daß derartige Darstellungen einer Kultur der Gefühle, die Platon wie Aristoteles als die eigentliche Aufgabe der Kunst und außerdem überhaupt jeder Form der Erziehung (vgl.

Aristoteles, *Nikomachische Ethik* 1172a16–b2) in einer Gesellschaft ansehen, dienen, wird man mit Recht bezweifeln.

Im Unterschied zu solchen äußerlichen Handlungsdarstellungen werden von Aristoteles und auch von Platon (auch wenn er die Gefahren v. a. für die, deren Verständnisfähigkeit noch ungeübt ist, am Äußeren haften zu bleiben, stärker heraushebt) die alten, aus der Vergangenheit überlieferten Mythen oft hoch geschätzt, und zwar nicht deshalb, weil sie so alt und ursprünglich sind, sondern gerade umgekehrt, weil sie von vielen klugen Köpfen immer und immer wieder neu durchdacht sind und so in eine Form gebracht sind, in der Wirklichkeit begriffen und nicht nur widergespiegelt ist.

Naturwissenschaft als Mythos und die Kluft zwischen Mythos und Naturwissenschaft

Ich hatte zu Beginn auf den erstaunlichen Befund hingewiesen, daß Platon die Darstellung naturwissenschaftlicher Lehren (und zwar ohne geringschätzigen Unterton) als Mythen, genauer: als ‚wahrscheinliche Mythen‘ bezeichnet. Für die Erklärung dieser Merkwürdigkeit bleiben mir nur noch wenige Sätze.

Einen Mythos verfassen kann nach Platon und Aristoteles, wie wir gesehen haben, wer dort, wo es eine Differenz zwischen Erscheinungsform und Sache gibt, die Elemente und Strukturen der Phänomene im Blick auf die Sache so ordnen kann, daß die Phänomene durch diese Ordnung als Nachvollzug, als jeweils eine bestimmte einzelne Verwirklichung der Sache selbst begriffen werden können. Ein physikalisches Beispiel wäre etwa, wenn die ständig sich neu formierenden und strukturierenden Elemente in der inneren Bewegung eines Atomkerns als immerhin wahrscheinlicher Nachvollzug eines mathematischen Prinzips erwiesen werden könnten. Das Besondere der platonischen Auffassung ist, daß er dieses gesuchte mathematische Prinzip nicht als ein immanentes Strukturprinzip verstanden wissen will, sondern als eine rational begreifbare Maßgabe, der sich die konkreten Strukturen mehr oder weniger annähern oder von der sie abweichen können. Deshalb ist die Beschreibung der Strukturen ein Mythos, die Darstellung eines Nachahmungsvollzugs, nicht der Sache selbst. Wenn Platon der Naturwissenschaft die Qualität des Mythischen zuweist, dann meint das nicht (oder nicht in dem für uns naheliegenden Sinn), die Naturwissenschaft stelle ihren an und für sich begrifflichen, ‚logischen‘ Gegenstand wegen eines Mangels an Abstraktionsvermögen anschaulich durch mythische Bilder dar, sondern es macht eine Aussage über die empirisch beobachtbaren und beschreibbaren Naturdinge selbst. Diese selbst seien nur anschaulicher Nachvollzug und in diesem Sinn Bilder von etwas an sich Begrifflichem, das in ihnen (in der Weise der Nachahmung, d. h. mit Einschränkungen und ungenau) verwirklicht und das an ihnen erkennbar sei. Die wahrnehmbare Natur, die einzelnen physischen Dinge und Vorgänge haben selbst den Charakter mythischer Bilder und der für den Mythos charakteristischen Redeweise. Sie sind etwas, das an Zeitlichkeit gebunden ist, sie sind wahrnehm- bzw. vorstellbar, verwirklichen bestimmte einsehbare Sachgehalte nur so weit, wie es ein bestimmter Einzelfall zuläßt, niemals in allen seinen möglichen Aspekten. Die angemessene Redeweise über die empirische Natur (sc. sofern es eine empirisch vorgehende Beschreibung von Wahrnehmungsdaten ist) ist also der Mythos deshalb, weil das, was an der Natur empirisch wahrnehmbar ist, selbst mythisch ist. Die Naturphänomene selbst sind für Platon nur Teilverwirklichungen von etwas Begrifflichem und nicht rein begrifflich erkennbare Sachgehalte.

Die Wissenschaften der frühen Neuzeit haben diese Differenz eingeebnet und dadurch, platonisch gesprochen, Wahrscheinlichkeiten zur Wissenschaft gemacht.

Dadurch entsteht erst die moderne Kluft zwischen mythischem und rationalem Denken[57] und die scharfe Alternative zwischen einer rationalen Wissenschaft von der Natur und einer dann scheinbar nur noch poetisch-künstlerischen Rede über die Welt, die sich nicht an denselben absoluten Maßstäben der Notwendigkeit und Eindeutigkeit messen lassen kann oder

---

[57] In der Neuzeit gilt die empirische Naturforschung als Inbegriff von Wissenschaft und rationaler Methodik schlechthin. Ihre experimentell gewonnenen Erkenntnisse werden zum Maßstab für alles, was den Titel der Wissenschaft oder des Wissens beanspruchen möchte. Charakteristisch für das Selbstverständnis der Naturwissenschaften in der Neuzeit (und zwar auch noch bis in die ‚naturwissenschaftliche Postmoderne‘, also in die Zeit nach der Entdeckung der Quantenphysik, der Chaos- und Relativitätstheorien, nach der (vermeintlichen) Entdeckung der konstitutiven Rolle des beobachtenden Experimentators für die Versuchsergebnisse und die aus diesen erschlossenen Gesetzmäßigkeiten) ist die Annahme, die Eigenschaften und das Wesen der Naturdinge ließen sich bei entsprechend effektiven Instrumentarien und unter im Labor kontrollierten Beobachtungsbedingungen eindeutig und exakt als Faktenwissen ablesen, d. h., die Natur gebe die Erkenntnis dessen, was sie ist, „was sie im Innersten zusammenhält", wenn man sie nur richtig befrage und beobachte, von selbst preis. Diese Basisthese verbunden mit der ihr wesentlichen ausschließlich empirisch-induktiven Untersuchungsmethode führt dazu, daß naturwissenschaftliche Erkenntnisse die Formulierung abstrakter Regeln und Gesetzmäßigkeiten zum Ziel haben, daß also die einzelnen beobachteten Daten in eine Form gebracht werden, die ihre leichte Anwendbarkeit garantiert, d. h., die die Ergebnisse leicht auf andere Gegenstandsbereiche übertragbar sein läßt, weil sie von allen konkreten wesentlichen Besonderheiten ebenso wie von allen möglichen kontingenten Abweichungen absieht. Die Kehrseite der hohen unmittelbaren Effizienz dieses Verfahrens ist der Eindruck einer Reduktion der Erfahrungswelt (und des Menschen) auf abstrakt-rationale Regelmäßigkeiten, die der konkreten Lebenswirklichkeit nicht gerecht zu werden vermögen. Und so war es wahrscheinlich, daß man nach einem Gegengewicht zu dieser reduzierten Rationalität und Wissenschaftlichkeit suchen würde – ein solches meinte man in dem Mythos und insbesondere im antiken Mythos wiederfinden zu können. So führt die (nach platonischen Maßstäben bemessen) Überforderung der Möglichkeiten der Empirie und die Überforderung der wahrnehmbaren Natur zu der scharfen Alternative zwischen zwei möglichen Zugangsweisen zu dieser Welt: zwischen dem absolut rationalen, abstrakt-begrifflichen naturwissenschaftlichen Logos und dessen Gegenbild, dem Mythos: Wenn man also den neuzeitlichen Mythos-Begriff einer kritischen Analyse unterziehen will, ist es erforderlich (oder zumindest ein möglicher Weg), zuerst den Anspruch der in der frühen Neuzeit neu konzipierten Naturwissenschaften auf seine Berechtigung hin zu überprüfen. Die Beschäftigung mit den erkenntnistheoretischen Voraussetzungen von Platons Aussage, die Lehre von der wahrnehmbaren Natur sei ein wahrscheinlicher Mythos, könnte hierzu ein möglicher Anfangspunkt sein.

will.[58] Von Platon her gesehen sind diese Eindeutigkeitsforderungen[59] überzogen und den empirischen Untersuchungsobjekten nicht angemessen, die behauptete Kluft zwischen dem wissenschaftlichen und dem anschaulich bildhaften Zugang zur Wirklichkeit ist in seinem Sinn übertrieben – der empirischen Wissenschaft wird zuviel, der mythischen Rede zuwenig an begrifflichem Gehalt zugetraut.

Denn, wie wir gesehen haben, war es geradezu das Grundanliegen Platons, zu zeigen, daß alle empirischen Einzeldinge (ob nun technisch hergestellte oder natürliche) immer nur mehr oder weniger genaue Repräsentanten einer bestimmten Sache sind.

Alle Erkenntnisse über Regelmäßigkeiten und ‚Mathematisches‘ *in* der empirischen Natur sind demnach nur wahrscheinliche Sacherkenntnisse und erlauben nur einen induktiven Zugang zu einer Erkenntnis des bestimmten Seins der Dinge.

Daher bezeichnet Platon seine Physik auch als einen wahrscheinlichen Mythos, einen ‚*eikôs mythos*‘, also als eine wissenschaftlich-rationale Darstellung, die auf Wahrscheinlichkeit beruht. Man versteht nach dem bisher Gesagten leicht, was damit gemeint ist. Der Gesichtspunkt, der ihm wichtig ist, ist, daß eine Rede über etwas zunächst einmal dem Gegenstand, von dem sie handelt, angemessen sein muß. Bei den empirisch wahrnehmbaren Einzeldingen aber handelt es sich um etwas, was nicht eine notwendig und exakt erkennbare Sache ist, sondern etwas, was in höherem oder geringerem Grad von dem, was die Bestimmtheit einer Sacherkenntnis ausmacht, abweichen kann und daher als ganzes, empirisch zugängliches Objekt nur wahrscheinlichen Charakter hat.

Daß man nach Platon dennoch zwischen einem mythischen und einem streng rationalen Zugang zur Wirklichkeit unterscheiden kann, hat seinen Grund eben in der Differenz von Erscheinungsform und Sache.

Das mythische Denken nähert sich der Sache von ihren Erscheinungsformen her, d. h. es ist ein empirisches Denken. Die angemessene Darstellungsweise dieses Denkens ist daher narrativ, sie gibt oder findet Sacherklärungen durch die Schilderung von zeitlichen Abfolgen einzelner Handlungen oder Ereignisse, ist anschaulich, verwendet Bilder, die das Darzustellende vorstellbar machen, und ist überhaupt so angelegt, daß sie mit allen ihren (formalen) Eigenschaften dem Ziel dient, zwar ein begriffliches Wissen zu vermitteln, dies aber unter Berücksichtigung des Bedürfnisses der menschlichen Erkenntnisfähigkeit nach anschaulichen Vorstellungsbildern. Die logisch rationale Darstellung stellt gegenüber dieser eher didaktisch-subjektiven Vorgehensweise die Sacherkenntnis, die Erkenntnis der Funktion, des ‚Werks‘ selbst in den Vordergrund und orientiert sich an der sachlichen Priorität, mutet damit den Rezipienten mehr zu und erfordert die Bereitschaft und Fähigkeit zu nichtanschaulicher begrifflicher Erkenntnis.

---

[58] Vgl. die Analyse dieser Zusammenhänge bei W. F. Gutmann 1991, bei dem diese ambivalente Oppositionsbewegung allerdings als ein in der Sache begründetes und notwendiges Faktum beschrieben und angenommen wird.

[59] Zur Bedeutung der verschiedenen Formen der symbolischen Verschriftlichung der beobachteten Daten im späten Mittelalter und in der frühen Neuzeit vgl. die Studien von Anneliese Maier 1964–1977.

Mythos und Vernunft sind daher, um unsere bisherigen Überlegungen in zwei Sätzen zusammenzufassen, nicht wie Rationalität und Irrationalität voneinander verschieden, sondern lediglich dadurch, daß sie einen verschiedenen Ausgangspunkt nehmen. Der Mythos beginnt bei dem, was uns näher liegt, bei den beobachtbaren Phänomenen, und versucht auf die sie bestimmende Funktionalität zurückzuschließen – und das tut er um so besser, je rationaler er dabei vorgeht. Im Unterschied dazu überprüft der Begriff aus der Kenntnis der Funktion die möglichen Formen, wie sie in der Realität erfüllt werden können – und das gelingt dem Begriff um so besser, je konsequenter er das begrifflich Mögliche bis in seine anschaulichen Verwirklichungsformen verfolgt.

Der beste Mythos ist also ein didaktischer Logos, der beste Logos ein rationaler Mythos.

Literatur

Ackerman, Robert (1991): The Myth and Ritual School, New York.

Art. „Ideen" (1976), in: Ritter, J. / Gründer, K. (Hg.): Historisches Wörterbuch der Philosophie, Bd. 4, Darmstadt, 55–134.

Barthes, Roland (1957): Mythologies, Paris (dt.: Mythen des Alltags, Frankfurt a. M. [21]2001).

Bialas, Volker (1998): Vom Himmelsmythos zum Weltgesetz. Eine Kulturgeschichte der Astronomie, Wien.

Blumenberg, Hans (1981): Nachahmung der Natur. Zur Vorgeschichte der Idee vom schöpferischen Menschen, Stuttgart (zuerst in: Studium generale 10, 1957, 266–283).

Boas, Franz (Hg.) (1938): General Anthropology, Boston.

Böhme, Hartmut / Böhme, Gernot (1983): Das Andere der Vernunft. Zur Entwicklung von Rationalitätsstrukturen am Beispiel Kants, Frankfurt a. M.

Brandt, Reinhard (1984): Die Interpretation philosophischer Werke. Eine Einführung in das Studium antiker und neuzeitlicher Philosophie, Stuttgart-Bad Cannstatt.

Burchard, Brentjes (1997): Der Mythos vom Dritten Reich. Dreitausend Jahre Sehnsucht nach Erlösung, Hannover.

Burckhardt, Jacob (1976): Die Kultur der Renaissance in Italien, Stuttgart.

Burkert, Walter (1980): „Griechische Mythologie und die Geistesgeschichte der Moderne", in: Les études classiques aux XIXe et XXe siècles (Entretiens sur l'antiquité classique 26), Genf / Vandoeuvres, 159–199.

Burkert, Walter (1993): „Mythos – Begriff, Struktur, Funktionen", in: Graf, F. (Hg.), Mythen in mythenloser Gesellschaft, Stuttgart 1993, 9–24.

Burkert, Walter (1999): „Antiker Mythos – Begriff und Funktion", in: Hofmann, H. (Hg.): Antike Mythen in der europäischen Tradition, Tübingen, 11–26.

Büttner, Stefan (2000): Literaturtheorie bei Platon und ihre anthropologische Begründung, Tübingen / Basel.

Calder, William M. (Hg.) (1991): The Cambridge Ritualists Reconsidered, Atlanta.

Frazer, James G. (1928): The Golden Bough (dt.: Der goldene Zweig, Repr. Hamburg 1991).

Fuhrmann, Manfred (1973): Einführung in die Dichtungstheorie, Darmstadt.

Fuhrmann, Manfred (1992): Dichtungstheorie der Antike, Darmstadt.

Gombrich, Ernst H. (1986): Kunst und Illusion. Zur Psychologie der bildlichen Darstellung, Stuttgart.

Graeser, Andreas (1993): Sophistik, Sokratik, Platon und Aristoteles, München.

Graf, Fritz (1985): Griechische Mythologie. Eine Einführung, München / Zürich.

Graf, Fritz (1991): Griechische Mythologie, Zürich.

Graf, Fritz (1993): „Die Entstehung des Mythosbegriffs bei Christian Gottlob Heyne", in: ders. (Hg.), Mythos in mythenloser Gesellschaft. Das Paradigma Roms (Colloquium Rauricum 3), Stuttgart, 284–294.

Gutmann, Wolfgang Friedrich (1991): „Die mythische Perspektive hinter enggeführten wissenschaftlichen Abstraktionen", in: Schrödter, H. (Hg.): Die neomythische Kehre. Aktuelle Zugänge zum Mythischen in Wissenschaft und Kunst, Würzburg, 147–170.

Hadot, Pierre (1991): Philosophie als Lebensform. Geistige Übungen in der Antike, Berlin.

Halbfass, Wilhelm (1976): Artikel ,Idee III.', in: Ritter J. / Gründer, K. (Hg.): Historisches Wörterbuch der Philosophie, Basel / Stuttgart, Bd. 4, 102–113.

Halfwassen, Jens (1992): Der Aufstieg zum Einen. Untersuchungen zu Platon und Plotin, Stuttgart.

Halliwell, Stephen (1986): Aristotle's Poetics, London.

Heisenberg, Werner (1958): „Die Plancksche Entdeckung und die philosophischen Grundlagen der Atomlehre", in: Naturwissenschaften 45, 227ff.

Heisenberg, Werner (1969): Der Teil und das Ganze: Gespräche im Umkreis der Atomphysik, München.

Hinz, Berthold (2001): Art. „Mimesislegenden", in: Cancik, H. / Schneider, H. / Landfester, M. (Hg.): Der Neue Pauly: Rezeptions- und Wissenschaftsgeschichte, Bd. 15/1, Stuttgart / Weimar, 436–441.

Horn, Christoph (1997): „Platons epistêmê-doxa-Unterscheidung und die Ideentheorie (Buch V 474b–480a und Buch X 595c–597e)", in: Höffe, O. (Hg.): Platon, Politeia (Klassiker auslegen 7), Berlin, 291–312.

Horstmann, Axel (1979): „Der Mythosbegriff vom frühen Christentum bis zur Gegenwart", in: Archiv für Begriffsgeschichte 23, 7–54 und 197–245.

Horstmann, Axel (1984): Art. „Mythos, Mythologie", in: Ritter J. / Gründer, K. (Hg.): Historisches Wörterbuch der Philosophie, Basel / Stuttgart, Bd. 6, 281–318.

Jähnig, Dieter (1969): Schelling: die Kunst in der Philosophie, Bd. 2. Die Wahrheitsfunktion der Kunst, Pfullingen.

Janka, Markus (2002): „Semantik und Kontext: Mythos und Verwandtes im Corpus Platonicum", in: Janka, M. / Schäfer, C. (2002), 20–43.

Janka, Markus / Schäfer, Christian (Hg.) (2002): Platon als Mythologe: neue Interpretationen zu den Mythen in Platons Dialogen, Darmstadt.

Jung, Carl G. / Kerényi, Karl (1999): Einführung in das Wesen der Mythologie. Der Mythos vom göttlichen Kind und eleusinische Mysterien, Zürich.

Kerényi, Karl (1998): Urbilder der griechischen Religion, Stuttgart.

Kerényi, Karl (2001): Die Mythologie der Griechen, Bd. 1: Götter- und Menschheitsgeschichten, München.

Kerényi, Karl (Hg.) (1996): Die Eröffnung des Zugangs zum Mythos. Ein Lesebuch (Wege der Forschung 20), Darmstadt.

Kerner, Max (2001): Karl der Grosse: Entschleierung eines Mythos, Köln.

Klein, Wolfgang (1989): Der nüchterne Blick. Programmatischer Realismus in Frankreich nach 1848, Berlin.

Lange, Wolfgang (1983): „Tod ist bei Göttern immer nur ein Vorurteil. Zum Komplex des Mythos bei Nietzsche", in: Bohrer, K. H. (Hg.): Mythos und Moderne. Begriff und Bild einer Rekonstruktion, Frankfurt a. M., 111–137.

Lippold, Adolf (1949): Art. ‚Parrhasios‘, in: RE XVIII,2, Stuttgart.

Maier, Anneliese (1964–1977): Ausgehendes Mittelalter. Gesammelte Aufsätze zur Geistesgeschichte des 14. Jahrhunderts, (3 Bde.), Rom.

Malinowski, Bronislaw (2000): Schriften zur Anthropologie, Frankfurt a. M.

Most, Glenn W. (1999): „From Logos to Mythos", in: Buxton, R. (Hg.): From Myth to Reason?, Oxford, 25–47.

Nestle, Wilhelm (1975): Vom Mythos zum Logos. Die Selbstentfaltung des griechischen Denkens von Homer bis auf die Sophistik und Sokrates, Stuttgart.

Nietzsche, Friedrich (1968).: Zur Genealogie der Moral, in: ders., Werke. Kritische Gesamtausgabe, hg. v. G. Colli u. M. Montinari, Bd. VI.2, Berlin / New York.

Pascal, Blaise (1904–1914): Oeuvres, hg. v. L. Brunschvicg, Paris (ND Vaduz 1965).

Patzer, Andreas (1987): „Sokrates als Philosoph", in: ders. (Hg.), Der historische Sokrates (Wege der Forschung 585), Darmstadt, 434–452.

Radke, Gyburg (2003): Die Theorie der Zahl im Platonismus – ein systematisches Lehrbuch, Tübingen / Basel 2003.

Robortello, Francesco (1968): Explicationes in librum Aristotelis, qui inscribitur De poetica, München 1968 (=1548).

Schelling, Friedrich Joseph Wilhelm (1927): Vorlesungen über die Methode des akademischen Studiums (1802), in: Werke, hg. v. M. Schröter, Bd. 3, München.

Schmitt, Arbogast (1974): Die Bedeutung der sophistischen Logik für die mittlere Dialektik Platons, Würzburg.

Schmitt, Arbogast (1989): „Zur Erkenntnistheorie bei Platon und Descartes", in: Antike und Abendland 35, 54–82.

Schmitt, Arbogast (1993): „Klassische und Platonische Schönheit. Anmerkungen zu Ausgangsform und wirkungsgeschichtlichem Wandel des Kanons klassischer Schönheit", in: Voßkamp, W. (Hg.): Klassik im Vergleich. Normativität und Historizität europäischer Klassiken, Stuttgart / Weimar, 403–428.

Schmitt, Arbogast (1994): „Leidenschaft in der Senecanischen und Euripideischen Medea", in: Albini, U. u. a. (Hg.): Storia, poesia e pensiero nel mondo antico. Studi in onore di Marcello Gigante, Neapel, 573–599.

Schmitt, Arbogast (1995): „Teleologie und Geschichte bei Aristoteles. Wie kommen nach Aristoteles Anfang, Mitte und Ende in die Geschichte?", in: Warning, R. / Stierle, K. (Hg.): Das Ende. Figuren einer Denkform (Poetik und Hermeneutik 15), München, 528–563.

Schmitt, Arbogast (2001): „Der Philosoph als Maler – der Maler als Philosoph. Zur Relevanz der Platonischen Kunsttheorie", in: Böhm, G. (Hg.): Homo pictor (Colloquium Rauricum 7), Stuttgart (u. a.), 32–54.

Schmitt, Arbogast (2002): Art. „Querelle des Anciens et des Modernes", in: Cancik, H. / Schneider, H. / Landfester, M. (Hg.): Der Neue Pauly: Rezeptions- und Wissenschaftsgeschichte, Bd. 15/2, Stuttgart / Weimar, 607–622.

Schmitt, Arbogast (2003): Die Literatur und ihr Gegenstand in der Poetik des Aristoteles, in: Thomas Buchheim (Hg.), Poietische Philosophie: Grundlagen der Ästhetik und Literaturwissenschaft, 184–219.

Schmitt, Arbogast: Aristoteles, Poetik [erscheint voraussichtlich Darmstadt 2004].

Schrödter, Hermann (Hg.) (1991): Die neomythische Kehre. Aktuelle Zugänge zum Mythischen in Wissenschaft und Kunst, Würzburg.

Schulz, Walter (1979): Ich und Welt. Philosophie der Subjektivität, Pfullingen.

Schulz, Walter (1993): Philosophie in der veränderten Welt, Stuttgart.

Vasari, Giorgio (1973): Le Vite de' più eccellenti architetti, pittori e scultori italiani (1568) (hg. v. G. Milanesi, 1906; ND Zürich 1973).

Vernant, Jean-Pierre (1980): „Le mythe au réflechi", in: Le temps de la réflexions 1, 21–25.

Weber, Gregor J. (1991): Der Lobtopos des „lebenden" Bildes, Hildesheim u. a.

Weizsäcker, Carl Friedrich von (1982): Die Einheit der Natur, München.

Welzel, Barbara (2001): „‚Euer Ehren mögen mir glauben, daß ich noch niemals ein derartiges Gemälde gemacht habe' – Die Blumenbilder von Jan Brueghel d. Ä.", in: R. Brandt (Hg.): Meisterwerke der Malerei. Von Roger van der Weyden bis Andy Warhol, Leipzig, 69–87.

Klaus Koch

Vom Mythos zum Monotheismus im alten Israel

1. Mythos hebräisch

Der Mythos ist seiner Tendenz nach polytheistisch. Der Mythos, begreift man ihn als ein Ensemble von Göttergeschichten, wie es die abendländische Tradition meist getan hat, braucht den Polytheismus als Heimatboden, die Verehrung einer Vielzahl von anthropomorph vorgestellten numinosen Wesen, wie andrerseits jeder praktizierte Polytheismus den Mythos zu seiner Selbstvergewisserung braucht. Anschauliche Beispiele bieten seit alters die in die Epen Homers eingestreuten Mythen, welche die Götter im Kampf um Troja in spannender Weise mit- und gegeneinander intrigieren und mitunter handgreiflich kämpfen lassen.

Unabdingbar war der Mythos für sämtliche Kulturen des Altertums, denn nahezu alle waren von Haus aus polytheistisch. Die Menschen, als Einzelne wie als Kollektiv, haben um sich herum in den Phänomenen von Natur und Gesellschaft übermenschliche Kräfte wahrgenommen und sich deren Wirken im Guten wie im Schlechten ausgesetzt gefühlt. Auf eine schier unübersehbare Zahl von Geistern und Göttern wird deshalb geschlossen, die in der Umwelt agieren und das Leben dirigieren. Um eine Ordnung in jene Überwelt zu bringen, die den Menschen alltäglich umgibt, liefern in der Regel mythische Erzählungen die nötigen sprachlichen Objektivierungen und Hierarchisierungen, ohne daß ein Drang entsteht, die Wirklichkeit begrifflich völlig zu vereinheitlichen; die Menschen pflegen sich oft mit einer uns heute widersprüchlich erscheinenden Variabilität des Mannigfaltigen abgefunden zu haben. Meist wird in Mythen auf eine die Fundamente des Seins stiftende Urzeit verwiesen, auf eine Theogonie und davon abhängige Kosmogonie, deren Resultate jedoch rhythmischer Reaktivierung und der Unterstützung durch Menschen im Ritual bedürfen.

Wo jedoch ein *Monotheismus* aufkommt, verkümmern die Mythen. Unter Monotheismus versteht die Religionswissenschaft seit rund zwei Jahrhunderten religiöse Systeme, welche die Existenz nur einer einzigen Gottheit als Urgrund aller Wirklichkeit und Quelle gelungenen menschlichen Lebens behaupten und voraussetzen, daß ausschließlich dem einen Gott kultische Verehrung zu erweisen ist. Nach allem, was uns als geschichtliche Quellen zur

Verfügung steht, bildet sich Monotheismus erst in einem verhältnismäßig jungen Stadium der Kulturgeschichte des Alten Orients aus. Frühe Ansätze wie beim berühmten ägyptischen Ketzerkönig Echnaton[1] oder dem iranischen Priester Zarathustra und den frühen Achaimeniden[2] konnten sich nur sporadisch durchsetzen; zu ihrem Scheitern dürfte die damit verbundene weitgehende Verdrängung des Mythischen nicht unerheblich beigetragen haben. Erst das alte Israel hat zwar nicht in seinen Anfängen, wie es die Rückprojektion jüngerer Überzeugungen in biblischen Erzählungen über die Frühzeit Israels suggeriert, aber im Lauf seiner Geschichte, einen Monotheismus ausgebildet, der sich trotz mancher Modifikationen hartnäckig behauptet und seine Fortsetzung in Judentum, Christentum und Islam gefunden hat, so daß er sich inzwischen weltweit verbreitet hat. Für die Durchsetzung hat, nebenbei bemerkt, die Aufnahme der Begrifflichkeit hellenistischer Philosophie, und das schon im vorchristlichen Israel, eine entscheidende Bedeutung gehabt, ohne daß es in Griechenland schon zu einem in der Praxis wirksamen Monotheismus gekommen wäre.

Obwohl die meisten Religionen einer Art von Polytheismus huldigten und die historisch entscheidende Weichenstellung zur Ein-Gott-Verehrung historisch einzig im alten Israel geschehen ist, ist der Monotheismus m. E. für unsern Kulturkreis zur allein möglichen Gottestheorie geworden. Unter uns läßt sich darüber streiten, ob es einen Gott gibt oder keinen. Aber es läßt sich keine Art von Polytheismus reaktivieren. Zwar gibt es immer wieder Altphilologen und sogar Philosophen, die das behaupten; aber sie verzichten dann wohlweislich darauf, von Tabuzonen abgegrenzte heilige Stätten einzurichten und die notwendigen, natürlich auch blutigen Opfer darzubringen. Wer aber von einer Gottheit redet und die Frage nach ihrer Verehrung ausklammert, redet nicht ernsthaft von einem göttlichen Wesen. Friedrich Schiller hat in seiner elegischen Klage *Die Götter Griechenlands*[3] vor 200 Jahren die Sache realistischer gesehen als Walter F. Otto[4] oder Odo Marquard[5] im 20. Jahrhundert.

Weder in Israel noch in den Nachfolgereligionen bedeutet allerdings Monotheismus die Lehre von einer schlechthin undifferenzierbaren, homogenen Transzendenz; neben der Gottheit selbst werden geistige Wesen wie etwa Engel und Heilige, ein Gegenprinzip wie der Satan und im Christentum sogar ein eingeborener Sohn vorausgesetzt. Die Einzigkeit bezieht sich auf ein alleiniges Zentrum religiöser Verehrung. „Du sollst keine anderen Götter neben mir haben, bete sie nicht an und diene ihnen nicht", so das erste Gebot bei Juden und Christen. Für den Qoran wird „Beigesellung" einer weiteren Person zur Absolutheit

---

[1] E. Hornung 1995; K. Koch 1993b Kap.15; J. Assmann 1998 Kap. II.

[2] M. Boyce 1975; kritisch im Blick auf Monotheismus: G. Ahm 1992.

[3] „Schöne Welt, wo bist du? – Kehre wieder/ holdes Blüthenalter der Natur!/ Ach! nur in dem Feenland der Lieder/ lebt noch deine goldne Spur/ Ausgestorben trauert das Gefilde/ keine Gottheit zeigt sich meinem Blik/ Ach! von jenem lebenswarmen Bilde/ blieb nur das Gerippe mir zurück./ [...] Einen zu bereichern, unter allen/ Mußte diese Götterwelt vergehn." (Schiller 1943, 194.)

[4] W. F. Otto 1947, 17: „Sie [die Götter der Griechen] werden bleiben, solange der europäische Geist, der in ihnen seine bedeutendste Objektivierung gefunden hat, dem Geist des Orients oder dem der zweckhaften Verständigkeit nicht ganz unterliegt."

[5] Marquard 1979.

Allahs die größte Sünde, die Menschen begehen können. Monotheismus – wie vorher jeder Polytheismus – zielt nicht primär auf eine dogmatische Theorie, sondern auf fromme Praxis.

Wie gestaltet sich das Verhältnis von Mythos und Daseinsverständnis unter monotheistischem Vorzeichen? Das religiöse Denken vollzieht sich nunmehr auf einer Abstraktionsebene, auf der eine Fülle von anthropomorphen Bestimmungen unmöglich werden. Dem einen, unsichtbaren Grund aller Wirklichkeit kann keine Sexualität, ja für sich selbst überhaupt keine Geschichte mehr zugeschrieben werden, wenngleich er als die Urkraft gilt, die alle Geschichten initiiert und u. U. auch beendet. Es liegt auf der Hand, daß die Farbigkeit mythischer Motive verblassen muß. Mit der Vielfalt von göttlichen und gottähnlichen Wesen, die mit- oder gegeneinander agieren, fallen weite Bereiche wie Theogonie und Theomachie aus. Was sollte dann noch mythisch erzählt werden? Die im Alten Testament gesammelten Schriften aus dem alten Israel bieten bezeichnende Beispiele für eine weitreichende Reduktion des Mythischen. Für die monotheistischen Nachfolgereligionen war deshalb Jahrhunderte lang der Mythos kein Thema mehr; sondern Kennzeichen eines längst überwundenen Götzendienstes, wie der 2. Petrusbrief (1,16) es klassisch formuliert hatte: „Wir sind nicht ausgeklügelten Mythen gefolgt, als wir euch die Macht und die Ankunft unsres Herrn Jesus Christus kundtaten."

Dennoch hat hier in Marburg vor einem halben Jahrhundert Rudolf Bultmann das Aufsehen erregende Programm einer „Entmythologisierung" des Neuen Testaments verfaßt.[6] Weit davon entfernt, dem urchristlichen Schrifttum den Monotheismus abzusprechen, hat er seine Kampfschrift mit dem provokativen Satz eröffnet: „Das Weltbild des Neuen Testaments ist ein mythisches." Mythos und Monotheismus schließen sich für ihn also keineswegs aus. Die Abkehr von einer anderthalb Jahrtausende theologischen Selbstverständlichkeit hängt mit einer tiefgreifenden Wandlung des Mythosbegriffs in der beginnenden Neuzeit zusammen. Seit der Antike bezeichnete Mythos narrativ geschilderte, mit dem Wirken göttlicher Wesen zusammenhängende Einzelgeschehnisse, die zwar antithetisch oder komplementär zum philosophischen Logos stehen konnten, aber denen kein Gesamtentwurf von Selbst- und Weltverständnis zugetraut wurde.[7] Die biblischen Religionen hingegen verstanden ihre Lehre als herausragenden Logos. Erst die Entdeckungen neuer Erdteile und die Bekanntschaft mit urwüchsig erscheinenden Völkern führte dem bislang nur mit monotheistischen Konzepten ringenden Europa vor Augen, daß Mythen in polytheistische (oder vortheistische) Kulturen für „Religion" und Seinsverständnis eine so ausschlaggebende Rolle spielten, daß sie nicht nur den Kult, sondern das alltägliche Dasein vom Aufstehen bis zum Schlafengehen, beim Arbeiten, Essen und Feiern normierten und ritualisierten. Seit dem Ende des 18. Jahrhunderts wird dadurch, vor allem durch den Einfluß von Göttinger Gelehrten, des Altphilologen Christian Gottlieb Heyne und des Bibelwissenschaftlers Johann Gottlieb Eichhorn, die Mythologie vergangener und gegenwärtiger Völker nicht mehr als Summe tradierter, mehr oder minder symbolisch zu verstehender Mythen begriffen, sondern

---

[6] R. Bultmann 1941. Vgl. schon Bultmann 1930.
[7] G. Stählin 1942.

als ein zusammenhängendes Weltverständnis, das im Kontrast zu wissenschaftlicher Welt-
erklärung steht, aber alle vorneuzeitlichen Kulturen durchdrungen hat.[8] Mythos setzt die
Animation von (nahezu) allem Seienden voraus, die kosmomorphe wie soziomorphe Einheit
von Ideellem und Materiellem, von Jenseitigem und Diesseitigem, die über alle meßbaren
Kausalitäten hinausreicht; das ermöglicht, dem Einzelnen, vor allem aber der Gemeinschaft,
einen untergeordneten, aber sinnvollen Platz in der Welt zuzuweisen und handlungsleitende
Maximen vorzugeben. Von solcher Sicht aus erweist sich plötzlich ein großer Teil biblischer Texte als mythisch geprägt. Seitdem dann um die Mitte des 19. Jahrhunderts das Programm einer „exakten" Wissenschaft formuliert und für viele zur einzig zuverlässigen Weise der Weltvergewisserung geworden war, stehen sich in der Beurteilung des Mythos zwei
gegensätzliche Lager schroff gegenüber. Für die Mehrheit der aufgeklärten Zeitgenossen
kennzeichnet „mythisch" eine Denk- und Redeweise, die u. U. als Ideologie eine breite
emotionale Wirkung hervorruft, aber jenseits jeder Beweisbarkeit liegt und deshalb für
obsolet zu halten ist. Demgegenüber gibt es seit den Tagen der Romantiker Bewegungen,
bis hin zu feministischen oder ökologischen Positionen der Gegenwart, die eine Wiederbelebung von Mythos für unbedingt notwendig erachten, weil reine Wissenschaft dem Menschen und seinem Verhalten keinen überzeugenden Sinn vermitteln kann.[9]

Bultmann hat plakativ und uneingeschränkt mythisches und wissenschaftliches Weltbild
gegeneinander gestellt und die komplexen geschichtlichen Wandlungen im Verhältnis von
Mythos und „Logos" wie die tiefgreifenden Reduktionen des Mythos in jeder monotheistischen Theorie unberücksichtigt gelassen. Allerdings sucht er im Blick auf die Bibel nach
einer über dem Gegensatz stehenden „existentialen Interpretation" auf der Grundlage der
Heideggerschen Daseinsanalyse. Vorausgesetzt wird letztlich ein seit der hellenistischen
Philosophie verbreitetes Verständnis, daß Mythen ein tieferer Sinn eignet, der sich allein
den Eingeweihten offenbart. Demnach zielt für Bultmann ein Mythos auf die symbolische
Veranschaulichung eines Seinsverständnisses, dessen eigentliche Intention jenseits eines
objektivierenden Wortverständnisses zu suchen ist. Das gilt insbesondere für das Kerygma
des Neuen Testaments und für den darin einbeschlossenen Monotheismus. Das stellt jedoch
eine Behauptung dar, die vom Wortlaut antiker Texte und ihren semantischen Bedeutungsfeldern absieht und rein spekulativ zu werden droht.

Im Folgenden soll nicht das Neue, sondern das Alte Testament untersucht werden, und
zwar die Art, wie das mythische „Weltbild" des Alten Orients durch das Israel des Altertums abgewandelt worden ist und wie es hier zur Entstehung eines Monotheismus kommen
konnte, dessen Wahrheiten und dessen Aporien die Theologie, und nicht nur sie, noch heute
umtreiben. Immerhin vermag menschliche Sprache nur so von Gott zu reden, daß sie mit
innerweltlichen Analogien sich artikuliert und Bilder aus irdischen Bereichen verwendet. So
wende ich mich drei einfachen Fragen zu:

---

[8] C. Hartlich / H. Sachs 1952.
[9] Informativ zur Geschichte der Begriffe: W. Burkert / A. Horstmann 1984.

1. Wie entstehen in der hebräischen Sprache und Überlieferung mythische Konzeptionen?

2. Wie verhält sich die daraus erwachsene Mythologie zum allmählich entstehenden Monotheismus?

3. Was bleibt unter monotheistischem Vorzeichen vom mythischen Denken übrig?

Um die erste Frage zu beantworten, werden zwei Beispiele herausgegriffen, nämlich die hebräischen Anschauungen vom Sonnenlauf sowie diejenigen über den Zusammenhang von Geist und Wind. Zur Klärung der beiden andern Fragen wird eine jüngere prophetische Schrift, die des Deuterojesaja, herausgegriffen.

2. Mythische Rede im vormonotheistischen Israel

Im Eingang der Bibel wird in der zweiten, aber älteren Schöpfungsgeschichte in Genesis 2 die Entstehung des Menschengeschlechts so erklärt, daß der Jahwä-Gott den Urmenschen Adam wie ein Töpfer aus Ton modelliert und ihm den Sprachodem einbläst, danach als Gärtner einen Paradiesgarten für sich und für ihn anlegt, und schließlich als Operateur die Urfrau Eva aus Adam herausschneidet. Das ist eine Art von Erzählung, wie sie mythischem Sprachgebrauch eigen ist. Sie zeigt sich, wenngleich meist nicht so völlig anthropomorph, an vielen Stellen, wo nach dem Alten Testament dieser Gott unmittelbar Menschen begegnet. Zu seinem Diener Mose auf dem Berg Sinai steigt Jahwä mit Feuer oder in einer Wolke herab (Exodus 19; 34). Erscheint er nicht selbst, läßt er Feuer etwa auf das Opfer Elijas herabfahren, was der Gegenspieler Baal nicht vermag (1Kön 18). Allerdings taucht in solchen Texten immer nur der *eine* göttliche Aktant auf, und sein Gegenüber sind sehr viel minder mächtige Menschen. Das hebt die israelitischen Beispiele von altorientalischen oder griechisch-römischen Analogien ab.

Die Reduktion mythischer Rede auf eine göttliche Zentralfigur fällt besonders dort auf, wo entsprechende Überlieferungen aus der Umwelt entlehnt und der eigenen religiösen Literatur einverleibt werden. Ein sprechendes Beispiel bietet die Schilderung einer erdenweiten *Sintflut* in Genesis 6–9. Die Überlieferung entstammt dem Zweistromland und war dort mindestens ein Jahrtausend früher schon im Umlauf und hatte u. a. Eingang in das berühmte Gilgamesch-Epos gefunden. Nach den sumerischen und babylonischen Fassungen war jene alles verheerende Flut durch den Zorn des mächtigen Gottes Enlil hervorgerufen worden, den der Lärm der sich rasch vermehrenden Menschen in seiner Ruhe gestört hatte. Als die Katastrophe hereinbrach, bedrohte sie nicht nur die Erdbewohner, sondern ängstigte unvorhergesehen die Götter so sehr, daß sie wie Hunde sich in einer Ecke des Himmels zusammenkauerten. Der Gott, der einen von ihm geliebten Menschen ein Schiff bauen und dadurch ihn und seine Familie überleben läßt, ist ein anderer als Enlil, nämlich der Weisheitsgott Ea, und er muß die Rettung heimlich ins Werk setzen. Am Ende sind diesem Ea alle Götter dankbar, opfern ihnen doch die überlebenden Menschen endlich wieder und bewahren die Gottheiten vor Mangel oder gar Verhungern.[10] Der Ablauf der Geschehnisse auf Erden ist nach dem Alten Testament der gleiche, doch der göttliche Bereich wird hier auf *einen einzigen* göttlichen Aktanten reduziert und dadurch die Relation zwischen Gottheit und Menschheit tiefgreifend verändert.

Dennoch setzen solche hebräischen Überlieferungen noch keinen ausgebildeten Monotheismus voraus, was sich aus den älteren Schichten des Alten Testaments bei genauerem Hinsehen ergibt. Der erstmals gegen Ende des 2. Jahrtausends v. Chr. nachweisbare Stämmeverband Israel wohnte anfangs in Palästina als eine Völkerschaft unter andern und hatte wahrscheinlich an deren kanaanäischer, polytheistischer Religion und darüber hinaus an altorientalischer Mythologie teil. Zwar hat Israel verhältnismäßig früh – aus nicht mehr völlig durchschaubaren Gründen – zusätzlich den Kult einer Gottheit Jahwä aus der südlichen Wüste übernommen und ihn bald als Garant einer volkhaften Identität gefeiert.[11] Doch das schloß nicht aus, daß Jahwä zunächst in den Hofstaat des kanaanäischen Götterkönigs El eingegliedert und erst allmählich ihm gleichgesetzt wurde, ja mit ihm verschmolz. In der Königszeit, zwischen 1 000 und 600 v. Chr., tauchen Tendenzen zur *Monolatrie* Jahwäs auf, d. h. zu dessen exklusiver Verehrung im Volksverband Israel, weil er nach dessen Überzeugung in ihm – und nur hier – für seine Verehrer über allen Sektoren des Lebens waltet, während für fremde Völker andere Gottheiten zuständig bleiben. Infolgedessen spekuliert das religiöse Denken nicht mehr wie anderswo über Theogonie und Kosmogonie, sondern wendet sich einer sich in geschichtlicher Zeit vollziehenden *Ethnogenese* zu, was zu einer Mythisierung der Historie führt; der monolatrischen Überzeugung entsprechend wird das eine Volk, und nicht etwa die Menschheit als ganze, dem Gott als Partner zugeordnet.[12] Um die beim Exodus aus Ägypten flüchtenden Hebräer hindurchschreiten zu lassen, teilen sich die Wasser des Schilfmeers und stehen wie zwei Mauern (Exodus 14); um den Einzug ins Gelobte Land zu ermöglichen, fallen die Mauern von Jericho beim Schall der Posaunen einer Prozession (Josua 7). Im Lauf der Zeiten werden der äußere Ablauf der politischen Geschichte und seine menschlichen Aktanten mehr und mehr von seiner metahistorischen und mythischen Begründung unterschieden, wenngleich nicht getrennt, so schon im Geschichtsverständnis der kritischen Prophetie.[13]

Wie insbesondere archäologische Funde beweisen, war jedoch die Monolatrie nicht allen Volksgenossen selbstverständlich, sondern wurde vielerorts von polytheistischen Neigungen durchkreuzt. Erst unter dem Einfluß einer kritischen Bewegung von Reformpropheten ab der Mitte des 8. Jahrhunderts hat sich allmählich eine monotheistische Theorie (und

---

[10] Deutsche Übersetzung der sumerischen und babylonischen Parallelen: O. Kaiser 1997, 448–458; 612–645; 728–735; jeweils mit der Angabe weiterführender Literatur.

[11] K. Koch 1998b.

[12] K. Koch 1984.

[13] Vgl. meine Ausführungen zu Geschichte und Übergeschichte bei Jesaja in: Verf. 1995, 249–260. Trotz zahlreicher Einzelaufsätze zum Mythos im Alten Testament gibt es bislang keine eingehende Studie über die sich wandelnde Rolle des mythischen Denkens im alten Israel. Zur Sekundärliteratur vgl. W. H. Schmidt 1994.

Praxis) durchgesetzt.[14] Die verschiedenen Stadien dieser Auseinandersetzung sind in der alttestamentlichen Wissenschaft in den letzten Jahrzehnten viel verhandelt worden und bis heute strittig geblieben.[15] Ein gewisser Konsens besteht gegenwärtig immerhin unter den Exegeten darin, daß die Überzeugung von einer ausschließlichen Gottheit Jahwäs sich seit der Zeit des babylonischen Exils (587/6–515 v. Chr.) in Judäa und vielleicht vorgängig in der babylonischen Diaspora ausgebildet hatte.

Im Blick auf das Aufkommen des Monotheismus in Israel beschränke ich mich auf einige Schlaglichter, die Aufschluß über das Verhältnis dieser Entwicklung zum Mythos liefern. An einem bezeichnenden Schriftkomplex werde ich versuchen, ein erstes Stadium mono-theistischer Theoriebildung und ihre Relation zum mythischen Seinsverständnis kenntlich zu machen, nämlich an den unter dem Namen Deuterojesaja laufenden Kapitel 40–55 aus der Sammlung des Jesajabuchs. Ehe ich aber auf dessen Beweisführung eingehen werde, greife ich zwei Beispiele mythischer Denkmuster aus der hebräischen Sprache heraus, die lange vorher ausgebildet waren und ein Stück weit begreiflich machen, wie nicht nur die äußeren politischen Verhältnisse, sondern auch semantisch vorgegebene Verstehensmuster den Boden für eine monotheistische Religion bereitet hatten. Es handelt sich um die hebrä-ischen Entsprechungen zu unseren Begriffen für so verbreitete Phänomene wie „Sonne" und „Geist".

Dem Vorgehen liegt die Auffassung zugrunde, daß das, was Mythos in den Kulturen des Altertums in je verschiedener Ausprägung bedeutet hat, primär aus den Bedeutungsfeldern der einschlägigen Sprache und ihrer Texte zu erheben ist, und nicht, wie es heutzutage be-liebt ist, aus modernen theoretischen Konstrukten, seien sie nun philosophischer, soziologi-scher oder psychoanalytischer Art.

3. Das mythische Begreifen der Sonne

Wie in allen Religionen der Erde spielt auch in der hebräischen die Sonne eine unüberseh-bare Rolle im religiösen Denken. Hebräisch heißt das Tagesgestirn *Schämäsch* und wird wie in den meisten Kulturen – wenngleich nicht in der deutschen Sprache – als männlich determiniert. Von der Wirkung des Tagesgestirns ist jedes menschliche Dasein wie alles Leben überhaupt so abhängig, daß sich das Nachdenken über sein Wesen überall aufdrängt, wenngleich die Erklärungen im Einzelnen recht unterschiedlich ausfallen.

Analog zu andern semitischen Sprachen wird hebräisch das morgendliche Erscheinen der Sonne als „herausgehen" (*jaṣa'*), das abendliche Verschwinden als „hineingehen" (*bô'*) artikuliert; dazwischen „läuft er (bzw. sie) den Weg" (*ruṣ 'oraḥ*). Das nötigt begreiflicher-weise zur Überlegung, woraus das Gestirn hervorgeht und wohin es hineinwandert. Jeder-

---

[14] K. Koch 1995; Koch 1988.

[15] Vgl. u. a. W. Dietrich / M. A. Klopfenstein 1994.

mann in Palästina weiß, daß die Sonne abends in das Meer im Westen, das Mittelmeer, „einkehrt" ('arab). Zudem ist aus Berichten von Reisenden bekannt, daß im Osten hinter Gebirge und Wüste sich ebenfalls ein Meer erstreckt, unser Indischer Ozean. Aus diesem scheint sie allmorgendlich aufzusteigen. Also hat sie während der Nacht durch die Unterwelt eine Reise vom einen zum andern Meer unternommen. Das setzt für die Sonne ein übermenschliches, also numinoses Vermögen voraus. Welches irdische Wesen könnte sich so hoch über den Himmel bewegen, ohne herabzustürzen? Was der heutige Leser als mythisch zu bezeichnen und zu verachten pflegt, war für die hebräische Sprachgemeinschaft die einzig mögliche vernünftige Folgerung aus einer sinnlichen Wahrnehmung.

Solcher Folgerung aus den jedermann sich aufdrängenden Beobachtungen schließen sich Erwägungen zum Warum und Wozu an, die aus der unmittelbaren Erfahrung heraus der Einbildungskraft Raum geben und eine narrative Auskunft finden. Ein hebräisches Beispiel klingt in Psalm 19 (V.5b–7) an:

> Dem Schämäsch hat er [Gott] ein Zelt gesetzt ‚im Meer'.
> Wie ein Bräutigam aus seiner Brautkammer hervorgehend,
> läuft er begeistert wie ein Held seinen Weg.
> Vom einen Ende des Himmels ist sein Ausgang, seine Kehre an dessen (andern) Enden.
> Nichts bleibt verborgen vor seiner Glut.

Der unwiderstehliche Lauf über den Himmel – trotz Wolken und Winde, die sich dagegen zu wenden scheinen – erklärt sich aus einem heldischen Charakter; der Eingang in den auch unter der Erde vorausgesetzten Ozean nicht nur aus der Notwendigkeit, von West nach Ost zurückzukehren, sondern aus der Lust zur allnächtlichen Vereinigung mit einer Braut. Leider bleibt es bei der kurzen Anspielung, wir wissen nicht, an welche – gewiß göttliche – Partnerin gedacht war. Mehr Interesse findet das Überqueren des gesamten Firmaments, weil dadurch die wärmenden Strahlen jeden Winkel der Erde erreichen.

Im Kontext des vorliegenden Psalms stellt der Abschnitt über die Sonne ein Fragment dar, das eingegliedert worden ist in einen weiter reichenden (fast) monotheistischen Preis des Gottes, der am Himmel seine Herrlichkeit offenbart, wofür der Sonnenlauf nur das vornehmste Beispiel bietet; in den nachfolgenden Zeilen wird er aus einem vieles Andere einbegreifenden göttlichen Gesetz hergeleitet. Das erratisch wirkende Fragment mit der mythischen Sonnenhochzeit stammt sicherlich aus einer polytheistischen Vorstufe. Im Zusammenhang des Psalms wird die Sonne zwar noch als ein Lebewesen empfunden, hat aber ihre Eigenmächtigkeit verloren; Heldentum und Liebesnacht konnten für den Psalmisten zu poetischen Metaphern werden. Die Religionen der israelitischen Umwelt, vor allem die ägyptische, haben ähnlichen mythischen Erklärungen auf Grund ihres Sonnenerlebens erheblich mehr Raum gegeben und entsprechend narrativ ausgiebiger fabuliert.

An anderen Stellen des AltenTestaments gibt es weitere Ausführungen über die Sonne, die offensichtlich aus fremden Religionen übernommen worden sind. Der über den Himmel stürmende Sonnenheld bleibt nicht die einzige Weise, in der das personhaft wirkende Agieren des Tagesgestirns narrativ verarbeitet worden ist. Aus der Zeit des Königs Joschia wird berichtet, daß am Jerusalemer Tempel Sonnenwagen und -rosse unterhalten worden waren, die auf seinen Befehl hin vernichtet wurden (2Kön 23,11). Den Wechsel in der hebräischen Auffassung von der Sonne, vom Fußwanderer zum Wagenfahrer, gibt es auch mesopota-misch[16] und dann in der griechischen Kultur (dort neben einer Überlieferung von der Nacht-fahrt in einer runden Schale über den Okeanos[17]). Der (unsichtbare) Wagen verleiht dem Leiter des Gestirns einen souveränen Rang, die Vorstellung verbindet sich dann mit der des allsehenden Richters und sogar Zukünftiges erschauenden Orakelkünders. Darüber hinaus kann ein aus Ägypten entliehenes Motiv vom Sonnenvogel (mit unsichtbaren Flügeln) im Alten Testament aufgegriffen werden (Mal 3,20), eine im Umkreis alltäglicher Beobachtung ebenso plausible Erklärung.

Die unterschiedlichen Erklärungen des Laufs der Sonne als dahinstürmender Held, als Wagenfahrer, als Himmelsvogel finden sich im gleichen alttestamentlichen Kanon. Hinter den drei Motiven standen vermutlich jeweils eigene narrative Entfaltungen. Auch in den Nachbarkulturen, vor allem in Ägypten, werden widersprüchliche Ätiologien neben einan-der gestellt ohne den Versuch des Ausgleichs. Offensichtlich erlaubt das in sich konsistente mythische Grundmuster – die Sonne als heilbringende, eigenmächtige, lebendige numinose Mächtigkeit – ein gewisses Spiel der Phantasie in der narrativen Ausdeutung. Das wird deshalb möglich, weil dort, wo die letzten Bedingungen der Existenz zur Sprache kommen, die altorientalischen Sprachen eine Vielfalt der Zugangsweisen bevorzugen, eine *multiplici-ty of approaches.*[18] Der Satz vom Widerspruch läßt sich auch deshalb ausblenden, weil in den narrativen Mythen der Übergang vom wörtlichen zum metaphorischen Begreifen flie-ßend bleibt. (Die allegorische Mythendeutung der hellenistischen alexandrinischen Gelehr-ten erhebt später zum hermeneutischen Programm, was ältere Kulturen schon längst mit einem ambivalenten Gebrauch solcher Texte geübt hatten.)

In der Religionswissenschaft des letzten Jahrhunderts war das Verhältnis von Mythos und Ritus ein zentrales Thema. In den frühen Kulturen ist Mythos nie bloß Theorie, sondern schließt handlungsleitende Absichten ein, die primär auf *Ritus und Kultus* zielen, auf An-betung und Opfer. Was dem Mythos die entscheidende Sache ist, mag in Mythen narrativ umspielt werden, im Ritus findet es seine direkte Entsprechung. Im Blick auf die Sonne herrscht allgemein die Überzeugung vor, daß ihr Lauf der menschlichen Begleitung und magischen Unterstützung bedarf. Im alten Ägypten folgt eine eigene Priesterklasse dem Sonnenweg liturgisch-beschwörend von Stunde zu Stunde.[19] Einem ähnlichen Zweck haben gewiß die Sonnenrosse und -wagen am Jerusalemer Tempel gedient. Vor allem der mor-gendliche Aufgang wird allgemein bejubelt, um die Konstanz der Tagesbahn zu stärken. So geschah es auch in Israel. Der Prophet Ezechiel (8,16f.) erschaut in einer Vision, wie im

---

[16] B. Meissner 1925, 20; A. L. Oppenheim 1972, 193.
[17] E. Tripps 1974, 219f.
[18] H. Frankfort 1961, 177 s. v. multiplicity of approaches; K. Koch 1993b, 676 s. v. Vielfalt der Zugangsweisen.
[19] J. Assmann 1999, 73–110.

Vorhof des Jerusalemer Tempel 25 Männer stehen „mit dem Gesicht nach Osten. Sie beteten, nach Osten gewandt, die Sonne an". Aus solchen Ritualen spricht einerseits die Angst, daß auch die kosmische Ordnung nicht auf immer bestehen, sondern wie alles auf Erden der Vergänglichkeit anheimfallen könnte. Andrerseits sind die Kultgenossen von einem naiven Optimismus durchdrungen, daß die mythisch-magische Wirkung ihrer Aktionen zwar nicht an die Macht von Göttern heranreicht, aber deren Macht beträchtlich zu mehren oder mindern in der Lage ist. Der Prophet Ezechiel ist bei seinem Bericht allerdings schon so sehr Monotheist, daß er Sonnenanbetung als abscheulichen Greuel verdammt; für ihn ist die Sonne so sehr zu einem unselbständigen Faktor der geschaffenen Welt geworden, daß ihr Lauf von Willen und Macht des einen überweltlichen Gottes abhängt; ihm allein kann für den Weiterbestand des Kosmos vertraut werden.

So viel zum hebräischen Reden über die Sonne, das polytheistisch beginnt und mythische Züge beibehält, auch als monotheistische Tendenzen sich durchsetzen und Schämäsch jeder Göttlichkeit entkleiden. Was offenkundig wird, ist ein enger Zusammenhang von sinnlicher Welterfahrung und mythischer Sprache.

Wenden wir einmal den Blick vom althebräischen Sprachgebrauch auf unsre Gegenwartssprache! Der moderne Leser pflegt sich über Fantasien vom Sonnenhelden oder -wagen herablassend zu amüsieren. Weiß er doch seit seiner Schulzeit, daß sich die Erde um die Sonne dreht und nicht umgekehrt, daß die Sonne nichts als ein glühender Gasball ist, ohne Wille und Bewußtsein. Jedoch, das semantische Bedeutungsfeld unsrer Alltagssprache steht bei genauem Hinsehen dem mythischen Altertum näher als der modernen wissenschaftlichen Theorie, was für die naive, aber allgemein menschliche Weise, die Phänomene so zur Sprache zu bringen, wie sie unverstellt erfahren werden, nicht ohne Belang sein dürfte. Der Deutsche kann das tägliche Geschehen nicht anders ausdrücken als: „Die Sonne geht auf. Die Sonne geht unter". Nimmt man den Wortlaut genau, setzen wir nach wie vor voraus, daß die Sonne sich um die Erde dreht und nicht umgekehrt. Wäre unsere Sprache logisch exakt, müßte es etwa heißen: „Unser Längen- und Breitengrad dreht sich der Sonne zu" bzw. „dreht sich von der Sonne weg". Da die deutsche Sprache soweit noch nicht entwikkelt ist, kann eine Rede von Sonnenaufgang oder -untergang nach wie vor unmittelbar archaische Erfahrungsweisen wachrufen, die den Sprecher und seine Hörer fröhlich und begeistert oder auch elegisch gestimmt sein läßt. Deutlicher noch ist der Sachverhalt in der französischen Nachbarsprache, wo vom *se lever* und *couche*r des *soleil* die Sprache ist. Die Umgangssprache erlaubt uns nicht zu sagen, was wir eigentlich denken gemäß dem, was wir in der Schule gelernt haben, während in den mythischen Kulturen sich Erfahrung und Semantik weitgehend entsprochen hatten.

4. Die Einheit von Geist und Wind und Sprache

Nicht nur Naturvorgänge wie die Sonnenbahn werden durch mythisch konnotierte Sememe sprachlich gemeistert, sondern auch die menschliche Selbsterfahrung. Der Hebräer kennt – wie mythisches Denken überhaupt – keine strenge Scheidung zwischen beiden Bereichen, zwischen Psychologie und Kosmologie. Das versuche ich, an dem schwer übersetzbaren, komplexen, aber für das religiöse Denken bedeutsamen hebräischen Lexem *Ruach* (*rûaḥ*) zu demonstrieren. Das neueste Lexikon (Koehler / Baumgartner 1967) stellt dafür acht Bedeutungsvarianten kaleidoskopartig nebeneinander: „Hauch, Atem, Wind, Lebensträger, Sinn, Gesinnung, geistige Verfassung, Geist."[20] Die Vielfalt sorgte schon bei den antiken Übersetzungen für Wirrwarr, die modernen Übersetzungen schwanken nicht weniger bei ihren Wiedergaben. Ein muttersprachlicher Hebräer hatte aber vermutlich keine acht verschiedenen Optionen in seinem Gehirn getrennt gespeichert.

1. Im Blick auf die *Menschen* heißt es im Alten Testament, daß sich in ihrer Nase *Ruach* befindet, und das meint nach dem Zusammenhang den *Atem*, doch nicht als ein physiologisches Phänomen unter anderen, sondern als das *Lebensprinzip* schlechthin, wie an vielen Stellen aus dem Kontext ersichtlich wird. Wie die Menschen haben die Tiere nicht nur „lebende *Ruach*", sondern *sind* lebende *Ruach* (Gen 6,17; Qoh 3,19). Das entspringt der alltäglichen Beobachtung, daß ein Lebewesen existiert, solange es atmet. Zu Atemluft, die den Organismus bewegt und die er seinerseits bewegt, gehört unterschiedliche Heftigkeit und Schnelligkeit. Das erklärt sich sowohl aus dem Zustand des Körpers wie dem der Seele. Verzagt nämlich jemand, wird seine *Ruach* kurz oder erschlafft (Exod 6,9), erweist einer sich als ausdauernd, ist seine *Ruach* lang (Qoh 7,8), wird er kraftlos, weicht sie von ihm oder zerbricht (Jos 5,1; Jes 65,14). Im Atem zeichnet sich das Auf und Ab von Emotionen und Aktivitäten ab, *Ruach* ist also ein psychosomatisches Phänomen.

Solcher Atem ist für den Hebräer die unerläßliche Basis für die Sprachlichkeit des Menschen. Nach der Gen 2 erzählten Schöpfungsmythe ist der Urmensch von Gott erst aus feuchtem Ton modelliert, dann aber mit dem „Sprachodem (*nᵉschama*)" angeblasen worden und hat dadurch erst zu Leben und Wesen gefunden (Gen 2,7).[21] Dieser aber wird zu einem Teil der menschlichen *Ruach* (Gen 7,22). Dadurch ist der Mensch sofort fähig, der Tierwelt zutreffende und hinfort gültige Namen zu geben, mit seinesgleichen zu kommunizieren und sogar mit der Gottheit, von dieser angeredet zu werden und zu antworten (Gen 2,19–3,20). Mittels der in die *Ruach* eingegangenen *Sprachfähigkeit* vermag das menschliche Geschöpf, das Wesen der Dinge zu erfassen und der verwirrenden Vielfalt der Sinneseindrücke eine Ordnung zu geben. Wieder liegt eine unmittelbare Beobachtung von Lebensvollzügen zugrunde, diesmal die der zwischenmenschlichen Kommunikation. Wer spricht, bildet Phoneme, formt seine Atemluft so, daß differenzierte Schallwellen an das Ohr des Partners

---

[20] L. Koehler / W. Baumgartner 1967, 1117–1121. Vgl. R. Albertz / C. Westermann 1976, 726–753; W. H. Schmidt 1984, 171–178.

[21] K. Koch 1991a.

gelangen. Also läßt Sprachlichkeit sich von Atem und Luft nicht scheiden, Sprache liegt sozusagen „in der Luft".

Wer Sprache formt, vermag zu denken und seiner selbst bewußt zu werden. Insofern schließt *Ruach* auch das mentale Vermögen, *Geist und Bewußtsein* ein.[22] Die Segmente von *Ruach* werden an einer Stelle aufgeschlüsselt als „Geist der Einsicht und Weisheit, Geist des Rats und der Stärke, der Erkenntnis und der Gottesfurcht" (Jes 11,2). Ein so umfassender Begriff verbietet jede dichotomische Scheidung von Leib und Seele.

Die eigentümliche Verschränkung von körperlichen und mentalen, von anthropologischen und naturhaften Perspektiven setzt die Überzeugung voraus, daß dem Menschen nur eine bedingte Verfügungsgewalt nicht nur über die *Ruach* in der Natur, sondern auch über die ihm selbst eigene zukommt. Oft unerwartet und unwiderstehlich „fällt" oder „stößt" eine spezifische *Ruach* auf ihn, um ihn dann zeitweise oder für Dauer zu erfüllen oder wieder von ihm zu weichen.[23] Das betrifft die physische Lebenskraft ebenso wie emotionale Regungen oder geistige Leistungen, beim Einzelnen ebenso wie bei der Gemeinschaft. Das Auf und Ab gleicht dem unberechenbaren Aufkommen und Abebben der Winde; Ursprung und Zweck bleiben oft undurchsichtig. Das macht für Qohelet (8,8) die Zukunft grundsätzlich verborgen; denn „kein Mensch ist mächtig über die *Ruach,* so daß er sie einschließen könnte" .

Als Sprach- und Atemgeist wird *Ruach* nicht nur als ein Individuen betreffendes Phänomen, sondern auch als Gemeingeist der Gesellschaft begriffen und kann dann nicht nur positiv, sondern auch negativ gewertet werden. Sie äußert sich im Gefühl nationaler Ohnmacht, aber auch in allgemeiner, verhängnisvoller politischer Fehlentscheidung (Jes 29,10; 19,14), in bewußter kollektiver Unreinheit (Sach 13,4; Hos 4,12) oder religiösem Abfall (Psalm 78,8), nicht weniger im nationalen Bedürfnis zu Trauer und Gebet (Sach 12,10).

Nicht nur eine Leib-Seele-Dichotomie, auch der Graben zwischen Geist und Natur wird also durch die *Ruach*-Konzeption überbrückt. Menschlicher Atem benutzt stets eine Partikel der die Welt erfüllenden *Luft,* mit der er ständig im Austausch bleibt. Sie umweht jedes Lebewesen wie sie in ihm weht. Draußen verdichtet sie sich zu bestimmtem *Winden,* etwa zum Regen bringenden Westwind oder dem alles ausdörrenden Ostwind. Alle Bewegung im Weltall scheint durch Wind hervorgerufen. Selbst die vier Winde der Himmelsrichtungen sind nicht nur Luftbewegungen, sondern können geistige Zwecke verfolgen, indem sie etwa entscheidende Wenden in der Menschheitsgeschichte hervorrufen, wie z. B. der Ostwind bei der Errettung der Vorfahren am Schilfmeer (Exod 14,21; vgl. Ezech 37; Dan 7,2).

Was an vielfältigen Konnotationen des Lexems aufgewiesen wurde, wurzelt durchweg in empirischen Beobachtungen. Der anscheinend gleichartige dynamische, das Leben bestimmende psychologische wie kosmologische Faktor nötigt Israel wie andere Kulturen des Altertums zu mythischen Erklärungen. Allerdings läßt sich das in so verschiedene Ebenen

---

[22] Auch das vergleichbare griechische Lexem *pneuma* verknüpft ähnlich Wind und Geist.
[23] Zum Wortfeld vgl. J. Reiling 1995, 794.

ausstrahlende Kraftfeld geistig bewegter Luft nicht leicht personhaft in Gestalt einer Gottheit vorstellen und an Heiligtümern verorten, obwohl das in den Nachbarkulturen z. T. geschehen ist.

2. Die Einheit von Atem, bewegter Luft, Lebensprinzip und Geist hat keine andere Sprache des Altertums so komplex in einem Lexem zusammengefaßt und dem einen so hohen Stellenwert im Seinsverständnis eingeräumt wie die hebräische. Das nötigt den Hebräer, nach einer numinosen Herkunft zu fragen. Als Ursprung von Ruach wird wohl schon früh der Nationalgott Jahwä angesehen, doch nicht so, daß Ruach als vom Gott geschaffen gilt, sondern als eine Ausstrahlung seines eigentlichen Wesens begriffen wird, die in der Regel mit ihm verbunden bleibt, auch wenn sie andere Wesen erfaßt. Verglichen mit dem schwachen Menschen ist Gottheit *Ruach* schlechthin und jener nur „Fleisch" (Jes 30,3). Als *vehicle of divine intervention in human affairs*[24] läßt er sie als Wirkungsgröße aus sich herausgehen, gießt sie aus über Menschen (Jes 29,10; Ezech 39,29) oder läßt sie als Wind aus seinen Vorratskammern hervorgehen (Jer 10,13). Über die Erde hin sammelt er zu Zeiten seine *Ruach* ein, so daß die davon abhängigen Menschen sterben, und sendet jene dann zur Wiederbelebung erneut aus (Psalm 104,29f.).

Es gibt spezifische Formen der Gottes-*Ruach*, die Menschen erreicht, die zu besonderen Aufgaben ausersehen sind und sie dafür oft in Ekstase versetzt. So erfaßt solcher Geistwind die charismatischen Heerführer der vorstaatlichen Zeit (Richt 3,10; 1Sam 11,6) oder frühe Propheten (1Sam 10,10; 19,18–24). Wie sehr auch dabei Geist, Wind und Sprache zusammen gehören, lassen Notizen des Propheten Ezechiel über seine Luftreisen, u. U. von Babylonien bis nach Jerusalem, erkennen (Ezech 3,22–24; 8,3f.;37,1ff.). Danach hatte ihn plötzlich *Ruach* am Haarschopf gepackt und durch die Luft zum Ort einer visionären Offenbarung gebracht, wo dieselbe *Ruach* dann im „Ich" der Gottheit ihm eine Weissagung eröffnete.

Für den Hebräer gibt es also „keine klare Distinktion zwischen einem geschöpflichen eigenständigen Geist oder Leben im Menschen und der *Ruah* als Gottes dynamischer und belebender Gegenwart in ihm".[25] Sein Selbstverständnis sieht die Strukturen des Daseins so sehr mit denen der außermenschlichen Umwelt verflochten, daß er mit dem Atem auch Geist und Sprache als Phänomene empfindet, die dem Individuum wieder und wieder von außen zukommen, indem die bewegte Luft im All sich gleichsam anthropologisch verästelt. Dann aber muß hinter dieser sich ein ungeheures Kraftzentrum verbergen, was nur göttlicher Art sein kann. Etwa seit der Exilszeit (6. Jh. v. Chr.) wird in wichtigen Schriftwerken *Ruach* zum hauptsächlichen Wesensmerkmal des Nationalgottes Jahwä.. Aus ihm entspringen nicht nur die Winde als Ursache von Bewegung im Kosmos, sondern alles animalische Leben und schließlich Geist und Sprache in der Menschheit.

---

[24] P. K. McCarter 1995, 603.
[25] S. Tengström 1993, 409.

Der geistige Aspekt von göttlicher *Ruach* gewinnt zunehmend im späten Israel an Interesse. Im Gefolge der Schriftprophetie hatte sich parallel dazu eine Hochschätzung des göttlichen Wortes als ausschlaggebendes Medium im Verkehr zwischen Gott und Volk durchgesetzt. *Wort Gottes* meint keine geheimnisvolle Sondersprache, sondern jene hebräischen Überlieferungen, die dem Hörer die Wahrheit der Wirklichkeit erschließen, sei es als Gebot und Gesetz oder als Weissagung künftigen Geschehens oder in Sätzen so banaler Lebenslehren wie „Der Faule dreht sich im Bett wie die Tür in der Angel" (Spr 26,14). Während die abendländische Theologie unter Wort Gottes nur dogmatisch korrekte Aussagen über das Gott-Mensch-Verhältnis begreift, hat das alte Israel letztlich jede sprachliche Äußerung, welche Menschen Wahrheit und Sinn ihres Lebens und ihrer Welt erschließen, auf die *Ruach* Jahwäs zurückgeführt.

So verwundert es nicht, daß auch die oben geschilderte Auffassung über die Sonne als herausragendes Naturphänomen in spätisraelitischer Zeit von *Ruach* abhängig gedacht wird, und zwar so, daß der (unsichtbare) Wagen der Sonne als von der *Ruach* angetrieben gedacht wird (1.[äthiop.] Henoch 72,4f.). Das schließt eine göttliche Art des Gestirns endgültig aus, bewegt es sich doch nicht aus eigenem Willen. So wird eine nüchtern-mechanische und überzeugendere Erklärung ihres Laufs erreicht als durch frühere polytheistisch angehauchte Anschauungen vom Sonnenhelden, -vogel oder Lenker himmlischer Rosse. Das entspricht zugleich einer Tendenz, alles Seiende auf einen monotheistisch begriffenen Schöpfergott zurückzuführen. Dennoch wird die Sonne nicht zu einer toten Masse, sondern bleibt ein Glied im Heer des Himmels und ein lebendiges Wesen, das zum Gotteslob fähig und bereit steht.

3. Trifft zu, was als komplexes Bedeutungsfeld von zwei hebräischen Lexemen aufzuweisen versucht worden ist, dann bieten sie Beispiele für eine uns fremdartige Ontologie, die sich innerhalb ihrer Kultur als durchaus schlüssig und vernünftig darstellt. Was mythisch oder vormythisch wirkt, entspringt der durch sprachliche Zeichen unwillkürlich erfolgten Fixierung unmittelbarer Natur- und Selbstwahrnehmung. Das Ergebnis spiegelt nicht nur Erfahrung, sondern motiviert dazu, Leben auf eben diese Weise zu erfassen und zu bewältigen. Was hier nur anhand der Konnotationen von zwei alltäglichen Lexemen als Zusammenhang von unmittelbarer Daseinserfahrung und sprachlicher Artikulation aufgewiesen werden konnte, ließe sich an Dutzenden ähnlicher Bedeutungsfelder des Althebräischen ähnlich zeigen. Das Mythische tritt hier nicht als eine Art Überbau zur Umgangssprache hinzu, sondern ist ihr von vornherein eigen, so sehr dann narrative Ausweitungen auch instrumentalisiert und zu machtpolitischen Zwecken „ideologisch" benutzt werden können.

Einer modernen, zweckrational ausgerichteten, auf Bemessung und Berechnung ausgerichteten Logik, die notwendig vom sprachlichen Reflex unmittelbarer Erfahrungen abstrahiert, widerspricht solche Denk- und Redeweise selbstverständlich. Denn sie führt, was Menschen widerfährt und von ihnen nur sehr bedingt gesteuert werden kann, auf unsichtbare Willenskräfte zurück, die sprachlich objektiviert werden können, obwohl sie sich nicht in ein Korsett mechanischer Kausalitäten einfügen lassen.

Auf Grund seiner Sanskritstudien hat vor anderthalb Jahrhunderten der große Religionswissenschaftler Max Müller den Mythos als die „Kinderkrankheit der Sprache" bezeichnet. „It is an inherent necessity of language".[26] Die pejorative Wertung entspricht zwar der Arroganz neuzeitlicher westlicher Wissenschaftler, aber der Verweis auf das Phänomen, auf die den vorneuzeitlichen Sprachen – und vielleicht nicht nur ihnen – inhärenten mythischen oder prämythischen Elemente trifft nicht nur für Indien zu, das Müllers bevorzugtes Forschungsgebiet war. Gewiß lassen sich für viele mythischen Ausgestaltungen nicht nur Alltagserfahrungen, sondern ideologische oder gar tiefenpsychologische Motivationen vermuten. Doch die Breite mythischer Denkweise läßt sich erst erfassen, wenn ihre *Verankerung in der Generierung sprachlicher Äußerungen* überhaupt ins Auge gefaßt wird. Auch die modernen Sprachen haben noch nicht vermocht, ihre ererbten mythischen Komponenten völlig abzustreifen. Das gilt nicht nur für einzelne Bereiche wie die alltäglichen Redewendungen vom Lauf der Sonne, auf die oben hingewiesen war; es liegt schon dem Genusgebrauch zugrunde bei Komplementärbegriffen wie: die Sonne – der Mond, die Erde – der Himmel, die Liebe – der Haß, die in andern Sprachen oft gegensätzlich wie im Deutschen konstruiert worden sind.

Das hebräische Altertum hat die Sprache als ein Vermögen empfunden, das dem Einzelnen eingehaucht worden war und jedem ermöglichte, sich mittels Atemluft (modern gesprochen: Schallwellen) sich nach draußen an seinesgleichen oder gar die göttliche Macht zu wenden; insofern ließ sich Mentales nicht vom Materiellen trennen. Darüber hinaus werden die Worte als Ausdruck des Wesens erlebter Phänomene angeschaut und semantische Bedeutungsfelder nicht als willkürliche Zeichenkonstruktionen aufgefaßt, sondern als Widerspiegelung der unvermeidlichen Reaktionen, welche die Wechselfälle des Lebens im menschlichen Geist zeitigen und ihn befähigen, die Wahrheit der Phänomene zu erkennen. Denn das richtige Wort und die gemeinte Sache sind letztlich identisch. Deshalb wird weiter geschlossen, daß alles Seiende auf Urworte als schaffende schöpferische Energie zurückgeht und das, was gegenwärtig im gemeinsamen Horizont von Geist, Sprache und Wind sich regt, auf eine numinose Quelle zurückzuführen ist, die auf Kommunikation mit denen, die hebräisch sprechen, bedacht ist.

Die althebräische Sprache hat durch die eigenartige ontologische Kopplung von Wind, Leben und Geist als Wesenskern der Menschen wie der Gottheit, eine ideelle Basis vorbereitet, die es unter den Bedingungen einer fortgeschrittenen Epoche erleichterte, vom polytheistischen Mythos zur monotheistischen Metaphysik voranzuschreiten. In dieser Hinsicht kam ihr kein andres Sprachsystem des Altertums gleich. Indem Bewegtheit, Leben wie Geist und Sprache als göttliche Ausstrahlung in Welt und Mensch gedeutet werden, entsteht notwendig in Israel das Bewußtsein schlechthinniger Abhängigkeit von einem göttlichen Grund alles Wirklichen. Implizit ist die Überzeugung von dem *einen* Gott längst angelegt, auch wenn es zunächst in der kultischen Praxis bei einer Monolatrie, begrenzt auf das eige-

---

[26] M. Mueller 1873, 353. Zur Entwicklung dieser Idee in Müllers Schriften vgl. G. Bader 1989, 327.

ne Land, und bei gelegentlichen polytheistischen Seitensprüngen bleibt. Als in Israel ab der Mitte des 1. vorchristlichen Jahrtausends sich ein reflektierter Monotheismus durchzusetzen beginnt, vollziehen sich seine theoretischen Begründungen notwendig auf einer Abstraktionsebene, die sich von unmittelbarer Welterfahrung weiter entfernt, als es im polytheistischen Denken üblich war.

5. Deuterojesaja

Die Exklusivität des in Israel verehrten Gottes Jahwä als der einzigen wirkmächtigen Gottheit wird in keinem anderen althebräischen Dokument so eindeutig hervorgehoben wie in der in das Jesajabuch als Kapitel 40–55 eingefügten Schrift, deren anonymer Verfasser oder Verfasserkreis von der Bibelwissenschaft den Kunstnamen Deuterojesaja erhalten hat.[27] Hier finden sich innerhalb von kurzen, in sich geschlossenen Sprucheinheiten neunmal *Ausschließlichkeitsformeln*, von denen keine der andern völlig gleicht, so daß es sich um adhoc-Neuschöpfungen handeln dürfte. Da heißt es z. B. zusammenfassend: „Ich, ich bin Jahwä. Außer mir gibt es keinen Heiland" (43,12), „Ich bin Jahwä und sonst ist keiner" (45,6), oder „Ich bin El [die Gotteskraft] und keiner sonst" (46,9). Was veranlaßt so markante Formulierungen? Was sollen sie den Primärlesern vermitteln, und wie werden sie begründet?

Obwohl über Entstehungsort und -zeit in dem Text selbst nichts verlautet, hat Deuterojesaja wahrscheinlich zu den Abkömmlingen der judäischen Oberschicht gehört, die nach der Eroberung Jerusalems und dem Untergang des Königreichs Juda 587/6 v. Chr. nach Babylonien ins Exil deportiert worden war. Die Kapitel künden den Exilierten in einer hoch poetischen Weise Verheißungen über die bevorstehende Eroberung Babyloniens durch den Perserkönig Kyros an, mit dessen Unterstützung sie danach eine wunderbare Rückkehr durch die Wüste ins prächtig neu erbaute Jerusalem erleben werden. Das spricht für eine Niederschrift etwa zwischen 550 und 540 v. Chr.; in jenem Jahrzehnt hatte der Siegeszug des Kyros bereits über die Grenzen des Iran hinausgeführt, aber Babylonien noch nicht erreicht.

Für eine Herkunft aus dem babylonischen Exil sprechen zudem Auseinandersetzungen mit der babylonischen Staatsreligion[28], die besser bekannt zu sein scheint als die palästinische Heimat der Ahnen, über die nur vage Angaben gemacht werden. Auch die bei den Adressaten vorherrschenden Gefühle von Verzweiflung und Hoffnungslosigkeit passen zur Exilssituation. „Jetzt sind sie ein beraubtes, ausgeplündertes Volk; alle sind in den Kerker

---

[27] Zum Problem der Abgrenzung und Deutung vgl. Koch 1988, 140–150. Vielleicht stammen der Zionsteil und die Jahwäknechtlieder aus je anderer Hand als Kap. 40–48? Die folgenden Ausführungen beschränken sich im Wesentlichen auf diesen Buchteil. Zu den vielfältigen Theorien vgl. O. Kaiser 1994, 49–60; H. J. Hermisson 2000, 237–284 und 379–430.

[28] M. Albani 2000.

geworfen, ins Gefängnis gesperrt" (41,22). Ein resignativer Spruch der Volksgenossen wird zitiert, der dem tiefen Zweifel am Gott der Väter Ausdruck gibt: „Mein Weg ist Jahwä verborgen; meinem Gott entgeht mein Recht" (40,27). Die zweite, meist schon in der Fremde geborene Generation hat die Überzeugung verloren, der angestammte Gott habe die Macht, sie wieder als freie Bürger in die Heimat zurückkehren zu lassen. Demgegenüber weissagt Deuterojesaja im Namen seines Gottes und in einer begeisterten, bilderreichen Sprache mit unerschütterlicher Zuversicht, daß die Verschleppten demnächst glorreich nach Jerusalem und Israel zurückkehren werden, nachdem der Eroberer Kyros Babylonien besiegt hat und danach Israel seine besondere Gunst zuwenden wird.

Er beruft sich zunächst auf ein *Berufungserlebnis*, bei dem ihn eine überirdische Stimme angerufen und aus der melancholischen Haltung herausgerissen hat:

> Eine Stimme spricht: „Künde!"
> Ich aber spreche: „Wozu soll ich künden? Alles Sterbliche ist wie Gras und alle seine
> Beständigkeit wie eine Blume des Feldes. Es verdorrt das Gras, verwelkt die Blume, denn
> die Ruach Jahwäs hat sie angeblasen."
> [Antwort der Stimme:] „Das Gras verdorrt, die Blume verwelkt; aber das Wort unsres
> Gottes wird sich auf Dauer verwirklichen." (40,6–8).

Der Verweis auf das göttliche Wort, das nach der Fortsetzung primär Zukunftsweissagungen betrifft, die in der prophetischen Tradition vorgegeben waren, läßt die Stimmung des Angesprochenen um 180° umschlagen. Die Sprache Gottes steht scheinbar antithetisch zu seiner vorher erwähnten Ruach, deren windähnliche Wirkung Vergänglichkeit hervorruft. Doch das Wort ist gewiß nicht als grundsätzlicher Gegensatz vorgestellt, sondern als ein zweiter Aspekt von Ruach, die in einer vergänglichen Welt ebenso Beständigkeit und Überleben bei dem bewirkt, der dieses Wort beherzigt. Das wird Deuterojesaja von nun an tun. Doch ihm ist bewußt, daß die Berufung auf sein inneres Erlebnis, so entscheidend es für ihn selbst ist, den Hörern nicht genügt, um der Botschaft Glauben zu schenken. Es bedarf allgemein einsichtiger Begründungen[29], welche die Leser, die Jahwä primär nur für den ihnen eigenen nationalen und im Lande Israel unumschränkt mächtigen Gott gehalten haben, zu überzeugen vermögen, daß Jahwä weit darüber hinaus als die letztlich bestimmende Macht selbst über die sie unterjochende Großmacht Babylonien und deren persischen Gegner ist, ja als Urgrund aller Wirklichkeit schlechthin zu gelten hat.

Deshalb entwirft Deuterojesaja um der „moralischen Aufrüstung" seiner Volksgenossen willen eine monotheistische Theorie, die sich vor allem auf drei Themen konzentriert. Die erwähnten Ausschließlichkeitsformeln gehören entweder zur metahistorischen Interpretation eines damals sich anbahnenden *weltgeschichtlichen Umbruchs*, der mit der Entstehung einer persischen Großmacht verbunden wird (41,1–4; 45,1–7; 45,14–17; 48,12–15), oder zur Behauptung, daß dadurch eine seit alters bekannte Wahrheit über die Korrespondenz von Versprechen und Ausführung bei *Weissagungen* im Namen Jahwäs sich großartig bestätigen wird. Von gleichem Rang ist der Hinweis auf die *Weltschöpfung*, der in einer ähnli-

---

[29] K. Koch 1988, 123–155; R. Albertz 1992, 431–446.

chen Aussage über die Exklusivität des Gottes gipfelt: „Mit wem wollt ihr mich vergleichen?" Die drei Themen lassen die Nähe und die Ferne dieses Monotheismus zum Mythos
sichtbar werden.

1. Das Thema *Schöpfung* wird gleich eingangs, nachdem auf die Berufungsaudition verwiesen war, in einem lehrhaften Disputationswort aufgegriffen (40,12–31). Anders als in früheren alttestamentlichen Schöpfungstexten richtet sich der Blickwinkel nicht anthropozen-
trisch auf die Entstehung des näheren Umkreises einer (palästinischen) bäuerlichen
Lebenswelt – so in der bekannten Mythe über Adam und Eva Gen 2 und 3 – oder auf die
Vorstufen einer einzigartigen Geschichte Israels (wie Ps 136 z. B.), sondern vor allem auf
das Weltall, mit Meer, Himmel und Erde und Gestirnen (40,12–18):

> Wer mißt das Meer mit der hohlen Hand?
> Wer kann mit der ausgespannten Hand den Himmel vermessen?
> Wer mißt den Staub der Erde mit einem Scheffel?
> Wer wiegt die Berge mit einer Waage und mit Gewichten die Hügel?
> Wer bestimmt die Ruach Jahwäs? Wer kann sein Berater sein und ihn unterrichten?
> Wen fragt er um Rat und wer vermittelt ihm Einsicht?
> Wer kann ihn über die Pfade des Rechts belehren?
> Wer lehrt ihn das Wissen und zeigt ihm den Weg der Erkenntnis?
> Seht, die Völker sind wie ein Tropfen am Eimer.
> Sie gelten so viel wie ein Stäubchen auf der Waage.
> Ganze Inseln wiegen nicht mehr als ein Sandkorn.
> Der Libanon reicht nicht aus für das Brennholz. Sein Wild genügt nicht für das Opfer.
> Alle Völker sind vor Gott wie eine Nichtigkeit. Als wesenlos und Irrnis gelten sie ihm.
> Mit wem wollt ihr [also] Gott vergleichen? Und welches Bild an seine Stelle setzen?

Das Menschengeschlecht wird zwar nicht übergangen, doch nicht seine Würde wird betont
– wie im ersten Kapitel der Bibel –, sondern sein unendlicher Abstand zum Schöpfer; selbst
Völker sind wie Wassertropfen, und ihre Herrscher gleichen Eintagsfliegen: „Er läßt Herrschende zunichte werden" (V.23). Zudem wird Schöpfung nicht mehr einer protologischen,
abgeschlossenen Urzeit zugewiesen, sondern als *creatio continua* begriffen, als andauernder, fortschreitender Prozeß. Denn zu ihr gehört das tägliche Hervorrufen der Gestirne
(V.26) ebenso wie das ständige Einpflanzen und „Wegblasen" von politischen Größen, aber
auch scheinbar unbedeutende Geschehnisse wie die individuelle Stärkung müder Menschen
(so V.27–31).

Mit der Rede von der Hand und der Waage Gottes tauchen anfangs noch mythische Motive auf, die aber ausweislich der Fortsetzung metaphorisch gemeint sind. Denn als ausfüh-
rendes Organ des Schöpfers wird sofort danach die Ruach Gottes (deutsch hier meist „Geist
des Herrn" übersetzt) als allbewegende Kraft genannt (V.13). Da die kosmologisch wie
anthropologisch grundlegende Ruach in Israel seit langem fest in dem Gottesverständnis
verankert ist, läßt sich der durch Israel verehrte Schöpfer als Grund aller positiven Wirklichkeit begreifen, und das Vertrauen auf ihn ist trotz der nationalen Katastrophe gerechtfertigt.

Das bringen zwei eingeblendete Unvergleichlichkeitsformeln auf den Nenner (V.18.25): „Mit wem wollt ihr [diesen] Gott vergleichen?" Die Frage ist natürlich rhetorisch, die verneinende Antwort selbstverständlich. An späterer Stelle im Buch (48,12–14) wird beim gleichen Schöpfungsthema daraus eine Ausschließlichkeitsformel: „Ich bin der Erste, wie ich der Letzte bin."

Deuterojesaja formuliert also einen *kosmologischen Gottesbeweis* mit Schwerpunkt auf dem astralen Geschehen, wie er mit solcher Ausführlichkeit in Israel oder anderswo noch nicht laut geworden war. Jüdische und christliche Gelehrte haben ihn in der Folge Jahrhunderte hindurch aufgegriffen und vertieft. Er zieht die Folgerungen aus einer jedermann zugänglichen Anschauung des Universums. Insbesondere das Naturgeschehen läßt eine Rhythmik und ein Zusammenspiel von Faktoren erkennen, wie es in solcher Stabilität keine menschliche Schöpfung erreicht. Jeden Morgen geht die Sonne auf. Sommer und Winter, Tag und Nacht wechseln seit unvordenklichen Zeiten. Wie anders soll das möglich sein, als daß Wille und Plan, also ein überirdisches geistiges Wesen die Fäden zieht? Noch heute leuchtet der kosmologische Gottesbeweis unverbildeten Menschen ohne weiteres ein. Selbst ein Immanuel Kant konnte bekanntlich den gestirnten Himmel nicht ohne Ehrfurcht betrachten.

Aus dem kosmologischen Gottesbeweis leitet Deuterojesaja zwei Folgerungen ab, die in der Folge für monotheistische Religionen überaus belangreich geworden sind, und sei es in der Auseinandersetzung zwischen Pro und Contra. Das betrifft zum einen die Relativierung *tierischer Opfer*, die bis dahin im Kult, nicht nur Israels, als unerläßlich erschienen waren (V.16). Im Grunde sind sie überflüssig und sinnlos, reichen für den Schöpfer doch alle Tiere des Libanons nicht für ein zureichendes Opfer aus. Wichtiger noch ist die kategorische *Ablehnung jedes Gottesbildes* (V.18). Denn jede materielle Symbolisierung läßt die Gottheit zu einem umgrenzten Seienden neben anderen werden, Götterbilder sind unfähig zur Sprache (46,7) und deshalb ohne Ruach, vor allem aber vermitteln sie menschlichen Machern das fatale Bewußtsein, durch ein Artefakt die göttliche Nähe herbeizuzwingen. Soweit der kosmologische Argumentationsgang.

2. Ein weiterer Beweisgang betrifft *die politische Geschichte als Wirkungsraum göttlicher Energie*. An die Schöpfungsreflexion im ersten Deuterojesaja-Kapitel schließt sich ein Orakel über den *unaufhaltsamen Siegeslauf des Perserkönigs Kyros* als einen aus dem fernen Osten hereneilenden und die Völker unterwerfenden Helden an. Sein Erfolg wird die Ausschließlichkeit Jahwäs als entscheidende metapolitische Macht erweisen (41,1–5):

> Wer hat im Osten den erweckt, dem Gerechtigkeit folgt auf Schritt und Tritt?
> Wer gibt ihm die Völker preis und unterwirft ihm die Könige?
> Sein Schwert macht sie zu Staub, sein Bogen macht sie zu verwehter Spreu.
> Er verfolgt sie, rückt unversehens vor; berührt den Weg nicht mit seinen Füßen.
> Wer hat das bewirkt und vollbracht? Er, der von Anfang an Generationen hervorrief.
> Ich, Jahwä, bin der Erste. Und noch bei den Letzten bin ich derselbe.

Von einem Weltende bis zum andern wird ihm die Vorherrschaft übertragen. Noch drei
weitere Male wird die bevorstehende, durch persische Eroberung geschaffene weltpolitische
Umwälzung auf Jahwä als einzige Gottheit zurückgeführt (45,1–7; 46,11; 48,14f.). Geweis-
sagt wird des Näheren, daß Kyros Babel und seine Götter vernichten, die exilierten Israeliten in die Heimat zurückkehren lassen und den Wiederaufbau Jerusalems fördern wird
(45,13; 46,9–13). Darüber hinaus wird er eine neue Weltordnung aufrichten, denn an seine
Füße heftet sich „Gerechtigkeit" (41,2). Von keinem anderen als von Deuterojesajas Gott
wird er „zur Gerechtigkeit erweckt", mit seinem Sieg setzt sich Jahwäs Gerechtigkeit[30] und
Heilswillen auf Erden durch (45,13; 46,11–13). Deuterojesaja geht so weit, daß er Kyros
von seinem Gott unmittelbar angeredet und als seinen Sendboten gegrüßt sein läßt. Obwohl
Kyros nach seinem Selbstverständnis Anhänger iranischer Gottheiten ist, hat Jahwä ihn zur
Herrschaft befähigt und kein anderer (41,25–29). Durch seine Erfolge werden die Menschen von Sonnenaufgang bis -untergang der einzigartigen Geschichtsmacht Jahwäs inne
werden. Ja, Kyros selbst wird erkennen, „daß ich Jahwä bin, der dich bei deinem Namen
ruft als der Gott Israels" (45,3–6). Aus dem Monotheismus folgt notwendig das Postulat
einer universalen Verehrung des Gottes. Ist Jahwä der Urgrund aller Wirklichkeit, muß
eines Tages seine Verehrung erdenweit selbstverständlich werden; denn Einheit des göttlichen Wesens und die Einheit der Menschheit, religiös, geistig, sittlich, entsprechen einander. Dann aber sind auch die politischen Begleitumstände auf diese numinose Macht zurückzuführen.

Deuterojesaja skizziert mit poetischen Bildern den Kyrossieg, den Untergang Babels und
die glorreiche Rückkehr der Deportierten nach Jerusalem. Dabei beschränkt er sich auf das
bloße „Daß" einer ungleichlichen Umwälzung und schenkt dem „Wie" der Durchführung
keinerlei Beachtung. Nichts über die Stärke der miteinander kämpfenden Heere, über Trup-
penbewegung, Schlachtordnung oder nachfolgende Regierungshandlungen. Auch die Weise, mit der eine überirdische Gottheit die Initiative des Großkönigs hervorruft und unterstützt, wird nicht erklärt; wahrscheinlich denkt Deuterojesaja, daß Jahwä kraft seiner Ruach
die Ruach des Perserkönigs „erweckt", wie es später das Chronistische Werk formulieren
wird (2Chr 36,22; Esra 1,1). Da er auch in dieser Hinsicht auf die näheren Umstände verzichtet, läßt sich bei ihm nur bedingt von „Theologie" reden. Wie weit ist die Argumentation unter „Mythos" einzureihen? Zwar werden wunderhafte, übernatürlich erscheinende
Geschehnisse vorausgesagt, etwa bei Aussagen wie denen, daß der dahinstürmende Perser
mit seinen Füßen die Erde nicht berührt (41,3) oder für die rückwandernden Deportierten
Quellen in der Wüste aufbrechen und schattenspendende Bäume aufsprossen (41,19;
43,19f.). Doch sie sind wahrscheinlich metaphorisch gemeint, so daß das Prädikat „mythisch" unangemessen erscheint; die metapolitische Verursachung und ihre Folgen bleiben
ohne anthropomorphe Veranschaulichung.

---

[30] Das mit „Gerechtigkeit" im Deutschen wiedergegebene Lexem צדק meint keine iustitia distributiva,
sondern eine Art konnektiver Gerechtigkeit, d. h. die gegenseitige Solidarität in vorgegebenen
Gemeinschaftsformen; vgl. K. Koch 1991b.

Diese Weissagungen haben sich insoweit bald erfüllt, als Kyros tatsächlich Babylonien eingenommen und den Wiederaufbau des Tempels in Jerusalem, seine Nachfolger dann die Rückwanderung der exilierten Judäer erlaubt haben. Das von ihm und danach vor allem von Dareios I. organisierte Großreich hat in der Tat für viele Untertanen im Nahen Osten (wenngleich nicht für Hellenen!) den Eindruck einer gerechten politischen Ordnung hervorgerufen. Anders als in den vorangegangenen assyrischen und neubabylonischen Staatsbildungen wurde ein Nationalitätenstaat durch Verlautbarungen und Ikonographie proklamiert und zugleich religiös legitimiert, der die zu bewahrenden Eigenarten der Völker als konstitutiv für die Herrschaft des Großkönigs betrachtet hat.[31] Doch die hochgespannten Erwartungen einer Bekehrung des Königs selbst zur Religion Israels und eines weltweiten Echos auf die geschichtswendende Kraft Jahwäs verwirklichten sich nicht.

Mit dem Kyrossieg und einer nachfolgenden Neuordnung der Herrschaft über die Völker als zweitem Beweis für einen vernünftigen Monotheismus begibt sich der Prophet auf das Feld einer *politischen Theologie*. Zwar wird nur dieser Großkönig als ein von Jahwä geschaffenes Werkzeug zu Befreiung und Gerechtigkeit vorgestellt; ein Urteil, das bei den Exilierten vermutlich offene Ohren gefunden haben wird. Wenn aber ein so gewaltbereiter Eroberer zum speziellen Gottesgeschöpf erklärt wird, muß dann Gleiches nicht auch für die Aktionen anderer Machthaber gelten? Ein konsequenter Monotheismus scheint die Einbeziehung der politischen Weltbühne zu fordern. Bleibt nicht jede Theorie von einem Schöpfergott als Grund aller Wirklichkeit, der durch seinen Geist-Wind das Universum in Bewegung hält, unvollständig, wenn sie die für das Zusammenleben konstitutive Herrschaft von Menschen über Menschen nicht berücksichtigt? Jede Obrigkeit ist von Gott eingesetzt – so wird es dann im berühmten 13. Kapitel des Römerbriefs des Apostels Paulus heißen. Das heißt nicht, daß dadurch die konkreten Akte der Machtausübung gerechtfertigt sind. Aber es bedeutet, daß die „Gerechtigkeit" einer göttlichen Lenkung der Weltgeschichte nicht unbedingt mit den Maßstäben normal-zwischenmenschlicher Gerechtigkeit meßbar sind. Der Prophet läßt im Zusammenhang mit der Beauftragung des Perserkönigs seinen Gott sprechen: „Ich bin Jahwä und keiner sonst [...] ich gestalte Frieden (*salôm*) und Unheilvolles" (45,7; dazu unten). Schon hier wird also eine „List der Vernunft" vorausgesetzt, um es mit einem Begriff Hegels zu kennzeichnen.

Eine Eigenart der politischen Theologie Deuterojesajas verdient, eigens hervorgehoben zu werden. Wo in andern Religionen sich ein Monotheismus ausbildet, gipfelt er zumeist in einer sehr viel anderen Art von politischem Monotheismus, nämlich einer Entsprechung von himmlischem und irdischem Universalkönigtum. Das ließ sich schon beim ägyptischen Ketzerkönig Echnaton aufweisen und später bei Cäsaren und Kaisern. Überraschenderweise verlautet bei Deuterojesja nichts von einer künftigen Weltherrschaft Israels oder eines aus seiner Mitte hervorgehenden Messias, welche etwa die Persische Herrschaft ersetzen und womöglich übertreffen würde, wenngleich gelegentlich nationalistische Rachetöne gegen-

---

[31] P. Frei / K. Koch 1996, bes. 159–205.

über den Völkern anklingen, die Israel unterdrückt und geschändet haben. Der Prophet kann z. B. Gott ankündigen lassen: „Ich gebe deinen Peinigern ihr eigenes Fleisch zu essen; wie an Most sollen sie sich an ihrem Blut berauschen" (49,26). Doch dem folgen keine Aussagen über eine zukünftige Universalherrschaft Israels.

3. Ebenso häufig wie auf die Beweise aus der gerade ablaufenden Zeitgeschichte und ihrer zu erwartenden Folgen begründet Deuterojesaja die von ihm verkündete Ausschließlichkeit des israelitischen Gottes auf das, was Theologen den *Weissagungsbeweis* zu nennen pflegen. Damit weist er den sprachlichen Hintergrund auf, in den das mit Kyros anhebende Geschehen einzuordnen ist. Eingesetzt wird zunächst die Feststellung, daß sich in der Vergangenheit die im Namen dieses Gottes verkündeten Prognosen als zutreffend erwiesen haben und dem Gott ein einzigartiges Vorauswissen künftiger Entwicklungen attestieren; die Sache wird bei den Hörern als bekannt und unstrittig vorausgesetzt. Beispiele erfüllter Weissagungen anzuführen, erübrigt sich deshalb. Vermutlich wird ein kulturelles Gedächtnis über die Botschaft der kritischen Propheten von Amos bis Ezechiel vorausgesetzt, die den Zusammenbruch von Volk und Kult auf Grund andauernder schwerer sozialer und kultischer Entartungen im dem (vor)exilischen Israel angekündigt hatten, was sich dann verhängnisvoll verwirklicht hatte; auf die zurückliegende, selbst für Gott um der Sünde Israels willen unausweichlich gewordene nationale Katastrophe spielt Deuterojesaja mehrfach an (40,2; 48,1–11; 43,22–28). Doch als die Kehrseite dieser These tritt die Behauptung hinzu, daß die nunmehr neu zu verbreitenden Jahwäweisssagungen über die weltpolitische Wende sich ebenfalls als wahr herausstellen und damit die Einzigartigkeit Jahwäs bestätigen werden, weil bislang nirgends eine Gottheit eine solche Kontinuität ihrer Prognostik und eine solche Erfolgsquote für ein Eintreffen ihrer Orakel aufweisen könnte. Ironisch kann der Prophet die Völker aufrufen, irgendwelche Beweise für (geschichtlich belangreiche) Vorhersagen ihrer Götter vorzulegen (43,9; 44,7). Insbesondere die babylonischen Mantiker, Astrologen und Unheilsabwender, die für ihre Vorzeichenwissenschaft international berühmt sind, haben von der jetzt anstehenden Wende keine Ahnung (47,10–15). Jahwä hatte aber nicht nur diese Revolution längst angekündigt, sondern von jeher geschichtliche Wendepunkte als Verwirklichung seiner Planung rechtzeitig kundgegeben (46,9–13):

> Denkt an die Anfänge von der Urzeit an, daß ich allein die Gottesmacht bin,
> und keiner sonst, die Gottheit, der keine gleicht.
> Der von Urzeit an die Endzeit kundgetan, und das noch Ungeschehene in der Vorzeit.
> Der von sich sagt: Mein Ratschluß wird sich sicher erfüllen,
> und was immer ich will, das führe ich aus.
> Der von Osten her den Adler [Kyros] ruft, aus fernen Landen den Mann seines Ratschlusses.
> Wie ich es gesagt, so lasse ich es kommen. Ich habe es geplant und werde es vollbringen.
> So hört auf mich, die ihr das Herz verliert und fern seid von Gerechtigkeit.
> Meine Gerechtigkeit lasse ich nahen, sie ist nicht mehr fern, und mein Heil säumt nicht.
> In Zion werde ich Heil spenden, für Israel meine Herrlichkeit.

Gott wird als die Natur- und Weltgeschichte von der Urzeit bis zur Endzeit beherrschende Macht begriffen, die alles wesentliche Geschehen stets im Voraus mitgeteilt hat, und das nicht nur als verbale Information an Menschen, sondern mit realen Folgen, so daß ohne das „Sprechen" die Welt nicht entstanden wäre und nicht weiterliefe. Von ihm her erhält sie ein endzeitliches Ziel, das hier Gerechtigkeit und Heil heißt. So geht es dem Propheten letztlich um weit mehr als um eine Vielzahl erfüllter Voraussagen über den Lauf der Welt, sondern um die sämtliche Zeiten übergreifende sprachlich „performative" Aktivität dieser göttlichen Macht, die nunmehr in besonders eklatanter Weise der Menschheit vor Augen geführt werden wird.

Für Deuterojesaja kennzeichnet die durch die Zeiten weiterlaufende, die Weltgeschichte steuernde schöpferische Macht von Wort und Sprache wie nichts anderes das Wesen des einen Gottes und seine Relation zur geschaffenen Welt. Diese für moderne Leser absonderliche Auffassung wurzelt vermutlich in allgemeinen Erfahrungen über die lebenswichtige Rolle zwischenmenschlicher Kommunikation. In den Kulturen des Altertums wird die Sprache nicht als ein von Menschen willkürlich erfundenes Zeichensystem erlebt, sondern als ein System von Bedeutungen, welches die Sprechenden als längst gültig vorfinden. Die alltäglichen Aufgaben und Widerfahrnisse veranlassen, ja zwingen bisweilen, gegenüber anderen (oder auch sich selbst) sich so zu äußern, daß man nicht nur sich gegenseitig versteht, sondern die Wahrheit von Dingen und Personen ans Licht tritt. Da die von lang her kommende Sprache Wirklichkeit erschließt und den Menschen in ihr handlungsfähig macht, wird auf einen numinosen Urgrund geschlossen. So begreift es sich, daß im Althebräischen Sprache und Ruach zusammen gesehen und gemeinsam auf den einzigen Gott zurückgeführt werden. Dem aber muß dann eine weit größere Sprachkraft zugetraut werden, bei der Wort und Sache sofort und restlos identisch werden und jeder belangreichen Sache ein Wort vorausgeht. Eine typisch menschliche Weise von Interaktion wird auf das göttliche Wesen und einen überirdischen Bereich übertragen und entsprechend gesteigert. Will man das Mythos nennen, dann ist er allerdings so sublimiert, daß ihm farbige Anschaulichkeit fehlt.

Deuterojesaja hat vielleicht die Erfüllung seiner grandiosen Visionen noch zu Lebzeiten erwartet, obwohl er sich jede zeitliche Befristung versagt hatte. In der Folgezeit haben sich in der Tat einige Weichenstellungen in dieser Richtung vollzogen, aber in gemessenen Abständen: 539 v. Chr. eroberte Kyros tatsächlich Babel und änderte die weltpolitische Bühne von Grund auf, 520–515 förderte zwar nicht mehr er, aber Dareios I. den Wiederaufbau des Jerusalemer Tempels. 458 erfolgte unter Esra – wahrscheinlich nicht eher[32]– mit persischer Genehmigung die organisierte Rückwanderung eines beträchtlichen Teils der exilierten Judäer. Das hat dazu geführt, daß in Juda seine Botschaft in hohem Ansehen geblieben (und dem Buch des Propheten Jesaja angegliedert worden ist), obwohl das von ihm verheißene Endziel der Geschichte, nämlich eine Welt voll Heil und Gerechtigkeit, sich wenig oder

---

[32] P. Frei / K. Koch 1996, 248–252.

nicht verwirklicht hatte. Schon die tritojesajanischen Schüler des Propheten (Jes 56–66) lehren deshalb, daß die eschatologische Kehre der Geschichte überhaupt noch nicht begonnen habe.[33]

Soweit die drei Argumentationsreihen, mit denen der Prophet seinen Hörern oder Lesern die Einzigartigkeit und unbedingte Verläßlichkeit des Gottes demonstriert. Offensichtlich hat er damit bei nachfolgenden israelitischen Generationen die Hoffnung geweckt, daß trotz andauernder Fremdherrschaft das Vertrauen in diesen einen Grund der Wirklichkeit sinnvoll ist und trotz gegenteiligen Augenscheins die Zukunft nicht verspielt ist. Anderenfalls wäre die deuterojesajanische Schriftrolle nicht weiterhin abgeschrieben und gelesen und sein Monotheismus nicht Allgemeingut geworden.

Wenn Deuterojesaja mit seinem monotheistischen Seinsverständnis Eindruck hinterlassen hat, dann sicherlich auch deswegen, weil es eine verbreitete Sehnsucht der Menschen ist, zu erkennen, was die Welt im Innersten zusammenhält. Die Stückelung der Wirklichkeit war zudem in polytheistischen Systemen von Aufspaltungen der menschlichen Verantwortung begleitet, das nun auftauchende Postulat einer einzigen ontologisch wie ethisch fundamentalen Instanz hat in der Folge nachdenklichen Geistern eher eingeleuchtet. Das reduziert die Farbigkeit und Widersprüchlichkeit früherer Mythen und Riten, ohne daß mythische Rede völlig überflüssig werden konnte. Die Anfänge einer monotheistischen Idee, wie sie bei Deuterojesaja und bald auch bei andern sich abzeichnet, bietet jedoch noch kein geschlossenes System. Sie überwindet polytheistische Aporien, aber sie eröffnet auch neue, die in der Folge zu ausgebauten metaphysischen Systemen, gelegentlich aber auch zu Remythologisierungen führen. Lassen Sie mich das an drei antithetischen Themen verdeutlichen.

6. Universalismus versus Partikularismus. Die Einheit der Menschheit und das erwählte Volk des Bundes

Die Theorie einer Einheit der Gottheit fordert eine ihr korrespondierende Einheit alles Menschlichen, wie sie normalerweise im Polytheismus aufgrund seiner regionalen, ethnischen, ständischen Zuordnung der einzelnen Götter und ihrer Verehrung nicht in den Blick kommt. Sobald in Israel die eine Gottheit als übermächtige Schöpfungskraft verehrt wird, gewinnt menschliches Dasein insgesamt eine einzigartige Relation zu diesem Gott im Vergleich zu anderem Seienden, wird jede menschliche Person zu einem Ebenbild eben dieser Gottheit; wie es anderswo im Alten Testament heißt (Gen 1,26f.), eignet allen eine potenzielle Beziehung zum Urgrund der Wirklichkeit.

---

[33] Koch 1988, 156–163.

So verwundert nicht, daß Deuterojesaja von der bevorstehenden revolutionären Geschichtswende eine Erkenntnis der Einzigartigkeit des Gottes Jahwä bei allen Völkern erwartet. (Besonders in der 2. Hälfte seiner Schrift, die vielleicht eine jüngere Epoche seiner Wirksamkeit – oder die eines Schülers – widerspiegelt.) In einer Reihe von Sprüchen wendet sich sein Gott an die Menschen draußen; ein Beispiel (51,4f.):

> Horcht her, ,Völker'!/ Nationen, hört auf mich!
> Denn Tora geht von mir hinaus/ und meine Rechtsordnung wird das Licht der Völker.
> Plötzlich lasse ich meine Heilsgerechtigkeit nahen/ heraustritt meine Heilshilfe/
> mein Arm richtet die Völker auf.
> Auf mich hoffen die (fernen) Inseln/ nach meinem Arm sehnen sie sich.

Insgeheim sehnen sich die Völker also danach, mit dem von Israel verehrten einen Gott auch ihrerseits in Kontakt zu kommen. Dem Schöpfer seinerseits liegt letztlich an dem Heil aller Menschen und der Aufrichtung einer globalen Gerechtigkeit. „Wendet euch zu mir und laßt euch retten, all ihr Enden der Erde. Denn ich bin Gott und keiner sonst!" (45,22). Das führt zwar nicht zur Idee einer allgemeinen bürgerlichen „Gleichberechtigung", zielt aber auf einen erdenweit gelingenden kultischen Verkehr mit dieser Macht in einer Weise, wie ihn die Tora als göttlich offenbartes Gesetzbuch bislang für Israeliten reserviert hatte. Zur Verbreitung der monotheistischen Erkenntnis und einer entsprechenden Moral bedarf es keiner Gewaltmaßnahmen. Selbst wenn von Kyros erwartet wird, daß er sich eines Tages zu ihr bekennt, wird nicht ihm deren Verbreitung aufgetragen.

Das ist vielmehr Aufgabe eines geheimnisvollen „Knechtes Jahwäs", der als israelitische Komplementärgestalt neben dem Großkönig oder nach ihm wirksam werden soll. Von ihm kündet der Gottesspruch (42,1–4):

> Ich habe meine Ruach auf ihn gelegt/ meine Rechtsordnung trägt er zu den Völkern.
> Er wird nicht schreien und lärmen/ auf der Straße nicht erschallen lassen seine Stimme.
> Ein geknicktes Rohr wird er nicht zerbrechen/ einen glimmenden Docht nicht auslöschen.
> Er bringt wahrhaftig die Rechtsordnung hinaus/ wird nicht müde und zerbricht nicht,
> bis er auf Erden die Rechtsordnung durchgesetzt hat/ auf seine Tora warten die Inseln.

Von dieser dienenden Gestalt und ihrer Mission wird jeder Anschein von Gewalt ferngehalten. Sie erscheint dem Propheten wohl deshalb entbehrlich, weil das, was jener als Rechts- und Lebensordnung verbreitet, eine Sehnsucht nach heilvollem Leben und Gerechtigkeit erfüllt, die in allen menschlichen Verbänden sich insgeheim regt.

Dieser universalen, tolerant wirkenden Humanität stehen jedoch wie schon erwähnt bei Deuterojesaja Aussagen gegenüber, in denen eine starke emotionale Bindung an Israel, Jerusalem und Zion mit partikularen, ja nationalistischen Tönen vernehmbar wird. Vom kulturellen Gedächtnis seines stolzen Volkes vermag und will er sich nicht völlig losreißen. Gerade in der Erniedrigung unter die babylonischen Fronherren hält er, wie wohl die meisten Exilierten, zäh am Bewußtsein des elitären Status eines einzigen Volkes fest, mit dem der einzige Gott einen Bund geschlossen hat und haben wird. Auch in Zukunft bleibt allein Israel das auserwählte Volk (41,8f.) und wird durch eine besondere Ruach ausgezeichnet (44,1–3), die den allen Menschen eigenen Geist-Wind (42,5) übertrifft. Wo er die Mission des Jahwäknechts schildert, läßt Deuterojesaja sie auf zwei Ebenen sich vollziehen: einerseits wird er zum Bund für sein Volk werden, d. h. zu dessen Repräsentanten gegenüber der Gottheit, andererseits zum Licht der Heiden, der denen draußen Erleuchtung bringen wird (42,6; 49,6–8).

Deuterojesaja bringt wie kein andrer Israelit vor ihm die universale Perspektive seiner Gottesanschauung neben der überkommenen partikularen zur Geltung. Aber er weiß die Kluft zwischen beiden noch nicht überzeugend zu überbrücken. Bei ihm läuft es gelegentlich sogar darauf hinaus, daß die Völker künftig dadurch mit dem einen wahren Gott in Kontakt gelangen, daß sie sich „in Fesseln" Israel unterwerfen (vgl. 45,22–24 mit 45,14f.).

Die Spannung zwischen Universalismus und Partikularismus wird von da an die Geschichte der monotheistischen Religionen begleiten. Einerseits folgt notwendig aus der Einheit des Schöpfergotts die Bestimmung jedes menschlichen Wesens zur Gemeinschaft mit diesem Grund der Wirklichkeit und zur „gerechten" Solidarität mit jedem, der Menschenantlitz trägt. Andererseits lösen sich in den folgenden Jahrhunderten häufig, wo Monotheismus verbreitet wird, die naturwüchsigen Gesellschaftsformen in Gemeinden der Bekenner und in Außenstehende auf, in Gläubige und Ungläubige. Dann führt die Behauptung vom Besitz der „wahren" Gotteserkenntnis zu einem exklusiven Bewußtsein und häufig aggressivem Benehmen; die sachkundigen theologischen und juristischen Hüter der „reinen" Lehre neigen dazu, jede abweichende Meinung zu verdammen und die eigene mit jener Wahrheit zu identifizieren, die im göttlichen Grund aller Wirklichkeit Sein und Sollen eint. Bei Deuterojesaja ist von solchen Scheidungen noch nichts zu erkennen.

In der Folgezeit wird zudem die Frage wichtig, ob die Realisierung der Gottesrelation oder ihre Verweigerung ohne Belang für die postmortale Existenz des Einzelnen sein wird? Wer sich zur Kirche, zur Synagoge, zur islamischen Umma bekennt, den erwartet eine besondere Seligkeit. Auch in dieser Hinsicht stellt nicht die Exklusivität der Gottheit, sondern die behauptete Exklusivität der Bekenner und Erwählten die universale Einheit der Menschheit in Frage. Um der religiösen Gemeinde eine Sonderstellung zu sichern, werden schon in der Gemeinschaft von Qumran und im Neuen Testament erneut mythische Konstellationen entwickelt Die Heiligen auf Erden werden z. B. einer mystischen Gemeinschaft mit den himmlischen Heiligen, den Engeln, bereits zu Lebzeiten zugeordnet. Vor allem aber wird der Gegensatz zweier Klassen von Menschen im Blick auf das Endgeschick in Paradies oder Hölle ausgemalt. Solche Konstrukte liegen allerdings Deuterojesaja noch fern (vgl. aber schon Trito-Jesaja 66,24).

Mit der hier aufbrechenden Diskrepanz hängt ein zweiter Problemkreis zusammen:

7. Transzendenz versus Immanenz.
Erlebnisweisen der Gottesnähe

Die im Blick auf die menschliche Gesellschaft in monotheistischen Religionen aufbrechende Spannung zwischen Universalismus und Partikularismus zeigt sich ähnlich in einer räumlichen Dimension zwischen dem nunmehr der Erde ferner rückenden Gott und seiner erfahrbaren Gegenwart auf Erden.

Polytheistische Gottheiten sind für ihre Verehrer auf zweierlei Art in der Immanenz vorhanden und zuhanden. Einerseits wirken sie ständig geheimnisvoll in den jeweils für sie charakteristischen Sektoren von Gesellschaft und Natur, andererseits erscheinen sie zu bestimmten Zeiten in den kultischen Begehungen an heiliger Stätte; was in diesen Umkreis gehört, wird Tabu für alles, was unrein und fremd ist. Bei ihren Hierophanien werden die Kultgenossen vom *fascinosum* und *tremendum* erfaßt. Wer außer Landes geht, tut gut daran, sich dem Kult eines andern Götterkreises anzuschließen.

Solche mythische Verortungen waren Israel noch in seiner monolatrischen Periode vertraut; wer aus Kanaan-Palästina auswanderte, verließ Jahwäs Wirkungsbereich und bedurfte anderer Götter (1Sam 26,19). Ab dem 7. Jahrh. v. Chr. wird Monolatrie mehr und mehr auch als Alleinverehrung an einem *einzigen* Ort, nämlich dem Berg Zion, verstanden; diesem aber werden eigene mythische Qualitäten zuerkannt, er gilt als Götterberg des Nordens (Ps 48,3), als heiliger Fels, der als „Eckstein" die unterirdischen Chaoswasser verschließt (Jes 28,16) oder als Nabel der Erde (Ezech 38,12). Zugleich rückt Jahwäs Wohnsitz der Erde ferner in den Himmel, ja wird so unräumlich gedacht, daß ihn die Himmel der Himmel nicht fassen (1Kön 8,27).[34]

Nach der Eroberung Jerusalems 587/86 v. Chr. war der Tempel in Jerusalem zerstört, und vor allem die nach Babylonien Deportierten waren einer kultischen Gottesnähe verlustig gegangen. Deuterojesaja bleibt dennoch von einer mittelbaren Gottespräsenz auch in Babylonien überzeugt und findet dafür im kollektiven Gedächtnis seines Volkes den Anhalt. Aus der jedermann vor Augen stehenden Macht des Schöpfers wie aus den von Israel erlebten Erfüllungen göttlicher Weissagungen läßt sich auf die bleibende Bereitschaft dieses Gottes schließen, Verzagten und Hoffnungslosen aufzuhelfen (Jes 40,12–31u. ä.). Sein Gott west nicht nur *über,* sondern *in* der Welt an. So im Geist-Wind, der alle Schöpfung lebendig sein läßt. Vom Gott im Himmel ist bei Deuterojesaja nicht die Rede, obwohl er sicher dort vorausgesetzt wird. Für ihn gibt es keinen Gott, „der nur von außen stieße", dessen Wesen teilt sich vielmehr unablässig der Erde mit. Doch die Hinweise auf mittelbare, situative Gottespräsenz bei jedem Verehrer sind nur die eine Seite seiner Erstreckung in die Immanenz. Aus der über die ganze Erde erfahrbaren Anwesenheit Gottes ragt trotz seiner Zerstörung als Sonderfall der Zionstempel heraus. An der heiligen Stadt als dem geistlichen und

---

[34] Vgl. B. Janowski 2001, 3–26 und 125–179.

energetischen Zentrum der Erde hält der Prophet leidenschaftlich fest, rühmt die heilige Stätte als Jahwäs Gemahlin (54,4–7). Die bevorstehende große Wende, die mit Kyros' Sieg und der Rückwanderung der Deportierten beginnt, endet auf dem Zion mit einer Hierophanie, die Jahwä als Weltkönig offenbar werden läßt (40,10; 52,7). Die den Tempel umgebende Stadt wird nicht nur auf bleibende Gerechtigkeit gegründet, sondern von einer Mauer aus Edelsteinen umgeben (54,11–15). Kein Feind wird noch einmal gegen sie Erfolg haben.

Widerspricht die Sonderstellung der auf einen geographischen Ort fixierten und kultisch verankerten Gottespräsenz nicht der postulierten Allgegenwart des Grundes aller Wirklichkeit? Schon eine tritojesajanische Stimme hat das empfunden und ist zu dem radikalen Schluß gelangt, daß Gott solche exklusive Verortung ablehnt (66,1f.): „Der Himmel ist mein Thron/ und die Erde der Schemel für meine Füße. Was wäre das für ein Haus/ das ihr mir bauen könntet?" Der Jesus des Johannesevangeliums wird dann ähnlich argumentieren, daß Gott nicht auf diesem oder jenem Berg angebetet sein will, vielmehr „die wahren Beter den Vater anbeten werden im Geist und in der Wahrheit" (Joh 4,23). Nachfolgende Jahrhunderte haben jedoch deutlich werden lassen, daß auch die Verehrer des einen Gottes nach dem sakralen Raum als Ort der Sammlung, der Besinnung und der Gemeinschaft suchen. Juden, Christen und Moslems bauen zwar keine Tempel and Altäre für tierische Opfer, wohl aber Synagogen, Kirchen, Moscheen. Selbst die Tendenz zu einem einzigartigen, durch Gott in besonderer Weise ausgezeichneten Wallfahrtsort, sei er nun Jerusalem oder Mekka oder Rom, erinnert an polytheistische Zeiten. Die monotheistische Abstraktionsebene führt zu einem tiefen Abstandsgefühl zwischen Gott und Mensch, aber auch zwischen Heiligkeit und Weltlichkeit. Gerade für fromme Menschen stellt das eine Zumutung dar. Das Bedürfnis, die Einzigkeit Gottes an die Einzigartigkeit heiliger Stätten *in der Welt* zu binden, meldet sich wieder und wieder in monotheistischen Religionen. Nicht zuletzt in der Gegenwart, wo erbittert um Jerusalem als heilige Stadt gekämpft wird, deren Rang durch viele mythische Legenden untermauert ist.

8. Göttliche versus menschliche Verantwortung. Das Theodizeeproblem

Wo immer sich Menschen auf sich selbst besinnen, werden sie dadurch verstört, daß Moralität und Ergehen, Tugend und Schicksal beim Individuum wie bei sozialen Verbänden sich nicht entsprechen, sondern oft gefährlich weit auseinanderklaffen. In polytheistischen Systemen werden deshalb neben gutwilligen und menschenfreundlichen auch übelwollende, Leid verursachende Götter und Geister vorausgesetzt. Gewiß brechen auch hier Warum-Fragen und Anklagen an bestimmte Gottheiten wegen jener Diskrepanz auf[35], doch sie betreffen das Verhältnis zu einem besonders vertrauten numinosen Wesen und nicht den

---

[35] Vgl. z. B. die sog. Babylonische Theodizee (Kaiser 1997, 143–157).

Weltlauf insgesamt. Anders in einem monotheistischen Daseinsverständnis. Wo ein person-
hafter Grund aller Wirklichkeit vorausgesetzt wird, erwartet man von ihm Gunst und Bei-
stand für das Menschengeschlecht, zumindest die Schar seiner Bekenner. Woher aber rühren Leid und Unrecht auf Erden, wenn er der Schöpfer des Alls sein soll? Mit jedem
Monotheismus taucht das Theodizeeproblem auf und wird bedrängend. Darauf gibt es anfangs zwei mögliche Antworten. Entweder wird dem Schöpfer eine dunkle Seite zugeschrieben, wonach er unbegreiflicherweise physische und von andern Menschen verübte
moralische Übel über Unschuldige hereinbrechen lassen kann. Oder der dem Menschen
vom Schöpfer verliehene freie Wille wird so hoch eingeschätzt, daß auch jede Art von Bö-
sem in der Welt, einschließlich von physischen Übeln, „monanthropisch" erklärt, d. h. auf
die exzeptionelle Selbstbestimmung menschlicher Subjekte zurückgeführt wird. Die ältere
kritische Prophetie hatte die zweite Lösung bevorzugt.[36] Deuterojesaja neigt einmal der
einen, dann der andern Erklärung zu. Im Blick auf die nationale Katastrophe und die elende
Lage im Exil folgt er der zweiten Spur:

> Seht, wegen eurer Frevel wurdet ihr verkauft/ wegen eurer Vergehen eure Mutter [Jerusalem]
> davongejagt (50,1).

Was Israel in seiner jüngsten Geschichte widerfahren ist, hat es sich selbst zuzuschreiben.
Seinem Auditorium, das weithin aus Leuten einer bereits im Exil geborenen Generation sich
zusammensetzt, gesteht er zu, daß das Maß nun erfüllt ist (40,2). Deshalb naht die Wende.
Wer aber weiß, ob die bevorstehende Invasion des Kyros nach Babylonien ohne Schaden
für die Bevölkerung einschließlich der Exulanten verlaufen wird? Jeder Krieg pflegt Ver-
heerung auch für die Nichtkämpfenden mit sich zu bringen, was auch Gott nicht verborgen
sein kann. Vielleicht hat der Prophet solche „Kollateralschäden" im Sinn, wenn er die oben
angeführte Weissagung über die durch den Kyrossieg erdenweit sich ausbreitende monotheistische Erkenntnis mit dem überraschenden Satz schließt und damit die zweite Spur
einschlägt(45,7):

> Ich bin Jahwä, und es gibt keinen sonst/ der ich Licht bilde und schaffe Finsternis,
> der *schalom* verwirklicht und Unheilvolles schafft/ Ich bin Jahwä, der alles vollbringt.

Gemeint ist wahrscheinlich nicht, daß Gott *das Böse* schlechthin verursacht, so daß alles,
was Menschen an Frevel vollbringen, von ihm prädestiniert worden war. Vielmehr dürfte es
darum gehen, daß um der Aufrichtung von „Gerechtigkeit" Willen auf Erden, worauf der
folgende Vers (45,8) dann verweist, eine „List der Vernunft" nötig ist, die das Recht des
Einzelnen mindestens zeitweise schmälern muß. Der universale Gott hat eine dunkle Seite,
die menschlicherseits nicht zu durchschauen, sondern zu durchleiden ist. Der Gedanke
taucht im Schlußabschnitt der deuterojesajanischen Komposition nochmals auf (55,8f.):

> Nicht [sind] meine Gedanken eure Gedanken/ und nicht eure Wege meine Wege.
> Sondern so hoch der Himmel ist über der Erde/ so hoch sind meine Wege über euren
> Wegen/ und meine Gedanken über euren Gedanken.

---

[36] Koch 1988, 84, 117, 133f.

Das dialektische Nebeneinander von göttlicher und menschlicher Verantwortung für das Böse in der Welt hat das monotheistische Denken der Folgezeit nicht befriedigt. Seit der spätisraelitischen Apokalyptik werden differenziertere mythische oder metaphysische Muster entwickelt, die bis in die Theologie der Gegenwart nachwirken. Um die Menschen zu entlasten, wird der Ursprung des Bösen in gefallenen Engeln, einem Satan und seinen Dämonen, gesucht, die seit ihrem Sturz Menschen verführen. Oder es wird – in Anlehnung an die Paradiesgeschichte am Anfang der Bibel – eine Urschuld des ersten Menschenpaars postuliert und eine daraus resultierende Erbsünde. Den Ausgleich aber für das Leiden Unschuldiger gibt ihnen ein Jüngstes Gericht mit einem ewigen Leben, während auf die notorischen Frevler die Hölle wartet.[37]

Zusammenfassung

Im Umkreis einer selbstverständlichen altorientalischen Mythologie entspringt der israelitische Monotheismus dem Überlebenswillen einer von fremder Herrschaft unterjochten Volksgruppe, die von ihrer Religion so sehr geprägt war, daß sie darin den Kern ihrer Identität finden konnte. Durch den weit gewordenen politischen Horizont muß die eigene Volksgemeinschaft bei realem Vergleich mit anderen als eine unter vielen begriffen werden. Das Streben nach reflektierter Selbstbehauptung läßt die im kollektiven Gedächtnis überlieferten Theoreme einer monolatrischen Religion so entwickeln, daß das eine, bisher fast nur auf das Wohl und Wehe Israels ausgerichtete göttliche Wesen so sehr als universal begriffen wird, daß alle andern als Götter verehrte Wesen zu Schemen verblassen, aber die nationale Schranke der Religion relativiert wird.

Wie stellt sich dann das Verhältnis von Mythos und Monotheismus dar? Bei Deuterojesaja, einem der frühesten hebräischen Texte, in denen eine monotheistische Theorie argumentativ entwickelt worden ist, läßt die Konzentration auf einen personhaften Grund aller Wirklichkeit und die ihm ausschließlich gebührende Verehrung für mythische Erzählung kaum mehr Raum, läßt also den Mythos farblos werden; doch ohne auf mythische Muster verzichten zu können und zu wollen, wie sie letztlich in jeder lebendigen Sprache virulent vorhanden sind, und ohne die über Werte und Sinn im Leben wie auch über Menschenwürde allgemein vermutlich kein Aufschluß zu gewinnen ist.

Doch der monotheistische Gott läßt sich erkennen, aber nicht begreifen. Wo der endliche Mensch ihn zu beschreiben unternimmt, sind Aporien wie die Antithesen von Universalismus und Partikularismus, Immanenz und Transzendenz unvermeidlich, vor allem die Frage nach einer Theodizee meldet sich wieder und wieder ohne abschließende Antwort. Um das sich selbst und anderen verständlich zu machen, werden seit solchen Anfängen in der Reli-

---

[37] Die letztgenannte Auffassung zeichnet sich schon bei Tritojesaja ab (66,22–24). Zur weiteren Entwicklung: K. Koch 1996a.

gionsgeschichte weiter mythische Konstellationen ausgebildet oder komplexe metaphysische Systeme entwickelt. Wahrscheinlich sind wir damit noch lange nicht zu Ende.

Literatur

Ahm, Gregor (1992): Religiöse Herrschaftslegitimation im achämenidischen Iran (Acta Iranica 31), Leiden / Louvain.

Albani, Matthias (2000): Der eine Gott und die himmlischen Heerscharen. Zur Begründung des Monotheismus bei Deuterojesaja im Horizont der Astralisierung des Gottesverständnisses im alten Orient (Arbeiten zur Bibel und ihrer Geschichte 1), Leipzig.

Albertz, Rainer (1992): Religionsgeschichte Israels in alttestamentlicher Zeit 1.2 (Grundrisse zum Alten Testament, Das Alte Testament Deutsch, Ergänzungsreihe 8/2), Göttingen.

Albertz, Rainer / Westermann, Claus (1976): Theologisches Handwörterbuch zum Alten Testament, München / Zürich.

Assmann, Jan (1998): Moses der Ägypter, München / Wien.

Assmann, Jan (1999): Ägyptische Hymnen und Gebete (Orbis Biblicus et Orientalis), Fribourg / Göttingen.

Bader, Günther (1989): „Gott nennen: Von Götternamen zu göttlichen Namen", in: Zeitschrift für Theologie und Kirche 86, 306–354.

Boyce, Mary (1975): A History of Zoroastrianism I.II. (Handbuch der Orientalistik I,8,1,2,2A), Leiden / Köln.

Bultmann, Robert (1930): Art. „Mythus und Mythologie IIIB Im NT", in: Die Religion in Geschichte und Gegenwart (RGG)2 4 (1930) 390–394 = RGG3 4 (1960) 1278–1282.

Bultmann, Robert (1941): „Neues Testament und Mythologie", in: ders.: Offenbarung und Heilsgeschehen (Beiträge zur Evangelischen Theologie 7), Göttingen.

Burkert, Walter / Horstmann, Axel (1984): Art. „Mythos, Mythologie", in: Historisches Wörterbuch der Philosophie 6, 281–318.

Dietrich, Walter / Klopfenstein, Martin A. (Hg.) (1994): Ein Gott allein? JHWH-Verehrung und biblischer Monotheismus im Kontext der israelitischen und altorientalischen Religionsgeschichte. 13. Kolloquium der Schweizerischen Akademie der Geistes- und Sozialwissenschaften. Freiburg Schweiz 1993 (AOAT 139), Fribourg / Göttingen.

Edzard, Dietz O. (1965): Art. „Winde", in: Haussig, Hans W. (Hg.): Wörterbuch der Mythologie 1, Stuttgart, 137–138.

Frankfort, Henry (1961): Egyptian Religion, New York / London.

Frei, Peter / Koch, Klaus (1996): Reichsidee und Reichsorganisation im Perserreich (Orbis Biblicus et Orientalis 55), Fribourg / Göttingen.

Hartenstein, Friedhelm (2001) „Wolkendunkel und Himmelsfeste", in: Janowski, B. / Ego, B. (Hg.): Das biblische Weltbild und seine altorientalischen Kontexte (Forschungen zum alten Testament 32), Tübingen, 125–179.

Hartlich, Christian / Sachs, Walter (1952): Der Ursprung des Mythosbegriffes in der modernen Bibelwissenschaft, Tübingen.

Heidegger, Martin (1951): Erläuterungen zu Hölderlins Dichtung, Frankfurt a. M.

Hermisson, Hans-Jürgen (2000): „Neuere Literatur zu Deuterojesaja", in: Theologische Rundschau 65, 237–284, 379–430.

Hornung, Erik (1995): Die Religion des Lichtes, Zürich.

Hutter, Manfred (1995): Art. „Lilith", in: Dictionary of Deities and Demons in the Bible, Leiden, 973–976.

Janowski, Bernd (2001): „Das biblische Weltbild", in: Janowski, B. / Ego, B. (Hg.): Das biblische Weltbild und seine altorientalischen Kontexte (Forschungen zum alten Testament 32), Tübingen, 3–26.

Kaiser, Otto (1994): Grundriß der Einleitung in die kanonischen und deuterokanonischen Schriften des Alten Testaments 2, Gütersloh.

Kaiser, Otto (Hg.) (1997): Texte aus der Umwelt des Alten Testaments III, Gütersloh.

Koch, Klaus (1984): Art. „Geschichte/Geschichtsschreibung/Geschichtsphilosophie", in: Krause, G. / Müller, G. (Hg.): Theologische Realenzyklopädie 12, Berlin / New York, 569–586.

Koch, Klaus (1988): Die Propheten II Babylonisch-persische Zeit, Stuttgart.

Koch, Klaus (1991a): „,Der Güter Gefährlichstes, die Sprache, dem Menschen gegeben...' Überlegungen zu Gen 2,7", in: ders.: Spuren hebräischen Denken, Gesammelte Aufsätze 1, Neukirchen-Vluyn, 238–247.

Koch, Klaus (1991b): „Wesen und Ursprung der ,Gemeinschaftstreue' im Israel der Königszeit", in: ders.: Spuren des hebräischen Denkens, Gesammelte Aufsätze 1, Neukirchen-Vluyn, 107–127.

Koch, Klaus (1993a): „Wind und Zeit als Konstituenten des Kosmos in phönikischer Mythologie und spätalttestamentlichen Texten", in: Dietrich, M. / Loretz, O. (Hg.): Mesopotamica – Ugaritica – Biblica (Alter Orient und Altes Testament 232), 59–91.

Koch, Klaus (1993b): Geschichte der ägyptischen Religion, Stuttgart.

Koch, Klaus (1995): Die Propheten I Assyrische Zeit, Stuttgart.

Koch, Klaus (1996a): „,Adam, was hast du getan?' Erkenntnis und Fall in der zwischentestamentlichen Literatur", in: ders.: Vor der Wende der Zeiten, Gesammelte Aufsätze 3, Neukirchen-Vluyn, 181–211.

Koch, Klaus (1996b): „Monotheismus und Angelologie", in: ders.: Vor der Wende der Zeiten, Gesammelte Aufsätze 3, Neukirchen-Vluyn, 219–234.

Koch, Klaus (1998a): „Sädäq und Ma'at", in: Assmann, J. / Janowski, B. / Welker, M. (Hg.): Gerechtigkeit. Richten und Retten in der abendländischen Tradition und ihren altorientalischen Ursprüngen, München, 37–64.

Koch, Klaus (1998b): „Jahwäs Übersiedlung vom Wüstenberg nach Kanaan", in: Dietrich, M. / Kottsieper, I. (Hg.): „Und Mose schrieb dieses Lied auf" (Alter Orient und Altes Testament 250), 437–474.

Koch, Klaus (2000): Imago Dei – Die Würde des Menschen im biblischen Text (Berichte aus den Sitzungen der Joachim Jungius-Gesellschaft der Wissenschaften e. V. Hamburg 18, 4), Göttingen.

Koehler, Ludwig H. / Baumgartner, Walter (1967): Hebräisches und aramäisches Lexikon zum Alten Testament, Leiden.

Kurth, Dieter (1986): Art. „Wind", in: Helck, W. / Westendorf, W. (Hg.) Lexikon der Ägyptologie 6, Wiesbaden, 1266–1272.

Marquard, Odo (1979): „Lob des Polytheismus", in: Poser, H. (Hg.): Philosophie und Mythos, Berlin, 40–58.

McCarter, Peter Kyle (1995): Art. „Evil Spirit of God", in: Dictionary of Deities and Demons in the Bible, Leiden, 603.

Meissner, Bruno (1925): Babylonien und Assyrien II2 (Kulturgeschichtliche Bibliothek I 4), Heidelberg.

Mueller, Friedrich Max (1873): „The Philosophy of Mythology", in: ders., Introduction to the Science of Religion, London.

Oppenheim, A. Leo (1972): Ancient Mesopotamia, Chicago.

Otto, Walter Friedrich (1947): Die Götter Griechenlands, Frankfurt a. M.

Reiling, Jannes (1995): Art. „Holy Spirit", in: Toorn, K. v. d. / Beckwith, B. / Horst, P. W. v. d. (Hg.): Dictionary of Deities and Demons in the Bible, Leiden, 418–424.

Schiller, Friedrich (1943): Nationalausgabe. Bd. 1: Gedichte in der Reihenfolge ihres Erscheinens 1776–1799, hg. v. Julius Petersen und Friedrich Beißner, Weimar.

Schmidt, Werner H. (1984): Art. „Geist/Heiliger Geist/Geistesgaben", in: Theologische Realenzyklopädie 12, 171–178.

Schmidt, Werner H. (1984): Art. „Mythos III Alttestamentlich", in: Müller, K. (Hg.) Theologische Realenzyklopädie 23, Berlin / New York, 625–644.

Stählin, Gustav (1942): Art. mythos, in: Kittel, G. (Hg.) Theologisches Wörterbuch zum Neuen Testament 4, 769–803. Stuttgart.

Tengström, Sven (1993): Art. „rûaḥ", in: Fabry, H. J. / Ringgren, H. (Hg.): Theologisches Wörterbuch zum Alten Testament 7, Stuttgart, 382–418.

Tripps, Edward (1974): Reclams Lexikon der antiken Mythologie, Stuttgart.

REIMAR SCHEFOLD

Die mehrstimmige Botschaft: Männer- und Frauenperspektiven in indonesischen Mythen

Wir können uns heutzutage kaum mehr vorstellen, wie wichtig in einer schriftlosen Gesellschaft Geschichten sind. Was die Alten vor ihrem Tod nicht erzählt haben, ist für immer verloren und ausgelöscht. Manches in diesen Erzählungen dient vor allem der Unterhaltung. Aber in allen mündlichen Überlieferungen ist gleichzeitig ein Wissen gespeichert, das den Erzählern und ihren Zuhörern eine Orientierung in der Vielfalt der Erscheinungen vermittelt. Religiöse Motive verschmelzen dabei mit alltäglichen und beglaubigen den Wahrheitscharakter des Erzählten. Diese Wahrheit gilt im buchstäblichen Sinn. Alles, was von der Entstehung und der richtigen Ordnung der Dinge in der Welt berichtet wird, ist wahr. Darüber hinaus besitzen diese Geschichten jedoch auch eine stillschweigende, symbolische Wahrheit, indem sie sich mit dem Sinn – oder auch Unsinn – der Wirklichkeit auseinandersetzen, die die Menschen selbst gestaltet haben.

Ich möchte dies letztere hier an ein paar Erzählungen zeigen, die ich während der vergangenen dreißig Jahre in Indonesien aufgezeichnet habe. Sie stammen alle aus Mentawai, einer abgelegenen Inselgruppe im äußersten Westen des Archipels. Vor allem auf Siberut, der größten Insel, haben sich in einigen Gegenden bis heute einfache Lebensformen erhalten, deren Altertümlichkeit schon frühen Reisenden aufgefallen war. Alfred Maass, ein deutscher Ethnologe, gab seiner Beschreibung eines Aufenthalts in Mentawai zu Beginn des letzten Jahrhunderts den ansprechenden Titel: *Bei liebenswürdigen Wilden*.

In der traditionellen Kultur von Mentawai gab es keine Schrift, und an den langen Tropenabenden habe ich auf der Veranda vor dem Langhaus oft stundenlang die alten Geschichten erzählen hören. Oft waren dies Überlieferungen vom Ursprung bestimmter Erscheinungen oder von den legendarischen Taten und Errungenschaften der Vorfahren. Aber häufig ging es auch um zeitlose Geschehnisse, in denen die tägliche Erfahrungswelt mit übernatürlichen Vorgängen verbunden wurde. Auch hier waren alle Mentawaier völlig von der Wahrheit des Erzählten überzeugt. In diesem Sinne waren diese Geschichten Mythen und keine Märchen.

Lange Zeit hat man in der Ethnologie bei solchen mythischen Erzählungen den Nachdruck auf ihre legitimierenden Eigenschaften gelegt. Man setzte sich dabei von früheren

Deutungen zum Beispiel von James Frazer ab, der in Mythen eine Art irrationale, vorwis-
senschaftliche Erklärungsversuche allgemein menschlicher Fragen gesehen hatte, etwa
warum die Menschen sterben müssen. Die Ethnologen betonten demgegenüber, daß die
eigentlichen Anliegen dieser Erzählungen in ihrer Beziehung zum lokalen ethnographischen
Kontext gesucht werden müssen. Die konkreten Geschehnisse des Mythos bringen praktische Lebensregeln zum Ausdruck und setzen überdies moralische Maßstäbe für die Gesellschaft. Emile Durkheim und vor allem Bronislaw Malinowski, die Begründer der sogenannten funktionalistischen Schule, zu der diese Betrachtungsweise gehört, meinten in der ersten
Hälfte des letzten Jahrhunderts, daß die manifesten mythischen Vorgänge als eine Art Sat-
zung betrachtet werden sollten. Sie dienen dazu, die bestehenden kulturellen Institutionen
und die sozialen Verhältnisse und Ansprüche zu beglaubigen. Durch die religiösen Hinter-
gründe des Geschehens[1] werden sie gleichzeitig unangreifbar gemacht: Der Mythos dient
der Erhaltung der Gesellschaft.

Der funktionalistische Ansatz, demzufolge die verschiedenen Institutionen einer Gesellschaft sich gegenseitig unterstützen und bestätigen, ist zurecht kritisiert worden. Er führt zu
einem statischen Bild, in dem Veränderungsprozesse wie wesensfremde Störungen erscheinen. Aber die herkömmliche Funktion einer Institution braucht nicht identisch mit dem Sinn
zu sein, den die Menschen in konkreten Situationen damit verbinden. Die Fiktion einer
unangefochtenen, wohlintegrierten Ordnung paßte verdächtig gut zu einer gefestigten kolo-
nialen Periode, in der keine internen Konflikte geduldet werden konnten.[2] Nun ist es zweifellos richtig, daß viele Mythenepisoden tatsächlich als praktische Richtlinie für normge-
rechtes Verhalten funktionieren können. Die Erzählungen der Mentawaier waren voll
davon; wir werden gleich Beispielen davon begegnen. Aber viele Begebenheiten ließen sich
nicht so geradlinig erklären. Sie schienen auf gespanntem Fuß mit den gesellschaftlichen
Regeln zu stehen und den alltäglichen Kontext auf oft krause und bizarre Weise auf den
Kopf zu stellen. Was hier zum Ausdruck kam, war eine ganz andere Sicht auf die soziale
Ordnung. Sie wurde mit alternativen Möglichkeiten konfrontiert und damit gewissermaßen
zur Diskussion gestellt.[3] Deutlich kommen hier innere Spannungen und Gegensätzlichkeiten
zum Ausdruck, wie sie traditionellen Kulturen nicht weniger eigen sind als modernen Nati-
onen.[4]

Solche inneren Spannungen in traditionellen Gesellschaften sind der Ethnologie erst seit
dem Ende des Kolonialismus richtig bewußt geworden, angesichts der zunehmenden sozialen Konflikte in den ehemaligen Kolonien. Und damals entdeckte man auch, daß man zu
wenig auf Erscheinungen geachtet hatte, in denen sich solche inneren Gegensätzlichkeiten
bereits dort manifestieren, wo sie noch nicht zum offenen Ausbruch gekommen sind. Die

---

[1]   Und oft auch ätiologische Komponenten.
[2]   Vgl. Asad 1973.
[3]   Claude Lévi-Strauss hat in seiner Analyse des Asdiwal-Mythos nordamerikanischer Indianer eine
      einflußreiche Illustration für ein solches „dialektisches" Verhältnis zwischen Mythos und ethno-
      graphischer Realität vorgelegt: Lévi-Strauss 1967.
[4]   Vgl. dazu den Kontrapunkt-Begriff bei Wertheim 1970.

symbolische Anthropologie, die damals aufkam, machte deutlich, daß unterschwellige Spannungen häufig symbolisch zum Ausdruck gebracht werden, etwa in Mythen oder Ritualen. Oft liegt hier ein Schlüssel zu verborgenen Motiven sozialen Verhaltens.[5]

In den gleichen Jahren kam noch von anderer Seite her und ebenfalls im Hinblick auf mögliche innere Spannungen eine Aufforderung zur Beachtung symbolischer Ausdrucksformen: von der damals sich bildenden feministischen Anthropologie. In einigen berühmt gewordenen Artikeln wiesen E. und S. Ardener[6] darauf hin, daß die traditionelle Anthropologie sich einseitig auf die Ansichten und Auffassungen des männlichen Teils der Gesellschaft konzentriert hätte. Denn dabei hätte man übersehen, daß gegenüber dieser Perspektive oft eigene, abweichende Ansichten der Frauen bestehen, die mit ihrer spezifischen sozialen Rolle zusammenhängen und für ein richtiges Verständnis der gesellschaftlichen Prozesse und Entwicklungen ebenfalls wichtig sind. Dabei wurde als ein Problem hingestellt, daß eine spezifische Frauenperspektive in den direkten Aussagen des Alltags oft schwer zugänglich sei, da sie hinter der dominierenden, männlich bestimmten Ideologie verborgen bleiben würde. Frauen seien überall an den häuslichen Bereich gebunden und würden sich im öffentlichen Gespräch zunächst den dominierenden, gewissermaßen abrufbaren Darstellungen der Männer anschließen. Es seien vor allem symbolische Äußerungen, zum Beispiel wiederum unter Frauen erzählte Mythen, in denen ein weibliches Modell der Gesellschaft zum Ausdruck komme.[7]

Merkwürdigerweise hat diese konkrete Anregung kaum Gehör gefunden, jedenfalls nicht im Sinn eines systematischen Vergleichs von Mythen, die von Männern erzählt werden, mit solchen, die von Frauen stammen.[8] Vielleicht liegt einer der Gründe für diese Lücke aber auch einfach darin, daß eine solche Konfrontation von Erzählungen in der Gesellschaft selbst nicht stattfindet. So habe ich es jedenfalls während meiner ersten zweijährigen Feldforschungen Ende der 60er Jahre erfahren. Wer abends auf der Veranda das große Wort führte, waren fast immer die Männer, obwohl sich in Diskussionen über die Geschehnisse

---

[5]   Die Analyse des traditionellen Hahnenkampfs auf Bali von Clifford Geertz 1973 vor dem Hintergrund der blutigen Vorgänge von 1965 bildet für Indonesien ein bekanntes Beispiel.

[6]   Ardener 1977 und 1981; vgl. auch die weiterführenden Diskussionen in Moore 1986, 163–188 und Bartels 1993, 61–81.

[7]   E. Ardener sah diese Tatsache als einen Ausdruck der allgemeinen Tatsache, daß selbst in nichthierarchischen Gesellschaften dominante Gruppierungen anderen, subdominanten asymmetrisch gegenüberstehen und diese im offiziellen Diskurs gewissermaßen mundtot machen; es war jedoch gerade sein besonderer Nachdruck auf das Mann/Frau Verhältnis, das nachhaltigen Einfluß ausgeübt hat. – Spätere Autoren (vgl. Moore 1986, 163) haben mit guten Gründen darauf hingewiesen, daß man besser von einer weiblichen Perspektive als von einem weiblichen Modell sprechen sollte; diese Terminologie soll im Folgenden auch hier verwendet werden.

[8]   Für eine Ausnahme vgl. Hauser-Schäublin 1977. – Es ist bezeichnend, daß selbst bei den ethnographisch an sich gut beschriebenen Gesellschaften aus dem Hochland von Neu-Guinea, bei denen das Thema wegen des dortigen extremen Mann-Frau-Antagonismus besonders interessant wäre, Uneinigkeit über die Frage nach der Existenz unterschiedlicher, geschlechterspezifischer „Weltbilder" besteht (vgl. Bohle 1990, 291).

des Alltags durchaus auch Frauen beteiligten. Und auch bei den Erzählungen hörten sie selbstverständlich mit zu, wie übrigens auch die Kinder und Heranwachsenden; es gibt keine Geheimnisse in dieser Hinsicht in Mentawai. Aber erst bei einem späteren Besuch erfuhr ich etwas von einer eigenen „Frauenszene" von Geschichten. Damals nahm mich die älteste Frau der Gruppe, eine allseitig geachtete Matrone, aus eigener Initiative auf die Seite und warf mir vor, daß ich immer nur Geschichten gehört hätte, wie sie die Männer erzählen. Jetzt wolle sie mir selbst einmal eine Geschichte erzählen, eine Geschichte, die sie von ihrer Mutter gehört habe, ihre Lieblingsgeschichte. Und sie erzählte mit großer innerer Anteilnahme einen Mythos von zwei Schwestern, die zu den Himmelsgeistern ziehen und sich dort verheiraten.

Erst als ich die Erzählung zu Hause vom Tonband transkribiert und übersetzt hatte, merkte ich, daß ich die gleiche Geschichte früher schon einmal aufgezeichnet hatte, in einem Nachbardorf und erzählt von einem männlichen Informanten. Als ich die beiden Texte miteinander verglich, stimmten sie im großen Ablauf tatsächlich miteinander überein. Aber zahlreiche Details waren anders. Eine nähere Betrachtung der Unterschiede machte deutlich, daß die Geschehnisse von zwei verschiedenen Gesichtspunkten her beschrieben waren. Dies zeigte sich sowohl in der Art des Erzählens, mit unterschiedlichen Momenten der Identifikation, wie in vielen Abweichungen einzelner Episoden: Je nach der Geschlechterrolle und den damit verbundenen Anliegen des Erzählers beziehungsweise der Erzählerin erhielten bestimmte Geschehnisse spezifische Akzente und wurden anders motiviert.[9] Besonders reizvoll waren die narratologischen Unterschiede der beiden Versionen; sie machten lebhaft deutlich, für welche Figuren in der Geschichte die Erzähler Partei ergreifen und was sie an den Vorgängen persönlich interessiert.

Solche Beobachtungen führten von selbst zu einer neuen Frage: Blieben die geschlechtsabhängigen Unterschiede auf Erzählvarianten der gleichen Geschichte beschränkt, oder gab es bei den Frauen eigene Erzählungen, die auch einen selbständigen Handlungsablauf aufwiesen? Während einer späteren Reise nach Mentawai, 1988, suchte ich gezielt nach solchen Frauenerzählungen. Geführt von meinem alten Freund Tengatiti besuchte ich eine betagte und, wie er meinte, sehr bewanderte Tante von ihm außerhalb des Dorfes in ihrer Feldhütte. Es ergab sich, daß gerade zwei Nichten dort zu Besuch waren. Auf unsere Bitten um Geschichten zögerte sie einige Zeit, aber dann rief sie die beiden Mädchen zu sich und begann zu erzählen, wohl zwei Stunden lang und ohne Unterbrechung. Am nächsten Tag kam sie zu mir ins Dorf und fragte, ob ich noch mehr Geschichten hören wolle. Wir setzten uns auf die Veranda des Hauses von Tengatiti, einige Frauen kamen hinzu, und diesmal auch mehrere Männer. Und deutlich war an den Gesichtern der Männer das Staunen abzulesen, als sie plötzlich Geschichten zu hören bekamen, die den ihnen bekannten deutlich verwandt waren, aber mit eigenen und für sie ungewohnten Handlungsabläufen. Geheimnisse waren keine dabei. Tengatiti sagte mir später, daß die Männer schon wüßten, daß die Frauen einander eigene Geschichten erzählen würden, und daß er selbst als Kind auch einige gehört

---

[9]   Vgl. Schefold 1989.

habe. Aber für die Männer seien solche Frauengeschichten uninteressant, und oft hätten sie sie auch noch gar nie vernommen.

Die Erklärung für dieses Desinteresse ist naheliegend. In diesen Geschichten kommt tatsächlich eine eigene Frauenperspektive zum Ausdruck, mit Deutungen des Geschehens, die in verwandten Männererzählungen anders liegen und diesen manchmal sogar direkt widersprechen.[10] Im folgenden möchte ich dies an einem Beispiel illustrieren. Ich möchte mich dabei auf ein Thema konzentrieren, das in den meisten dieser Geschichten von zentraler Bedeutung ist: die Frage der Beziehungen zwischen den Lokalgruppen im Zusammenhang mit der exogamen Heirat und insbesondere die Rolle, die Männer und Frauen dabei spielen. Die gleichen Geschichten ließen sich auch unter verschiedenen anderen Gesichtspunkten interpretieren. Aber was mir bei unserem Thema besonders interessant scheint, ist die universale Verbreitung solcher Heiratsregeln und die damit verbundene Möglichkeit, die lokalen Ergebnisse in einem allgemeineren Rahmen zu interpretieren. Wie wir sehen werden, werfen die Unterschiede in der Darstellung ein eigenes Licht auf die übliche Formulierung des sozialen Modells, das die Ethnologie mit dem Heiratsthema verbindet.

Das Allianzmodell in der Ethnologie

In diesem klassisch gewordenen Modell, demjenigen der strukturalen Anthropologie von Claude Lévi-Strauss, wird der Frauentausch als die Grundlage aller sozialen Allianzen in Stammesgesellschaften betrachtet. In solchen Gesellschaften gibt es im allgemeinen kaum politische Institutionen, die den Frieden gewährleisten können, und das Gebot der Exogamie, das heißt die Vorschrift, den Heiratspartner in einer anderen Abstammungsgruppe zu suchen als der eigenen, erfüllt in dieser Hinsicht tatsächlich eine wichtige, verbindende Funktion. Als die aktive Partei in diesen Allianzen gelten ausschließlich die Männer. Die Frauen, die ausgetauscht werden, erscheinen lediglich als Objekte, deren Übermittlung die Allianz möglich macht.

Die Eindeutigkeit dieses Modells liefert nun bereits in der Zusammenstellung seiner Aktoren ein Beispiel für selektive Einseitigkeit. Es ist ja keineswegs so, daß es immer Frauen sind, die ausgetauscht werden. Daß auch bei „mutterrechtlichen" (matrilinearen und matrilokalen) Gesellschaften wie den Minangkabau in Westsumatra, bei denen nicht die Frau

---

[10] Die Tatsache, daß spezifische Geschichten des anderen Geschlechts sowohl Männern wie Frauen ebenfalls bekannt sein können, bringt mit sich, daß das jeweilige Geschlecht der Erzähler selbst noch keine unbedingte Gewähr für die Perspektive einer Erzählung bietet – und dies gilt selbstverständlich nicht nur für Mentawai. Immer sollte in diesem Zusammenhang deswegen auch die Frage nach der Herkunft einer Geschichte gestellt sowie die jeweilige konkrete Erzählsituation betrachtet werden. Schipper (1991, 4f.) nennt darüber hinaus noch einige wichtige Punkte zur Bestimmung der Perspektive aus einem Text selbst: „Whose views are presented? Who is subject and who is object? Who profits from the impact such ... [texts] have? Whose is the general consensus referred to? Whose power is perpetuated, at the expense of whom?"

zum Mann, sondern der Mann zur Frau zieht, in der Literatur beharrlich von brautgebenden und brautnehmenden Gruppen gesprochen wird, vermag diese Tatsache nicht zu verhüllen. Eine solche Formulierung stellt die tatsächliche Situation, in der es der Bräutigam ist, der die Gruppe wechselt, direkt auf den Kopf. Hier fängt sich das Modell deutlich in seiner eigenen Terminologie.[11] Gerade in solchen Fällen läßt es sich auch nicht aufrechterhalten, daß es nur die Männer sein sollen, die bei der Bildung einer Allianz als die aktiven Partner auftreten. Es gibt zahlreiche Hinweise dafür, daß auch die Frauen maßgeblich an den Entscheidungsprozessen beteiligt sind, die innerhalb der Abstammungsgruppen einer Hochzeit vorangehen.

Ähnliche Hinweise auf eine aktive Teilnahme der älteren Frauen an solchen Entscheidungsprozessen gibt es auch für patrilineare und patrilokale, also „vaterrechtliche" Gesellschaften. Hier stellt sich dann allerdings eine neue Frage: Um welche Interessen geht es dabei? Das klassische Modell setzt die Allianz zwischen den Gruppen als Ziel voraus. Für die verheirateten Frauen, die selbst verschiedenen anderen Patrigruppen entstammen, muß es jedoch zunächst vor allem darum gehen, daß eine neu einheiratende Schwägerin gut in ihren Kreis paßt. Im Gegensatz zu ihren Ehemännern, die durch die patrilineare Verwandtschaft als Brüder oder Vettern miteinander verbunden sind, müssen die Frauen ihre Solidarität erst aufbauen. Und es braucht nicht besonders betont zu werden, daß angesichts der vielen gemeinsamen Aufgaben der Schwägerinnen innerhalb einer Gruppe eine solche Solidarität für sie ein zentrales Anliegen darstellt. Mir scheint, daß neben einer eventuellen Teilnahme der Frauen an formellen Unterhandlungen in diesem Zusammenhang besonders auch informelle Kontakte von Frauen untereinander Beachtung finden sollten. Mehr oder weniger verborgene Schachzüge und Initiativen der Frauen der brautnehmenden Gruppe verdienen eine viel eingehendere und spezifischere Untersuchung, als dies bisher der Fall gewesen ist. Hier bedarf das Allianzmodell dringend einer Ergänzung.

Schon diese Beispiele zeigen, daß die Eindeutigkeit des Allianzmodells mit einer Zurücksetzung alternativer Möglichkeiten erkauft wird, die Voreingenommenheit verrät. Sowohl was die aktiven Partner wie was die ausgetauschten Personen betrifft, ist das Modell keineswegs so universal gültig, wie es vorgibt. Formal sind freilich die patrilinear orientierten Fälle tatsächlich weitaus in der Überzahl. Und damit bleibt die Frage offen, auf die ich mich heute konzentrieren will: Wie verhält es sich mit dem Mittelstück des Modells, mit den nach der Hochzeit ihren Wohnsitz wechselnden Personen, die in den meisten Fällen eben doch Frauen sind? Welche Rolle spielen die Bräute in der Allianz?

Das Modell schreibt den heiratenden Frauen eine ausschließlich passive Haltung zu und impliziert damit ihre universelle Unterordnung unter die männlichen Austauschpartner. Sie erscheinen dabei als willenlose Figuren, als eine Art Stücke in einem Schachspiel, die von den Männern nach Belieben eingesetzt werden können. Am deutlichsten kommt diese Vorstellung in den berühmt gewordenen Formulierungen von Lévi-Strauss zum Ausdruck,

---

[11] Vgl. Postel-Coster 1988, 250f. – In Wirklichkeit ist die Situation bei den Minangkabau viel komplexer als hier einfachheitshalber dargestellt; vgl. Vellinga 2000.

wenn er die Gesellschaft als Ganze in den Begriffen einer Kommunikationstheorie interpretiert:[12] Parallel zu den Elementen der Ökonomie und den Elementen der Sprache haben auch die heiratenden Frauen die Funktion von Zeichen, von austauschbaren Elementen, die die Gruppen, die sie aussenden oder empfangen, gemäß bestimmten Regeln systematisch miteinander in Verbindung bringen. In den eigenen Worten von Lévi-Strauss: „Daß der vermittelnde Faktor in diesem Fall die Frauen der Gruppe sind, die man zwischen Clanen, Linien oder Familien zirkulieren läßt, und nicht die Wörter der Gruppe, die zwischen Individuen zirkulieren, ändert nichts an der Tatsache, daß es im Wesentlichen in beiden Fällen um das gleiche Phänomen geht."[13]

Die inhaltliche Beschränktheit einer solchen Auffassung liegt auf der Hand. Kommunikation erscheint als Selbstzweck. Die Frage ist nicht, was kommuniziert wird, sondern lediglich die Tatsache der Kommunikation an sich, und mit einem Sinn, den sie selbst erzeugt: Alle ihre Regeln dienen der Integration der Gesellschaft.[14]

Damit führt uns diese Formulierung mitten in die klassische Schwäche der funktionalistischen Betrachtungsweise in der Ethnologie hinein, die ich eingangs erwähnt habe: der stillschweigenden Annahme, daß die wahrnehmbaren Auswirkungen einer Institution auch deren Sinn für die handelnden Personen selbst ausmachen, und der aus dieser Fiktion erwachsenden Unfähigkeit, das Veränderungspotential anderer Auffassungen erkennen zu können. Denn solange man nicht untersucht, welche Bedeutungen und Ziele die Teilnehmer selbst mit ihren Tätigkeiten verbinden, muß unverständlich bleiben, warum Handlungen und Reaktionen in konkreten Situationen plötzlich ganz anders ausfallen können, als man bisher gewohnt war.

Im Zusammenhang mit unserem Thema dient die Suche nach solchen Motiven einer spezifischen Frage: Sagen sie etwas über die Rollenverteilung aus, die das ethnologische Modell unterstellt? Liefern sie insbesondere Hinweise dafür, daß auch die Idee der Passivität der heiratenden Frauen auf einem Vorurteil beruht? Gerade in Bezug auf einen Ehebund gibt es einen besonderen Grund, an eine solche Möglichkeit zu denken. Auf den ersten Blick scheint die passive Rolle, die das strukturale Modell den Bräuten zuschreibt, ihrer Position im täglichen Leben zu entsprechen: Frauen sind im allgemeinen der häuslichen Sphäre zugeordnet; die Beziehungen nach außen hin gehören zur Domäne der Männer. Dabei entsteht jedoch ein merkwürdiges Paradox. In der klassischen patrilinearen Situation zieht eine Frau von ihrer väterlichen Gruppe, den Brautgebern, zur brautnehmenden Gruppe ihres Mannes und verbindet so Brautgeber und Brautnehmer in der Heiratsallianz; die Männer dagegen leben und sterben, wo sie geboren sind. Die Frauen, die eigentlich zwischen den Gruppen vermitteln und die beiden Partner am besten kennen, werden also als ortsgebunden betrachtet, die Männer, deren Leben an eine einzige Gruppe gebunden ist, beherrschen die Beziehungen nach außen.

---

[12] Vgl. Lévi-Strauss 1963, 83.
[13] Lévi-Strauss 1963, 60.
[14] Vgl. Lévi-Strauss 1969, 493.

Bezeichnenderweise wird dieses Paradox in der Allianztheorie nicht weiter zur Diskussion gestellt. Offensichtlich wird ohne weiteres angenommen, daß die männliche Dominanz stark genug ist, um die tatsächliche Ambivalenz in der Rolle der Frau zu unterdrücken. Aber dies verschärft nur die Frage nach den subjektiven Betrachtungsweisen des Geschehens. Im Gegensatz zu Gütern und Wörtern sind es bei einer Heiratsallianz ja nicht nur die Sender oder die Empfänger der vermittelnden Elemente, die ihren Handlungen eine Bedeutung beimessen können. Hier sind die sogenannten „Zeichen", die heiratenden Frauen, auch selbst Erzeuger von Zeichen.[15] Sie sprechen ihre eigene Sprache.

Dies bringt uns auf unsere konkrete Frage zurück. Welche Bedeutungen verbinden die Teilnehmer selbst mit dem Heiratstausch? Welche Rollen schreiben sie den verschiedenen Parteien zu? Und was im besonderen ist dabei die Sicht der heiratenden Frauen, der vermittelnden Figuren, die zwischen den Gruppen zirkulieren, aber gleichzeitig vom politischen Handeln ausgeschlossen sind? Finden wir in ihren Äußerungen die symbolischen Bausteine für eine eigene Frauenperspektive, wie sie einleitend angenommen worden war?[16]

Siberut

Vor dem Hintergrund dieser Frage möchte ich im folgenden einige kurze Geschichten, die mir von Männern mitgeteilt worden sind, mit einer längeren Erzählung der Tante meines Freundes Tengatiti vergleichen. Um sich die Geschehnisse vorstellen zu können, müssen einige wenige Angaben zum herkömmlichen ethnographischen Kontext vorangeschickt werden.[17] Diese Angaben werden uns auch helfen, um allfällige Konnotationen bestimmter Elemente und Motive zu verstehen, auf die die symbolische Bedeutung der Episoden zurückgeht.

Der gemeinsame Schauplatz der Geschichten ist die bereits erwähnte Insel Siberut, die nördlichste und mit über 4000 km² größte Insel im Mentawai-Archipel westlich von Sumatra, auf der ich seit 1967 während mehrerer Jahre Feldforschungen durchgeführt habe. Die Heiratsregeln auf Siberut entsprechen formal genau dem Modell, wie es oben skizziert worden ist. Die Gesellschaft ist in patrilineare und patrilokale Verwandtschaftsgruppen von etwa zehn Familien gegliedert, die gemeinsam ein großes Pfahlhaus bewohnen. Sowohl Gruppe wie Haus werden *uma* genannt. Oberhalb der *uma* gibt es keine zusammenfassende politische Organisation. Die einzelnen *uma* liegen in unregelmäßigen Abständen an den Flußläufen entlang; Einbäume sind die wichtigsten Verkehrsmittel. Die Beziehungen zu den

---

[15] Vgl. Weimann 1977, 260–272.

[16] Lévi-Strauss 1969, 496 sieht natürlich auch, daß auch die Frau eine „Erzeugerin von Zeichen" ist, aber bezeichnenderweise nicht in bezug auf ihre Rolle als Vermittlerin, sondern nur als Partnerin im „Duett" der Ehe.

[17] Für eine ausführliche Beschreibung der traditionellen Kultur und Angaben zu modernen Veränderungen vgl. Schefold 1988.

Nachbarn sind ambivalent. Das offizielle Idealbild ist ein friedliches Nebeneinander, aber dieses Ideal ist in dauerndem Gegensatz zu einem anderen Wunsch: Jede Gruppe ist auf ihr Ansehen bedacht und möchte die anderen darin übertreffen. Dies führt zu einem beständigen gegenseitigen Mißtrauen. Reibereien und Rivalitäten sind an der Tagesordnung, und jederzeit kann daraus offene Feindschaft entstehen.

Zeitweilig können Freundesbeziehungen zwischen Mitgliedern benachbarter *uma* zu zeremoniellen Bündnissen führen. Aber das wichtigste Mittel zu einer friedlichen Verbindung ist die exogame Heirat. Im Gegensatz zu vielen anderen indonesischen Ethnien besteht auf Siberut keine Vorzugsheirat mit Mitgliedern bestimmter anderer *uma*, sondern eine offene Art der Eheschließung: Jede Heirat führt zu einer spontanen Verbindung zwischen den beiden beteiligten Gruppen. Die Mitglieder der *uma* des Bräutigams bezahlen der *uma* der Braut einen Brautpreis. Trotzdem bleibt der neue Ehemann für immer in der Schuld seiner Brautgeber, denn die Entrichtung eines Preises kann Fruchtbarkeit und die Aussicht auf neues Leben nie völlig vergüten. Die Ehefrau wird in die *uma* ihres Gatten aufgenommen. Selbst solche Heiratsallianzen können die Gruppen freilich nicht dauerhaft miteinander verbinden. Eine verheiratete Frau behält immer auch Rechte in ihrer alten Gruppe. Wenn sie verwitwet ist, kann sie zu ihren Brüdern zurückkehren und hat dort Anspruch auf Unterstützung bei allem, was sie zum Leben braucht.

Bei der täglichen Arbeit sind die Aufgaben ziemlich gleichmäßig zwischen Männern und Frauen aufgeteilt. Die Frauen bauen Taro und andere Knollenfrüchte sowie Bananen an, die Männer verarbeiten das Mark der Sagopalmen. Die Männer verfügen auch über die Kokosnüsse, die von jeder Gruppe an geeigneten Stellen innerhalb des ganzen Tales angebaut werden, und die ein wichtiges Tauschprodukt mit den Händlern aus Sumatra bilden. Von ihnen erhält man Gebrauchsartikel, die die Leute nicht selbst herstellen können, namentlich eiserne Werkzeuge und Stoffe. Gemeinsam hält man die Haustiere: Schweine und Hühner. Der Beginn einer Hühnerzucht ist für Jungen und Mädchen eine wichtige Möglichkeit, eigenen Besitz aufzubauen. Nach der Hochzeit freilich werden die Mädchen ihre Hühner wie die meiste andere Habe in ihrer väterlichen *uma* zurücklassen müssen. Denn abgesehen von einigen persönlichen Gerätschaften wie ihren Fischnetzen verfügen die Frauen nur innerhalb ihres jeweiligen Haushalts über Eigentumsrechte. Analog zählt beim Fassen von Beschlüssen die Stimme der Frau nur innerhalb ihres Haushalts; alle politischen Beziehungen nach außen gelten als eine exklusive Angelegenheit der Männer.

Das Hügelgebiet zwischen den Flußtälern, an denen die *uma* liegen, ist von dichtem tropischem Regenwald bedeckt. Hierhin ziehen die Männer gemeinsam auf die Jagd, und hier ist die verborgene Domäne der Ahnen und Geister. Andere Geister leben unter der Erde und an der Schale darüber, die das Firmament darstellt. Alle diese Geister leben ähnlich wie die Menschen, und in den Mythen erschienen sie oft nicht anders als eine benachbarte Sozialgruppe. Dies ist jedenfalls der Fall in den Erzählungen, von denen im folgenden die Rede sein wird.

In diesem Mythencorpus möchte ich drei kurze Geschichten, die deutlich zu den von den Männern erzählten „offiziellen" Mythenversionen gehören, mit der längeren Geschichte der

Tante von Tengatiti konfrontieren, die den Männern unbekannt war und die eine weibliche Perspektive wiedergibt. Alle vier Mythen haben ein auf Siberut häufiges Thema gemeinsam: Sie behandeln die Probleme junger Menschen – drei Jungen und ein Mädchen –, die ihren Platz in der Welt der Erwachsenen finden müssen. Alle beginnen mit einem Konflikt in der eigenen *uma*, die die Protagonisten daraufhin verlassen; danach erfolgen Kontakte mit anderen *uma*. Es ist vor allem die Art dieser Kontakte, auf die ich eingehen werde. Es wird bald deutlich werden, daß die Handlungen aller dieser Erzählungen – und sie ließen sich noch durch viele andere Beispiele vermehren – in den Grundzügen ihres Verlaufs so stark miteinander übereinstimmen, daß sie tatsächlich als eine Art Varianten oder Transformationen voneinander betrachtet werden können.

Zuerst möchte ich die vier Erzählungen kurz zusammenfassen und interpretieren und dabei jeweils prüfen, wie sie sich zum strukturalen Allianzmodell verhalten. Dann werde ich die Unterschiede zwischen den männlichen und den weiblichen Erzählungen als möglichen Ausdruck geschlechtsspezifischer Betrachtungsweisen analysieren. Zum Schluß werde ich einige Folgerungen für das Modell selbst ziehen.

Zur Verdeutlichung beginne ich jeweils mit einem Diagramm, auf dem die Beziehungen zwischen den handelnden Personen dargestellt sind. Dabei bedeutet ein Kreis eine Frau und ein Dreieck einen Mann; die ausgefüllten Zeichen markieren die Protagonisten. Liegende Klammern deuten geschwisterliche Abstammung beziehungsweise Heirat an. Die Zahlen bezeichnen die beteiligten *uma*.

Männererzählungen: Die bedrängten Söhne

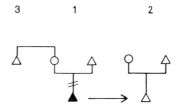

Die erste Geschichte erzählt von einem Jungen, der zum Bruder seiner Mutter geht [in 3], um sich von ihm einen Dolch anfertigen zu lassen. Er erhält ihn und geht damit nach Hause [1] zurück. Dort nimmt die Mutter ihn mit in ihr Tarofeld, aber obwohl er sie ausdrücklich bittet aufzupassen, zerbricht sie bei der Arbeit aus Unachtsamkeit seinen Dolch. Traurig verweigert er am Abend das Essen. Am nächsten Morgen geht er mit den anderen Männern seiner *uma* auf die Jagd, er schießt einen Affen, bleibt danach aber im Urwald zurück. Er hört nicht auf seinen Vater, der ihn mit einem Festmahl wieder zurücklocken will, sondern klettert in einen Baum, beginnt Blätter zu essen und sagt, er sei jetzt ein Freund der Affen. Dann beschwört er den Baum, in den Himmel zu wachsen. Dort angekommen, entdeckt er einen Jungen von den Himmelsgeistern [2], der in die Umgebung gegangen war, um seinen Hühnern Futter, das er von seiner Mutter erhalten hatte, zu bringen. Die beiden essen gemeinsam selbst von dem Futter, schließen Freundschaft, und der Junge von der Erde erhält vom Himmelsgeistervater auf magischem Weg eine gleich schöne Gestalt wie sein Freund. Nach einiger Zeit kehren sie zur Gruppe des Jungen mit dem zerbrochenen Dolch auf die Erde zurück, weil dort ein Fest abgehalten wird. Sie tanzen allseitig bewundert, aber ohne erkannt zu werden. Nur der Mutter schwant etwas, sie lockt die beiden in ein Zimmer, schließt es zu und bietet ihnen zu essen an. Ihr Sohn flüchtet durch das Blätterdach und ruft ihr zu, sie wolle ihn wohl einschließen, um ihn zu töten. Dann kehren die beiden zum Himmel zurück. Sie wurden nicht mehr gesehen.

Diese Geschichte hat deutlich mit der Problematik der Ablösung zu tun. Der Erdjunge ist auf dem Weg zum Erwachsensein; der Dolch, den er bei seinem selbständigen Gang in eine andere *uma* erhält, ist als kriegerisches Attribut ein Zeichen dafür. Daß er dabei zum Bruder der Mutter geht, also dem Geber der Braut in der Elterngeneration, unterstreicht seine herannahende Heiratsfähigkeit. Aber die Mutter nimmt ihn mit in die Domäne der Frauen, das Tarofeld, wohin normalerweise nur kleine Knaben mitgenommen werden. Dort zerbricht sie das Symbol der erwachenden Männlichkeit, die ihn ihrer Welt entfremden wird. Am Himmel kommt er in die umgekehrte Situation: Dort trifft er einen Jungen, der am Hühnerzüchten ist – die erste Beschäftigung, mit der heranwachsende Knaben sich als Auftakt für ihre zukünftige Unabhängigkeit einen selbständigen Besitz erwerben können. Seine Eltern hindern ihn nicht, sondern umgekehrt, sie helfen ihm dabei. Die Rückkehr auf die Erde nimmt den Beginn wieder auf, nun versucht die Mutter ihren Sohn, den sie als Kind bei sich behalten möchte, ganz konkret einzuschließen. Er interpretiert dies als einen Versuch, ihn zu töten. Die direkte Botschaft dieser Geschichte ist offensichtlich: Kinder müssen die Freiheit erhalten, erwachsen zu werden; wollen die Eltern sie nicht ziehen lassen, dann sterben sie und gehen damit der Gruppe als solcher verloren.

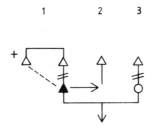

Die zweite Geschichte beginnt mit einem Waisenknaben, der von den Brüdern seines verstorbenen Vaters, bei denen er aufwächst [in 1], schlecht behandelt wird. Aus Kummer flüchtet er in den Urwald, überquert mit Hilfe einer mitleidigen Fledermaus einen unüberwindlichen Erdrutsch und gelangt zu der Behausung der Waldgeister [2]. Sie nehmen ihn freundlich auf und unterrichten ihn im Anlegen eines Felds mit Blumen. Aber Mädchen von den Himmelsgeistern [3] steigen herab und stehlen die Blumen. Der Junge fängt eines der Mädchen. Erfolglos versuchen die Eltern am Himmel, einen menschenfressenden Hund auf den Jungen zu hetzen. Er entkommt, der Junge und das Mädchen heiraten, und sie bekommen Kinder.

In dieser Geschichte liegt der Nachdruck nicht mehr auf dem Erwachsenwerden, sondern auf den Kontakten des Jungen von seiner neuen Gruppe aus. Auch hier beginnt die Geschichte mit einer Flucht aus der Geburts-*uma* und mit der Aufnahme in eine bessere Situation. Aber nun wird noch eine zusätzliche Gruppe eingeführt, diejenige der zukünftigen Ehefrau. Die Beziehung zu dieser erscheint in einem gefährlichen Licht – der menschenfressende Hund –, aber es gelingt dem Jungen, sich einer Braut von dort zu vergewissern. Kinder werden geboren, und die Zukunft der Gruppe scheint sichergestellt.

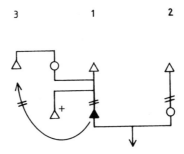

In der dritten Geschichte ist von zwei Brüdern die Rede, die gemeinsam in den Urwald gehen, um Leimruten für Tauben auszulegen. Der ältere Bruder klettert in den Wipfel hinauf und hört dort die Stimme eines Mädchens von den Himmelsgeistern. Durch ein Mißverständnis tötet der ältere Bruder den jüngeren. Zornig weist sein Vater [in 1] ihn darüber zurecht. Der Junge läßt eine Liane bis zum Himmel wachsen, langt bei den dort wohnenden Geistern [2] an und entdeckt das Mädchen, das gesungen hat. Die beiden heiraten, aber bald danach senden die Himmelsgeister ihn allein wieder zurück auf die Erde. Ohne daß er es weiß, folgt ihm die Frau jedoch heimlich nach. Auf der Erde entdeckt er sie, aber wegen des vorhergegangenen Konflikts mit seinem Vater wagt er es nicht, sie zur väterlichen *uma* zu bringen. Statt dessen geht er zur Gruppe der Brüder seiner Mutter [3]. Die Männer dort sind eifersüchtig wegen der schönen Frau und beschließen, den Jungen umzubringen und die Frau für sich zu behalten. Durch eine List gelingt es dem Jungen, seine bösen Onkel zu töten; er lebt mit seiner Frau in der *uma* weiter und erzeugt mit ihr Kinder.

Wie in der vorhergehenden erscheint auch in dieser Geschichte keine Beziehung zwischen der brautgebenden *uma* – den Himmelsgeistern – und derjenigen der Brautnehmer. Die Beziehung zur Geburts-*uma* ist hier erneut gestört, wenn auch diesmal wegen eines anfänglichen Mißverständnisses des Helden selbst. Dann aber scheinen Episoden der ersten und solche der zweiten Erzählung kombiniert zu werden: Die Himmelsgeister, zu denen er sich verirrt, sind zunächst freundlich wie in der ersten Geschichte, später aber scheinen sie ihn abzuweisen und ihn ohne seine Frau wieder wegzuschicken. Dann jedoch wird ein neues Thema eingeführt. Selbst die Brautgeber der Elterngeneration, die klassifikatorischen Brüder der Mutter (das heißt neben den eigentlichen Brüdern auch deren ebenfalls zur *uma* gehörigen Vettern), deren einer in der ersten Geschichte dem Heranwachsenden noch symbolisch – mit dem Dolch – geholfen hatte, erscheinen nun als mißgünstig und eifersüchtig. Sie versuchen dem Helden seine Frau abspenstig zu machen und ihn zu töten. Er rettet sich, und eine neue *uma* kann entstehen.

Wie steht es in diesen Geschichten nun mit der These der Kommunikation und der daraus hervorgehenden Solidarität zwischen Gruppen, die nach der Theorie von Lévi-Strauss der Sinn der exogamen Hochzeit ist? Wir können nicht umhin festzustellen, daß der Befund in allen drei Geschichten negativ ist. Die drei Diagramme bringen dies deutlich zum Ausdruck. Am wenigsten negativ sind die Beziehungen noch in der ersten Erzählung, merkwürdigerweise, denn hier ist ja von einer Heirat des Helden gar nicht die Rede. Und doch läßt sich hier wenigstens noch ein Anklang an ein Vertrauensverhältnis entdecken: der Mutterbruder, der Brautgeber in der vorherigen Generation, hilft dem Helden mit dem Dolch bei seinem ersten Schritt in die Selbständigkeit. Dann aber konzentriert diese Erzählung sich auf eine Gegenüberstellung zweier Modalitäten des Verhaltens innerhalb der eigenen Wohngruppe, einer schlechten in der ersten *uma* und einer guten in der zweiten. Und es ist auch nicht so, daß die Freundschaft zwischen den beiden Jungen als ein Zeichen für gute Beziehungen zwischen ihren beiden *uma* als solchen aufgefaßt werden könnte. An sich wäre dies im Denken Siberuter keineswegs ungewöhnlich: sie kennen ein institutionalisiertes Freundschaftsbündnis (*siripo'*), das die beiden Gruppen zweier Freunde in brüderlicher Solidarität vereint.[18] Aber im vorliegenden Fall ist davon keine Rede, im Gegenteil, das Ende erzählt gerade vom definitiven Abbruch der Beziehungen.

Dies gilt auch für die zweite Erzählung. Hier kommt als neues Element eine dritte Gruppe hinzu, diejenige der Brautgeber. Von einer Allianz ist aber auch hier keine Rede. Die Brautgeber werden als gefährlich dargestellt, angedeutet durch den menschenfressenden Hund, der von ihnen stammt und den Helden bedroht. Nur durch eine List kann ihnen die Tochter abspenstig gemacht werden. Damit ist schließlich die Fortdauer der Familie innerhalb der neuen Gruppe des Helden sichergestellt.

Auch die dritte Geschichte beginnt mit einer erzwungenen Ablösung aus der Herkunfts-*uma*, freilich diesmal nicht ohne Schuld des Helden. Die Brautgeber erscheinen hier in zweierlei Gestalt. Die *uma* der Braut verhält sich nicht ausgesprochen aggressiv, aber von einem Vertrauensverhältnis ist keine Rede; wenn der Held fortgeht, meint er, er müsse seine Braut zurücklassen. Es gibt eine andere Version dieser Erzählung, die in dieser Beziehung noch deutlicher ist: hier stellen die Brautgeber den Helden mit unmöglichen Aufgaben auf die Probe

---

[18] Lévi-Strauss 1969, 483f. will solchen zeremoniellen Freundschaftsbündnissen aus formellen Gründen das Allianzelement absprechen. Unsere Analyse der Frauenerzählung wird jedoch zeigen, daß dies den Auffassungen der Leute selbst nicht immer gerecht wird.

und wollen ihn töten; nur in äußerster Not gelingt es ihm, mit seiner Frau zu entfliehen. Von einer durch die Ehe begründeten Allianz ist jedenfalls auch hier keine Rede. Viel bedrohlicher gestaltet sich das Verhältnis nun aber zu den Brautgebern der vorherigen Generation: den klassifikatorischen Mutterbrüdern. Sie bedrohen ganz unmittelbar das Leben des Helden und müssen dafür mit ihrem eigenen Leben bezahlen. Dann kann eine neue *uma* beginnen.

Bis auf den Mutterbruder in der ersten Geschichte erscheinen die brautgebenden Gruppen in allen diesen von den Männern erzählten und von männlichen Helden handelnden Geschichten also genau unter dem entgegengesetzten Aspekt, als man nach dem ethnologischen Modell erwarten würde. Sie manifestieren sich nicht als Partner in einer Allianz, sondern als eine Quelle der Gefahr. Und dementsprechend erscheint auch der Wert der Frauen nicht in ihrer Eigenschaft als Vermittlerinnen in der Kommunikation zwischen den Gruppen. Ihr Wert liegt in ihrer Fruchtbarkeit, im Gebären der Kinder, von denen die Fortdauer der eigenen Abstammungslinie abhängt.

Frauenerzählung: Die reisenden Mädchen

Von der These einer Zeichenfunktion der Frau im Kommunikationssystem zwischen den Gruppen bleibt in diesen männlichen Geschichten also nicht viel übrig. Was aber ist die Ansicht der Frauen, dieser vermeintlichen Zeichen, die selbst Erzeugerinnen von Zeichen sind? Ich will dafür als Gegenbeispiel auf eine einzige Erzählung eingehen. Sie ist ausführlicher als die drei bisher besprochenen; ich hoffe zeigen zu können, daß sie in gewissem Sinne als eine Transformation der gesamten Dreiergruppe betrachtet werden kann.

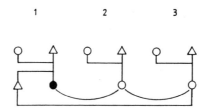

Die Geschichte erzählt von einem Mädchen namens Elakpora[19] [in 1], das von seinem Vater mit dem Einbaum in die Kokospflanzungen mitgenommen wird. Der Vater entpuppt sich jedoch dort als grausam; er sorgt dafür, daß Elakpora sich auf alle möglichen Arten verletzt. Anschließend geht das Mädchen mit seiner Mutter in die Tarofelder. Es schmückt sich mit Blumen und singt ein Lied in Richtung des nahegelegenen Bestattungsplatzes. Darauf versinkt es zur Hälfte in die Erde. Die Mutter erschrickt und holt den Vater. Dieser nimmt ein üppiges

---

[19] In den meisten Geschichten werden keine Namen genannt. Auch Elakpora ist nicht mehr als eine Kennzeichnung auf Grund des Handlungsverlaufs: *elak* bedeutet Spalte, *pora* Erde.

Mahl mit wie zu einem Hochzeitsfest, aber das macht die Sache für das Mädchen nur schlimmer: Es klagt, daß man es durch eine Heirat loswerden wolle, die Erde spaltet sich unter ihm auf, es versinkt und gelangt in die Unterwelt.

Dort findet es im Wald ein Unterdach für Hühner, ißt aus Hunger das Futter und wird dabei von einem Mädchen entdeckt, dem die Hühner gehören. Die beiden schließen Freundschaft, und die Eltern nehmen Elakpora wie eine zweite Tochter freundlich bei sich auf [in 2]. Nach einiger Zeit vernehmen die beiden Mädchen, daß die Eltern auf der Erde zur Arbeit in die Pflanzungen gefahren sind und machen sich in die dortige *uma* auf. Sie treffen dort den kleinen Bruder von Elakpora; er ist noch ein Säugling. Durch eine Beschwörung verwandeln sie ihn in zwei aufeinanderfolgenden Etappen in einen strahlenden Jüngling. Schließlich kommen die Eltern zurück, und es folgt ein herzliches Wiedersehen. Die Eltern beauftragen die Mädchen, die Leute aus der *uma* im Erdinneren einzuladen. Sie tun wie geheißen, und die beiden Parteien feiern zusammen ein großes Fest, ein Freundschaftsfest für die beiden Mädchen, zu dem beide Parteien beitragen. Dann verabschieden sich die Freundinnen wieder und nehmen den durch ihre Hilfe herangewachsenen Bruder mit unter die Erde. Sie laden Freundinnen ein, eine davon [in 3] bittet den Bruder um Schmuck und wird daraufhin dessen Braut.

Die Mädchen versprechen, bei den verschiedenen Eltern zu vermitteln. Die *uma* der Freundin aus der Unterwelt erklärt sich bereit, der *uma* der Freundin von der Erde beim Bezahlen des Brautpreises zu helfen. Sie einigen sich mit dem Vater der Braut auf seine Höhe und feiern dann zusammen das Hochzeitsfest. Und alle versichern, daß sie fortan an zwei Orten zu Hause sein werden, im Inneren und auf der Erde.

Diese Geschichte beginnt wie eine inhaltliche Umdrehung der Erzählung vom zerbrochenen Dolch. Statt einer Mutter, die ihren heranwachsenden Sohn wie ein Kind im häuslichen Bereich des Tarofelds behalten will, erscheint hier ein Vater, der seine Tochter mit Gewalt in die fernen Kokospflanzungen einführen und gegen ihren Willen zur Hochzeit vorbereiten will. In der Akzentuierung dieser Episoden zeigen sich deutlich verschiedene mögliche Konsequenzen des Erwachsenwerdens für Jungen und Mädchen auf Siberut: Für einen Jungen bedeutet es die erwünschte Selbständigkeit in der eigenen *uma*, für ein noch unerfahrenes Mädchen die Einheirat in eine noch fremde Außenwelt.[20] Was für den Jungen erstrebenswert erscheint, macht dem Mädchen zunächst deutlich Angst. Es zieht sich zurück in die Domäne der Mutter, umgekehrt wie der Junge nach seiner schlechten Erfahrung zusammen mit den Männern auf die Jagd gegangen war. Wie um das Kritische der Situation zu unterstreichen, läßt sich an dieser Stelle selbst eine Todesassoziation beobachten: Der Junge ißt Blätter wie Affen – sie gelten auf Siberut als die Haustiere der Ahnen –, das Mädchen schmückt sich beim Bestattungsplatz.

---

20 Auch die Gegensätzlichkeit des „schuldigen" Elternteils ist sicher nicht zufällig. Bei der Mutter ist der Grund wohl emotional: Ihr Sohn wird ihr viel ferner stehen, wenn er vom Bereich der Frauen und Kinder in den der erwachsenen Männer überwechselt. Der Mann dagegen kann für seine erwachsene Tochter einen Brautpreis erhoffen.

Als einen Ausweg aus den Problemen läßt der Junge als Weg für sich einen Baum in den Himmel wachsen, das Mädchen beschwört für sich einen Spalt in der Erde; beides läßt sich unschwer als allgemeine sexuelle Symbolik für männliches und weibliches Heranreifen interpretieren. Am Himmel und unter der Erde treffen die Protagonisten gleichgeschlechtige Partner bei der Hühnerzucht. Sie befreunden sich mit ihnen und gewinnen auch die Zuneigung ihrer verständnisvolleren Eltern.

In der Folge hören die Ähnlichkeiten auf. Sowohl der Junge als auch die Mädchen kehren zur Erde zurück, aber im Gegensatz zum Jungen spielen die anfänglichen schlechten Erfahrungen im Elternhaus beim Besuch der beiden Mädchen plötzlich keine Rolle mehr. Dies scheint unlogisch – ich werde darauf zurückkommen –, ist aber jedenfalls notwendig für den weiteren Verlauf der Geschichte. Darin wird die Freundschaft der Mädchen auf eine Weise besiegelt, daß ein Bündnis zwischen den beiden *uma* entsteht.

Aber das ist nicht alles. Die Mädchen sorgen dafür, daß auf der Erde ein männnlicher Heiratskandidat heranwächst. Und wie in der zweiten und der dritten männlichen Erzählung kommt daraufhin nun auch hier noch eine dritte Gruppe ins Spiel. Diesmal aber ist von Aggressivität keine Rede. Die Braut aus der neuen *uma* unter der Erde ist eine Freundin der Mädchen. Ihre Gruppe und die Gruppen der beiden Mädchen treffen einander in den Vorbereitungen zur Hochzeit. Und seither besteht zwischen allen drei Gruppen eine freundschaftliche Beziehung.

Wenn wir diesen Befund mit der These von den Frauen als Zeichen vergleichen, die durch die Männer verschiedener Gruppen in verbindender Kommunikation einander zugespielt werden, erhalten wir ein unerwartetes Ergebnis. Die Wörter der Männer entsprechen der sozialen Wirklichkeit viel weniger als die Wörter der sogenannten Zeichen, das heißt der Frauen, selbst. Die dauernde potentielle Konfliktsituation mit anderen Gruppen wird in den männlichen Erzählungen offenbar als so vorrangig empfunden, daß sie das Allianzelement der Ehe völlig überschatten. Fast überall, wo in unseren Beispielen von mehreren Gruppen die Rede war, führte das Eingehen einer konkreten Beziehung zu einer gefährlichen Situation. Selbst die Freundschaft zwischen den beiden Jungen in der ersten Geschichte hat keinen Kontakt zwischen ihren beiden Familien zur Folge. Aber die Pointe der drei Männererzählungen liegt anders. Sie bezieht sich in allen Fällen auf die Abstammungsgruppe. In jeder Geschichte wird zunächst deutlich gemacht, wie bedrohlich eine gestörtes Verhältnis zu den Söhnen für die Kontinuität der uma ist: Sie sterben einen symbolischen Tod und gehen ihrer Gruppe verloren. In der zweiten und dritten Erzählung kommt dabei auch noch ein anderes Element hinzu. Die Helden heiraten und finden ein neues Zuhause. Aber die Wichtigkeit der Heirat wird nicht in einer Verbindung von Gruppen gesehen, sondern in den daraus hervorgehenden Kindern. Söhne werden geboren, die die Fortdauer der eigenen Gruppe sicherstellen.

Diese Kinder verdankt man den Frauen, und es wäre zu erwarten, daß die Frauen in ihren Erzählungen die weibliche Fruchtbarkeit ins Zentrum stellen würden. Aber davon ist keine Rede. In der weiblichen Geschichte stehen ganz andere Aspekte im Vordergrund. Hier werden alle Register des Bündnisses gezogen, unter dem Aspekt der Freundschaft und unter demjenigen der Heirat, so daß durch drei Mädchen – zwei Freundinnen und eine Braut – schließlich drei Gruppen in einer Allianz miteinander verbunden sind.

Das sogenannte Zeichen, die sich zwischen den Gruppen bewegende Frau, bestätigt deutlich ihre vermittelnde Funktion. Aber sie sieht sich dabei nicht als ein passives Element, das von den Männern für deren Kommunikation eingesetzt wird, sondern als aktiv handelnde Person. Nicht ihre Kinder, die sie der Gruppe des Ehemanns gebärt, sind es, denen sie das Gefühl ihres Eigenwerts entnimmt, sondern die freundschaftlichen Beziehungen zwischen Gruppen, die durch ihre Vermittlung zustande kommen. Die weibliche Erzählung betont nicht die Deszendenz, sondern die Allianz. Den im täglichen Leben nach außen gerichteten Männern geht es um die Kontinuität ihrer Gruppe durch neue Geburten, zu denen sie selbst nicht imstande sind; die zum häuslichen Leben mit ihren Kindern bestimmten Frauen konzentrieren sich auf das, was sie als ihr eigentliches Verdienst ansehen, obwohl ihnen im Alltag der Zugang dazu verwehrt ist: die Bündnisse mit den Nachbarn, die sie durch ihre Heirat vermitteln. So betont jede Version das, was ihren spezifischen Urhebern verschlossen ist: die männlichen Versionen sind auf die Vertikale, auf die stufenweise Entfaltung der Generationen ausgerichtet; die weiblichen unterstreichen die Horizontale, die Beziehungen nach außen hin. Die Gegenüberstellung der Diagramme bringt dies deutlich zum Ausdruck.

Frauenperspektive und Allianzmodell

Daß die Sicht der Teilnehmer und das eingangs skizzierte Modell der Ethnologen so voneinander abweichen, bedarf einer Erklärung. Zwei Möglichkeiten sind dabei denkbar: Entweder es läßt sich eine Begründung dafür finden, warum sich das Modell in den Augen der Beteiligten so andersartig darstellt, oder das Modell selbst muß anders formuliert werden. Ich glaube, daß die Antwort in unserem Fall für die beiden Perspektiven verschieden ausfällt.

In den Männergeschichten wird die vermittelnde Rolle der Frau gewissermaßen totgeschwiegen und einseitig eine andere Folge der Heirat, die Kontinuität der eigenen Gruppe, betont. Von möglichen Allianzen mit Brautgebergruppen ist nur ganz andeutungsweise die Rede. Dies bedeutet natürlich nicht, daß eine Heirat nicht tatsächlich zwei Gruppen miteinander verbinden würde – dies äußert sich im Alltag bei jeder Gelegenheit. Daß dieser Umstand in den Mythen verborgen bleibt, sollte deswegen nicht als eine Einschränkung des Modells verstanden werden, sondern als eine Verlagerung im Vorrang. Die Tatsache, daß die Männer von Gruppe zu Gruppe Ehefrauen austauschen, wird dem bleibenden Gefühl eines tiefen Mißtrauens in den Wert der so entstehenden Allianzen untergeordnet und illustriert den problematischen Charakter, der in der führerlosen Gesellschaft der Siberuter alle Beziehungen zwischen den *uma* kennzeichnet. Ohne alle Beschönigungen, wie sie in direkten Aussagen die Regel sind, stoßen wir hier auf ein Bild sozialer Gespaltenheit, das bei jedem Versuch, das Denken und Handeln der Leute zu verstehen, mitberücksichtigt werden sollte – ein deutliches Beispiel für die mögliche Diskrepanz von objektiver Funktion und subjektivem Sinn, von der einleitend die Rede war.[21]

Man kann das gespannte Verhältnis zu den Nachbargruppen noch unter einem allgemeineren Gesichtspunkt betrachten, einem Aspekt, der ganz direkt mit dem Thema der exogamen Heirat zusammenhängt und der ebenfalls in bestimmten mythischen Episoden zum Ausdruck kommt. Ich will ihn hier in einem kurzen Exkurs wenigstens streifen, weil er dem konkreten Gefühl gegenseitigen Mißtrauens noch einen für ganz Indonesien typischen Beweggrund hinzufügt. In der Geschichte vom Mädchen, das in der Erde versank, wurde erwähnt, daß für die Braut des magisch erwachsen gewordenen Jungen ein Brautpreis bezahlt werden muß. Diese Sitte ist in Indonesien allgemein verbreitet, aber im ganzen Archipel mit der für Siberut bereits erwähnten Vorstellung verbunden, daß ein noch so hoher Preis das Leben und die Fruchtbarkeit, die man als Brautnehmer mit der Braut erhält, eigentlich niemals vergüten kann. Der Brautnehmer bleibt in der Schuld der Brautgeber und ist ihnen gegenüber deswegen sozial untergeordnet. Da jede Gruppe logischerweise einmal als Brautgeber und dann wieder als Brautnehmer auftreten wird, entstehen auf diese Weise keine absoluten Rangunterschiede. Und doch hat die exogame Brautwahl vom Mann her gesehen zweierlei Nachteile: Einerseits wird durch das soziale Abhängigkeitsverhältnis gegenüber den Brautgebern dauernd die Selbständigkeit der eigenen Gruppe angetastet, und andererseits gehen dieser eigenen Gruppe bei jeder Brautpreisbezahlung wertvolle Güter verloren. Eine mögliche Alternative wäre der Inzest – eigentlich natürlich ein Skandal, aber es ist vielleicht gerade wegen der heimlichen Anziehungskraft einer solchen Möglichkeit, daß Inzest in den traditionellen indonesischen Gesellschaften mit fürchterlichen Strafen und der Androhung kosmischer Katastrophen verbunden wird.

Wieder ist es die symbolische Verkleidung der Mythen, die es angängig macht, die Vorteile einer inzestuösen Alternative gewissermaßen auszuloten. Die Toba Batak, eine Ethnie im Hochland Nordsumatras, besitzen einen Mythos von der Entstehung des Zauberstabes (*tunggal panaluan*), den dort die Schamanen gebrauchen, der dies illustrieren kann. Dieser Mythos zeigt die utopische Ausweichmöglichkeit einer inzestuösen Verbindung in einem anderen Licht. Er erzählt von einem Zwillingspaar, Bruder und Schwester, die sich beide

---

[21] Bei einer solchen Interpretation wäre es interessant, das Muster in diesen Männergeschichten mit Beispielen aus einer der vielen indonesischen Ethnien zu vergleichen, die ein präskriptives asymmetrisches Heiratssystem besitzen. Im Gegensatz zu den offenen Verhältnissen in Mentawai kommt es in einem solchen System ja zu beständigen Allianzen zwischen brautgebenden und brautnehmenden Gruppen durch viele Generationen hin. Leider sind indonesische Mythen bisher kaum im Hinblick auf solche sozialen Bezüge betrachtet worden. Immerhin möchte ich an die Analyse eines Mythos aus Flores durch Karl-Heinz Kohl (1989) erinnern, in dem verschiedene Heiratsverbindungen unter diesem Gesichtspunkt betrachtet werden. Bis auf die letzte, abschließende Hochzeit führen alle Verbindungen zu einer lebensgefährlichen Situation. In Kohls Interpretation unterstreicht die Art der geschilderten Gefahren jedoch gerade den Wert der normalen Heiratsform mit vertrauten Partnern: Denkbare Alternativen – eine inzestuöse sowie eine, die zu weit in eine unberechenbare Ferne führt, sind zum Mißlingen verurteilt. Nur von den herkömmlichen Heiratspartnern, den benachbarten Häusern der Mutterbrüder, droht keine Gefahr.

von der Welt abschließen und sich zusammen auf einen Baum zurückziehen. Schließlich verschmelzen sie ganz mit diesem Baum. Er wird bei einem Gewittersturm entwurzelt und steht danach plötzlich mitten unter den Häusern der Verwandtengruppe. Das Holz des Baums aber wird zu dem Material, aus dem der erste *tunggal panaluan* geschnitzt wird. Bis heute ist der Zauberstab, angefertigt aus dem Holz dieser Baumsorte, ein magisches Gerät, das der Gruppe seiner Besitzer Schutz und Segen gewährt. In der Analyse von Sandy Niessen (1985), die diesen Mythos interpretiert hat, wird diese positive Wendung als eine implizite Antwort auf die nachteiligen Effekte der exogamen Heirat interpretiert. In der Utopie einer Verbindung, in der alle Kräfte innerhalb des eigenen Bereichs belassen bleiben, kristallisiert sich die Selbständigkeit der Gruppe, die Quelle der segensreichen Wirkung des Zauberstabes. Freilich: Die Selbstgenügsamkeit geht auf Kosten der exogamen Heirat. Sie gewährleistet Gesundheit, aber sie führt gleichzeitig zur „Versteinerung" – Einswerden mit dem Baum – ohne Aussicht auf Nachkommen.

In diesem Licht betrachtet bekommt nun eine bisher noch nicht erwähnte Version des Mythos vom zerbrochenen Dolch ein besonderes Gewicht. Dies war ja die einzige Erzählung, die nicht mit einer Heirat endete, sondern mit der Flucht des männlichen Protagonisten an den Himmel. Sie stammt von einer der südlichen Inseln des Mentawai-Archipels und ist von Edwin Loeb (1929) überliefert. In dieser Version ist der Junge von Anfang an unzufrieden, weil er sich häßlicher findet als alle seine Kameraden, und er provoziert selbst ganz bewußt das Zerbrechen des Dolches, um einen Grund zu haben, zum Himmel zu entfliehen. Dort erhält er von den Geistern endlich die schöne Gestalt, die er sich wünscht, und überdies magische Kenntnisse. Und hier kommt nun der Hauptunterschied zu unserer ersten Version: Statt wie in dieser am Himmel zu bleiben, kommt es zum Abschied, und der Junge kehrt endgültig zu seiner Familie auf der Erde zurück. Im eigenen Kreis aber entwickelt sich dieser Jüngling, der mit seiner narzistischen Charakterisierung vielleicht noch stärker auf den innersten Bereich bezogen ist als das inzestuöse Zwillingspaar der Toba Batak, nun dank seiner neu erworbenen Kenntnisse zu einem großen Schamanen im Dienste der Gruppe. Das positive Ergebnis für die Gemeinschaft ist also ähnlich wie im Entstehungsmythos des Zauberstabs der Toba Batak-Schamanen. Ganz allgemein aber lassen sich beide Erzählungen als eine Art Abtasten von Möglichkeiten sozialer Selbstgenügsamkeit verstehen, die den inhärenten Nachteilen der exogamen Heirat gegenübergestellt werden.

Aber zurück von diesem Exkurs über weitere Grundlagen der Spannungen in den Gruppenbeziehungen zu unserem Vergleich der geschlechtsbegründeten Perspektiven. Im Gegensatz zu den Männererzählungen kommt in den Geschichten der Frauen die Funktion, die das Modell ihnen zuschreibt, deutlich zum Ausdruck: die Vermittlung bei der Bildung von Allianzen. Andererseits aber, und im Gegensatz zum Modell, wird den Frauen in den Frauengeschichten bei dieser Vermittlung eine aktive und stimulierende Rolle zugebilligt. Ich glaube, daß diese weibliche Verschiebung in der Zuschreibung der aktiven Urheberschaft zunächst als eine logische Folge der paradoxen Situation interpretiert werden kann, von der zu Beginn die Rede war: Die exogam verheirateten Frauen, denen die Teilnahme an den politischen Beziehungen nach außen hin verwehrt ist, kennen die Partner in einer Allianz eigentlich am besten. Die Geschichte von Elakpora betont bei der Verbindung vor allem ihre aktive Rolle als Schwester; was die Heirat selbst betrifft, dominieren bei den Episoden zu Beginn der Erzählung noch die negativen Assoziationen – die Angst, das vertraute Heim verlassen zu müssen. Erst in der Vermittlung einer Braut für den Bruder erscheint das Ehebündnis in einem positiven Licht. Es gibt jedoch andere mythische Ausgestaltungen unseres Themas, die in dieser Beziehung viel direkter sind: Ein Mädchen zieht aus eigener Initiative bei einer anderen Gruppe ein, heiratet dort und bringt damit selbständig eine bleibende Allianz zwischen ihrem neuen Heim und ihrer Herkunfts-*uma* zustande.[22]

Wie muß man diese erzählerische Abweichung vom strukturalen Modell interpretieren? Die paradoxe Lage der Frau liefert die Grundlage für die Auffassung ihrer aktiven Teilnahme, aber wie verhält es sich mit dieser Auffassung selbst? Ist sie nicht vielleicht doch nur der Ausdruck eines Wunschdenkens, ein Versuch, aus einer aufgezwungenen Situation dadurch das beste zu machen, daß man sie fiktiv aufwertet? Oder ist es vielleicht das Modell, das eine Fiktion darstellt?

Was Siberut betrifft, muß die Antwort zunächst doppeldeutig ausfallen. Die Initiative zu einer Hochzeit geht immer vom Vater des Bräutigams aus, und er leitet zusammen mit dem Vater der Braut die zugehörigen Unterhandlungen. In den meisten Fällen bedeutet dies jedoch nur die Bestätigung einer Beziehung, die schon einige Zeit zuvor mit einem persönlichen Verhältnis zwischen Jungen und Mädchen begonnen hatte. Zwang von Seiten der Eltern gibt es kaum. Ein unzufriedenes Mädchen würde einfach fliehen (oder gar symbolisch „sterben", wie der Beginn unserer Frauenerzählung anzudeuten scheint), und man kann ihm dies auf die Dauer nicht verwehren. Es gibt sogar Fälle (súgguru), in denen ein Mädchen aus eigener Initiative bei einem allzu zögernden Freund einzieht und damit seinem Vater keine andere Wahl läßt, als die erwünschte Ehe anzubahnen (Schefold 1988: 251).

Solche Möglichkeiten scheinen das herkömmliche Modell mit seinem passiven mittleren Glied für unser Gebiet tatsächlich in ein anderes Licht zu stellen. Damit ist freilich noch nichts darüber gesagt, wie repräsentativ sie allgemein sind, mit anderen Worten, ob es Argumente gibt, ihre Gültigkeit zu generalisieren. Die einzige mir bekannte Theorie, die solche Argumente zu liefern versucht, ist schon ein Vierteljahrhundert alt und stammt von van Baal (1975). Seiner Ansicht nach muß das Interesse an der Allianz letztlich sowohl für den Bruder wie für den Ehemann zu einer gewissen Abhängigkeit von den heiratenden Frauen führen. Da beide Seiten die Mitwirkung dieser Frauen brauchen, haben die Frauen die Möglichkeit, die Parteien gegeneinander auszuspielen und eine unerwünschte Verbindung abzulehnen oder sich ihr zu entziehen. Im Allianzmodell sollte man infolgedessen nicht zwei, sondern drei aktive Parteien einbeziehen. Es ist das Einverständnis des mittleren Elements, in dem sich die Belange aller drei Parteien begegnen.

---

[22] Vgl. Schefold 1989. – Eine wichtige Folge der Freundschaftsepisode in der Elakpora-Geschichte ist natürlich, daß dabei die Allianz auf drei Gruppen ausgedehnt werden kann, wobei die Hilfe der *uma* des Mädchens unter der Erde beim Bezahlen des Brautpreises für Elakporas Bruder zu den üblichen Folgeerscheinungen eines siripo'-Bündnisses gehört.

Problematisch bei einer solchen Darstellung der Beziehungen ist nur, daß darin kein Platz für die Unterschiede in den tatsächlichen Machtverhältnissen eingeräumt wird. Mir scheint, daß man bei der Frage nach ihrem Geltungsbereich eher an eine Skala verschiedener Möglichkeiten denken sollte, etwa in der Art, wie sie Mary Douglas (1970) in ihrem berühmten Buch über „Reinheit und Gefahr" präsentiert hat. Douglas betrachtet dort ein Continuum von Gesellschaften: von Gruppen mit klarer und gewaltsamer Frauenunterdrückung bis hin zu anderen, bei denen die Frauen im gegenseitigen Ausspielen von potentiellen Partnern und im Ergreifen von eigenen Initiativen einen deutlichen eigenen Spielraum haben. Vielleicht öffnet dies den Weg zu einer pragmatischeren Darstellung des Allianzmodells: Von der klassischen Version, die den Stempel der Unterdrückung trägt und bei der nur zwei Parteien aktiv beteiligt sind, zu offeneren Formen, bei denen auch die verbindenden Elemente eine aktive Rolle spielen.

Für Siberut kommt die letztere Möglichkeit der Wahrheit näher. Nun verstehen wir, warum im Gegensatz zum Jungen mit dem zerbrochenen Dolch die schlechten Erfahrungen im Elternhaus für das Mädchen bei der Rückkehr auf die Erde keine Nachwirkungen haben: Sie braucht das Band zur Ursprungs-*uma*, um ihre Vermittlung zu bekrönen. Solche weiblichen Versionen sind mehr als der Ausdruck einfachen Wunschdenkens. Die Erzählungen von Frauen, die aus persönlicher Initiative Allianzen zustandebringen, stellen ihre vermittelnde Rolle als ihr eigenes soziales Anliegen dar. In dieser Auffassung werden sie durch die Möglichkeiten zu eigenem Handeln bestätigt, die die potentiellen Bräute besitzen. Hier hat die Figur im Schachspiel sich selbständig gemacht und die Spieler dazu gebracht, sich die Hand zu geben.

Obwohl dies die Aussichten auf friedliche Verbindungen zwischen Gruppen unterstützt, hören sich die Männer solche Geschichten nicht gerne an. Ihr Inhalt widerspricht der männlichen Auffassung, daß alle politischen Allianzen ausschließlich eine Angelegenheit der Männer seien. Aber vielleicht liegt in diesem Fall das Wunschdenken mehr auf der Seite der Männer als auf der Seite der Frauen.

Literatur

Ardener, Shirley (Hg.) (1977): Perceiving Women, London.

Ardener, Shirley (1981): „Ground Rules and Social Maps for Women: An Introduction", in: dies. (Hg.), Women and Space: Ground Rules and Social Maps, London, 11–34.

Asad, Talal (Hg.) (1973): Anthropology and the Colonial Ecounter, London.

Bartels, Edien (1993): „Eén dochter is beter dan duizend zonen": Arabische vrouwen, symbolen en machtsverhoudingen tussen de sexen, Utrecht.

Baal, Jan van (1975): Reciprocity and the Position of Women, Assen.

Bohle, Barbara (1990): „Ritualisierte Homosexualität – Krieg – Misogynie – Beziehungen im und um den Männerbund: Beispiele aus Neuguinea", in: Völger, G. / Welck, K. v. (Hg.): Männerbande, Männerbünde: zur Rolle des Mannes im Kulturvergleich, Köln, Bd. 2, 285–296.

Clifford, James (1988): The Predicament of Culture: Twentieth Century Ethnography, Literature, and Art, Cambridge.

Douglas, Mary (1970): Purity and Danger: An Analysis of Concepts of Pollution and Taboo, Harmondsworth.

Geertz, Clifford (1973): „Deep Play: Notes on the Balinese Cockfight", in: ders., The Interpretation of Cultures, New York, 412–453.

Hauser-Schäublin, Brigitta (1977): Frauen in Kararau. Zur Rolle der Frau bei den Iatmul am Mittelsepik, Papua New Guinea, Basel.

Kohl, Karl-Heinz (1989): „Der Elefant mit den sieben Stoßzähnen; Heiratsregeln im Lewolema-Gebiet und ihre Begründung im Mythos", in: Zinser, H. / Kohl, K.-H. / Stentzler, F. (Hg.): Foedera Naturai. Klaus Heinrich zum 60. Geburtstag, Würzburg, 157–168.

Lévi-Strauss, Claude (1963): Structural Anthropology, New York.

Lévi-Strauss, Claude (1967): „The Story of Asdiwal", in: Leach, E. (Hg.) The Structural Study of Myth and Totemism, London, 1–47.

Lévi-Strauss, Claude (1969): The Elementary Structures of Kinship, Boston.

Loeb, Edwin M. (1929): „Mentawei Myths", in: Bijdragen tot de Taal-, Land- en Volkenkunde 85, 66–244.

Moore, Henrietta L. (1986): Space, Text and Gender: An Anthropological Study of the Marakwet of Kenya, Cambridge.

Niessen, Sandra Ann (1985): Motifs of Life in Toba Batak Texts and Textiles, Dordrecht.

Postel-Coster, Elsje (1988): „Women as Gifts: An Observer's model", in: Moyer, D. / Claessen H. (Hg.): Time Past, Time Present, Time Future: Perspectives on Indonesian Culture, Dordrecht.

Schefold, Reimar (1988): Lia: das große Ritual auf den Mentawai-Inseln (Indonesien), Berlin.

Schefold, Reimar (1989): „The Meaningful Transformation: The Anthropological Field of Study, the Analysis of Myth and the Gender Perspective", in: Claessen, H. J. M. (Hg.): Variant Views: Five Lectures from the Perspective of the „Leiden Tradition" in Cultural Anthropology (ICA Publicatie no. 84), Leiden.

Schefold, Reimar (1994): „Die bindende Braut: Männer- und Frauenperspektiven in Mythen aus Mentawai (Westindonesien)", in: Laubscher, M. / Turner, B. (Hg.): Regionale Völkerkunde, München, Bd. 2, 133–148.

Schipper, Mineke (1991): The Source of All Evil: African Proverbs and Sayings on Women, London.

Vellinga, Marcel (2000): Constituting Unity and Difference: The Meaning of Vernacular Houses in a Minangkabau Village, PhD thesis, Leiden University.

Weimann, Robert (1977): Literaturgeschichte und Mythologie; methodologische und historische Studien, Frankfurt a. M.

Wertheim, Willem Frederik (1970): Evolutie en revolutie; de golfslag der emancipatie, Amsterdam.

Jürgen Leonhardt / Katharina Krause

Poesie und Bild: Die Actaeon-Geschichte in Ovids *Metamorphosen*

Ovids *Metamorphosen* sind ein Meisterwerk der Erzählkunst, und sie sind für Europa zu einem der Hauptträger für die Überlieferung des antiken Mythos geworden. Mit diesen beiden Aussagen ist schon fast alles umrissen, was heute einvernehmlich zum Gesamtverständnis der *Metamorphosen* und zu ihrer Wirkung auf 2000 Jahre europäischer Kulturgeschichte gesagt werden kann. Der Grund für diese Unsicherheit – zu der die bloße Menge der wissenschaftlichen Literatur in klarem Mißverhältnis steht – ist allerdings jeweils verschieden. Bei der Interpretation des antiken Textes ist es die Schwierigkeit, Ovids Intentionen klar zu erkennen; der scheinbar so leicht verständliche Text versperrt sich bis heute einer festen Deutung. Die Wirkungsgeschichte aber ist beim gegenwärtigen Wissensstand allenfalls in Teilen, jedoch noch nicht im Ganzen zu überblicken.

Wenn in dieser Situation eine Kunsthistorikerin und ein Klassischer Philologe den Versuch wagen, sowohl über das Werk Ovids selbst wie auch über die von ihm ausgehende Wirkung in der Kunst der Neuzeit zu sprechen, so versteht sich von selbst, daß ihre Ausführungen nicht mehr als punktuellen, allenfalls exemplarischen Charakter haben können. Wir haben uns vorgenommen, eine einzige Geschichte der *Metamorphosen* von zwei Seiten, der originalen Textgestalt und seiner bildlichen Umsetzung durch Tizian zu beleuchten. Ausgewählt haben wir die Erzählung vom Jäger Actaeon, der die Göttin Diana versehentlich nackt beim Baden erblickte, von ihr zur Strafe in einen Hirsch verwandelt und daraufhin von seinen eigenen Jagdhunden zerrissen wurde.

Eine in dieser Art punktuelle Herangehensweise ist jedoch nicht nur situationsbedingt, sondern kommt gleichzeitig der besonderen Eigenart von Ovids *Metamorphosen* entgegen. Um dies zu verdeutlichen, ist die eingangs getroffene Feststellung, Ovids *Metamorphosen* seien ein Meisterwerk der Erzählkunst, zunächst in dreierlei Hinsicht genauer zu erläutern. Es ist erstens zu bestimmen, was für Ovid eigentlich ein Mythos bedeutete, als er sich, ungefähr 40 Jahre alt, unter der Herrschaft des Kaisers Augustus daran machte, eine Reihe von 250 Verwandlungssagen in einem epischen Gedicht von nicht weniger als 15 Büchern und ziemlich genau 12 000 Versen darzustellen. Der entscheidende Punkt ist, was Mythos damals nicht war: Er war nicht, genauer gesagt nicht mehr, Repräsentation einer weitgehend unreflektierten Weltsicht. Ovid lebte in einem aufgeklärten Zeitalter. Man wußte zwischen Mythos und historischem Ereignis zu unterscheiden, und die heidnische Götterwelt war zwar als Staatskult unangetastet, erhielt aber durch philosophische Weltdeutung erhebliche Konkurrenz. Bereits Jahrzehnte vor Ovid hatte der römische Polyhistor Marcus Terentius Varro nüchtern drei Formen der Theologie unterschieden: Eine Staatstheologie, wozu der überlieferte Götterkult gehörte, eine Theologie der Philosophen (die natürlich längst nicht mehr an olympische Götter glaubten), und eine Theologie der Dichter, d. h. die damals bereits reiche literarische Mythentradition. Man hat diese Dreiteilung längst auch für die Interpretation der *Metamorphosen* herangezogen und festgestellt, daß sie dem Bereich der Dichtertheologie angehören. Dichtung am Mythos ist aber nicht Neudichtung des Mythos, sondern Aneignung und Verwandlung des Überkommenen. Für Ovid und sein Zeitalter bedeutet Umgang mit dem Mythos primär den Wettbewerb mit einer bereits vorhandenen literarischen Tradition. Dieser Wettbewerb aber entfaltet sich am einzelnen Mythos; denn ein wirkliches Vorbild für die Gesamtanlage der ovidischen *Metamorphosen* hat es, auch wenn in hellenistischer Zeit einige sogenannte „Kataloggedichte" in ähnlicher Form Mythen sammelten, nicht gegeben.

Der einzelne Mythos steht auch insofern im Zentrum der *Metamorphosen*interpretation, als man bis heute nicht weiß, wie die Gesamtstruktur der *Metamorphosen* wirklich zu verstehen und zu deuten sei. Nicht daß keine Struktur erkennbar wäre: Ovid hat das Problem, 250 Mythen zu einem Ganzen zu verbinden, erzähltechnisch virtuos gelöst und dabei einen großen geschichtlichen Rahmen angedeutet. Er beginnt mit dem Ursprung der Welt, der in geradezu philosophischen Kategorien als eine aus dem Chaos erwachsende Ordnung beschrieben wird, und führt die Kette der Verwandlungen, mehrmals unter Einbeziehung weiterer philosophischer Elemente, durch den gesamten Gang der Weltgeschichte, von den ältesten Göttermythen über den trojanischen Krieg bis hin zur augusteischen Gegenwart, die als Zielpunkt einer gesamten Weltmetamorphose erscheint. Die letzte Verwandlung, die erzählt wird, ist die Vergöttlichung Cäsars nach seiner Ermordung. Doch jeder Versuch, Ovids Gliederungsprinzipien exakt zu formulieren, scheitert. Nicht besser steht es, wenn man nach den Intentionen des Dichters fragt. Daß er ein literarisch gebildetes Publikum, das andere Gestaltungen der hier versammelten Mythen bereits kannte, unterhalten wollte, steht außer Frage. Aber was ist der Sinn jenseits literarischen Spiels? Weist der krönende Abschluß mit dem Zeitalter des Augustus darauf, daß die Weltenmetamorphose ihr Ziel in der Zeitpolitik findet, und sind dann auch noch andere Mythen eine allegorische Verkleidung politischer Zeitgeschehnisse? Und wenn ja: Will Ovid die neueste, durch Augustus bewirkte Wandlung des römischen Staatswesens für gut erweisen oder kritisieren? Oder steht die Pythagorasrede des 15. Buches über den unaufhörlichen Wandel der Welt im eigentlichen Mittelpunkt des Werkes und schafft somit einen philosophisch-kosmologischen Rahmen? Ist das eigentliche Thema der Mensch in der unendlichen Vielfalt seiner psychischen Entwicklungen und persönlichen Schicksale, die Ovid mit einer noch heute beeindruckenden Feinfühligkeit nachgezeichnet hat? Alle diese Aspekte sind zweifellos in Ovids Opus magnum vorhanden. Doch gegenüber allen Versuchen, eine bestimmte Deutung fest zu begründen, hat sich das Werk mit seiner eigentümlichen Mischung aus Spiel und Ernst als resistent erwiesen, und dies ist auch der hauptsächliche Grund für die bis heute andauernde Ungewißheit über eine zutreffende Gesamtdeutung. Der Gesamtplan des Werkes bleibt also unklar, und was sich einigermaßen schlüssig beobachten und auch deuten läßt, sind die Details der Darstellung im einzelnen, und das wiederum heißt: der einzelne Mythos.

Die Dominanz der Einzelerzählung gilt schließlich, d. h. drittens, auch für die Wirkungsgeschichte. Die *Metamorphosen* sind kaum einmal als ganze Gegenstand künstlerischer Auseinandersetzung, ausgenommen höchstens die Illustrationen in den Textausgaben selbst, die natürlich dem Gesamtverlauf des Werkes folgen. Die wichtigsten Nachwirkungen in Kunst und Musik gehen jedoch von einzelnen Mythen aus; die *Metamorphosen* werden in erster Linie zur Materialsammlung – das literarisch eleganteste Repertorium, das die Weltgeschichte gesehen hat. Für viele Mythen bieten die *Metamorphosen* die ausführlichste aus der Antike erhaltene Fassung oder gar die einzige. Dazu gehören etwa der Mythos von Pyramus und Thisbe, von Philemon und Baucis, der Flug des Ikarus, Pygmalion, Narziss und Echo, Europa und die Geschichten von dem flötespielenden Marsyas und König Midas, dem alles zu Gold wurde.

Im folgenden soll nun also der Mythos von Actaeon im Mittelpunkt stehen, um die Darstellungsweise Ovids an einem beispielhaften Text genauer in Augenschein zu nehmen (Buch 3, V. 138–252). Die Erzählung war, wie bildliche Darstellungen seit dem 6. Jh. v. Chr. und eine in Spuren kennbare literarische Tradition nahelegen, in der Antike recht bekannt. Die überlieferten Versionen unterscheiden sich in einem wichtigen Detail: In einigen Quellen (so auch in den für die Wirkung in der frühen Neuzeit wichtigen *Fabulae* des Hygin) wird berichtet, Actaeon habe Diana nachgestellt und sein Blick auf die badende Diana stehe im Kontext einer eindeutigen sexuellen Aggression; damit wird die harte Reaktion der Göttin ohne weiteres verständlich. Ovid schließt sich einer Überlieferung an, die für uns bei dem hellenistischen Dichter Kallimachos greifbar ist; danach wurde Actaeon nur durch einen unglücklichen Zufall zu der badenden Göttin geführt, womit zweifelhaft wird, ob die grausame Bestrafung gerecht war. Ovid selbst stellt diese Frage am Ende seiner Erzählung in provokativer Weise (Buch 3, V. 253ff.):

> Rumor in ambiguo est: aliis violentior aequo
> visa dea est, alii laudant dignamque severa
> virginitate vocant; pars invenit utraque causas.

> („Die Meinungen waren geteilt: den einen schien die Göttin über Gebühr grausam; andere loben sie und nennen sie eine würdige Vertreterin der strengen Jungfräulichkeit. Und beide Parteien finden ihre Gründe.")

Welche Gründe im einzelnen für Diana sprechen, läßt Ovid offen. Die Entlastung, die Actaeon ohne Zweifel bei ihm erhält, fordert zu einem Bezug auf Ovids eigene Biographie geradezu heraus: Als er im Jahre 8 n. Chr. von Kaiser Augustus ans Schwarze Meer verbannt wurde, spielte ein ominöses, von Ovid immer nur angedeutetes „Versehen" mit eine Rolle, das darin bestanden zu haben scheint, daß Ovid irgendwo, vielleicht im Hause des

Augustus, etwas Geheimes und Verbotenes gesehen hatte, das nicht an den Tag kommen durfte. Ovid sieht sich selbst später in der Rolle des Actaeon (Tristien 2,103–105). Man hat deswegen bereits vermutet, daß diese Episode der *Metamorphosen* nachträglich von Ovid eingefügt worden ist, um sein eigenes Schicksal anzudeuten.

Die besondere Eigenart der ovidischen Darstellung liegt jedoch nicht in dieser Akzentuierung, sondern in der Konstruktion des Handlungszusammenhangs im Detail. Es ist ein durchgehendes Charakteristikum der *Metamorphosen*, daß Ovid die Regeln der normalen Welt nicht grundsätzlich zugunsten einer mythischen Überhöhung außer Kraft setzt. Übernatürlich ist im wesentlichen immer nur ein Teil der Geschichte, meist die Metamorphose oder ein Handlungsdetail, etwa daß Dädalus und Ikarus fliegen können. Alles andere entspricht genau unserer menschlichen Erfahrungswelt, die Psyche der handelnden Personen (auch der Götter) ebenso wie das Verhältnis von Ursache und Wirkung. Auch in der Actaeongeschichte liegt der hauptsächliche Reiz der ovidischen Gestaltung darin, daß die Handlungsabfolge so genau entwickelt wird, daß sich nach den Angaben des Textes ein in sich plausibler Film herstellen ließe – die Poesie wird in gewisser Weise zum Bild. Da gerade in der Actaeon-Erzählung die szenische Konstruktion Ovids bisher m. E. nicht ausreichend gewürdigt wurde, sei dieser Aspekt im folgenden in den Mittelpunkt gestellt.

Am Beginn der Geschichte ist vor allem auffällig, wie viele Details mitgeteilt werden (V.155ff.):

> Vallis erat piceis et acuta densa cupressu,
> nomine Gargaphie, succinctae sacra Dianae,
> cuius in extremo est antrum nemorale recessu
> arte laboratum nulla: simulaverat artem
> ingenio natura suo; nam pumice vivo
> et levibus tofis nativum duxerat arcum.
> fons sonat a dextra tenui perlucidus unda
> margine gramineo patulos succinctus hiatus:
> hic dea silvarum venatu fessa solebat
> virgineos artus liquido perfundere rore.

(„Ein Tal war dort, dicht bewachsen mit Kiefern und spitzen Zypressen; es hieß Gargaphie und war der hochgeschürzten Diana heilig. In seinem hintersten Winkel liegt im Wald eine von allein entstandene Grotte: die Natur hatte in freier Schöpferlaune ein Kunstwerk vorgetäuscht, denn aus lebendem Bimsstein (160) und leichtem Tuff hatte sie einen gewachsenen Bogen gespannt. Rechts plätschert ein Quell, dessen seichtes Wasser durchsichtig ist. Ein grasbewachsenes Ufer umsäumt sein breites Becken. Hier pflegte die Göttin der Wälder, wenn sie vom Jagen ermattet war, ihre jungfräulichen Glieder mit klarem Wasser zu übergießen.")

Ganz genau bestimmt Ovid Ort und Zeit: Es geschieht in der Mittagspause, nachdem sowohl Actaeon und seine Gefährten als auch Diana und ihre sie begleitenden Nymphen die Jagd beendet und sich zur Erholung zurückgezogen haben. Diana tut dies für gewöhnlich in einer natürlichen Grotte, die Ovid so exakt beschreibt, daß man nach seinen Angaben eine Filmkulisse herstellen könnte. Auch den Vorbereitungen zum Bade widmet er große Aufmerksamkeit (V. 165):

quo postquam subiit, nympharum tradidit uni
armigerae iaculum pharetramque arcusque retentos;
altera depositae subiecit bracchia pallae;
vincla duae pedibus demunt; nam doctior illis
Ismenis Crocale sparsos per colla capillos
conligit in nodum, quamvis erat ipsa solutis.
excipiunt laticem Nepheleque Hyaleque Ranisque
et Psecas et Phiale funduntque capacibus urnis.

(„Als sie dort eingetreten war, übergab sie einer der Nymphen, ihrer Waffenträgerin, den Wurf-
spieß, den Köcher und den entspannten Bogen; eine andere nahm mit ihrem Arm das abgestreifte
Kleid auf; zwei andere lösen ihr die Schuhriemen. Crocale, die Tochter des Ismenus, kann mehr
als die anderen und schürzt das Haar, das der Göttin lose in den Nacken fällt, (V. 170) zu einem
Knoten auf, obwohl sie ihr eigenes Haar offen herabhängen läßt. Es schöpfen das Naß Nephele,
Hyale, Ranis, Psecas und Phiale, und sie gießen es aus großen Gefäßen über sie.")

Dem Entkleidungsvorgang Dianas werden nicht weniger als sechs Verse gewidmet. Dabei
spricht Ovid jedoch nur von den Nymphen, die als Dienerinnen die einzelnen Ausrüstungs-
und Kleidungsstücke in Empfang nehmen: Speer, Köcher, Bogen, das Gewand, die Schuhe,
schließlich das Hochbinden der Haare, und selbst daß die Dienerin, die das tut, dies mit ihren
eigenen Haaren nicht tut, wird gesagt (die Haare von Dienerinnen, so steht zu vermuten,
dürfen beim Bad ruhig naß werden – oder ist der Kontrast gemeint, daß gerade die Nymphe,
die als Friseuse auftritt, selbst schlecht frisiert ist?). Ovids Blick auf die Szene stellt eine Art
Kameraführung für den Leser dar, wie man sie aus Filmszenen kennt, in denen nur die abge-
legten Kleidungsstücke im Bild erscheinen: Man sieht Diana nicht, und dennoch ist der
Auskleidevorgang in allen seinen Details präsent. Das ist dezent und gleichzeitig erotisch;
Ovid ist schließlich der große erotische Dichter der Antike. Man könnte diese Detailfreudig-
keit jetzt noch weiter bei der Begegnung Actaeons mit Diana und der sich anschließenden
Verwandlung untersuchen. Wir müssen dies aus Zeitgründen übergehen und kommen gleich
zum letzten Teil der Erzählung, Actaeons Begegnung mit den Hunden. Er enthält, wie wir
meinen, den Schlüssel, um Ovids Intentionen als, wenn man so will, Filmregisseur zu verstehen (V. 198ff.):

fugit Autonoeius heros
et se tam celerem cursu miratur in ipso.
ut vero vultus et cornua vidit in unda,
,me miserum!' dicturus erat: vox nulla secuta est;
ingemuit: vox illa fuit, lacrimaeque per ora
non sua fluxerunt: mens tantum pristina mansit.
quid faciat? repetatne domum et regalia tecta
an lateat silvis? timor hoc, pudor inpedit illud.

(„Es flüchtet der Held, Autonoes Sohn, und mitten im Lauf wundert er sich über die eigene
Schnelligkeit (200). Doch sobald er Gesicht und Geweih im Wasserspiegel erblickte: „Weh
mir" – wollte er sagen, doch die Stimme gehorchte ihm nicht. Er stöhnte auf: Das war jetzt
seine Stimme, und Tränen strömten ihm übers Gesicht, das nicht mehr das seine war. Nur das

Bewußtsein blieb das alte. Was tun? Nach Hause ins Königsschloß zurückkehren (205) oder sich im Wald verstecken? An dem einen hindert ihn die Furcht, an dem andern die Scham.")

Sobald Actaeon ein Hirsch geworden ist, stürmt er davon. Er merkt jedoch zunächst gar nicht, daß er ein Tier ist und wundert sich nur, daß er plötzlich so schnell rennen kann. Ovid hatte in der Tat ausdrücklich gesagt (V. 203), daß ihm bei der Verwandlung das alte, menschliche Bewußtsein geblieben war. Was geschehen ist, wird Actaeon erst klar, als er sich im Spiegelbild eines Flusses ansieht. Daß das Bewußtsein einer Figur bei der Verwandlung ohne Bezug zur neuen Gestalt bleibt, ist bei Ovid eher die Ausnahme. Viel häufiger wird in der neuen Gestalt ein Wesenszug der alten verdeutlicht, etwa wenn ein böser Mensch (wie Lykaon) zum Wolf wird oder wenn Philemon und Baucis nach vielen Jahrzehnten gemeinschaftlichen stabilen Ehelebens in zwei fest nebeneinanderstehende Bäume verwandelt werden. Die Dissoziation von Gestalt und Bewußtsein bei Actaeon unterstreicht die Brutalität Dianas, die eine willkürliche vernichtende Wendung in Actaeons Leben herbeiführt, und ist, wie neuerdings Michael v. Albrecht gezeigt hat, ein wesentliches Moment der psychologischen Darstellungsabsicht. Ovid hat es jedoch nicht bei der Konstatierung der psychischen Phänomene belassen, sondern darüber hinaus die Handlung konsequent aus dieser psychischen Disposition entwickelt. Actaeon, nachdem er des Entsetzlichen gewahr geworden ist, überlegt, was er tun soll: Er fürchtet sich, allein im Wald zu bleiben. Daß Diana ihm, wie Ovid sagt (V. 198), als einzige Tiereigenschaft die für den Hirsch typische Schreckhaftigkeit verliehen hatte, reicht als Erklärung nicht aus; denn für einen Hirsch ist der Wald ja der gewohnte Lebensraum, vor dem er sich nicht fürchten muß. Actaeon fürchtet sich, weil er innerlich noch wie ein Mensch fühlt. Die Alternative wäre, nach Hause zu gehen: doch das will er nicht; er schämt sich, als Hirsch nach Hause zu kommen – auch das ist letztlich eine menschliche Empfindung. Ovid hat an dieser Stelle übrigens mit großer Feinheit beiläufig erwähnt, daß das Zuhause Actaeons ein Königsschloß ist. Eigentlich ist dieses Detail überflüssig. Doch der Kontrast zwischen der neuen Gestalt und der alten Lebensumgebung kommt dadurch viel deutlicher zum Ausdruck. Wenn man den Gedanken ganz ausführt, evoziert Ovid hier das Bild, wie mitten in einer prächtigen Vorhalle ein Hirsch steht, die Diener herbeieilen und sich über den merkwürdigen Besuch wundern. Das ist im Grunde fast ein Comicbild, und gerade dieser spielerische Zug mitten im durchaus vorhandenen blutigen Ernst ist typisch für Ovid.

Während nun Actaeon überlegt, treten die Hunde auf den Plan. Es fällt auf, daß Ovid eine große Anzahl von Hundenamen einfach aufzählt. Solche „Kataloge" (dies der literaturwissenschaftliche Terminus) gehören zur ältesten, bereits bei Homer nachweisbaren Tradition des Epos. Auch der „Hundekatalog" war schon ein älterer Bestandteil des Actaeon-Mythos, und wir wissen, daß es in der Antike um die genaue Überlieferung der Hundenamen sogar eine Diskussion gegeben hat. Ovid verarbeitet hier also ein Stück alter Überlieferung; aber er bringt einen Überraschungseffekt hinzu. Denn als nach der langen Aufzählung von Hundenamen die Geschichte ihrem schlimmen Ende zugeht und die Hunde Actaeon angreifen, da erweist sich die ganze vorige Aufzählung plötzlich fast als überflüssig. Denn der erste Angriff wird von drei Hunden geführt, die vorher gar nicht genannt worden waren. Ovid erklärt ganz realistisch, daß diese drei zwar später losgelaufen seien, aber eine Abkürzung genommen und deswegen als erste angekommen seien. Dies ist zunächst einmal ein literarisches Spiel, mit dem Ovid dem literaturkundigen antiken Leser zeigt, wie souverän er mit der Tradition umgeht. Der Kunstcharakter der Stelle zeigt sich übrigens auch beim Nachzählen: denn der Katalog der großen Hundemeute umfaßt genau 30 Namen, die kleine Sondergruppe setzt sich aus dem zehnten Teil, nämlich 3 Hunden, zusammen.

Doch die Abtrennung einer zweiten Hundegruppe hat ebenso wie die Tatsache, daß Actaeon in seinem Fühlen Mensch bleibt, eine weitere Funktion, und dies ist ein für das Verständnis der Szene entscheidender Punkt. Wenn man Ernst macht mit der Erwartung, daß abgesehen von einzelnen „überirdischen" Teilen der Erzählung alles nach irdischen Regeln ablaufen muß, sieht man nämlich, daß Ovid bei der Erzählung des Mythos am Ende ein gewichtiges und ganz und gar unmythisches Problem lösen mußte: Wieso gelingt es eigentlich den Hunden, den Hirsch zu fassen? Wenn man einen Hirsch fangen will, reicht es nicht aus, dreiunddreißig Hunde in den Wald zu setzen, zumindest nicht, wenn es sich um einen kräftigen und gesunden Hirsch handelt, was wir bei einem frisch verwandelten jungen Königssohn doch vielleicht annehmen dürfen. Das bloße Faktum der Metamorphose Actaeons impliziert noch nicht das tödliche Finale. Und wenn wir jetzt Ovids Inszenierung daraufhin prüfen, sehen, wir, daß er mit großer Präzision genau die Umstände herbeigeführt hat, die es glaubhaft machen, daß Actaeon von seinen Hunden erlegt werden konnte.

Dazu muß man zunächst rekonstruieren, wie es zur Begegnung von Actaeon mit den Hunden kommt. Nachdem Actaeon das Ende der Jagd befohlen hatte (V. 148–154), trennt er sich offensichtlich von den Gefährten, die ihrerseits in der Nähe der Hunde bleiben; jedenfalls sind sie V. 242 ganz selbstverständlich da, als die Hunde den Hirsch töten. Über Actaeons Alleingang wird genauer nur gesagt, er sei „unsicheren Schritts durch den unbekannten Hain geirrt" (V. 175 per nemus ignotum non certis passibus errans). Daraus könnte man herauslesen, Actaeon sei ziellos im Wald umhergeschweift; wahrscheinlicher ist aber doch, daß er sich zusammen mit den anderen auf den Weg nach Hause oder zu einem Lagerplatz gemacht hat und dabei einfach vom Weg abgekommen war. Ein kleines Detail, das den Kommentatoren großes Kopfzerbrechen bereitet hat, macht überdies wahrscheinlich, daß die ganze Gruppe der Begleiter mit den Hunden sich tatsächlich zielgerichtet bewegte: Von der kleinen Nachzüglergruppe der Hunde heißt es nämlich (V. 234f.), sie sei „später losgelaufen" (tardius exierant) und habe eine Abkürzung über den Berg genommen. Wieso kann Ovid sagen, sie seien „losgelaufen"? Der Aufbruch von zu Hause kann ja nicht gemeint sein. Die Frage löst sich, wenn man annimmt, daß der Aufbruch von der Jagd gemeint ist. Auch die Feststellung, daß diese Hunde eine Abkürzung über den Berg genommen hätten, spricht für diese Interpretation. Ovid kann schwerlich gemeint haben, daß nach der Entdeckung des Hirsches drei Hunde zunächst sitzengeblieben seien, um dann eine Abkürzung zu nehmen; sie hätten ja nicht einmal wissen können, wo sich der Hirsch hinwendet. Sehr wohl aber kann man sich vorstellen, daß die drei Hunde den generellen Aufbruch der ganzen Gruppe verpaßt haben und, da sie den Weg nach Hause oder zum Rastplatz natürlich kannten, dann einen etwas anderen Weg genommen haben. Das große Hunderudel aber begegnet nun Actaeon, der vom Weg abgekommen und dabei unglücklich verwandelt worden war.

Ein normaler Hirsch hätte das große Hunderudel bemerkt und wäre rechtzeitig geflohen. Aber Actaeon ist ja gerade kein normaler Hirsch. Wir hatten gesehen, daß er als Hirsch noch ganz wie ein Mensch fühlt – und vermutlich wird er deswegen das Nahen seiner eigenen Hunde gar nicht als Gefahr empfunden haben. Vor allem aber steht er in diesem Moment noch unter dem Schock seiner Verwandlung und ist daher ganz abgelenkt. Ovid beschreibt ganz genau (V. 206): „Während er überlegt, sehen ihn die Hunde" – er selbst hat sie also nicht gesehen. Die Tatsache, daß Actaeon sein altes, menschliches Bewußtsein behält und sich in diesem Moment – was bei einem echten Hirsch kaum vorkommen würde – gar nicht auf seine Umgebung konzentrieren kann, ist also die völlig plausible Voraussetzung dafür, daß die Hunde ihm zunächst einmal gefährlich nahe kommen können.

Der Realismus Ovids geht jedoch noch weiter. Eine Verfolgungsszene ist nur wirklich spannend, wenn die Kräfte so verteilt sind, daß der Ausgang ungewiß ist. Das ist zwischen einem kräftigen Hirsch und Hunden durchaus der Fall, und es muß zunächst ungewiß bleiben, ob Actaeon nicht doch entkommen kann. Hier greift aber nun der letzte Teil von Ovids Inszenierung: Actaeon läuft der kleinen Nebengruppe von Hunden, die eine Abkürzung genommen hatte, entgegen; diese hält ihn so lange auf, bis die große Meute kommt und es kein Entrinnen mehr gibt. Der Struktur nach ähnelt diese Verfolgungsjagd dem in modernen Filmen oft verwendeten Schema, nach dem ein überraschendes Ereignis wie z. B. das zufällige Auftauchen eines weiteren Verfolgers zur Ergreifung des Fliehenden führt. Die Einführung einer zweiten Hundegruppe, die zunächst nur ein gebildetes literarisches Spiel zu sein scheint, erweist sich als wohlbegründete Invention im Dienste realistischer Darstellung.

Die Erzählkunst Ovids manifestiert sich über die szenische Anlage hinaus jedoch in einem weiteren Bereich, der in der philologischen Forschung bisher deutlich zu kurz gekommen ist: Die sprachliche Gestaltung der Verse, die sowohl im Dienste rein musikalischen Wohlklangs wie auch einer genau geplanten Beziehung zwischen Form und Inhalt steht.

Klangmalende und musikalisch durchkomponierte Ausgestaltung der Verse ist ein besonderes Kennzeichen gerade der klassischen lateinischen Dichter Horaz, Vergil und Ovid, die hier sogar mehr „komponieren" als etwa die klassischen griechischen Dichter. Ein nicht unbeträchtlicher Teil der Faszination, welche diese Texte auf die spätere Zeit ausgeübt haben, beruht auf dieser rein ästhetischen Perfektion. Man kann das klangmalende Element selbst dann wahrnehmen, wenn man mit der lateinischen Sprache nicht vertraut ist. Voraussetzung ist lediglich die Kenntnis von der Struktur des Versmaßes, des sogenannten daktylischen Hexameters. Bekanntlich können hier in den ersten vier der insgesamt sechs Versfüße die beiden kurzen Silben des Daktylus wahlweise auch durch eine lange ersetzt werden, so daß sich je nach Wortwahl verschiedene rhythmische Muster ergeben und „schnellere" oder „getragenere" Verse gebildet werden können:

$$- \smile\smile \mid - \smile\smile \mid - \smile\smile \mid - \smile\smile \mid \smile\smile \ - -$$

Wir beginnen mit der Stelle der Erzählung, an der Diana von Actaeon erblickt worden ist. Ovid hebt die Bedeutung dieses Augenblicks durch einen Vergleich hervor, wie er an wichtigen Stellen im Epos steht (vor V. 183): „Wie Wolken sich färben, wenn die Sonne sie von vorne anstrahlt, oder wie die purpurne Morgenröte glüht, (185): So war die Farbe von Dianas Antlitz, als sie ohne Gewand gesehen wurde." Die Korrespondenz der beiden Teile, des Wie-Satzes und des So-Satzes wird im lateinischen Text sowohl klanglich wie rhythmisch unterstrichen: Klanglich dadurch, daß in den beiden Versen 183 und 185 der helle Vokal i dominiert, vor allem an betonten Stellen (vgl. die Unterstreichungen), während der Zwischenvers sehr viel dunkler getönt ist, und rhythmisch dadurch, daß V. 185 fast genau die gleiche Ausformung des Hexameters erhält (im folgenden nach der Zeile notiert). Der epische Vergleich mit seinem Wie-So hört sich also folgendermaßen an:

> Qui color infectis adversi solis ab ictu $(\; - \smile\smile \mid - - \mid - - \mid - - \mid - \smile\smile \mid - - \;)$
> nubibus esse solet aut purpureae Aurorae,
> is fuit in vultu visae sine veste Dianae. $(\; - \smile\smile \mid - - \mid - - \mid - \smile\smile \mid - \smile\smile \mid - - \;)$

Es folgt die aufgeregte Reaktion. Das Durcheinander dieser Szene wird sprachlich imitiert, indem Ovid einen recht langen und syntaktisch komplizierten Satz bildet. Die syntaktischen Gliederungspunkte dieses Satzes, (im lateinischen Text durch senkrechte Striche markiert) fallen bis auf den letzten Vers meist nicht mit den Versgrenzen zusammen, so daß sich ein etwas verwirrender Eindruck ergibt (V. 186ff.):

> Quae | quamquam comitum turba stipata suarum
> in latus obliquum, | tamen adstitit | oraque retro
> flexit | et, ut vellet promptas habuisse sagittas, |
> quas habuit, | sic hausit aquas | vultumque virilem
> perfudit | spargensque comas ultricibus undis
> addidit haec cladis praenuntia verba futurae:

> („Obwohl ihre Begleiter sie umdrängten, drehte sie sich schräg zur Seite und wandte das Antlitz rückwärts und, wie gern sie auch Pfeile zur Hand gehabt hätte, was sie hatte, nahm sie, Wasser, begoß das Gesicht des Mannes, und während sie ihm das Haar mit dem rächenden Naß besprühte, fügte sie folgende Worte hinzu, die kommendes Unheil verkündeten.")

Dann folgt rhythmisch das genaue Gegenteil, nämlich eine Reihe von Versen, in denen Satzstruktur und Versstruktur völlig zusammenfallen und Punkt für Punkt, respektive Vers für Vers, die einzelnen Schritte der Verwandlung vorgeführt werden. Fünf mal hintereinander läßt Ovid den Vers hier mit einem stark abgehobenen einsilbigen Wort beginnen, was jeweils wie ein Peitschenhieb wirkt; die Brutalität des Geschehens wird noch unterstrichen durch die Häufung von harten Konsonanten, vor allem k-Lauten, die an betonten Stellen wiederholt werden (V. 192ff.):

> *Nunc* tibi me posito visam velamine narres,
> *si* poteris narrare, licet!" nec plura minata
> *dat* sparso capiti vivacis cornua cervi,
> *dat* spatium collo summasque cacuminat aures
> *cum* pedibusque manus, cum longis bracchia mutat
> cruribus et velat maculoso vellere corpus;

(„Und sie hält sich nicht mit weiteren Drohungen auf, sondern läßt auf dem besprengten Haupt das Geweih eines langlebigen Hirsches wachsen und den Hals sich ausdehnen, versieht die Ohren oben mit Spitzen, gibt ihm Füße statt der Hände, lange Schenkel statt der Arme und hüllt ihm den Leib in ein geflecktes Fell.")

Und dann ist Actaeon ein furchtsamer Hirsch und flieht davon. Die Schnelligkeit der Flucht wird versinnbildlicht, indem Ovid hier und nur hier in der gesamten Actaeongeschichte einen Hexameter bildet, der alle Möglichkeiten kurzer Silben maximal ausnutzt und somit schnell wirkt (V. 198):

additus et pavor est. fugit Autonoeius heros.　　(− ᴗᴗ | − ᴗᴗ | − ᴗᴗ | − ᴗᴗ | − ᴗᴗ | − −)
(„Und auch Furcht gab sie ihm noch ein. Es flüchtet der Held, Autonoes Sohn.")

Eine zusätzliche Pointe entsteht dadurch, daß ausgerechnet hier, wo es um Flucht geht, Actaeon auf feierlich-epische Weise als „Held, Autonoes Sohn" bezeichnet wird – Helden fliehen normalerweise nicht.

Es folgt die Szene, in der sich Actaeon, äußerlich Hirsch, aber innerlich Mensch, seiner Lage bewußt wird und in Schrecken und Ungewißheit nicht weiß, was er tun soll. Wiederum wird die Satzstruktur unruhig, aber anders als zuvor bei Dianas Reaktion. Denn genau mit dem Moment, wo Actaeon seine neue Gestalt im Spiegelbild des Wassers sieht, setzt eine lange Reihe von kurzen, atemlosen Sätzen ein; es gibt keine größeren Zusammenhänge mehr, sondern nur die Folge von Gedanken und Eindrücken, die wie in panischem Schrecken aufeinanderfolgen und Actaeon handlungsunfähig machen (V. 199ff.):

et se tam celerem cursu miratur in ipso.
Ut vero vultus et cornua vidit in unda,
„me miserum!" | dicturus erat: | vox nulla secuta est;
ingemuit: | vox illa fuit, | lacrimaeque per ora
non sua fluxerunt; | mens tantum pristina mansit. |
Quid faciat? | repetatne domum et regalia tecta? |
An lateat silvis? | pudor hoc, | timor impedit illud. |

(„Doch sobald er Gesicht und Geweih im Wasserspiegel erblickte: ‚Weh mir' – wollte er sagen, doch die Stimme gehorchte ihm nicht. Er stöhnte auf: Das war jetzt seine Stimme, und Tränen strömten ihm übers Gesicht, das nicht mehr das seine war. Nur das Bewußtsein blieb das alte. Was tun? Nach Hause ins Königsschloß zurückkehren (205) oder sich im Wald verstecken? An dem einen hindert ihn die Furcht, an dem andern die Scham.")

Vergleicht man diese Passage mit dem oben zitierten Abschnitt, in dem die aufgeregte Reaktion Dianas in syntaktischer Verwirrung mündet, wird besonders deutlich, in welch hohem Maße die Sprache hier geradezu zum Indikator psychischer Zustände wird. Die Expressivität der Sprache bildet einen wesentlichen Teil der unmittelbaren Wirkung, die Ovid noch heute ausüben kann, und leider läßt sich gerade dieser Teil der ovidischen Kunst gar nicht in Übersetzungen fassen. Vielleicht lassen die vorgelegten Beobachtungen aber doch erahnen, daß es legitim ist, bei der Lektüre der *Metamorphosen* sich dem Genuß hinzugeben. Ungeachtet aller politischer, philosophischer und psychologischer Deutungsmöglichkeiten, die Ovids Werk vielschichtig anklingen läßt, ist dies doch eine Leseweise, die mit Sicherheit den Beifall des Autors gefunden hätte.

Den Künstlern der Neuzeit haben Ovids *Metamorphosen* einen kaum auszuschöpfenden Fundus an Geschichten geliefert, die zur Belehrung, Erbauung, vor allem aber auch Unterhaltung der Betrachter in Bilder umgesetzt werden konnten. Seit dem ausgehenden 15. Jahrhundert lag der Text in italienischen Bearbeitungen und Übersetzungen vor, die, selbst immer wieder erneuert und neu aufgelegt, den Künstlern die Geschichte zwar nicht in der schönen literarischen Form des antiken Dichters darboten, aber doch mehr als eine Ahnung von den spannenden Geschichten ermöglichten. Nicht nur für die Hersteller von Tafelbildern, Fresken und Skulpturen, sondern vordringlich für die Illustratoren der Bücher waren die *Metamorphosen* eine echte Herausforderung. 1497 erschien in Venedig eine Ausgabe der Ovidbearbeitung durch Giovanni de Bonsignori, die mit Holzschnitten bebildert wurde. In spätere, erneuerte Textfassungen hinüberkopiert, stellen diese Bilder eine erste Schicht leicht faßlicher, geradezu verbindlich gewordener Szenen dar. Die Illustration zur Geschichte von der Entführung Europas durch Jupiter z. B. ist ein Simultanbild, das sich von hinten links nach vorn entwickelt und wieder nach hinten, nach rechts führt: Jupiter gibt Merkur den Auftrag, ihn in Gestalt eines besonders schönen, weißen Stiers an den Strand zu führen, was Merkur, in Gestalt eines Hirten mit Schalmei, bereitwillig erledigt; Europa läßt sich von dem schönen und besonders zahmen Tier verführen, seinen Rücken zu besteigen; der Stier erhebt sich, wendet sich zum Meer, was dem Künstler Gelegenheit zu einer eindrucksvollen Rückenansicht gibt, und schwimmt mit Europa nach der Insel Kreta, die sich als befestigte Stadt am Horizont zeigt [1]. Offenbar waren die sehr klaren Bilder doch nicht klar genug. Denn in der nächsten, für einige Zeit maßgeblichen Ausgabe, der Übersetzung des Nicolo dei Agostini, wurden sie zwar weiterverwendet, wenn auch verknappt (1522). Vor allem aber erhielten die Figuren in den Nachdrucken dieser Ausgabe Namensschilder, so daß dem Leser und Betrachter der Bilder der Irrtum Europas erspart wurde: Kein Zweifel war möglich, der Stier war der verwandelte Jupiter [2].

Weiterhin zeigten die Bilder mehrere Momente einer Geschichte in einem Bildfeld: Der Jägersmann Actaeon z. B. erscheint zweimal im Bild [3]. Er hat die scheue und keusche Diana und ihre Nymphen beim Bad beobachtet, wird von der Göttin mit Wasser bespritzt – sein weiteres Schicksal ist im Hintergrund zu sehen, und gäbe es nicht die Beschriftung, könnten wir vielleicht unsicher werden: Der dort gezeigte Jäger, der schon das Halali bläst, ist nicht Actaeon, sondern ein Jagdgefährte. Die Hunde haben den in den Hirsch verwandelten Actaeon angefallen und werden wohl kaum von ihm ablassen.

In diesen ersten Jahrzehnten des 16. Jahrhunderts war allerdings noch vieles im Fluß: Es stand noch nicht ganz fest, welche der vielen Geschichten aus den *Metamorphosen* überhaupt dargestellt werden sollten; auch welcher Moment aus einer Geschichte sich für die Wiedergabe im Bild besonders eignete, war noch umstritten. Dies festzuschreiben, gelang erst den Verlagshäusern in Lyon, in einer der führenden Druckerstädte des 16. Jahrhunderts. Die Bearbeitung der *Metamorphosen*, die 1557 dort mit den Bildern von Bernard Salomon erschien, setzte neue Maßstäbe. Von nun an lasen Künstler weniger den Text, als daß sie die

Bilder anschauten und daraus ihre eigenen Szenen entwickelten. Salomon zerlegt die Geschichte von Actaeon in zwei Bilder, und er verzichtet auf die Namensetiketten: Um im auf einen Moment festgelegten Bild zeigen zu können, daß es sich nicht um ein harmloses Badegeplänkel handelt, setzt er seinem Actaeon schon den Hirschkopf auf, er versucht also, den schnellen Prozeß der Verwandlung des jungen Mannes in den Hirsch zu fassen. Das folgende Bild demonstriert die ganze Grausamkeit des Jagdgeschehens, der vier riesigen Jagdhunde, die den schon völlig wehrlosen Hirschactaeon zerfleischen [4;5].

Bücher und Bilder hatten über ganz Europa die Geschichte aus Ovids *Metamorphosen* bekannt gemacht, als Tizian vom spanischen Infanten Philipp, dem späteren Philipp II., 1553/54 den Auftrag für einige Bilder mit ovidischen Szenen erhielt. Tizian ging wohl davon aus, daß die Bilder für die Dekoration eines Kabinetts bestimmt waren. Er stellte es sich vermutlich in der Art jener „studioli" vor, wie sie an italienischen Fürstenhöfen verbreitet waren: mit prächtiger Dekoration von Wänden und Decke, in die die Bilder eingefügt wurden. Es waren Rückzugsorte zum Genuß von Kunst und Literatur, wobei das Ausmaß an Gelehrsamkeit im Bildprogramm je nach Gusto des Besitzers variierte, wobei aber in jedem Fall Bezüge auf die Antike üblich waren.

Als erstes Bild wurde 1553 die ‚Danae' geliefert [6]. Es handelt sich um eine neue Fassung desjenigen Gemäldes, das Tizian 1544/45 an Kardinal Alessandro Farnese geliefert hatte. Danae war jene Königstochter, die von ihrem Vater eingesperrt wurde, zu der aber doch, von ihrer Schönheit angerührt, der oberste der Götter, Jupiter, als goldener Regen vordrang. Erst seit wenigen Jahren ist bekannt, daß Alessandro Farnese in Danae eine römische Kurtisane namens Angela porträtieren ließ. Gerade diese mythologische Einkleidung ließ sich sogar mit einem Beleg aus der Antike legitimieren – waren doch Bilder der Danae als Schmuck von Bordellen überliefert und stimulierten dort, wie u. a. der Kirchenvater Augustinus mit einiger Entrüstung berichtet, das erotische Interesse der Kunden.

Die Korrespondenz zwischen dem päpstlichen Nuntius in Venedig, Giovanni della Casa, und dem Kardinal Farnese läßt jedenfalls an Deutlichkeit nichts zu wünschen übrig: „Außerdem hat Tizian auf Bestellung Eurer Durchlaucht eine Nackte zu liefern übernommen. Sie ließe den Teufel auf dem Rücken des [sittenstrengen] Kardinals von S. Silvestro springen. Und die Nackte, die Ihr in Pesaro beim Herzog von Urbino gesehen habt [Tizians ‚Venus von Urbino'] ist eine Theatinernonne dagegen." Wenn sich so im prahlerischen Gerede der hohen Herren im päpstlichen Rom die Kennerschaft von Frauenschönheit mit der Kennerschaft von Kunst verband, scheint dies über den Maler auch an den spanischen Hof vermittelt worden zu sein. Unabhängig von der Strenge des spanischen Hofzeremoniells bleibt das Mäzenatentum des jungen Philipp II. und die Ausschmückung seiner Residenzen zu dieser Zeit noch ganz im Rahmen des in Gesamteuropa Üblichen. Auch bei der später größeren Neigung zu religiösen Themen blieb eine Kompensation im Privaten nicht aus – so wie auch das Schwadronieren der römischen Geistlichkeit nicht für die Öffentlichkeit bestimmt war. Jedenfalls spitzte Tizian in seiner Fassung für den spanischen Hof den Aspekt der käuflichen Liebe, der dem Thema Danae seit der Antike anhängt, zu, indem er den Amor aus der ersten Version durch ein altes Weib ersetzte, dessen Gier nach Geld im Kontrast die Unschuld Danaes besser ins Bild setzen hilft. Danaes vor Scham oder Aufregung leicht gerötetes Gesicht liegt weiter im Schatten.

Der Brief, der Tizian die Übersendung des Gegenstücks nach Madrid begleitete, ist berühmt geworden. 1554 schreibt er an den Herrscher: „Und weil Danae, die ich Euer Majestät bereits geschickt habe, sich ganz von vorne zeigt, habe ich dies in der anderen ‚poesia' zu variieren und Euer Majestät den entgegengesetzten Teil zu zeigen gewünscht, damit das ‚camerino', in dem die Bilder untergebracht werden, einen desto anmutigeren Anblick gewährt." Tizian zeigt im Pendant zur Danae den Rückenakt der Venus [7]. Die Liebesgöttin umschlingt ihren Geliebten Adonis, der sich, von ihren Reizen angerührt und von ihren Armen doch nicht gefesselt, seiner Jagdleidenschaft hingibt und – im Bild nicht gezeigt – von einem Keiler getötet wird.

Philipp II. erreichte das Bild in London, wo er gerade mit Mary Tudor Hochzeit gefeiert hatte. Von allen allegorischen Lesarten der Bilder überzeugt die allgemeinste noch am meisten: Diejenige, die im Sinn eines Fürstenspiegels dem Bild von der Allmacht der göttlichen Liebe – wenn der Fürst der Götter verliebt ist – die Grenzen der Liebesmacht – wenn die Göttin liebt – gegenüberstellt und den jungen Mann, auch wenn es sein Verderben bedeutet, das tätige Leben des Jägers wiederaufnehmen läßt.

Die nächste Stufe in der Geschichte des Zyklus streifen wir nur. Mit dem Mythos von der Befreiung der unverschuldet leidenden Andromeda durch den kühnen Perseus erhielt Philipp II. 1556 die Fortsetzung der Geschichte von Danae: Denn Perseus ist deren und Jupiters Sohn, ein unerschrockener Held, der die schamhaft errötende Prinzessin befreit und tugendhaft in die Ehe führt. Das Bild bot zugleich einen weiteren Frauenakt in neuer, gegenüber dem zuvor gelieferten Bildpaar veränderter Pose – da es dem Herrscher während seines Aufenthalts in Gent zugestellt wurde, konnte es jedoch mit den Bildern von Danae und Adonis nicht vereint werden. Auch das Gegenstück, das Jason und Medea zeigen sollte, wurde dem Zyklus nicht eingefügt, es wurde womöglich nie gemalt, jedenfalls nicht nach Spanien geliefert.

Statt dessen folgte 1559 das Bildpaar, das am spanischen Hof immer zusammen präsentiert wurde und auch zum Reisegepäck des Herrschers gehörte [8;9]. Es ist Diana und ihrer unbeirrbaren Keuschheit gewidmet. Actaeon, der die Göttin und ihre Nymphen am Brunnen trifft, wurde eine Szene gegenübergestellt, die wieder die badenden Jägerinnen zeigt: eine von ihnen, Callisto, war von Jupiter betrogen und verführt worden. Hochschwanger weigert sie sich, die Kleider zum Bad abzustreifen und ihren Zustand zu offenbaren. Das leisten ihre Gefährtinnen, die mit Hohn und Spott nicht sparen. Ebenso unschuldig wie Actaeon, wird sie von Diana zur Strafe in eine Bärin verwandelt und später als Gestirn des Großen Bären an den Himmel versetzt.

Das letzte Bildpaar wurde zwar gemalt, aber nicht vollständig abgeliefert: Der ‚Tod des Actaeon' gelangte 1568 an Kaiser Maximilian II., als Teil einer neuen Serie [10]. Nach Spanien kam nur der ‚Raub der Europa', der noch einmal, wenngleich in der grotesken Pose des Mädchens auf dem Stier zugespitzt, die ungeheure, keinen Widerstand duldende Macht der Liebe des Götterfürsten zeigt [11]. Tizian hielt sich nicht an die Illustrationen aus den Buchausgaben der *Metamorphosen*; er wählte jeweils einen ungewöhnlichen Moment aus der Geschichte oder reicherte die Szene mit ungewöhnlichen Motiven an.

Zu den Bildern mit Danae, Venus, Andromeda und Europa, die Frauenschönheit als Auslöserin männlichen Begehrens und den letztlichen Sieg des so Verführten gegeneinander abwägen, stehen die drei Bilder, die sich mit Diana befassen, quer: Sie sind auch nicht einfach eine Wiederholung der Szene mit Adonis, der, seinerseits durch Schönheit verführt, sich aus der Liebesverstrickung wieder zu lösen vermag. Die strikt keusche Diana und die Schar ihrer Nymphen wecken zwar zahlreiche Wünsche; und das Bildpaar setzt mit den vielfigurigen Szenen aus Frauenakten in den unterschiedlichsten Posen die erotische Stimulierung durch die vorhergehenden Bilder fort. Aber dieses Begehren ist, wenn es über ein Spiel zwischen Nymphen und Satyrn hinausgeht, verboten. Schon der Blick Actaeons ist ein unerlaubter Übergriff, der unerbittlich bestraft wird.

Kurz vor der Absendung der Bilder nach Spanien hat Tizian am ‚Actaeon‘ noch erhebliche Veränderungen vorgenommen und damit den Ikonographen eine erhebliche Interpretationslast aufgebürdet. Diese Veränderungen betreffen den Jäger selbst, den roten Vorhang, die Nymphe mit blauem Mantel, die Grottenarchitektur und schließlich den Austausch einer zuerst blonden Nymphe gegen die farbige Dienerin der Göttin. Die Pentimenti helfen aber auch besser zu verstehen, was auf dem Bild vor sich geht. Gezeigt ist ein Augenblick – aber nicht, wie im Text in allen seinen Fassungen berichtet, der flüchtige Blick, den Actaeon zu seinem Unglück auf die Göttin wirft, sondern ein Blick, der Actaeon sein Schicksal ahnen läßt. Und Tizian tut alles, um die Momenthaftigkeit der Szene, auch als die Plötzlichkeit der Erkenntnis, als einen Umschlag von Ruhe in Unruhe, mehr in innere Unruhe als äußere Hektik der Badenden, anzuzeigen.

Von links, nah am Betrachter, ist Actaeon ins Bild eingedrungen, doch schon mehr zurückweichend als weiter vorschreitend, den Oberkörper zurückbiegend, die Hände halb überrascht, halb abwehrend erhoben. Er ist entdeckt. Die Nymphe mit blauem Gewand, die ihm am nächsten lagert, zieht den roten Vorhang auf, der sich an einer Schnur quer durch die Szene spannt und den Jäger verbarg. Vielleicht hatte das Schoßhündchen Dianas den großen Jagdhund Actaeons gewittert und angeschlagen. Jetzt steht es ihm, in komischer Verkehrung der wahren Machtverhältnisse zwischen Herrin und Herr, gegenüber und kläfft. Die Göttin sucht sich zu bedecken und wird dabei von der schwarzen Dienerin unterstützt. Die weiße dienende Nymphe fährt völlig ungerührt in ihrer Tätigkeit fort, sie trocknet Diana die Füße ab. Die Gruppe ist eine Paraphrase auf ein antikes Kunstwerk, das gilt auch für die etwas preziös am Brunnenrand kauernde Nymphe, die die berühmte ‚kauernde Venus‘ des Doidalses variiert. In der vorwitzigen, hinter dem Pfeiler hervorblickenden Nymphe, die Tizian als späte Korrektur eingefügt hat, wird die Gelassenheit der Nymphen ein weiteres Mal angezeigt. Actaeon hatte ein wenig Zeit, Diana zu betrachten, wieviel, kann uns Tizian in seinem Medium, dem des Bildes, nicht vorführen. In jedem Fall hat er seine Neugier nicht bezwingen können oder wollen. Jetzt aber trifft sein Blick, von der abwehrenden Linken begleitet, auf den im Schatten am Pfeiler angehefteten Schädel eines Hirsches. Im Schreck hat der Jäger den Bogen fallen gelassen – auch dies ein Anzeichen seiner gleich einsetzenden Wehrlosigkeit –, und er erkennt in diesem Moment, was ihm bevorsteht. Unter dem Brunnenhaus wird die offene Landschaft sichtbar, in der die Hunde ihren Herrn hetzen werden.

Die Literaten des 16. Jahrhunderts hat am Mythos von Actaeon vor allem eine Frage interessiert: Was bedeutet die unverhältnismäßige, sogar unter den Göttern umstrittene Grausamkeit Dianas gegenüber Actaeon, der ohne eigenes Verschulden, so hebt es Ovid hervor, in sein Schicksal stolpert („incertis passibus errans")? Und die Literaten haben vielfältige Antworten gegeben, doch fällt es schwer, dem Optimismus bisheriger Versuche von Kunsthistorikern zu folgen und ihre Mythendeutungen auch zu Deutungen dieses Bildes zu machen. Fraglos war die Auffassung weit verbreitet, Diana sei eine Verkörperung der Schicksalsgöttin Fortuna: Ihre Unberechenbarkeit, ihre Ungebundenheit ließen Diana Züge der Fortuna annehmen. Dem widerspricht im Bild nichts. Schwer fällt es dagegen, Diana auch als „Natura" anzusehen. Zwar hören und sehen wir, daß in der Grotte das übliche Verhältnis umgekehrt ist, daß hier Natur Kunst nachahmt und nicht Kunst Natur, und Tizian setzt diesen Einfall Ovids als ein verfallendes Bauwerk mit Rustikapfeilern und gotischem Gewölbe ins Bild: Die gotische Architektur war den Theoretikern der Zeit zufolge nämlich nichts anderes als steingewordener, in den Wipfeln zusammengewachsener Wald. Aber mit der vielbrüstigen Diana von Ephesos hat Tizians schlanke Diana nichts zu tun. Daher ist es auch sinnlos, Giordano Brunos heroisches Unterfangen, diesen Mythos aus dem Bereich des erotischen Tändelns in die Zone ernsthaften philosophischen Bemühens zu überführen, als eine der ersten angemessenen Interpretationen des Bildes anzugeben. Nichts weist darauf, daß Actaeon als nach Erkenntnis drängende Seele in Diana, der Mondgöttin und ihrem milden Licht, die Natur erkennt und damit den Weg zur Gotteserkenntnis, verkörpert durch Dianas Bruder Apoll, die Sonne, findet.

Bruno richtet sich mit dieser Deutung des Mythos, gewiß nicht des Bildes, wie Marie Tanner 1974 gemeint hat, gegen eine ältere, in Italien, auch in Venedig weit verbreitete Lesart, die immerhin eines erklären könnte: Warum Tizian in Differenz zu den ihm bekannten Texten Diana im zweiten Bild selbst auftreten läßt. Wenn sie auf die Gurgel des Jägers zielt, der halb Hirsch, halb Mensch von seinen Hunden angefallen ist, mag man das auch als eine Form von Gnadenerweis ansehen. In Petrarcas später vielfach aufgenommener Canzone 1 (23) ist Actaeon nur eine, aber die letzte Metamorphose des unglücklich Liebenden, der auf Erlösung durch die Geliebte hofft – er ist der einsam umherstreifende, von den quälenden Gedanken an die unnahbare Geliebte wie von seinen Hunden umgetriebene Hirsch.

Doch auch diese Überlegung hat den Nachteil, daß sie zwar beide Actaeonbilder zusammenfaßt, aber das eigentliche Pendant, die Szene mit Callisto, außer Acht läßt. So scheint es angemessener, den Hinweisen zu folgen, die den Dianabildern insgesamt im Zyklus die Aufgabe zumessen, den Reiz des Verbotenen zu vertreten, zugleich vor der tödlichen Gefahr zu warnen, und dies mit einem Mythos, dessen rahmender Ort und Handlung dem fürstlichen Besitzer der Bilder durchaus vertraut vorkommen mußten. Wie für Bilder (nicht nur) erotischen Sujets verbürgt, werden auch Tizians ‚Poesie' hinter Vorhängen verborgen und so zugleich für den auserwählten Betrachter in Szene gesetzt worden sein. Tizian ist der erste Maler, der mit der Doppelung des Bildvorhangs im Bild und der Darstellung der Enthüllung der Szene nicht nur Actaeon, sondern auch den Betrachter zum Schuldigen, zum Voyeur, macht und dessen privilegierte Sicht auf die Szene in Frage stellt. Anders als man es bei Ovid lesen konnte, war im frühen 16. Jahrhundert sehr wohl bekannt, worin das eigentliche, freilich ungewollte Vergehen Actaeons lag: Die Hirten in Jacopo Sannazaros ‚Arcadia‘, die 1504 gedruckt und als italienischer Text dem nicht lateinkundigen Tizian auch zugänglich war, bitten ihre Göttin Pales darum, sie möge sie davor bewahren, in heilige Bezirke einzudringen, so die Gottheiten zu beleidigen, und auch zu verhindern, „daß unsere unwürdigen Augen jemals im Wald die rachsüchtigen Nymphen oder die nackte Diana im kühlen Wasser baden sehen" (III, 20).

Aber nicht als Hirten, sondern als Jäger fürchteten die Betrachter der badenden Nymphen in Tizians Bildern die Göttin Diana. Vor allem die hohe Jagd galt als eine geeignete sportliche Übung, die die adligen Jäger auf den Krieg vorbereitete. Die Hetzjagd auf den Hirsch, die man im 16. und 17. Jahrhundert mit einigen Jagdgehilfen und einer Hundemeute unternahm, war überall in Europa dem Hochadel vorbehalten. Mehr noch als die Geschichte von Adonis, der Wildschweine jagt, konnten die Jäger der frühen Neuzeit die Geschichte von Actaeon, den man mit seinen Gehilfen auf der Hirschjagd glaubte, auf sich selbst beziehen. Es war eine Geschichte, die sich ohne weiteres an andere Geschichten von der Jagd im unwirtlichen, unwegsamen Wald anschloß. Es sei nur an die Legende des Hl. Eustachius erinnert, der im Wald, von seiner Jagdgesellschaft alleingelassen, eine denkwürdige Begegnung hat – die mit einem Hirsch, der sich als Träger Christi entpuppt und eben nicht den Untergang, sondern die Bekehrung und damit Erlösung des Jägers einleitet.

Die Furcht vor der unerwarteten Begegnung im Wald hat man an den deutschen Höfen auf spielerische Weise zu bändigen gewußt: Gelegenheit boten die Tafelsitten mit ihren besonderen Formen des Trinkens. Da das Speisen und Trinken gerne mit der bildlichen Erinnerung an den Anbau oder Erwerb dessen verbunden wurde, was man gerade verzehrte, da ein festliches Tafeln ohne Wildbret nicht denkbar war, verwundert es nicht, daß die Geschichte von Actaeon während des 16. Jahrhunderts ein wichtiges Thema für die Tafelzier bildete. Von den bronzenen Tisch- oder Zimmerbrunnen, aus denen je nach Bedarf Wasser oder Wein floß, ist keiner vollständig erhalten. Am besten kann noch der in Augsburg um 1550/60 gegossene Brunnen [12] eine Vorstellung von den weinspendenden Tischbrunnen geben. Actaeon, schon halb in den Hirsch verwandelt und daher hilflos, bekrönt die Brunnensäule. Das aggressive Gekläffe und der Geifer seiner Hunde wird durch die Strahlen des Weins abgebildet, die aus den Mäulern spritzen. Auf der unteren Etage des Brunnens spenden Diana und zwei Nymphen Wein: Wer von einer Tischgesellschaft über genügend Bildung und Phantasie verfügte, wird sich daran erinnert haben, daß Diana Actaeon durch das Anspritzen mit Wasser in den Hirschen verwandelt hatte.

Ein paar Jahrzehnte jünger als die Actaeon-Brunnen ist die Erfindung der Trinkspielautomaten. Bei den Tisch- und Zimmerbrunnen hatte der Gast die freie Wahl, ob er von der gefährlichen Gabe der Diana kosten wollte. Die technische Findigkeit der Augsburger Goldschmiede fügte bei den Automaten noch den vom Zufall verursachten Zwang hinzu.

Die ca. 35 cm hohen vergoldeten Figuren von Matthäus Walbaum, Joachim Fries und Jacob Miller besitzen ein Uhrwerk und Räder, die im Sockel versteckt sind [13]. Aufgezogen bewegt sich die Diana auf dem Hirsch quer über den Tisch – mit einer Reichweite von etwa 80 cm. Vor welchem Paar sie haltmachte, mußte, so wollten es die Sitten, trinken. Dabei hatte der Herr die größere Portion zu bewältigen. Er mußte, nachdem er dem Hirsch den Kopf abgenommen hatte, dessen Körper leeren, seine Tischdame durfte sich mit dem stehenden Hund, dessen Kopf abmontiert werden kann, begnügen. Ein weiteres Mal also war Diana mit dem unabänderlichen Schicksal verbunden: Dem Zwang des Zutrinkens durfte man sich nicht entziehen, auch nicht der bei derartigen Gefäßen großen Gefahr, sich über und über mit dem Trank zu begießen. Es verwundert nicht, daß derartige Sitten aus anderen Gegenden Europas heraus als ein Beispiel von typisch deutscher Unmäßigkeit und Barbarei angesehen wurden, daß die raffinierten und kostbaren Gefäße aber Eingang in die Schatzkammern ausländischer Fürstenhöfe fanden. In klarer Abgrenzung von Gottheit und Menschen zeigen die Trinkspiele die große Göttin, ihr Reittier und die Hunde, die sie an der Leine führt. Die Jagdszene auf dem Sockel ist nicht nur in wesentlich kleinerem Format gezeigt, sie präsentiert zudem nur ein Exempel der niederen Jagd, die Hetzjagd auf den Hasen.

Wir kommen noch einmal zurück auf Tizian. Trotz der ganz anders gearteten Nutzung der Kunstwerke machen die deutschen Trinkspiele klar, worin für die Aristokraten des 16. Jahrhunderts die große Faszination des Mythos von Diana und Actaeon lag. Gleich ob in Madrid oder in Wien oder in Venedig: Die Geschichte wurde auf die häufig geübte, nicht ganz ungefährliche Tätigkeit der hohen Jagd bezogen, die den Adel aus den abgezirkelten Arealen des Hofs und seiner Gärten in die unbearbeitete, d. h. wilde, letztlich feindliche Natur des Waldes hinausführte. Und es ist die besondere Leistung Tizians, das unverkennbar erotische Thema des Dianabades im zweiten Bild zu Actaeon mit dem großen, in allen Regionen Europas geläufigen Mythos vom unheimlichen, von Tieren und anderen Lebewesen bewohnten Wald verbunden zu haben. Rund 20 Jahre früher, um 1535, hatte Tizian ein großes Bild gemalt, das er um 1560 noch einmal überarbeitete und an Philipp II. lieferte. Die sogenannte ‚Venus vom Pardo‘ heißt nach ihrem früheren Standort, dem El Pardo-Palast in Madrid, in dem sich vielleicht auch die ‚Poesie‘ befanden [14]. Gezeigt ist der Mythos von der Nymphe Antiope, die sich den Annäherungsversuchen Jupiters hartnäckig widersetzt, der dann, von Amor mit seinem Pfeil verwundet, sich der Schlafenden in der Gestalt und der Art der Satyrn nähert. Dies geschieht an der Grenze zwischen Weideland und Wald – Antiope und der Satyr gehören in die Weidelandschaft der Pastorale, die seit ihrer ersten großen Beschreibung durch Jacopo Sannazaro eine Landschaft der erlaubten erotischen Begegnung ist. Auf den Tempel der Hirtengottheit Pales ist eine derartige Landschaft gemalt, mit lüsternen Satyrn, die die Nymphen belauschen, sich an sie heranschleichen und sie hinterrücks überfallen. Es ist eine Landschaft, wie sie am besten in Zeichnungen Tizians vorgestellt ist: Mit locker stehenden großen Bäumen, ein wenig Gebüsch, Wiesenflächen und Wasserstellen, bei denen Nymphen und Satyrn lagern und ihren Vergnügungen nachgehen. Wald dagegen bedeutet für Tizian Wildnis, ein unwegsames

Dickicht, aus dem heraus er die Jäger und ihre Meute den Hirsch stellen läßt. Wahrscheinlich hat Tizian in der ‚Pardo-Venus‘ bereits den Tod des Actaeon dargestellt. Tief im Schatten badet Diana mit den Nymphen. Der Hirsch ist ins freiere Feld hinaus gehetzt worden,
die Jagdgefährten eilen aus dem Wald hinzu und achten dabei nicht auf die Bewohner des
Waldes, einen Baumgott mit seinem Blattgesicht und dessen Gefährtin, die sich im Zwie-
gespräch haben stören lassen.

Der finstere Wald hatte, seit er von Dante als der Ort sündiger Irrwege etabliert war,
zwar neue allegorische Auslegungen erfahren, war aber für die Italiener weiter ein gefährli-
cher Ort. In Francesco Colonnas Buch von der Traumwanderung des Verliebten (Hypnerotomachia Poliphili), das 1499 in Venedig erschien, ist der Wald das gefährliche Hindernis
und die große Probe, die der Liebende durchschreiten muß, um über den Grenzfluß zum
Weideland seine Wanderung zur Geliebten fortsetzen zu können [15;16]. Für den Autor des
Texts ist dieser Wald so furchterregend wie der große alte, herkynische Wald, der im Altertum und noch bis in die Gegenwart Colonnas weite Teile Nordeuropas bedeckt und den sich
wilde Tiere und wilde Völker teilen. Der unbekannte Zeichner der Holzschnitte, die die
Phantasie der nachfolgenden Künstlergeneration beflügeln sollten, macht daraus einen Urwald knorriger Stämme, zwischen denen der Wanderer kaum einen Platz findet. Erlösung
bringt ihm erst der Blick in das offenere Buschland.

Der dichte Wald ist in den Holzschnitten schon da. Aber erst Tizian sollte ihn wieder
zum Ort der griechischen Mythen machen; in den bewegten Baumkronen, deren herbstli-
cher Färbung, den unfruchtbaren Sandplätzen, den vom Wind getriebenen Wolken, die die
große Jägerin begleiten und deren Tempo anzeigen, fand Tizian als erster einen Ausdruck
von Wald, der sogar Nordeuropäer die Gefährlichkeit der von Göttern bewohnten Natur
glauben machen kann.

Tizian hatte Ovids Text nicht im lateinischen Original gelesen, er mußte sich auf italieni-
sche Bearbeitungen beschränken. Es verwundert also nicht, wenn von den zahlreichen Einzelheiten, die Ovid so bildhaft beschreibt, nichts getreu in die Gemälde übernommen ist.
Aber der Maler läßt sich von den bilderreichen Szenen des Dichters zum Detailreichtum
seiner eigenen Szenen anregen. Zudem war er, anders als die Zeichner der Holzschnitt-
illustrationen, darauf festgelegt, einen einzigen Augenblick aus der Geschichte darzustellen.
In beiden Actaeon-Bildern greift Tizian den Moment höchster Spannung heraus – den der
Entdeckung des Jägers und das buchstäblich pfeilschnelle Eingreifen der Jägerin. Diese
Regie, die sich so schlüssig mit dem Prunk der Frauenakte und der Natur verbindet, macht
den Mythenschilderer Tizian dem Mythenerzähler Ovid ebenbürtig.

Verzeichnis der besprochenen Kunstobjekte

[1] Ovid / Bonsignori: Entführung der Europa, 1497
[2] Ovid / Agostini: Entführung der Europa, 1548
[3] Ovid / Agostini: Diana und Actaeon, 1548
[4] Bernard Salomon: Diana und Actaeon, Ovid, Metamorphosen 1557
[5] Bernard Salomon: Tod des Actaeon, Ovid, Metamorphosen 1557
[6] Tizian: Danae, 1553 (Madrid, Prado)
[7] Tizian: Venus und Adonis, 1554 (Madrid, Prado)
[8] Tizian: Diana und Actaeon, 1559 (Edinburgh, National Gallery)
[9] Tizian: Diana und Callisto, 1559 (Edinburgh, National Gallery)
[10] Tizian: Tod des Actaeon, 1568 (London, National Gallery)
[11] Tizian: Raub der Europa, 1562 (New York, Isabell Stuart Gardner Museum)
[12] Tischbrunnen, Augsburg, um 1550–1560 (London, Victoria and Albert Museum)
[13] Matthäus Walbaum: Diana auf dem Hirsch, um 1600–1620 (Berlin, Staatliche Museen – Kunst-gewerbemuseum)
[14] Tizian: Pardo-Venus, um 1560 (Paris, Louvre)
[15] Hypnerotomachia: Poliphilus im herkynischen Wald, 1499
[16] Hypnerotomachia: Poliphilus am Fluß, 1499

Literatur

Es ist im Rahmen dieses Bandes nicht möglich, die reiche Forschungsdiskussion zu den angesproche-nen Fragen vollständig zu dokumentieren und im einzelnen zu diskutieren. Die folgende Aufstellung mag die Orientierung erleichtern.

Textausgaben mit deutscher Übersetzung, erklärenden Anmerkungen und Einleitung in das Werk:
Publius Ovidius Naso (1994): Metamorphosen. Lateinisch/Deutsch. Übers. und hg. v. Michael von Albrecht, Stuttgart. (Die in diesem Beitrag in Übersetzung abgedruckten Passagen sind dieser Übersetzung entnommen und im Hinblick auf die hier vorgelegten Interpretationen an einigen Stel-len überarbeitet.)
Ovid (1996): Metamorphosen. Lateinisch und Deutsch. Hg. v. Erich Rösch. Mit einer Einführung von Niklas Holzberg. 14. (neu bearbeitete) Auflage, München / Zürich.

Wissenschaftliche Kommentare:
Bömer, Franz (Hg.) (1969–1986): P. Ovidius Naso, Metamorphosen. 7 Bde, Heidelberg (Actaeon: Bd. 1).
Publius Ovidius Naso (1966): Metamorphosen. Erklärt von M. Haupt / O. Korn, korr. und bibliogr. ergänzt von Michael von Albrecht, 2 Bde., Dublin.

Allgemeine Literatur zu Ovid:
Albrecht, Michael v. / Zinn, Ernst (Hg.) (1982): Ovid, Darmstadt.
Galinsky, Karl (1975): Ovid's Metamorphoses. An Introduction to the Basic Aspects, Oxford.
Holzberg, Niklas (1997): Ovid. Dichter und Werk, München.

Otis, Brooks (1970): Ovid as an Epic Poet, Cambridge.

Schmidt, Ernst August (1991): Ovids poetische Menschenwelt. Die Metamorphosen als Metapher und Symphonie (Sitzungsberichte der Heidelberger Akademie Jg. 1991,2), Heidelberg.

Schmitzer, Ulrich (2001): Ovid, Hildesheim.

Schmitzer, Ulrich (1990): Zeitgeschichte in Ovids Metamorphosen. Mythologische Dichtung unter poetischem Anspruch, Stuttgart.

Schubert, Werner (1999): Ovid. Werk und Wirkung, Frankfurt a. M. u. a.

Stroh, Wilfried (1969): Ovid im Urteil der Nachwelt. Eine Testimoniensammlung, Darmstadt.

Zur Actaeon-Erzählung:

Bretzigheimer, Gerlinde (1994): „Diana in Ovids Metamorphosen", in: Gymnasium 101, 506–546.

Reitz, Christiane (1999): „Zur Funktion der Kataloge in Ovids Metamorphosen", in: Schubert, W. (Hg.) (1999): Ovid. Werk und Wirkung, Frankfurt a. M., Bd. 1, 359–372.

Schmitzer, Ulrich (2001): „Strenge Jungfräulichkeit. Zur Figur der Göttin Diana in Ovids Metamorphosen", in: Wiener Studien 114, 303–321.

Albrecht, Michael v. (1963): „Ovids Humor – ein Schlüssel zur Interpretation der Metamorphosen", in: Der Altsprachliche Unterricht VI, H. 2, 47–72.

Albrecht, Michael v. (2000): „Metamorphose als Selbstentfremdung: Actaeon", in: ders., Das Buch der Verwandlungen. Ovid-Interpretationen, Düsseldorf / Zürich, 67–78.

Galinsky, K. / Otis, B.: s. o. unter allgemeiner Literatur.

Zu den Ausgaben von Ovids *Metamorphosen* in der Renaissance:

Blattner, Evamarie (1998): Holzschnittfolgen zu den Metamorphosen des Ovid: Venedig 1497 und Mainz 1545 (Diss. Tübingen 1996), München.

Guthmüller, Bodo (1981): Ovidio Metamorphoseos Vulgare. Formen und Funktionen der volkssprachlichen Wiedergabe klassischer Dichtung in der italienischen Renaissance, Boppard.

Guthmüller, Bodo (1986): Studien zur antiken Mythologie in der italienischen Renaissance, Weinheim.

Henkel, Max Ditmar: Illustrierte Ausgaben von Ovids Metamorphosen im XV., XVI., und XVII. Jahrhundert, Vorträge der Bibliothek Warburg 1926–1927, 1930, 58–144.

Zur Deutung des Mythos:

Baierwaltes, Werner (1978): „Actaeon. Zu einem mythologischen Symbol Giordano Brunos", in: Zeitschrift für philosophische Forschung 32, 345–354.

Barkan, Leonard (1980): „Diana and Actaeon. The Myth as Synthesis", in: English Literary Renaissance 10, 317–359.

Cziesla, Wolfgang (1989): Aktaion polyprágmon. Variationen eines antiken Themas in der europäischen Renaissance, Frankfurt a. Main u. a.

Murphy, Stephen (1991): „The Death of Actaeon as Petrarchist Topos", in: Comparative Literary Studies 28, 137–155.

Zu Tizians ‚Poesie':

Checa, Fernando (1992): Felipe II. Mecenas de las artes, Madrid, 97–100 u. 134–144.

Ginzburg, Carlo (1980): „Tiziano, Ovidio e i Codici della figurazione erotica nel' 500", in: Tiziano e Venezia. Convegno internazionale di studi 1976, Vicenza, 125–135 (deutsch in: ders. (1983): Spurensicherungen. Über verborgene Geschichte, Kunst und soziales Gedächtnis, Berlin, 173–192).

Hope, Charles (1980): „Problems of Interpretation on Titian's Erotic Paintings", in: Tiziano e Venezia. Convegno internazionale di studi 1976, Vicenza, 111–124.

Keller, Harald (1969): Tizians Poesie für König Philipp II. von Spanien, Wiesbaden.

Nash, Jane C. (1985): Veiled Images. Titian's Mythological Paintings for Philip II, Philadelphia.

Ost, Hans (1981): „Tizians sogenannte Venus von Urbino und andere Buhlerinnen", in: Festschrift für Eduard Trier, Berlin 1981, 129–149.

Panofsky, Erwin (1969): Problems in Titian Mostly Iconographic, New York.

Tanner, Marie (1974): „Chance and Coincidence in Titian's Diana and Actaeon", in: Art Bulletin 56, 535–550.

Wethey, Harold E. (1975): The Paintings of Titian. Complete Edition. III. The Mythological and Historical Paintings, Oxford.

Zapperi, Roberto (1991): „Alessandro Farnese, Giovanni della Casa and Titian's Danae in Naples", in: Journal of the Warburg and Courtauld Institutes 54, 159–171.

Zur Weide- und Waldlandschaft:

Rosand, David (1988): „Giorgione, Venice, and the Pastoral Tradition", in: Places of Delight: the Pastoral Landscape, Washington, 21–81, bes. 73–78.

Schama, Simon (1996): Der Traum von der Wildnis. Natur als Imagination, München, 99ff.

Zu Tischbrunnen und Automaten:

Seelig, Lorenz (1987): Der heilige Georg im Kampf mit dem Drachen. Ein Augsburger Trinkspiel der Spätrenaissance, München, 28–39 u. 62–65.

Seling, Helmut (1980): Die Kunst der Augsburger Goldschmiede 1529–1868, 3 Bde., München, Bd. 1, 86–89.

Smith, Jeffrey Chipps (1994): German Sculpture of the Late Renaissance c. 1520–1580. Art in an Age of Uncertainty, Princeton, 199–206 u. 231–236.

RENATE SCHLESIER

Freuds Dionysos

Es ist kein Geheimnis, daß Sigmund Freud, der Begründer einer Heilmethode, einer Inter-
pretationstechnik, einer weltweit institutionalisierten psychotherapeutischen Schule namens
Psychoanalyse, sich von der Mythologie im allgemeinen und von antiken griechischen My-
thenfiguren im besonderen in höchstem Maße angeregt und angezogen fühlte. Wie eng die
Psychoanalyse mit der antiken Mythologie verschränkt ist, zeigt vor allem Freuds Deutung
des Heros Ödipus, des berühmtesten mythischen Vatermörders und Muttergatten der okzi-
dentalen Tradition. Ödipus war und blieb für Freud zeit seines Lebens die entscheidende
Modellfigur, in der sich die psychoanalytische Anthropologie emblematisch verdichtet.[1]

Im Zeichen des Ödipus verschmelzen psychoanalytische Trieblehre und psychoanalytische Mythologie bis zur Ununterscheidbarkeit. Psychoanalytisch interpretiert wird Ödipus
zur Synthesisfigur der gesamten antiken Mythologie und zugleich zur Synthesisfigur uni-
versaler Triebschicksale überhaupt. Mit Hilfe seiner Ödipus-Deutung gelingt es Freud, auch
die Götter auf einen menschlichen, einen heroisch-kindlichen, einen konfliktreich affektiven
Kern zurückzuführen. Die von Freud am häufigsten erwähnten männlichen Gottheiten der
Griechen, Zeus und sein Vater Kronos[2], verdanken diese Privilegierung nämlich nicht zuletzt der Möglichkeit, am Ödipus-Modell zu partizipieren und diesem sogar eine triumphale,
menschheitsgeschichtlich richtungweisende Bedeutung abzugewinnen. Denn Zeus, der
antike griechische Vatergott par excellence, ist für Freud in erster Linie ein Sohn, der erfolgreich gegen seinen eigenen Vater rebelliert.

Vor diesem Hintergrund überrascht es kaum, daß Apollon Freuds Aufmerksamkeit nur in
äußerst geringem Maße auf sich gezogen hat. Die Gelegenheit, Apollon als einen für Ödipus' Schicksal immerhin nicht unwichtigen Orakelgott ins Spiel zu bringen, läßt Freud

---

[1] Vgl. Renate Schlesier 1999, 281–300.
[2] Zeus und Kronos: erstmals in der 1. Auflage der *Traumdeutung*, GW II/III 262f. – Freuds Werke
    werden wie folgt zitiert: GW I–XVIII; NBd. [= Sigmund Freud, *Gesammelte Werke. Chronolo-
    gisch geordnet*, hg. von Anna Freud u. a. Bd. 1–18, London und Frankfurt a. M. 1940–1952, 1968;
    Nachtragsband, hg. von Angela Richards unter Mitwirkung von Ilse Grubrich-Simitis, Frankfurt
    a. M. 1987].

ungenutzt verstreichen. Apollon ist ihm weder als Vater noch als Sohn spektakulär genug, und auch andere Qualitäten dieses Gottes bleiben psychoanalytisch unbeachtet. In Freuds gesamtem veröffentlichten Werk kommt Apollon nur dreimal, und davon zweimal in einer Fußnote, vor. An den beiden frühesten Textstellen sind es zudem moderne, persiflierende dichterische Adaptionen, denen Apollon seine Erwähnung verdankt.[3] Erst als Apollon zum letzten Mal in Freuds Werk erscheint, in einer Fußnote zur 1914 veröffentlichten 4. Auflage der *Traumdeutung*[4], handelt es sich ernsthaft um den antiken Gott. Ihm wird aber nur pflichtschuldigst und kommentarlos bescheinigt, daß in seinen Tempeln Traumorakel für Kranke praktiziert wurden. Mit dieser Handbuch-Information, anders gesagt: mit dieser nicht zu unterbietenden Schwundstufe von Nietzsches Traumgott aus der *Geburt der Tragödie*, nimmt Freud von ihm endgültig Abschied.

Für Dionysos scheint Freud ebensowenig einen prominenten Platz innerhalb der psychoanalytischen Theorie reserviert zu haben. Auch von ihm nimmt er nur in drei Schriften – allerdings ohne Ironie – Notiz, auch von ihm verabschiedet er sich 1914 ein für allemal, wiederum in der 4. Auflage der *Traumdeutung*. Und nicht viel anders als im Falle des Apollon wird dem Dionysos dort keine auffällige Emphase zuteil. Er wird nur beiläufig genannt, und noch dazu mit seinem römischen Namen Bacchus, als letzter in einer bloßen Aufzählung mythischer Gestalten, die als Beispiele für die Verwandtschaft zwischen der Traumarbeit und mythologischen Entstellungen dienen sollen, denn: „In den Träumen wie in der Mythologie" werde, so heißt es dort, „die Entbindung eines Kindes aus dem Fruchtwasser gewöhnlich mittels Umkehrung als Eintritt des Kindes ins Wasser dargestellt; neben vielen anderen bieten die Geburt des Adonis, Osiris, Moses und Bacchus gut bekannte Beispiele hiefür."[5] Freud beschränkt sich an dieser Stelle also darauf, Bacchus in einem orientalischen Kontext zu verorten und ihn – als Neugeborenen – mit drei männlichen Zentralgestalten der syrischen, ägyptischen und jüdischen Tradition zu assoziieren. Die mythologische Synthesisfigur ist hier eindeutig der aus dem Wasser gezogene biblische Säugling Moses. Einen Beleg für eine Aussetzung auch des Bacchus im Wasser muß Freud seinen Lesern schuldig bleiben.[6]

Wie wesentlich die drei erstgenannten Figuren Adonis, Osiris und Moses für Freuds Religionsauffassung tatsächlich sind, wird sich erst Jahrzehnte später erweisen, in Freuds letztem großen Werk *Der Mann Moses und die monotheistische Religion* von 1937/39. Der syrische Gottesname Adonis ist hier die halsbrecherische etymologische Brücke, auf der Freud wunschgemäß zum ägyptischen Aton und zum hebräischen Adonai gelangt – und damit zu

---

[3]   1900 in einem Heine-Zitat (Spottgedicht auf König Ludwig von Bayern): GW II/III 436 n.1; 1907 bei der Paraphrase eines Traums in Jensens *Gradiva* (der Apoll von Belvedere rettet in Pompeji bei einem neuen Vesuvausbruch die kapitolinische Venus): GW VII 95.

[4]   GW II/III 36.

[5]   Freud, *Traumdeutung*, GW II/III 406.

[6]   In der antiken Überlieferung läßt sich eine Aussetzung des neugeborenen Dionysos im Wasser meines Wissens erst bei Pausanias III, 24.3–4 belegen; vielleicht spielt Freud hier auch assoziativ auf die erste Erwähnung des Dionysos in der antiken Literatur an, bei Homer, *Ilias* 6, 132–137: der von seinen Ammen begleitete rasende Dionysos flieht dort vor Verfolgung ins Meer, an den Busen der Göttin Thetis (der Mutter des Achill).

Moses. Aton wird von Freud als sonnenhaft spiritueller und kurzzeitig dominierender Gegengott zum populären „Totengott Osiris"[7] gedeutet, und Moses wird zum Ägypter gemacht, der den Juden die vergeistigte Atonreligion übermittelt, welche Freud im Gottesnamen Adonai des „jüdischen Glaubensbekenntnisses"[8] bezeugt finden möchte. Unter dem Vorzeichen des jüdischen Adonai sind innerhalb dieser Konstruktion Adonis, Osiris und Moses eng und zugleich spannungsreich im ägyptischen Ambiente verklammert, doch Freud verzichtet darauf, den römischen Bacchus oder den griechischen Dionysos ebenfalls darin unterzubringen.

Warum dies so ist, kann der Blick auf die Zusammenhänge zeigen, in denen Dionysos vor 1914 bei Freud erscheint. Seine erste Nennung in Freuds Werk, in dem Aufsatz *Eine Kindheitserinnerung des Leonardo da Vinci* von 1910, verdankt Dionysos nämlich einem sexualtheoretischen, mythologisch illustrierten Zusammenhang, der in der Moses-Studie ausgeblendet ist: dem Bezug auf die kindliche Phantasie von der phallischen Mutter. Mit dieser Phantasie erklärt sich Freud die androgyne Qualität, die bei ägyptischen Göttinnen wie Mut, Isis, Hathor und der Neith von Sais gefunden werden könne, und angeblich ebenso bei den griechischen Göttinnen Athene und Aphrodite. Die gleiche androgyne Qualität sei aber auch, wie es hier änigmatisch heißt, „für viele der griechischen Götter besonders aus dem Kreis des Dionysos"[9] kennzeichnend. Welche Götter Freud hier meinen könnte, bleibt sein Geheimnis. Und auch darüber, daß unter allen männlichen Gottheiten der Griechen Dionysos selbst es war, dem am ehesten weibliche Charakteristika zukommen konnten[10], schweigt Freud sich aus. Im näheren Umkreis des Dionysos jedoch sucht man nach einem „ursprünglich androgyn" aufgefaßten Gott, geschweige denn nach vielen solchen Göttern, umsonst.

Drei Jahre nach dieser rätselhaften Andeutung kommt Freud erneut auf Dionysos zurück, in der Schrift *Einige Übereinstimmungen im Seelenleben der Wilden und der Neurotiker*, und zwar in ihrer vierten und letzten Abhandlung *Die infantile Wiederkehr des Totemismus*, die er 1913 im zweiten Band der neugegründeten *Imago. Zeitschrift für Anwendung der Psychoanalyse auf die Geisteswissenschaften* veröffentlicht hat. Noch im gleichen Jahr werden alle vier Teile, mit dem Obertitel *Totem und Tabu*, als eigenständiges Buch erscheinen. Freud selbst hat dieser Schrift bezeichnenderweise ebensoviel Innovationskraft zugetraut wie der *Traumdeutung*, seinem großen Erstlingswerk.[11]

---

[7] Freud, GW XVI 117, 122, 124.
[8] Ebd. 123. Freud zitiert dort den hebräischen Wortlaut in lateinischer Buchstaben-Umschrift. Vgl. dazu Renate Schlesier 1993, 259f.
[9] Freud, GW VIII 164.
[10] Vgl. dazu Renate Schlesier 1997b, vor allem Sp. 653.
[11] Vgl. Freuds Briefe an Sándor Ferenczi, vor allem vom 4. Mai 1913: „Ich schreibe jetzt am Totem mit der Empfindung, daß es mein Größtes, Bestes, vielleicht mein letztes Gutes ist." In: Sigmund Freud / Sándor Ferenczi 1993, Bd. I/2, 215, sowie vom 8. Mai 1913, ebd. 216: „Seit der Traumdeutung habe ich nichts mit ähnlicher Überzeugung geschrieben; ich kann also das Schicksal des Aufsatzes vorherahnen." Vgl. auch die kaum variierte Wiederholung dieses Wortlauts im Brief vom 13. Mai 1913, ebd. 219.

Auch diesmal, in *Totem und Tabu*, lassen Freuds Ausführungen zu Dionysos an Klarheit viel zu wünschen übrig. Anders aber als an den beiden anderen Textstellen lenkt Freuds Rekurs auf Dionysos hier nicht in eine Sackgasse oder gar ins Nichts. Denn nun kann kein Zweifel daran bestehen, daß die Deutung des Dionysos im Zentrum der psychoanalytischen Theoriebildung angesiedelt ist. Weniger offensichtlich ist, warum dies so ist und auf welche Weise Freud dabei von welchen Vorbildern Gebrauch macht. Fest steht nur, daß hier Freuds letztes Wort zu Dionysos vorliegt und daß er danach, sieht man von dem aus dem Wasser gezogenen, orientalisch eingefärbten Bacchus der *Traumdeutungs*-Auflage des folgenden Jahres ab, offensichtlich keine Notwendigkeit sah, sich diesem Gott noch einmal ausdrücklich zuzuwenden.

Die Abhandlung über *Die infantile Wiederkehr des Totemismus* ist nun nicht allein (mit 72 Seiten) die ausführlichste, sondern sie markiert auch den theoretischen Kulminationspunkt von *Totem und Tabu*. Die drei vorausgehenden Abhandlungen – *Die Inzestscheu*, *Das Tabu und die Ambivalenz der Gefühlsregungen*, *Animismus, Magie und Allmacht der Gedanken* – verfolgten den Zweck, die Psychoanalyse zum unverzichtbaren Bestandteil der Ethnologie zu machen, indem sie ethnologisches Material psychoanalytisch interpretieren und Material aus der psychoanalytischen Praxis mittels ethnologischer Erkenntnisse anthropologisch zu verallgemeinern trachten. Die vierte Abhandlung hingegen strebt ein noch anspruchsvolleres Ziel an. Denn hier geht es Freud um nichts Geringeres als um eine grundlegende, neue Zivilisationstheorie, welche die Anfänge menschlicher Kultur und die Entwicklungsgeschichte der Religion aus einem Punkte zu erklären, wenn nicht gar zu kurieren vermag: dem Vatermord, also dem ersten Verbrechen des Ödipus, das Freud jetzt an den Beginn der Menschheitsentwicklung, zurück in vormythologische Zeiten, zu katapultieren sich genötigt sieht.

Konsequenterweise lautet der letzte Satz der Abhandlung: „Im Anfang war die Tat." Trotz der fehlenden Anführungszeichen handelt es sich dabei um ein Zitat, einen Halbvers (V. 1237) aus Goethes *Faust. Der Tragödie erster Teil*.[12] Gesprochen wird der Satz von der Hauptfigur, dem Gelehrten Faust selbst, der unter dem Einfluß eines hündischen Mephistopheles daran scheitert, den ersten Satz des Johannes-Evangeliums, „Im Anfang war das Wort", sich zu eigen zu machen und daher buchstabengetreu zu übersetzen. Indem Freud seinerseits Fausts Korrektur des neutestamentlichen Textes adaptiert, ja als eigene Formulierung und nicht als deklariertes Zitat in seinen Text inkorporiert, wird unmißverständlich deutlich, welchem Gegner Freud hier die Stirn zu bieten sucht: Es ist das Christentum und der von ihm propagierte Logozentrismus.

Bis dahin kann Freud sich noch mit Goethes Faust im Einklang wissen. Der Sinn jedoch, der dem Satz „Im Anfang war die Tat" durch Freud unterlegt wird, geht sachlich und zeitlich weit über Goethe und seinen *Faust* hinaus und rekurriert eher auf einen späteren Autor und dessen Schriften. Denn Freud übersetzt sich den Satz ins Atheistische. „Im Anfang war

---

[12]   Vgl. dazu z. B. die Kommentare von Victor Lange, in: Johann Wolfgang Goethe 1986, 1005, und Albrecht Schöne, in: Goethe 1994, 246f.; beide Kommentatoren scheinen die Differenz dieser Textstelle zu vergleichbaren Aussagen bei Herder zu unterschätzen.

die Tat" heißt für ihn: Im Anfang war der Vatermord, und aus ihm entstand der Glaube an den Vatergott. Das aber bedeutet zugleich: Im Anfang war kein Gott, sondern ein Mensch, der unumschränkt herrschende Vater der Urhorde, den Freud später auch „Übermensch"[13] genannt hat. Er ist es, der nach seiner Tötung zum Gott stilisiert wird. Auf diese Weise wird zugleich ein anderer pathetisch aufgeladener, berühmter Satz, „Gott ist tot" oder „Gott ist getötet", von Freud restlos entzaubert und als nachträgliche Verbrämung eines an einem Menschen begangenen Verbrechens entlarvt.

Erst durch den Wortlaut des abschließenden Satzes der vierten Abhandlung von *Totem und Tabu*, „Im Anfang war die Tat", wird also der antichristliche[14] und atheistische Impetus dieses Werkes vollständig enthüllt. Zugleich aber erhellt dieses Schlußwort schlagartig, warum Freud auf den dazu hinleitenden Seiten um keinen Preis auf eine Nennung des Dionysos verzichten konnte. Denn wie sich zeigen wird, fungiert Dionysos hier als Bündnispartner par excellence. Und es ist mit Händen zu greifen, wem Freud dabei als wichtigstem Vorbild verpflichtet ist: niemand anderem als Nietzsche. Daß sein Werk – von der *Geburt der Tragödie aus dem Geiste der Musik*[15] bis zum *Antichrist* und den *Dionysos-Dithyramben* – im Zeichen des Dionysos stand, war Freud nicht unbekannt geblieben. Und ebensowenig hatte ihm verborgen bleiben können, daß das Leitmotiv dieses antichristlichen Werkes der Gottesmord ist, am deutlichsten ausgedrückt in der berühmten Wendung „Gott ist tot" aus der *Fröhlichen Wissenschaft*[16] und schließlich in den letzten Worten von Nietzsches autobiographischem Vermächtnis *Ecce homo*: „Dionysos gegen den Gekreuzigten".[17]

---

[13] Freud, *Massenpsychologie und Ich-Analyse* (1921), GW XIII 138. Vgl. dazu Renate Schlesier 1997a, 254; zur Verwendung des Terminus „Übermensch" bei Freud vgl. auch Paul-Laurent Assoun 1980, 69–71.

[14] Vgl. Freuds drastische Formulierung in seinem Brief an Abraham vom 13. Mai 1913 kurz vor der Drucklegung: „Vor dem Kongreß, im Augustheft der Imago, soll die Sache erscheinen und dazu dienen, alles was arisch-religiös ist, reinlich abzuscheiden." In: Sigmund Freud / Karl Abraham 1965, 139. Die letzte Abhandlung von *Totem und Tabu* wurde unmittelbar nach dem Anfang 1913 erfolgten Abbruch der privaten Beziehungen zwischen Freud und C. G. Jung geschrieben; Freud hatte die zuvor gehegte Hoffnung, in dem Christen Jung einen Erben gefunden zu haben, aufgeben müssen und war sich darüber im klaren, daß die Publikation dieser Schrift den Bruch mit Jungs Zürcher Schule besiegeln würde. Freuds Hoffnung gilt nun einer von Abraham geführten Berliner Schule, wie es im selben Brief (ebd.) ausdrücklich heißt: „[...] wo wir mit dem Abfall von Zürich und München zu rechnen haben, wäre nur eine Schule in Berlin der richtige Ersatz."

[15] Vgl. dazu Schlesier 1999, 284 mit 297 n. 8f. – Jungs „Abfall" stand im Zeichen von Nietzsche, vgl. Schlesier 1997a, 273.

[16] No. 125: „Der tolle Mensch", in: Nietzsche, *Werke. Kritische Gesamtausgabe* [im folgenden zitiert: KGA], hg. v. Giorgio Colli und Mazzino Montinari, Berlin / New York, Bd. V/2 (1973), 158–160; vgl. auch ebd. 251, 255f., No. 342: „Incipit tragoedia", und No. 343: „Was es mit unserer Heiterkeit auf sich hat"; sowie *Also sprach Zarathustra*, IV. Teil, „Vom höheren Menschen", KGA Bd. VI/1 (1968), vor allem 352f.

[17] Nietzsche, KGA Bd. VI/3 (1969), 372. Zur Diskussion von *Ecce homo* in Freuds Psychologischer Mittwoch-Gesellschaft in Wien während des Jahres 1908, kurz nach dem posthumen Erscheinen der Schrift, vgl. Schlesier 1997a, 271f.

Von einem expliziten Rekurs auf Nietzsche kann nun aber in Freuds Text keine Rede sein. Unter den zahlreichen Autoren, auf die Freud sich in dieser Schrift beruft, fehlt Nietzsches Name. Die Urgeschichtskonstruktion in *Totem und Tabu* lehnt sich vielmehr ausdrücklich an Darwins Urhordentheorie an und gibt sich als Auseinandersetzung mit den Totemismustheorien vor allem der zeitgenössischen englischen anthropologischen Schule zu erkennen.[18] Vordergründig will Freud die Totemismus-Theoretiker überbieten und ihnen nachweisen, daß sie auf die Psychoanalyse angewiesen sind. Denn das ‚missing link' zur Erklärung des Totemismus beansprucht er, in der psychoanalytischen Praxis gefunden zu haben: bei der Analyse kindlicher Tierphobien.[19] Daraus ergibt sich für ihn der eindeutige Befund: Das Totemtier ist der Vater. Wenn dies aber so ist, dann, so Freud, „fallen die beiden Hauptgebote des Totemismus, die beiden Tabuvorschriften, die seinen Kern ausmachen, den Totem nicht zu töten und kein Weib, das dem Totem angehört, sexuell zu gebrauchen, inhaltlich zusammen mit den beiden Verbrechen des Ödipus, der seinen Vater tötete und seine Mutter zum Weibe nahm, und mit den beiden Urwünschen des Kindes, deren ungenügende Verdrängung oder deren Wiedererweckung den Kern vielleicht aller Psychoneurosen bildet".[20]

So weit also hat sich das Ödipus-Modell zur Erklärung der beiden wichtigsten totemistischen Verbote bewährt. Für sich genommen erscheint das Ödipus-Modell jedoch als ungeeignet, ein zentrales rituelles Phänomen des Totemismus zu verstehen, die Totemmahlzeit. Bei ihr wird ausnahmsweise dem Verbot zum Trotz das Totemtier festlich getötet und dieses Opfer „roh verzehrt", wobei sich die Opfernden tierisch maskieren, in Freuds Worten gesagt: „die Stammesgenossen in die Ähnlichkeit des Totem verkleidet" sind.[21] Mit dieser Feststellung hat Freud die Zielgerade erreicht, auf der er einem Rekurs auf Dionysos und auf den Tod dieses Gottes nicht ausweichen kann, auf der aber auch die Bezüge zum Christentum unvermeidbar werden. Doch erst in den letzten beiden Kapiteln der Abhandlung (No. 6 und 7) kommt diese untergründige Motivation Schritt für Schritt ans Licht. Dabei beschränkt Freud sich zunächst auf eine anonyme, allgemein gehaltene Evokation:

> „Daß ein Mensch zum Gott wird und daß ein Gott stirbt, was uns heute als empörende Zumutung erscheint, war ja noch für das Vorstellungsvermögen des klassischen Altertums keineswegs anstößig."[22]

Daß schon hier Dionysos gemeint sein muß, ist nur für religionshistorische Experten zu erkennen. Denn Dionysos war tatsächlich der einzige sterbende Gott des „klassischen Alter-

---

[18] Nicht zuletzt mit Frazer, vgl. dazu Robert Ackerman 1987, 219f. Zum wissenschaftsgeschichtlichen Kontext vgl. vor allem: Edwin R. Wallace 1983.

[19] Freud, *Totem und Tabu*, GW IX 156–160. Freud beruft sich auch auf die Ergebnisse der Kinder-Analysen von Sándor Ferenczi, neben Karl Abraham der zu dieser Zeit (während des Bruchs mit der Jung-Schule) wichtigste Verbündete innerhalb der psychoanalytischen Schule, vorwiegend aber auf seine eigene erste große Arbeit zu diesem Thema: *Analyse der Phobie eines fünfjährigen Knaben* (1909), GW VII 241–377. Vgl. dazu Renate Schlesier 1997.

[20] Freud, GW IX 160.

[21] Ebd. 169.

[22] Ebd. 179.

tums", und nur in seinem Kult wurde den Menschen bei Mysterien-Einweihungen die Gottwerdung versprochen.[23] Erst nach dem Ende des „klassischen Altertums" wurde der sterbende Gott auch in eine andere Religion, in das Christentum, eingemeindet. Es konnte Freud nur Recht sein, daß dies für die Leser seiner Formulierung assoziativ mitschwingen muß, und es war ihm offenbar gleichgültig, daß der Gottestod nicht für alle seine Leser eine „empörende Zumutung" ist: am ehesten vielleicht für fromme Juden, keineswegs aber für Christen. Es ist jedoch primär Dionysos und nicht Christus, dessen Modell die Schlußpassagen von *Totem und Tabu* entscheidend prägt. Als der Name des Dionysos schließlich in Freuds Text an zwei Stellen erscheint, wird klar, welcher Aspekt des Gottes es ist, den Freud ins Zentrum rückt. Nicht am Weingott Dionysos scheint Freud hier interessiert zu sein, am Gott des Rausches und der auch erotischen Ekstase. Freuds Perspektive konzentriert sich vielmehr ausschließlich auf den christlich uminterpretierbaren sterbenden Dionysos, den Gott der Mysterien und der Tragödie.

Bevor dieser Aspekt aber explizit zum Vorschein kommt, tritt Freud noch einmal einen Schritt zurück und nähert sich dem Thema auf dem Umweg über die Religion der Semiten und über das gleichnamige Buch des schottischen Religionshistorikers und Theologen William Robertson Smith (1846–1894)[24], das vor allem dem außerbiblischen Polytheismus der altsemitischen Völker gewidmet war. Von diesem Autor hatte Freud bereits die These von der Totemmahlzeit als Vorbild späterer Tieropferhandlungen übernommen,[25] und mit seiner Hilfe gelingt es Freud nun im vorletzten Kapitel der Abhandlung, den Brückenschlag von der altsemitischen Tradition zu Dionysos vorzubereiten, denn:

> „Robertson Smith [...] gibt an, daß die Zeremonien jener Feste, mit denen die alten Semiten den Tod einer Gottheit feierten, als ‚*commemoration of a mythical tragedy*' ausgelegt wurden, und daß die Klage dabei nicht den Charakter einer spontanen Teilnahme hatte, sondern etwas Zweckmäßiges, von der Furcht vor dem göttlichen Zorn Gebotenes an sich trug."[26]

Doch auch an dieser Stelle und in ihrem unmittelbaren Kontext läßt Freud noch nichts, so naheliegend es für Kenner sein möge, über Dionysos verlauten. Allein das fremdsprachlich zitierte Wort „tragedy" läßt anklingen, worauf Freuds Ausführungen tatsächlich hinauslaufen werden: auf die antike griechische Tragödie und den zu ihr kultisch am innigsten gehörigen Gott.

Von ihm wird erst im letzten Kapitel der Abhandlung die Rede sein. Zu den Vorstufen der dortigen Argumentation, die zuvor noch zu bewältigen sind, gehört für Freud der Mysteriengott Dionysos, zunächst aber ein nochmaliger Rekurs auf die polytheistischen alten Semiten und, in gleichem Atemzug, auf das zweite Verbrechen des Ödipus, den Mutterin-

---

[23] Vgl. Schlesier 1997b.

[24] Freud zitiert die englische Ausgabe: *Lectures on the Religion of the Semites* (1889); deutsche Ausgabe: *Die Religion der Semiten*. Mit einem Vorwort von Emil Kautzsch und einem Anhang (Tübingen 1899, Nachdr. Darmstadt 1967). Vgl. auch Harriet Lutzky 1995, 320–330.

[25] Freud, GW IX 177. Vgl. ebd. 186, wo im Anschluß an Frazer die christliche Kommunion auf die Totemmahlzeit zurückgeführt wird.

[26] Ebd. 183.

zest. Und hier taucht, erstmals in Freuds Werk, der Name des Adonis auf, in eine Reihe gestellt mit anderen außerbiblischen altsemitischen Gottheiten und nicht, wie in der späteren *Traumdeutungs*-Auflage, mit Osiris, Moses und Bacchus. Nach der Einführung des Acker- baus, schreibt Freud, „entstehen die Göttergestalten des Attis, Adonis, Tammuz u. a., Vege- tationsgeister und zugleich jugendliche Gottheiten, welche die Liebesgunst mütterlicher Gottheiten genießen, den Mutterinzest dem Vater zum Trotze durchsetzen. Allein das Schuldbewußtsein, welches durch diese Schöpfungen nicht beschwichtigt ist, drückt sich in den Mythen aus, die diesen jugendlichen Geliebten der Muttergöttinnen ein kurzes Leben und eine Bestrafung durch Entmannung oder durch den Zorn des Vatergottes in Tierform bescheiden."[27]

Auf diesem Umweg über die alten polytheistischen Semiten gelangt Freud nun rasch zu Christus, über den es hier zuerst anonym heißt: „Die Beweinung und die Freude über die Auferstehung dieser Götter ist in das Ritual einer anderean Sohnesgottheit übergegangen, welche zu dauerndem Erfolge bestimmt war".[28] Nach einem weiteren, diesmal komparatisti- schen, kurzen Umweg über den historisch unterlegenen Kult des „persischen Götterjüng- lings" Mithras gelingt es Freud, eine lapidare Erklärung für den Sieg des Christentums über die antiken Kulte anzubieten: „Es gab einen anderen Weg zur Beschwichtigung dieses Schuldbewußtseins und diesen beschritt erst Christus. Er ging hin und opferte sein eigenes Leben und dadurch erlöste er die Brüderschar von der Erbsünde."[29]

Mit dem Hinweis auf die Erbsünde aber ist für Freud bemerkenswerterweise das Stich- wort gegeben, das ihm erlaubt, erstmals in dieser Abhandlung den Namen des Dionysos explizit ins Spiel zu bringen. Denn worum es Freud hier geht, ist, die Eigenständigkeit des Christentums in Frage zu stellen, das Christentum aber auch, entgegen der christlichen An- sprüche, vom Monotheismus der hebräischen Bibel abzukoppeln, es vielmehr auf poly- theistische, und zwar zunächst altsemitische, dann aber, wie sich jetzt deutlicher zeigen wird, auch auf altgriechische – kultische und philosophische – Vorbilder zurückzuführen. So wie der sterbende Gott etwas Altsemitisches sei, so sei die Erbsünde etwas Altgriechi- sches; implizit gesagt, auf alle Fälle nichts Jüdisches:

> „Die Lehre von der Erbsünde ist orphischer Herkunft; sie wurde in den Mysterien erhalten und drang von da aus in die Philosophenschulen des griechischen Altertums ein. Die Menschen waren die Nachkommen von Titanen, welche den jungen Dionysos-Zagreus getötet und zer- stückelt hatten; die Last dieses Verbrechens drückte auf sie."[30]

Die religionshistorische Tragfähigkeit dieser These, insbesondere die behauptete Verwandt- schaft zwischen Orphik und Christentum und die Zurückführung der Dionysosmysterien auf

---

[27] Ebd. 183f.

[28] Ebd. 184.

[29] Ebd.; vgl. Freud, *Mann Moses*, GW XVI 245: die „Urvatertragödie" im Christentum „ersetzt durch die Annahme einer eigentlich schattenhaften Erbsünde."

[30] Freud, GW IX 184f.; vgl. zu einem ähnlichen Gedanken (jedoch ohne Nennung des Dionysos): *Mann Moses*, GW XVI 192.

die Orphik[31], ist bis heute umstritten und für die Analyse von Freuds Argumentation nicht relevant. Was hier ganz offensichtlich für Freuds Überlegungen ausschlaggebend ist, das ist seine Auffassung der Beziehung zwischen Christus und Dionysos. Für diese Auffassung ist es bezeichnend, daß im Gang der Argumentation Christus der Vortritt gelassen wird, jedoch nur, um Dionysos als sein Vorbild zu erweisen. Von den Schwierigkeiten, hinter dem getöteten Dionysos erwartungsgemäß auch noch den getöteten Urvater und mit ihm das getötete Totemtier zu entdecken, legt Freud in diesem Zusammenhang unverhohlen Rechenschaft ab:

> „Erinnert die Tat der Titanen durch die Züge der Zusammenrottung, der Tötung und Zerrei-
> ßung deutlich genug an das von St. Nilus beschriebene Totemopfer, – wie übrigens viele ande-
> re Mythen des Altertums, z. B. der Tod des Orpheus selbst – so stört uns hier doch die Abwei-
> chung, daß die Mordtat an einem jugendlichen Gotte vollzogen wurde."[32]

Dieses Problem räumt Freud nun rasch aus dem Wege. Und das gelingt ihm wunschgemäß, indem er nach Dionysos erneut auf Christus zurückkommt, seine Tötung jedoch alttestamentlich durch das archaische Talionsprinzip – Auge um Auge, Zahn um Zahn – erklärt. Denn, so folgert Freud lapidar, „wenn dies Opfer des eigenen Lebens die Versöhnung mit Gottvater herbeiführt, so kann das zu sühnende Verbrechen kein anderes als der Mord am Vater gewesen sein".[33] Daran schließt die wohl positivste und respektvollste, nicht kommentierend zurückgenommene oder relativierte Aussage über das Christentum an, die in Freuds gesamtem Werk zu finden ist: „So bekennt sich denn in der christlichen Lehre die Menschheit am unverhülltesten zu der schuldvollen Tat der Urzeit, weil sie nun im Opfertod des einen Sohnes die ausgiebigste Sühne für sie gefunden hat." Daß dieses „unverhüllteste" christliche Bekenntnis keineswegs in der christlichen Lehre selbst formuliert worden ist, sondern daß das Christentum ein solches Schuldbekenntnis erst Freuds Enthüllung verdankt, scheint ihn nicht zu stören; dies nimmt er durchaus billigend in Kauf. Zugleich werden jetzt die Konsequenzen deutlich, die sich aus Freuds Interpretation des Satzes „Im Anfang war die Tat" für seine Interpretation der Erbsünden-Lehre ergeben. Denn ein analoger Satz, den Freuds Interpretation voraussetzt, nämlich: ‚Im Anfang war die Erbsünde', kann dann nicht mehr bedeuten: im Anfang war die Verführung zur sexuellen Lust, zur Lust auf Erkenntnis, zur Lust auf Gottähnlichkeit. Mit der Paradiesschlange hat die Sünde der ersten Menschen bei Freud nichts zu schaffen. Die Ursünde reduziert sich auf den Vatermord und auf sonst nichts. Die Entsexualisierung und Entintellektualisierung des Konzepts der Erbsünde kann man wohl nicht weiter treiben, als Freud es hier getan hat.

Eine solche Aufklärung des Christentums über sich selbst läuft natürlich auf eine Entchristlichung des Christentums, letzlich auf seine Auflösung, hinaus. Damit hat indessen Freuds Argumentation noch keineswegs ihr Ziel erreicht, und auch die Funktion des Dionysos für diese Argumentation ist dadurch noch immer nicht abgetan. Nach dem für das Chri-

---

[31] Vgl. kritisch dazu Renate Schlesier 2001, 157–172.
[32] Freud, GW IX 185.
[33] Ebd.

stentum präformierenden Mysteriengott Dionysos wendet sich Freud nun dem Tragödien-
gott Dionysos zu und kommt noch einmal auf Robertson Smith's These von der beklagten
„mythischen Tragödie" bei den alten Semiten zurück.

Bei diesem Unterfangen beruft er sich auf eine weitere Inspirationsquelle: das Werk *Cultes, mythes et religions* des französischen Religionshistorikers und Archäologen Salomon
Reinach (1858–1932).[34] Wie eminent wichtig dieses zwischen 1905 und 1923 publizierte
fünfbändige Kompendium gesammelter Aufsätze für Freuds eigene religionshistorische
Studien war, ist noch längst nicht genügend wahrgenommen und bisher meines Wissens
nirgends analysiert worden.[35] Die in Freuds Besitz befindliche Ausgabe gehörte zu den
wenigen religionshistorischen Werken, die 1938 mit in Freuds Londoner Exil wandern
konnten.[36] In *Totem und Tabu* wird zwar Reinachs Totemismus-Theorie von Freud als zu
soziologisch verworfen,[37] bei der Präsentation des Mysteriengottes Dionysos greift er jedoch fast ausschließlich auf Forschungen Reinachs zurück. Nun, wo es um die kultischen
Quellen der griechischen Tragödie geht, erweist Freud dem Autor besonders dankbar seine
Reverenz. Zu den auffälligsten Gemeinsamkeiten, die Freud mit seinem Altersgenossen
Reinach verbanden, gehörten vor allem der Impetus, die Lehren der englischen anthropologischen Schule zu verbreiten und kritisch an sie anzuknüpfen, aber auch das radikal-
freigeistige Engagement in jüdischen Organisationen (bei Freud war es vor allem die Wiener Sektion der jüdischen Loge B'nai B'rith).[38]

---

[34] Zu Salomon Reinach s.: *Jüdisches Lexikon*, Bd. IV (Berlin 1930), Sp. 1312f.; Renate Schlesier
      2003. Sein älterer Bruder Joseph (1856–1921), Schriftsteller und liberaler Politiker, engagierte sich
      tatkräftig beim Kampf für die Revision des Dreyfus-Prozesses, sein jüngerer Bruder Théodore
      (1860–1928), Jurist und Historiker, forschte vor allem auf den Gebieten der antiken Numismatik
      und Epigraphik; auch Josephs Sohn Adolphe-Joseph war Altertumswissenschaftler: Gräzist und
      Archäologe. Vgl. Jean Bollack 1985, hier vor allem: 471 u. 511. Ulrich von Wilamowitz-
      Moellendorff warf den angesehenen französischen Intellektuellen ein antideutsches Engagement
      während des 1. Weltkriegs vor, mit kaum beherrschtem Haß, der sich in antisemitischen Klischees
      verdichtet: „[…] was von den Gebrüdern Reinach, aus einer Frankfurter Judenfamilie, zu erwarten
      war, ahnten wir auch und hat sich noch nach dem Kriege nur zu deutlich gezeigt", Wilamowitz-
      Moellendorff 1929, 315.

[35] Die einzige mir bekannte Ausnahme ist Ilse Grubrich-Simitis' Hinweis darauf, daß Freud durch
      Reinach auf die Vorlesungen über die Religion der Semiten von William Robertson Smith auf-
      merksam wurde: Ilse Grubrich-Simitis 1998, hier: 29. – Auch Reinachs wichtige Bedeutung für die
      Entstehung der modernen anthropologischen Religionsgeschichte ist in Vergessenheit geraten; in
      einem der jüngsten anspruchsvollen Bücher zu diesem Thema (Hans G. Kippenberg 1997) kommt
      Reinach schlicht nicht vor.

[36] Sowie als ein weiteres Buch von Reinach das zusammenfassende, weitverbreitete Standardwerk:
      Orpheus. Histoire générale des religions (Paris 1909); vgl. Harry Trosman und Roger Dennis Sim-
      mons 1973, hier 662.

[37] Freud, GW IX 137.

[38] Vgl. Reinachs eigenen Bericht über seine Pionierarbeit auf dem Gebiet der Religionsanthropologie
      und sein Plädoyer für eine „science [...] pas seulement libérale, mais libératrice" in der Einleitung
      zu: *Cultes, mythes et religions*, Bd. 1, I–VII. Reinach lag im Streit mit der jüdischen Orthodoxie
      und engagierte sich in den Leitungsgremien der Alliance Israélite Universelle, der Jewish Coloni-

Freud bezieht sich auf Reinachs Aufsatz *La mort d'Orphée* von 1902. Mit dem Anspruch, einem „Fingerzeig" Reinachs aus dieser Schrift zu folgen, faßt Freud „die Situation der ältesten griechischen Tragödie" so zusammen:

> „Eine Schar von Personen, alle gleich benannt und gleich gekleidet, umsteht einen einzigen, von dessen Reden und Handeln sie alle abhängig sind: es ist der Chor und der ursprünglich einzige Heldendarsteller. Spätere Entwicklungen brachten einen zweiten und dritten Schauspieler, um Gegenspieler und Abspaltungen des Helden darzustellen, aber der Charakter des Helden wie sein Verhältnis zum Chor blieben unverändert. Der Held der Tragödie mußte leiden; dies ist noch heute der wesentliche Inhalt einer Tragödie. Er hatte die sogenannte ‚tragische Schuld' auf sich geladen, die nicht immer leicht zu begründen ist; sie ist oft keine Schuld im Sinne des bürgerlichen Lebens. Zumeist bestand sie in der Auflehnung gegen göttliche oder menschliche Autorität, und der Chor begleitete den Helden mit seinen sympathischen Gefühlen, suchte ihn zurückzuhalten, zu warnen, zu mäßigen und beklagte ihn, nachdem er für sein kühnes Unternehmen die als verdient hingestellte Bestrafung gefunden hatte."[39]

Tatsächlich geht Reinach auf den von Freud angegebenen Seiten kursorisch auf die griechische Tragödie ein. Das, was Freud mit Bezug auf Reinach zum Chor und zum tragischen Helden ausführt, sucht man jedoch bei Reinach vergeblich. Fündig wird man dazu eher in einem anderen Text, nämlich in Nietzsches *Geburt der Tragödie*, Kapitel 7 bis 10.[40]

An den zitierten Passus schließt Freuds eigene Deutung der tragischen Schuld unmittelbar an:

> „Er" (der Held), so heißt es, „muß leiden, weil er der Urvater, der Held jener großen urzeitlichen Tragödie ist, die hier eine tendenziöse Wiederholung findet, und die tragische Schuld ist jene, die er auf sich nehmen muß, um den Chor von seiner Schuld zu entlasten. [...] Das auf ihn gewälzte Verbrechen, die Überhebung und Auflehnung gegen eine große Autorität, ist genau dasselbe, was in Wirklichkeit die Genossen des Chors, die Brüderschar, bedrückt. So wird der tragische Held – noch wider seinen Willen – zum Erlöser des Chors gemacht."[41]

Auch von diesen Gedankengängen findet sich bei Reinach keine Spur.[42] Erst Freuds nächster Paragraph ist deutlich durch Formulierungen Reinachs angeregt:

---

zation Organization und der Société des Etudes Juives. Den christlichen Arier-Mythos entzauberte er in dem Buch: *L'origine des Aryens. Histoire d'une controverse* (1892), vgl. Maurice Olender 1989, 23; der antisemitische Religionswissenschaftler Pater Wilhelm Schmidt (der auch Freud bekämpfte) klagte ihn an, durch den Rückgriff auf Robertson Smith den Vorrang des Christentums in der Religionsgeschichte unterminieren zu wollen (vgl. Ritchie Robertson 1994, hier: 280). – Zu Freuds freigeistigem jüdischen Engagement, nicht zuletzt in der Loge B'nai B'rith, vgl. Schlesier 1993, 241f., n. 51.

[39] Freud, GW IX 187.

[40] Vgl. Nietzsche, KGA Bd. III/1 (1972), 48–71.

[41] Freud, GW IX 188.

[42] Vgl. aber Nietzsche, *Genealogie der Moral*, vor allem den Aphorismus No. 21 der dem Thema der Schuld gewidmeten zweiten Abhandlung dieser Schrift; der „Geniestreich des Christenthums" sei: „Gott selbst sich für die Schuld des Menschen opfernd", KGA Bd. VI/2 (1968), 347. Vgl. auch den Aphorismus No. 22, über die „Schuld gegen Gott (als Feindschaft, Auflehnung, Aufruhr gegen den ‚Herrn', den ‚Vater', den Urahn und Anfang der Welt)", ebd. 348; Nietzsche versteht dies als Um-

„Waren speziell in der griechischen Tragödie die Leiden des göttlichen Bockes Dionysos und die Klage des mit ihm sich identifizierenden Gefolges von Böcken der Inhalt der Aufführung, so wird es leicht verständlich, daß das bereits erloschene Drama sich im Mittelalter an der Passion Christi neu entzündete."[43]

Danach taucht der Name des Dionysos in dieser Schrift nicht mehr auf. Freud lenkt im nächsten Paragraphen in die Schluß-Coda hinüber und propagiert als Ergebnis, „daß im Ödipuskomplex die Anfänge von Religion, Sittlichkeit, Gesellschaft und Kunst zusammentreffen".[44]

Die einzelnen Elemente von Freuds Interpretation des tragischen Dionysos sind tatsächlich so gut wie vollständig bei Reinach versammelt: der göttliche Bock Dionysos; seine Leiden und sein Tod als „élément dramatique" der Tragödie; die Klage der Böcke um ihn (auf die das Wort Tragödie, in der Bedeutung „Bocksgesang", zurückgeführt wird); der Ursprung des mittelalterlichen Theaters wie der Tragödie in einer „divine Passion".[45] Die meisten dieser Elemente sind allerdings schon dreißig Jahre vor Reinach in Nietzsches *Geburt der Tragödie* zu finden. Dort heißt es:

„Es ist eine unanfechtbare Ueberlieferung, dass die griechische Tragödie in ihrer ältesten Gestalt nur die Leiden des Dionysos zum Gegenstand hatte und dass der längere Zeit hindurch einzig vorhandene Bühnenheld eben Dionysus war. Aber mit der gleichen Sicherheit darf behauptet werden, dass niemals bis auf Euripides Dionysus aufgehört hat, der tragische Held zu sein, sondern dass alle die berühmten Figuren der griechischen Bühne Prometheus, Oedipus u.s.w. nur Masken jenes ursprünglichen Helden Dionysus sind."[46]

Darüber hinaus stellt Nietzsche in dieser Schrift die Behauptung auf, daß der ursprüngliche Tragödienchor „aus bocksartigen Satyrn zusammengesetzt"[47] gewesen sei und beschreibt ihn als „eine Selbstbespiegelung des dionysischen Menschen"[48].

---

deutung, Freud als urgeschichtliche Realität. Vgl. dazu Ronald Lehrer 1995, 135. Zur Diskussion der *Genealogie der Moral* in Freuds Psychologischer Mittwoch-Gesellschaft in Wien vgl. Schlesier 1997a, 271.

[43] Freud, GW IX 188. In dem posthum veröffentlichten, 1905/06 entstandenen Aufsatz *Psychopathische Personen auf der Bühne* heißt es analog dazu und zu den zuvor zitierten Passagen (jedoch ohne Nennung des Namens Dionysos): „Die Entstehung des Dramas aus Opferhandlungen (Bock und Sündenbock) im Kult der Götter kann nicht ohne Beziehung zu diesem Sinn des Dramas sein, es beschwichtigt gleichsam die beginnende Auflehnung gegen die göttliche Weltordnung, die das Leiden festgesetzt hat. Die Helden sind zunächst Aufrührer gegen Gott oder ein Göttliches [...]. Es ist dies die Prometheusstimmung des Menschen", Nbd. 657. Im *Mann Moses* kommt Freud noch einmal auf die in *Totem und Tabu* hergestellte Beziehung zwischen der griechischen Tragödie und der „Brüderbande" sowie dem mittelalterlichen Passionsdrama zurück (jedoch ohne Nennung des Dionysos): GW XVI 193.

[44] Freud, GW IX 188.

[45] Vgl. Salomon Reinach 1906, hier: 100.

[46] Nietzsche, *Geburt der Tragödie*, Beginn von Kap. 10, in: KGA Bd. III/1 (1972), 67.

[47] Ebd. 58.

[48] Ebd. 56; zum Mysterien-Dionysos vgl. 68.

Die einzelnen Elemente von Freuds Rekurs auf den tragischen Dionysos, die er bei Reinach finden konnte, erhalten also ihr geistiges Band, wie sich jetzt zeigt, erst durch Nietzsche. Denn die für Freuds Tragödiendeutung entscheidenden Thesen, daß der Chor sich mit Dionysos identifiziert und daß die griechische Tragödie überhaupt, nicht allein in ihren Ursprüngen, immer die Leiden des Dionysos zum Inhalt hat, fehlen bei Reinach. In den Rang einer religionshistorischen, ästhetisch akzentuierten Theorie werden diese von Freud reproduzierten Thesen erstmals bei Nietzsche erhoben.[49] Worin Freud von Nietzsche abweicht, wird nicht zuletzt an der theoretischen Einschätzung des Dionysos in seinem Verhältnis zu Ödipus deutlich. Während Ödipus für Nietzsche nur eine der vielen Masken des Dionysos ist, scheint Freud hingegen in Dionysos nur eine Maske des Ödipus sehen zu wollen.

Die Schrift *Totem und Tabu* endet nicht mit Dionysos, wohl aber mit der Tragödie, denn der Satz „Im Anfang war die Tat", ein modernes Tragödien-Zitat, ist Freuds knappste Zusammenfassung seiner ureigensten Version der menschlichen Urtragödie. Und diese im Zeichen des Ödipus stehende, alle künstlerischen Formungen transzendierende Tragödie ist tatsächlich das Leitmotiv von Freuds mythologischer Anthropologie und dem davon gezeichneten Panorama der Geschichte des einzelnen Menschen wie der menschlichen Gattung. Auch Freuds eigenes Leben war, so erkannte er schon früh in seiner Selbstanalyse, vom Modell des Ödipus dominiert.[50] Nicht aber sein Tod. Nach seinem Lebensende, so scheint es, hat nämlich der Ursohn Ödipus, und sogar der Urvater, sein Recht auf ihn verloren. Da wird bemerkenswerterweise Dionysos es sein, dem Freud sich demonstrativ anvertraut, und zwar ganz materiell. Weniger geheimnisvoll ausgedrückt: gemeint ist Freuds letzter Wille hinsichtlich seiner sterblichen Überreste.[51] Mit diesem letzten Willen wird Freud nämlich die religiösen Brücken zum Judentum endgültig abbrechen, jedoch nicht zugunsten des Gekreuzigten, sondern zugunsten des freudenreichen Dionysos.

Denn nachdem er zu seinem 75. Geburtstag am 6. Mai 1931 ein antikes Weinmischgefäß zum Geschenk erhalten hat, einen griechischen Krater aus Unteritalien mit der Darstellung des jugendlichen, nackten Dionysos, dem eine Adorantin Opfergaben weiht, bestimmt er, daß seine Asche nach seinem Tode nirgendwo anders als in eben diesem Gefäß aufbewahrt werden soll,[52] ja, daß auch die Asche seiner Frau nach ihrem Tode mit der seinen im selben Gefäß vermischt werden möge. Nietzsches Rauschgott aus der *Geburt der Tragödie* besaß

---

[49]   Vgl. Barbara von Reibnitz 1992, 180–273; vgl. Friedrich Nietzsche 1994, 539f., zur Wirkungsgeschichte: ebd. 516–530.

[50]   Vgl. dazu Schlesier 1999.

[51]   Vgl. dazu die Andeutungen von K. R. Eissler 1976, 35; Ernest Jones 1984, 191 u. 290f.

[52]   Der Krater (rotfigurig, Ende des 5. oder Anfang des 4. Jh. v. Chr.) ist abgebildet in: Freud, Ernst / Freud, Lucie / Grubrich-Simitis, Ilse 1976, 322f. (Abb. 357); auf den Photographien, die Edmund Engelman von Freuds Wiener Wohnung und seiner archäologischen Sammlung 1938 kurz vor der Emigration nach London anfertigte, ist die Vase direkt hinter Freuds Schreibtischstuhl auf einem kleinen Tisch plaziert – und enthält einen Strauß von Knospen: vgl. Engelman, Edmund / Gay, Peter / Ransohoff, Rita 1979, Tafel 24, 27–29, 36, mit der Erläuterung zu Tf. 27 von Rita Ransohoff, ebd. 38, die die Möglichkeit in Erwägung zieht, daß das Gefäß bereits in der Antike als Aschenurne diente und durch Freud vielleicht zum zweiten Mal diese Bestimmung erhielt.

also doch noch, wie es scheint, ein uneingelöstes Anrecht auf ihn, das Freud ihm offenbar nicht versagen wollte, allerdings erst im Tode, jenseits eines Lebens für die Psychoanalyse.

Auf eine solche neo-pagane, geradezu kultisch wirkende Weise sanktioniert Freud das Ende seines Lebensdramas, *finis tragoediae*. An diesem Ende steht nicht der mythische Ödipus und steht auch nicht der tragische Urvater, und ebensowenig das Judentum oder das Christentum, sondern – nicht im Wort, wohl aber in der realen künstlerischen Imago – niemand anders als Dionysos[53], der Weingott, der Mysteriengott, welcher Wiedergeburt und Vergöttlichung verspricht, nicht zuletzt jedoch: der Gott enthusiastischer Mischung und ekstatischer Erotik über den Tod hinaus. Also mit anderen Worten: der radikale Gegensatz zum Gott der Juden und der Christen. Für das dionysisch überdeterminierte Mischgefäß, die antike Vase, die in der Tat als seine Aschenurne dienen wird, bedankte Freud sich sogleich bei der edlen Spenderin, der Psychoanalytikerin Marie Bonaparte, Prinzessin Georg von Griechenland, mit den ganz unpathetisch, fast ironisch klingenden Worten: „Schade, daß man sie nicht ins Grab mitnehmen kann.“[54] Heute befindet sich die Vase, die selber zu seinem Grab, schließlich zum Grab zweier Liebender[55], des Ehepaars Freud, geworden ist, an einer bisher sonderbarerweise unterschätzten Außenstelle des Londoner Freud-Museums, im Krematorium von Golders Green.[56]

---

[53] Die Tatsache, daß Freuds Antikensammlung eine Reihe von Stücken mit Darstellungen des Dionysos und/oder von Gestalten aus seinem Umkreis enthielt, fand keinen Niederschlag in seinem publizierten Werk und wurde meines Wissens bisher nicht eigens untersucht (ebensowenig wie die Bedeutung der sepulkralen Funktion des Dionysos-Kraters für Freud selber, der das Gefäß damit der Wissenschaft entzog). Vgl. die Abbildungen bei Lynn Gamwell und Richard Wells 1989, 87, 108; Lydia Marinelli 1999, Kat. No. 34, 50, 51, 59, 71, 81 (letzteres Exponat eine zum Ring gefaßte römische Gemme mit einer musikalisch-tänzerischen dionysischen Szene; Freud schenkte Sándor Ferenczi diesen Ring als Zeichen seiner Mitgliedschaft in dem während des Trennungsprozesses von Jung begründeten „Geheimen Komitee“).

[54] Brief an Marie Bonaparte vom 6. Mai 1931, zitiert nach Jones 1984, 191; vgl. Michael Molnar 1996, 169; in einem weiteren Brief an Marie Bonaparte vom 10. Mai 1931, auszugsweise zitiert bei Max Schur 1973, 506 u. 659, äußert Freud sein „Bedauern [...], daß man mir keines der schönen Gefäße ins Grabgewölbe mitgeben wird“. An Max Eitington schreibt Freud am 7. Mai 1931 von einem „Wald von herrlichen Blumen und wenigstens einer griechischen Vase, damit Kalchas nicht recht behält,“ als Geburtstagspräsent (so auszugsweise zitiert bei Jones 1984, 191). Zu der bis in die Zeit von Freuds Selbstanalyse, während des Entstehungsprozesses der *Traumdeutung*, zurückreichenden Vorgeschichte von Freuds Verbindung seiner affektiven Beziehung zu antiken Objekten mit seinen Todes- und Unsterblichkeitsträumen vgl. Didier Anzieu 1988, 387f.

[55] Das unverkennbare mythische Vorbild für eine solche Aschenmischung in einem dionysischen Gefäß ist zweifellos Homer, *Odyssee* 24, 71–77: Die Asche des Achill wird in einer Wein-Amphore gesammelt, einem Geschenk des Dionysos an seine Mutter Thetis, und mit der Asche des Patroklos vermischt – bei dieser Vereinigung sterblicher Überreste handelt es sich jedoch um zwei homoerotisch Liebende.

[56] Vgl. Sigmund-Freud-Haus Katalog, hg. von der Sigmund-Freud-Gesellschaft, Wien 1975, 62, Abb. 308.

Literatur

Ackerman, Robert (1987): J. G. Frazer. His Life and Work, Cambridge.

Anzieu, Didier (1988): L'auto-analyse de Freud et la découverte de la psychanalyse, 3. Aufl., Paris.

Assoun, Paul-Laurent (1980): Freud et Nietzsche, Paris.

Bollack, Jean (1985): „M. de W.-M. (en France). Sur les limites de l'implantation d'une science", in: Calder, William M. / Flashar, Hellmut / Lindken, Theodor (Hg.) (1985): Wilamowitz nach 50 Jahren, Darmstadt, 468–512.

Eissler, Kurt R. (1976): „Eine biographische Skizze", in: Freud, Ernst / Freud, Lucie / Grubrich-Simitis, Ilse (Hg.) (1976): Sigmund Freud. Sein Leben in Bildern und Texten, Frankfurt a. M.

Engelman, Edmund / Gay, Peter / Ransohoff, Rita (1979): La maison de Freud. Berggasse 19, Vienne (engl. 1976), Paris.

Freud, Ernst / Freud, Lucie / Grubrich-Simitis, Ilse (Hg.) (1976): Sigmund Freud. Sein Leben in Bildern und Texten, Frankfurt a. M.

Freud, Siegmund (1940ff.): Gesammelte Werke. Chronologisch geordnet [GW], hg. v. Anna Freud u. a., Bd. 1–18, London / Frankfurt a. M. 1940–1952, 1968; Nachtragsband, hg. v. Angela Richards unter Mitwirkung von Ilse Grubrich-Simitis, Frankfurt a. M. 1987.

Freud, Sigmund / Abraham, Karl (1965): Briefe 1907–1926, Frankfurt a. M.

Freud, Sigmund / Ferenczi, Sándor (1993): Briefwechsel, hg. v. Eva Brabant, Ernst Falzeder und Patrizia Giampieri-Deutsch, Bd. I/2: 1912–1914, Wien / Köln / Weimar.

Gamwell, Lynn / Wells, Richard (Hg.) (1989): Sigmund Freud and Art. His Personal Collection of Antiquities, New York / London.

Goethe, Johann Wolfgang (1986): Sämtliche Werke nach Epochen seines Schaffens. Münchner Ausgabe, Bd. 6.1: Weimarer Klassik 1798–1806, München.

Goethe, Johann Wolfgang (1994): Sämtliche Werke, Briefe, Tagebücher und Gespräche. I. Abteilung, Bd. 7/2: Faust. Kommentare, Frankfurt a. M.

Grubrich-Simitis, Ilse (1998): „‚Nothing About the Totem Meal': On Freud's Notes", in: Roth, Michael S. (Hg.) (1998): Freud: Conflict and Culture, New York, 17–31.

Herlitz, Georg / Elbogen, Ismar u. a. (1930): Jüdisches Lexikon: ein enzyklopädisches Handbuch des jüdischen Wissens in vier Bänden, Bd. 4, Berlin.

Jones, Ernest (1984): Sigmund Freud. Leben und Werk, Bd. 3 (engl. 1957), München.

Kippenberg, Hans G. (1997): Die Entdeckung der Religionsgeschichte. Religionswissenschaft und Moderne, München.

Lehrer, Ronald (1995): Nietzsche's Presence in Freud's Life and Thought. On the Origins of a Psychology of Dynamic Unconscious Mental Functioning, New York.

Lutzky, Harriet (1995): „Deity and the Social Bond: Robertson Smith and the Psychoanalytic Theory of Religion", in: Johnstone, William (Hg.) (1995): William Robertson Smith. Essays in Reassessment, Sheffield, 320–330.

Marinelli, Lydia (Hg.) (1999): „Meine ... alten und dreckigen Götter". Aus Sigmund Freuds Sammlung, Wien.

Molnar, Michael (Hg.) (1996): Sigmund Freud, Tagebuch 1929–1939. Kürzeste Chronik (engl. 1992), Frankfurt a. M.

Nietzsche, Friedrich (1967 ff.): Werke. Kritische Gesamtausgabe, hg. v. Giorgio Colli und Mazzino Montinari, Berlin / New York.

Nietzsche, Friedrich (1994): Die Geburt der Tragödie. Schriften zu Literatur und Philosophie der Griechen, hg. und erläutert v. Manfred Landfester, Frankfurt a. M. / Leipzig.

Olender, Maurice (1989): Les langues du paradis. Aryens et Sémites: un couple providentiel, Paris.

Reibnitz, Barbara von (1992): Ein Kommentar zu Friedrich Nietzsche „Die Geburt der Tragödie aus dem Geiste der Musik" (Kapitel 1–12), Stuttgart und Weimar.

Reinach, Salomon (1892): L'origine des Aryens. Histoire d'une controverse, Paris.

Reinach, Salomon (1905): Cultes, mythes et religions, Paris, Bd. 1.

Reinach, Salomon (1906): „La mort d'Orphée", in: Cultes, mythes et religions, Paris, Bd. 2, 85–122.

Reinach, Salomon (1909): Orpheus. Histoire générale des religions, Paris.

Robertson, Ritchie (1994): „On the Sources of Moses and Monotheism", in: Gilman, Sander L. u. a. (Hg.) (1994): Reading Freud's Reading, New York / London 1994, 266–285.

Schlesier, Renate (1993): „Jerusalem mit der Seele suchen. Mythos und Judentum bei Freud", in: Graf, Fritz (Hg.) (1993): Mythos in mythenloser Gesellschaft. Das Paradigma Roms [= Colloquium Rauricum 3], Stuttgart / Leipzig, 230–267.

Schlesier, Renate (1997): „Forschungen und Ängste eines sehr jungen Mythologen. Zu Freuds ‚kleinem Hans'", in: Paragrana 6/2 (1997), 161–170.

Schlesier, Renate (1997a): „‚Umwertung aller psychischen Werte'. Freud als Leser von Nietzsche", in: Jamme, Christoph (Hg.) (1997): Grundlinien der Vernunftkritik, Frankfurt a. M., 243–276.

Schlesier, Renate (1997b): „Dionysos I. Religion", in: Cancik, Hubert / Schneider, Helmuth (1997): Der Neue Pauly. Enzyklopädie der Antike, Stuttgart / Weimar, Bd. 3, Sp. 651–662.

Schlesier, Renate (1999): „Auf den Spuren von Freuds Ödipus", in: Hoffmann, Heinz (Hg.) (1999): Antike Mythen in der europäischen Tradition, Tübingen, 281–300.

Schlesier, Renate (2001): „Dionysos in der Unterwelt. Zu den Jenseitskonstruktionen der bakchischen Mysterien", in: Hoff, Ralf von den / Schmidt, Stefan (Hg.) (2001): Konstruktionen von Wirklichkeit. Bilder im Griechenland des 5. und 4. Jhs. v. Chr., Stuttgart, 157–172.

Schlesier, Renate (2003): „Der letzte der Humanisten. Salomon Reinach und die europäische Kulturanthropologie", in: Frick, Werner / Mölk, Ulrich (Hg.), Europäische Jahrhundertwende – Literatur, Künste, Wissenschaften um 1900 in grenzüberschreitender Wahrnehmung, Göttingen, 117–133.

Schur, Max (1973): Sigmund Freud. Leben und Sterben (engl. 1972), Frankfurt a. M.

Smith, William Robertson (1889): Lectures on the Religion of the Semites; deutsche Ausgabe: Die Religion der Semiten. Mit einem Vorwort von Emil Kautzsch und einem Anhang, Tübingen 1899 (Nachdr. Darmstadt 1967).

Trosman, Harry / Simmons, Roger Dennis (1971): „The Freud Library", in: Journal of the American Psychoanalytic Association 21 (1973), 646–687.

Wallace, Edwin R. (1983): Freud and Anthropology. A History and Reappraisal, New York.

Wilamowitz-Moellendorff, Ulrich von (1929): Erinnerungen, 2. ergänzte Aufl., Leipzig (zuerst 1928).

Joachim Heinzle

Unsterblicher Heldengesang: Die Nibelungen als nationaler Mythos der Deutschen

Wenn von Mythos die Rede sein soll, muß auch über Heldensage gesprochen werden. Heldensage, heroische Überlieferung, gehört in den Kulturen „aller Völker und Zeiten"[1] zu den wirkungsmächtigsten Erscheinungsformen des mythischen Denkens, sofern man darunter die kollektive Orientierung an einem „Komplex traditioneller Erzählungen" versteht, die die Funktion haben, „Wirklichkeitserfahrung und -entwurf zu gliedern und in Worte zu fassen, mitzuteilen und zu bewältigen, die Gegenwart an Vergangenes zu binden und zugleich die Zukunftserwartungen zu kanalisieren"[2]. Im abendländischen Traditionsfeld haben Heldensagen über lange Zeiträume hin solche Funktionen erfüllt, allen voran die Troja- und die Nibelungen-Sage. Nach mehr als drei Jahrtausenden hat die Überlieferung vom Kampf um Ilion, nach anderthalb Jahrtausenden hat die vom Untergang der Burgunden am Hof des Hunnenkönigs nichts von ihrer Faszinationskraft verloren, und es ist keineswegs ausgemacht, daß sich ihr mythisches Potential erschöpft hat. Hier ist eine Dimension der kulturellen Fundierung sozialen und politischen Handelns zu erschließen, die nur selten und allenfalls flüchtig in den Blick der herkömmlichen Sozial- und Politikgeschichte tritt. Ich will sie am Beispiel der jüngsten Phase in der Entwicklung der Nibelungen-Sage darstellen: deren nationalideologischer Remythisierung im „Vaterlandsdiskurs"[3] des 18. bis 20. Jahrhunderts.[4]

Zum besseren Verständnis empfiehlt es sich, vorgängig die Entstehung der Sage im frühen Mittelalter zu betrachten. Wie alle Heldensage wurzelt die Nibelungen-Sage in der Geschichte.[5] Den historischen Kern bildet die Katastrophe des germanischen Volksstammes

---

[1]   Cecil M. Bowra 1964.
[2]   Walter Burkert 1981, 12.
[3]   Hans Peter Herrmann / Hans-Martin Blitz / Susanna Moßmann 1977.
[4]   Ich führe dabei, z. T. auch in den Formulierungen, zusammen, was ich in einer Reihe älterer Veröffentlichungen entwickelt habe, vor allem: Verf. 1991; 1995; 1996; 1998a; 1998b; 1998c; „Was ist Heldensage?" (im Druck).
[5]   Belege zu den im folgenden angeführten historischen Bezügen (Burgundenuntergang, Attilas Tod, Siegfried) bei Otto Gschwantler 1979.

der Burgunden. Diese hatten, von Nordosten kommend, zu Beginn des fünften Jahrhunderts
den Rhein überschritten und sich auf beiden Seiten des Flusses einen Herrschaftsbereich
gesichert. Als sie von dort unter ihrem König Gundahar gegen das römische Gallien vor-
drangen, wurden sie um das Jahr 436 von dem römischen Feldherrn Aëtius und von hunni-
schen Verbänden, die wohl in dessen Dienst standen, vernichtend geschlagen: mit dem
König soll der größte Teil des Volkes den Tod gefunden haben. Die älteste Sagenform dieses Ereignisses meint man in einem Text zu fassen, der, aus dem 13. Jahrhundert überliefert,
gegen Ende des 9. Jahrhunderts entstanden sein soll: in der Atlakviða, dem Alten Atlilied
der Edda.[6] Dort lädt der Hunnenkönig Atli – das ist der historische Attila / Etzel – seine
Schwäger Gunnar – das ist der historische Gundahar – und Högni in verräterischer Absicht
ein, um ihnen ihren berühmten Schatz, den Nibelungen-Hort, abzunehmen; er läßt beide
töten und wird seinerseits von seiner Frau erschlagen, die sich damit für die Ermordung der
Brüder rächt. Auch für den Tod des Hunnenkönigs durch die Hand seiner Frau gibt es einen
historischen Anhalt: im Jahre 453 war der große Attila im Bett an der Seite eines Germa-
nenmädchens mit Namen Hildico gestorben. Todesursache soll ein Blutsturz gewesen sein,
aber schon früh ging das Gerücht, das Mädchen habe ihn getötet. Offenbar ist die Burgun-
densage aus der Verbindung der Überlieferung vom Ende des Burgundenkönigs Gundahar
und vom Ende des Hunnenkönigs Attila gebildet worden: die Germanin wurde zur Schwester und Rächerin des Burgundenkönigs gemacht, der durch die Hunnen Reich und Leben
verloren hatte. Eine folgenschwere Wende in der Entwicklung der Sage brachte dann ihre
Verbindung mit der Überlieferung von Siegfried, dem Drachentöter, deren historische Wurzeln in der merowingischen Geschichte des 6. Jahrhunderts liegen dürften, im einzelnen
aber nicht säuberlich herauszupräparieren sind. Nun geht die verräterische Einladung von
der Schwester der Burgundenkönige aus, die sich an den Brüdern für die Ermordung ihres
ersten Mannes Siegfried rächt. Das ist die Fassung der Sage, wie sie uns aus dem Nibelungenlied vertraut ist.[7]

So offenkundig wie die Tatsache, daß sich die Sage auf historische Wirklichkeit bezieht,
ist die Tatsache, daß sie diese Wirklichkeit nicht faktengetreu wiedererzählt: schon daß sie
Gunnar / Gunther, der um 436 fiel, und Attila / Etzel, der erst von 441 bis 453 als Allein-
herrscher die Hunnen regierte, zu Zeitgenossen macht, spricht den Fakten Hohn. Aber die
Sage lügt nicht. Sie hat nur einen eigentümlichen Begriff von Geschichtswissen. Vergleicht
man, was sie berichtet, mit den Ereignissen, wie sie geschehen sind, dann bemerkt man
rasch, daß sie die Fakten in einer Weise umerzählt, die bestimmten Mustern folgt. Ich nenne
diese Muster: Reduktion, Assimilation, Koordination.[8] Unter *Reduktion* verstehe ich das
Verfahren, die meist sehr verwickelten historischen Ereigniszusammenhänge auf elementare
menschliche Affekte und Konflikte wie Goldgier, Hybris, Eifersucht, Rache zurückzuführen. So erscheinen die machtpolitischen und militärischen Verwicklungen, die zur Vernich-

---

[6]   Jetzt bequem zugänglich in der zweisprachigen Ausgabe von Arnulf Krause 2001, 194ff., Kom-
      mentar 192f.

[7]   Zur (hypothetischen) Entwicklung der Sagen-Stufen vgl. Joachim Heinzle 1994, 31ff.

[8]   Vgl. Joachim Heinzle (im Druck).

tung des burgundischen Reichs unter König Gundahar führten, auf die Goldgier eines Gewaltherrschers oder auf die persönliche Rache einer Frau an ihren Verwandten reduziert. Unter *Assimilation* verstehe ich die Anpassung der historischen Fakten an traditionelle Erzählschemata und Erzählmotive. Traditionell in diesem Sinn ist das Motiv der verräterischen Einladung, das in der Nibelungen-Sage so produktiv geworden ist, oder das Schema der Brautwerbung, über das im Nibelungenlied in kettenartiger Verknüpfung die Handlung vorangetrieben wird: Siegfried wirbt um Kriemhild, Gunther wirbt um Brünhild, Etzel wirbt um Kriemhild. Schließlich das Verfahren der *Koordination*. Es zielt darauf ab, die Sagen eines Kreises zyklisch zu einer Art Gesamterzählung zusammenzuschließen, in der alles mit allem zusammenhängt und jeder irgendwie mit jedem zu tun hat. So verknüpfte man den Sagenkreis um Dietrich von Bern, hinter dem der historische Ostgotenkönig Theoderich der Große (geboren 451?, gestorben 526) steht, mit der Nibelungen-Sage, indem man Dietrich zum Exilanten am Hunnenhof machte und ihn dort in den Burgundenuntergang verwickelte. Dadurch entstand – um den Preis grober Anachronismen – das Bild eines geschlossenen Heldenzeitalters.

Reduktion, Assimilation, Koordination: man hat dieses Umerzählen früher als einen Akt der Enthistorisierung und künstlerischen Emanzipation interpretiert. Die historischen Fakten wären demnach nur der Rohstoff gewesen, aus dem Dichter, in freier Willkür nach rein ästhetischen Erwägungen verfahrend, die Sage in Form von Heldengedichten gestaltet hätten. Heute versteht man es als einen Akt der „Formulierung historischer Erfahrung aufgrund von bereitstehenden Motivationsmustern"[9], der darauf zielt, mit Hilfe vertrauter Modelle zu begreifen, was geschehen ist. Indem das Schreckliche erzählbar und wiedererzählbar gemacht wird, läßt es sich bewältigen. In diesem Sinne kann man die germanische Heldensage in ihrer blutigen Düsterheit als Produkt der Abarbeitung kollektiver Traumata verstehen, die das grauenvolle Geschehen der Völkerwanderungszeit bei den Betroffenen hervorrufen mußte. Insofern gilt für die Heldensage, den heroischen Mythos, was im Horizont eines ganz anderen (sakral gedachten) Mythos-Begriffs gesagt wurde: sie kann als Versuch verstanden werden, „aus dem Schrecken in Geschichten über den Schrecken auszuweichen, der dabei seinen Schrecken langsam – aber nie völlig – verliert".[10] Wesentlich bleibt indes, daß die heroische Überlieferung eine Form der kollektiven Erinnerung ist, in der sich eine Gemeinschaft – ein Stamm, ein Volk, eine Nation – zu der Zeit in Beziehung setzt, in der sie sich formiert hat. Ihre Pflege dient „der Selbstdefinition und Identitätsvergewisserung" und hat, insofern sie „den Weg zum rechten Handeln" weist, auch eine normative Funktion: die Helden sind zugleich Vorgänger und Vorbilder.[11]

Daß die Heldensage das Bedürfnis der Menschen stillte, ihr „Herkommen"[12] zu erinnern und sich dadurch ihrer Identität zu vergewissern, bedeutet nicht, daß die Überlieferung auf Gedeih und Verderb an ein und dieselbe Trägerschaft gebunden war. Sonst hätte die germa-

---

[9] Walter Haug 1975, 281.
[10] Odo Marquard 1971, 528.
[11] Jan Assmann 1992, 142.
[12] Klaus Graf 1990.

nische Heldensage mit dem Ende der alten Stammesverbände schon im frühen Mittelalter erlöschen müssen. Die Überlieferungen konnten von immer neuen „Zurechnungssubjekten"[13] übernommen werden. Ein schönes Beispiel liefert die norwegische Vǫlsunga ok Ragnars saga aus der Mitte des 13. Jahrhunderts: sie macht Sigurd und Brünhild zu Vorfahren der norwegischen Könige.[14] So ist die Geschichte der Heldensagen eine Geschichte immer neuer Aneignungen, und zwar in dem strikten Sinn, daß das je und je Angeeignete für verbindlich und bedeutsam genommen wurde. Wäre die Nibelungen-Sage bloß als unverbindliche poetische Erfindung goutiert worden, als eine Art unterhaltsames Grusel-Objekt[15], dann hätte sie nicht überlebt. Bis sie um 1200 im Nibelungenlied (oder wenig früher in einer Vorgängerdichtung) zu Pergament gebracht wurde, ist sie ausschließlich mündlich tradiert worden,[16] und das war nur möglich, weil man sie als Vorzeitkunde ernstnahm. Denn in mündlichen Traditionen herrscht das Gesetz der „strukturellen Amnesie"[17], demzufolge Traditions-Inhalte unweigerlich dem Vergessen anheimfallen, wenn sie keinen verbindlichen Bezug zur jeweiligen Gegenwart mehr haben. Solange die Inhalte verbindlich sind, solange man sie braucht, werden sie tradiert – und umgekehrt: solange sie tradiert werden, sind sie verbindlich, werden sie gebraucht. Noch in den entferntesten Verästelungen der Rezeption ist dieser Verbindlichkeitsanspruch der Heldensage virulent. Zum zentralen Bestand des „Kulturellen Gedächtnisses" gehörig, konstruiert sie Vergangenheiten, „deren Beschaffenheit sich aus den Sinnbedürfnissen und Bezugsrahmen der jeweiligen Gegenwarten her ergibt".[18] Das gilt für den Nibelungen-Mythos der norwegischen Königsherrschaft des Mittelalters ebenso wie für den Nibelungen-Mythos des deutschen Nationalstaats der Neuzeit.

Die mittelalterliche Nibelungen-Tradition endet am Anfang des 16. Jahrhunderts mit dem Eintrag des Nibelungenliedes in das berühmte Ambraser Heldenbuch Kaiser Maximilians. Von spärlichen Reflexen und Spuren abgesehen, verschwindet der Text und mit ihm die Sage für zweieinhalb Jahrhunderte im Dunkel der Archive und Bibliotheken. Wieder aufgetaucht ist er am 29. Juni 1755, als einem gewissen Jakob Hermann Obereit beim Stöbern in der Bibliothek des Grafen von Hohenems eine Handschrift (die später mit der Sigle C be-

---

[13] Ebd., 46.

[14] Dazu zuletzt Klaus von See 1994b.

[15] In diese Richtung denkt neuerdings Jan-Dirk Müller 2001. An eine umstrittene These Klaus von Sees anknüpfend, möchte er „als den eigentlichen Stimulus für das kulturelle Gedächtnis [...] die Exorbitanz des" in der Sage erzählten „Geschehens in Betracht" ziehen (39). „Das Exorbitante" – worunter Müller (anders als von See) das platt Monströse zu verstehen scheint (vgl. 39) – habe „die Eigenschaft, seine Entstehungsbedingungen überschreiten zu können und seine Faszination auch später noch auszuüben"; „Zeugnis" sei „die Präsenz von Heroen- und Göttermythen in einer längst dem Mythos entwachsenen europäischen Kultur seit der Antike" (41). Der Ansatz simplifiziert die Befunde.

[16] Vgl. Joachim Heinzle (im Druck).

[17] Ursula Schaefer 1994, 362.

[18] Jan Assmann 1992, 48.

zeichnete) in die Hände fiel. Obereit teilte seinen Fund Johann Jakob Bodmer in Zürich mit, der ihn bekanntmachte und schon 1757 eine Teil-Edition publizierte.[19] Bodmer war das Nibelungenlied spontan als „eine Art von Ilias" erschienen,[20] und der Vergleich mit dem Homerischen Epos zieht sich dann wie ein roter Faden durch seine lebenslange Beschäftigung mit dem Werk. Er hat damit eine Verständnisperspektive eröffnet, die für die Entstehung des nationalen Nibelungen-Mythos entscheidend werden sollte. Man kann geradezu sagen, daß sich dieser Mythos parasitär auf dem Nährboden eines anderen entwickelt hat: eben des modernen Homer-Mythos, der damals in seiner ersten Blüte stand.

Die Assoziation des Nibelungenliedes mit der Ilias zog den mittelalterlichen Text in die Aura einer deutschen Homer-Verehrung, die sakral zu nennen nicht übertrieben ist:[21]

> War nicht Homerus dein Meister? Die Funken Homerischer Geister
> Wehn in des Nibelungs Nacht.
> Lächelt ewig auf Andromaches Wange die Träne?
> Weinet nicht Chremhild wie sie?

So apostrophierte Bodmers Schüler und Freund Johann Heinrich Füßli, der geniale Illustrator der Nibelungen-Sage, in einem um 1805 entstandenen Gedicht den Dichter des Nibelungenliedes.[22] In dessen Homerisierung verbanden sich von Anfang an die beiden Modelle kultureller Identifikation, die das deutsche Nationalbewußtsein bis zum Nationalsozialismus prägen sollten: das germanisch-altdeutsche und das griechische. Man ist im Nachhinein versucht, mehr als einen Zufall darin zu sehen, daß das Nibelungenlied gerade in dem Jahr wiederentdeckt wurde, in dem auch die Schrift erschienen ist, die den gräkophilen „Sonderweg"[23] der deutschen Antikenrezeption angebahnt hat: Winckelmanns *Gedanken über die Nachahmung der griechischen Werke in der Malerei und Bildhauerkunst*.

Der Gedanke, das Nibelungenlied sei die deutsche Ilias, sein Dichter der deutsche Homer, wurde bald zum Topos.[24] 1786 bemerkte der Historiker Johannes von Müller: „Der Nibelungen Lied könnte die teutsche Ilias werden."[25] Und 1802/03 dozierte August Wilhelm Schlegel in seiner Berliner Vorlesung über die *Geschichte der romantischen Literatur*:

> In dem geflügelten Wohllaut der Sprache und des Versbaues, in den sich so lieblich an alle
> Dinge und ihre Eigenschaften anschmiegenden Benennungen, auch in der Ruhe und Besonnenheit, der Reinheit der epischen Form, ist Homer unerreichbar. Was aber Lebendigkeit und
> Gegenwart der Darstellung, dann die Größe der Leidenschaften, Charaktere, und der ganzen
> Handlung betrifft, darf sich das Lied der Nibelungen kühnlich mit der Ilias messen, ich würde

---

[19] Zu Bodmers Beschäftigung mit dem Nibelungenlied jetzt grundlegend Annegret Pfalzgraf 2002.

[20] Brief an Laurenz Zellweger vom 24. August 1755, abgedruckt bei Johannes Crueger 1884, 21f.

[21] Vgl. Joachim Wohlleben 1990.

[22] Johann Heinrich Füßli 1973, 97. Vgl. Gert Schiff 1987, das Gedicht 135.

[23] Conrad Wiedemann 1993.

[24] Dem Titel zum Trotz für das Thema unergiebig ist der Aufsatz von Ulrich Wyss 1990.

[25] Johannes von Müller 1786, 121.

sagen, es tut es ihr zuvor, wenn man es sich nicht zum Gesetz machen müßte, nie ein Meisterwerk auf Unkosten des anderen zu loben.[26]

Die von Schlegel nur eben angedeutete und sogleich wieder zurückgenommene Beförde-
rung des Nibelungenlieds zur Über-Ilias sprach Schlegels Hörer Solger unverblümt aus.
„Das Lied der Nibelungen ist, was seine Anlage betrifft, größer als die Ilias", notierte er im
Dezember 1803, und er fuhr fort:

> Wenn die bildende Kunst zu Erwin's von Steinbach Zeiten schon so der Vollkommenheit des
> Einzelnen und der zarten Ausbildung der Theile mächtig gewesen wäre, so möchte diesem
> Liede der [!] Münster von Straßburg zu vergleichen seyn. – Ob das Lied der Nibelungen auch,
> wie die Ilias, aus mehreren Stücken entstanden ist? Es wäre möglich, und sogar wahrschein-
> lich; aber dann wäre wenigstens der zum Grunde liegende Nationalmythos zu bewundern.[27]

Zwei Jahre später fällt, in einer Publikation Friedrich Heinrich von der Hagens, das Wort
vom Nibelungenlied als dem „National-Epos der Deutschen".[28]

Die Frage ist allerdings, worin der spezifisch nationale Gehalt des Epos eigentlich besteht. Genau besehen, war ja kaum etwas weniger geeignet, „Bestandteil der nationalen
Ideologie" zu werden, als ein Text, der – wie Klaus von See bissig bemerkt hat – „mit der
deutschen Geschichte gar nichts zu tun hat, sondern von Zwist und Mord im burgundischen
Königshaus handelt, – eine abstrus-peinliche Betrugskomödie, die sich dank der undiszipli-
nierten oder auch nur törichten Schwatzhaftigkeit ihrer Protagonisten zur Ehetragödie aus-
wächst und später an einem fernab gelegenen, östlichen Barbarenhof, wo die Ehefrau des
Ermordeten, gestützt auf die Macht des untätig zusehenden zweiten Ehemanns, ihren lang
gehegten Racheplan ins Werk setzen kann, ein schauerlich-blutiges Ende findet".[29] Was soll
daran national sein? Die Antwort kann uns Solger geben:

> Schlegel behauptete, man sollte die alten deutschen Gedichte, das Lied der Nibelungen, das
> Heldenbuch u.s.w. in Hexameter übertragen, um sie für uns genießbar zu machen. Das glaube
> ich nicht. Schon in ihrer jetzigen Gestalt finde ich darin den deutschen Originalhomer. Den
> Sitten, die darin herrschen, und dem ganzen Geiste deutscher Vorwelt scheint mir ihre Versart
> sehr angemessen zu seyn, und ich zweifle keineswegs, daß sie uns auch in dieser genießbar
> seyn müssen, wenn wir nur Sinn für Volkspoesie und Alterthümlichkeit haben. Es ist der alt-
> deutsche derbe Charakter, der sich in diesen kurz abgesetzten Zeilen ausspricht.[30]

Als national bedeutsam erscheint im Nibelungenlied wie in anderen mittelhochdeutschen
Heldenepen der Geist der Dichtung in der Entsprechung von Form und Inhalt, als dessen
Wesentliches nicht die erzählten Ereignisse, sondern eben die „Sitten, die darin herrschen",
hervorgehoben werden. Solger formulierte damit als einer der ersten, was in einer rasch ver-
festigten Topik zur Grundlage der nationalen Inanspruchnahme des Nibelungenliedes werden
sollte: daß dessen Charaktere prototypische Träger spezifisch deutscher Nationaltugenden

---

[26] August Wilhelm Schlegel 1965, 110.
[27] Luwig Tieck / Friedrich von Raumer (Hg.) 1826, 124.
[28] Friedrich Heinrich von der Hagen 1805, 171.
[29] Klaus von See 1991, 59f.
[30] Luwig Tieck / Friedrich von Raumer (Hg.) 1826, 97.

seien. Als Schlüsselstelle gilt das Vorwort, das von der Hagen seiner 1807 erschienenen Bearbeitung des Nibelungenliedes beigegeben hatte, die Johannes von Müller gewidmet ist:

Wie man zu des Tacitus Zeiten die Altrömische Sprache der Republik wieder hervor zu rufen strebte: so ist auch jetzt, mitten unter den zerreißendsten Stürmen, in Deutschland die Liebe zu der Sprache und den Werken unserer ehrenfesten Altvordern rege und thätig, und es scheint, als suche man in der Vergangenheit und Dichtung, was in der Gegenwart schmerzlich untergeht. Es ist aber dies tröstliche Streben noch allein die lebendige Urkunde des unvertilgbaren Deutschen Karakters, der über alle Dienstbarkeit erhaben, jede fremde Feßel über kurz oder lang immer wieder zerbricht, und dadurch nur belehrt und geläutert, seine angestammte Natur und Freiheit wieder ergreift. Ja es ist diese Liebe, zum sicheren Pfande solcher Verheißung, ohne Zweifel der Ausfluß einer weit größeren, gründlicheren, und auch unschuldigeren Revoluzion, als jene äußere unserer Tage; welche geräuschlos und still, wie das Licht, die Deutsche Erde zwar nur erst berührte, aber eben so allmächtig und unaufhaltsam einst mit vollem Tage hereinbrechen wird. Unterdeßen aber möchte einem Deutschen Gemüthe wohl nichts mehr zum Trost und zur wahrhaften Erbauung vorgestellt werden können, als der unsterbliche alte Heldengesang, der hier aus langer Vergeßenheit lebendig und verjüngt wieder hervorgeht: das Lied der Nibelungen, unbedenklich eins der größten und wunderwürdigsten Werke aller Zeiten und Völker, durchaus aus Deutschem Leben und Sinne erwachsen und zur eigenthümlichen Vollendung gediehen, und als das erhabenste und vollkommenste Denkmal einer so lange verdunkelten Nazionalpoesie, unter den übrigen, zwar auch nicht unbedeutenden und geringen Resten derselben, doch ganz einzig und unerreicht dastehend, – dem koloßalen Wunderbau Erwins von Steinbach vergleichbar. Kein anderes Lied mag ein vaterländisches Herz so rühren und ergreifen, so ergötzen und stärken, als dieses, worin die wunderbaren Mährchen der Kindheit wiederkommen und ihre dunkelen Erinnerungen und Ahnungen nachklingen, worin dem Jünglinge die Schönheit und Anmuth jugendlicher Heldengestalten, kühner, ritterlicher Scherz, Übermuth, Stolz und Trutz, männliche und minnigliche Jungfrauen in des Frühlings und des Schmuckes Pracht, holde Zucht, einfache, fromme und freundliche Sitte, zarte Scheu und Schaam, und liebliches, wonniges Minnespiel, und über alles eine unvergeßliche ewige Liebe sich darstellen, und worin endlich ein durch dieselbe graunvoll zusammengeschlungenes Verhängniß eine andere zarte Liebe in der Blüthe zerstöhrt und alles unaufhaltsam in den Untergang reißt, aber eben in diesem Sturze die herrlichsten männlichen Tugenden offenbart: Gastlichkeit, Biederkeit, Redlichkeit, Treue und Freundschaft bis in den Tod, Menschlichkeit, Milde und Großmuth in des Kampfes Noth, Heldensinn, unerschütterlichen Standmuth, übermenschliche Tapferkeit, Kühnheit, und willige Opferung für Ehre, Pflicht und Recht; Tugenden, die in der Verschlingung mit den wilden Leidenschaften und düstern Gewalten der Rache, des Zornes, des Grimmes, der Wuth und der grausen Todeslust nur noch glänzender und mannichfaltiger erscheinen, und uns, zwar traurend und klagend, doch auch getröstet und gestärkt zurücklaßen, uns mit Ergebung in das Unabwendliche, doch zugleich mit Muth zu Wort und That, mit Stolz und Vertrauen auf Vaterland und Volk, mit Hoffnung auf dereinstige Wiederkehr Deutscher Glorie und Weltherrlichkeit erfüllen.[31]

Die „zerreißendsten Stürme" sind die napoleonischen Kriege. Die Wiedererweckung des „unsterblichen alten Heldengesangs" soll der geistigen Aufrüstung gegen die französische Okkupation dienen und die Nation in den Stand versetzen, die „fremde Feßel" abzustreifen.

---

[31] Friedrich Heinrich von der Hagen 1807, I ff.

In dieser Funktion war dem Werk in den folgenden Jahren eine steile nationale Karriere beschieden, die seinen Rang als Nationalepos endgültig befestigte.

Die Vorstellung von einem deutschen Nationalcharakter, die von der Hagen hier entwickelt, hat Tradition. Sie zehrt von dem „ständig virulenten Erbe der humanistischen Tacitus-Rezeption", die aus dem Germanen-Bild des römischen Textes ein „germanisch-deutsches Tugendmonopol" abgeleitet hatte, das „durch moralisch-gemüthafte Werte" die „zivilisatorisch-intellektuelle Überlegenheit der Römer, Romanen und Westeuropäer" kompensieren sollte.[32] Der Kanon dieser Tugenden, deren Beschwörung „sich wie ein roter Faden durch Genese und Entwicklung des deutschen Nationalbewußtseins"[33] zieht, stand im Kern seit Wimpfeling fest: „Treue, Keuschheit, Gerechtigkeit, Freigebigkeit und Lauterkeit".[34] Mit der Aktivierung des nationalen Tugend-Modells konnte die patriotische Nibelungen-Begeisterung der Freiheitskriege an einen Proto-Nationalismus anknüpfen, der sich im Siebenjährigen Krieg an der Verehrung für Friedrich den Großen entzündet hatte. Inbrünstig hatten da Gleim, Klopstock, die Dichter des Göttinger Hains die „Altväterische Tugend" beschworen und das Hohe Lied vom „rechtschaffenen Deutschen"[35] gesungen, wie, um beliebig ein Beispiel herauszugreifen, Stolberg in der Ode *Mein Vaterland*, die Klopstock gewidmet ist:

> O Land der alten Treue! Voll Muts
> Sind deine Männer, sanft und gerecht;
> Rosig die Mädchen und sittsam;
> Blitze Gottes die Jünglinge!
>
> In deinen Hütten sichert die Zucht
> Den Bund der Ehe! Rein ist das Bett
> Zärtlicher Gatten und fruchtbar
> Ihre keuschen Umarmungen![36]

Annegret Pfalzgraf[37] verdanken wir den Hinweis, daß in diesem Zusammenhang auch das Nibelungenlied schon eine, wenn auch bescheidene Rolle spielte: in einem Brief an Gleim vom 6. Februar 1758 berichtet Lessing, er habe für seine geplante Vorrede zu Gleims Grenadier-Liedern auch das Nibelungenlied (in Bodmers Edition) herangezogen und sich „verschiedene Züge" angemerkt, die „von dem kriegerischen Geiste" zeugten, „der unsere Vorfahren zu einer Nation von Helden machte".[38] Die Äußerung ist interessant, weil sie zeigt, daß die patriotische Nibelungen-Begeisterung des frühen 19. Jahrhunderts nicht vom Himmel fiel. Zur Ausbildung eines veritablen nationalen Nibelungen-Mythos ist es aber erst in

---

[32] Klaus von See 1991, 61 und 51.
[33] Michael Werner 2002, 569.
[34] Klaus von See 1970, 15.
[35] Hans-Martin Blitz 1977, 110f.
[36] Ebd., 111.
[37] Annegret Pfalzgraf 2002.
[38] Gotthold Ephraim Lessing 1987, 272.

dieser Zeit, im Zug der Auseinandersetzung mit Napoleon, gekommen. Seither war den Deutschen das Nibelungenlied der bevorzugte Text für vaterländische Erbauung.

Daran änderten auch Einsprüche nichts, die hier und da zu vernehmen waren. Hegel etwa machte in der *Ästhetik* keinen Hehl daraus, daß er die Nibelungen-Begeisterung der Zeitgenossen für groben Unfug hielt:

> Die Burgunder, Kriemhildens Rache, Siegfrieds Taten, der ganze Lebenszustand, das Schicksal des gesamten untergehenden Geschlechts, das nordische Wesen, König Etzel usf. – das alles hat mit unserem häuslichen, bürgerlichen, rechtlichen Leben, unseren Institutionen und Verfassungen in nichts mehr irgendeinen lebendigen Zusammenhang. Die Geschichte Christi, Jerusalem, Bethlehem, das römische Recht, selbst der Trojanische Krieg haben viel mehr Gegenwart für uns als die Begebenheiten der Nibelungen, die für das nationale Bewußtsein nur eine vergangene, wie mit dem Besen rein weggekehrte Geschichte sind. Dergleichen jetzt noch zu etwas Nationalem und gar zu einem Volksbuche machen zu wollen ist der trivialste, platteste Einfall gewesen. In Tagen scheinbar neu auflodernder Jugendbegeisterung war es ein Zeichen von dem Greisenalter einer in der Annäherung des Todes wieder kindisch gewordenen Zeit, die sich an Abgestorbenem erlabte und darin ihr Gefühl, ihre Gegenwart zu haben, auch anderen hat zumuten können.[39]

Und Schopenhauer, dem es eine „rechte Blasphemie" schien, die „Nibelungen mit der Ilias zu vergleichen", warnte die „deutschen Patrioten", auf dem Gymnasium „an die Stelle der griechischen und römischen Klassiker altdeutsche Reimereien" zu setzen: sie würden damit nur „Bärenhäuter erziehen".[40] Gegen den nationalen Nibelungen-Mythos war damit nicht anzukommen. Nichts ist bezeichnender für seine Potenz, als daß sich ihm selbst Hegel nicht entziehen konnte: an einer späteren Stelle der *Ästhetik* fühlte er sich bemüßigt, das Nibelungenlied doch als „ein schätzenswertes, echt germanisches, deutsches Werk" anzuerkennen, „dem es nicht an einem nationalen substantiellen Gehalt in bezug auf Familie, Gattenliebe, Vasallentum, Diensttreue, Heldenschaft und an innerer Markigkeit" fehle.[41] Da ist er wieder, der wohlbekannte Tugendkatalog, das Vehikel eines vehementen Remythisierungs-Prozesses, der – indem er Mythos aus Mythos schuf – zwar völlig anders ansetzte als die primäre Mythisierung von Historie im frühen Mittelalter, sich aber ebenfalls der strukturbildenden Verfahren der Reduktion und Assimilation bediente: Er reduzierte die Welt des Epos auf die Charaktere der handelnden Personen, und er assimilierte diese Charaktere an die literarischen Muster der Tacitus-Tradition. Schulbuchmäßig kann man hier im hellsten Licht der Quellen den Vorgang der Mythen-Genese studieren: in selektiver Aneignung von

---

[39] Georg Wilhelm Friedrich Hegel 1966, Bd. 2, 418f. Vgl. auch Bd. 1, 267: „In dem Nibelungenlied [...] sind wir zwar geographisch auf einheimischem Boden, aber die Burgunder und König Etzel sind so sehr von allen Verhältnissen unserer gegenwärtigen Bildung und deren vaterländischen Interessen abgeschnitten, daß wir selbst ohne Gelehrsamkeit in den Gedichten Homers uns weit heimatlicher empfinden können."

[40] Arthur Schopenhauer 1977, 446. Die Kenntnis der Stelle verdanke ich Ulrich Wyss 1990, 162.

[41] Georg Wilhelm Friedrich Hegel 1966, Bd. 2, 462.

Traditionsbeständen konstruiert eine kulturelle Elite mit Bezug auf eine als problematisch erfahrene Gegenwart eine Vergangenheit, die dann ihrerseits Geschichte macht.[42]

Auf die Dauer ließen sich die Charaktere nicht völlig von der Handlung ablösen. Es war unvermeidlich, daß schließlich auch sie in die nationale Mythenbildung einging. Das geschah in einem wiederum eigentümlichen Reduktionsmodus, den ich am berühmtesten, berüchtigsten Ideologem des nationalen Nibelungen-Mythos beschreiben will: an der Vorstellung von der „Nibelungentreue". Die Treue der Nibelungen, in der sich eine der Tugenden des Tacitus-Kanons bewährte, war von den national bewegten Lesern des Nibelungenliedes schon früh hervorgehoben worden, besonders prägnant von dem Marburger Professor A. F. C. Vilmar, der 1845 in seiner viel gelesenen *Literaturgeschichte* schrieb:

> Ehe ich nun meine Leser bitte, mich zu den einzelnen Schöpfungen unseres Volksepos zu begleiten, habe ich noch einen allgemeinen Charakter ihres Inhalts anzugeben, der sie alle gleichmäßig auszeichnet – den rothen Faden nachzuweisen, welcher durch sie alle hindurchläuft und sie als *deutsche* Lieder stempelt, als Lieder, in denen das innerste, reinste, edelste Herzblut des deutschen Volkes strömt. Es ist die *Treue* des deutschen Volkes, die sich in diesen Liedern ein unvergängliches Denkmal gesetzt hat. Mit unauslöschlicher Anhänglichkeit ist das Stammeshaupt seinen Gliedern, mit gleich unauslöschlicher Anhänglichkeit sind die Stammesglieder dem Stammesoberhaupt zugethan [...] Für den lieben König und Herrn wird alles gethan, wird treulich gekämpft, wird willig geblutet, wird freudig in den Tod gegangen [...] Und umgekehrt: von dem treuen Dienstmanne laßen die Könige nicht bis in den Tod, bis zu ihrem und des ganzen Stammes furchtbaren Untergange. Hagen erschlägt den Siegfried aus Mannentreue gegen seine Königin Brunhild; Hagen widerrät den Zug in das Hunnenland, da aber die Könige, seine Herren, die Fart dennoch beschloßen haben, so gehet er fest und mutig mit, als der Nibelunge „helflicher Trost", wiewol er sicher voraus weiß, daß diese Fart sein Tod, der Tod seiner Herren und der Untergang des Burgundengeschlechtes sein wird. Und im Kampfe stehet er bei seinen lieben Herren bis an das Ende. Als dagegen die Feinde von den Burgundenkönigen nur ihn allein wollen ausgeliefert haben, und für die Auslieferung Hagens den Königen freien Abzug versprechen – da ringt sich ein Schrei des Entsetzens aus den Herzen der Könige hervor: fahr hin o Vaterland, fahr hin o Gattin, fahr hin blühende Braut, fahr hin o junges Leben, fahr hin du edler Stamm der Burgunden, dessen allerletzte wir sind – Hagen wird nicht ausgeliefert. – Rüdiger von Bechlaren, Chriemhilden und Etzels Mann, kämpft mit Gernot, dem Burgunden, dem liebsten seiner Freunde, den grimmen Todeskampf, denn Gernot ist seiner Herrin – zwar Bruder, aber Feind. Sie überleben einander nicht: *zugleich* fallen die Freund-Feinde, aber die Treue ist gehalten bis in den Tod [...].[43]

Zum Schlagwort von der „Nibelungentreue" verdichtete sich dieses Interpretationsmuster in einer Rede, die der Reichskanzler Fürst von Bülow am 29. März 1909 vor dem Reichstag hielt:

> Meine Herren, ich habe irgendwo ein höhnisches Wort gelesen, über unsere Vasallenschaft gegenüber Österreich-Ungarn. Das Wort ist einfältig. Es gibt hier keinen Streit um den Vortritt wie zwischen den beiden Königinnen im Nibelungenliede; aber die Nibelungentreue wollen

---

[42] Formuliert in Anlehnung an Michael Werner 2002, 586.
[43] August Friedrich Christian Vilmar 1845, 60f.

wir aus unserem Verhältnis zu Österreich-Ungarn nicht ausschalten, die wollen wir gegenseitig wahren.[44]

Die Nibelungentreue hat bekanntlich direkt in den Ersten Weltkrieg geführt. Der Professor für Straf- und Völkerrecht Franz von Liszt (als Begründer der soziologischen Strafrechtsschule in Deutschland ein bedeutender Mann) hat das Schlagwort am 18. November 1914 zum Gegenstand einer Kriegsrede gemacht:

> Und nun, meine verehrten Damen und Herren, müssen wir die Frage aufwerfen: Was hat es denn für eine Bewandtnis mit der Nibelungentreue, was haben die Königinnen im Nibelungenland mit dem Deutschen Reich und mit Österreich-Ungarn zu tun? Wie kommt der Reichskanzler zu diesem Vergleich? [...] Hagen weiß, daß der letzte Kampf gekommen ist, daß die Burgunder trotz aller Tapferkeit unterliegen müssen im Kampf gegen die Übermacht. Da sucht er sich einen Genossen für den letzten Kampf, einen Waffenbruder, und findet ihn in Volker von Alzey, dem Spielmann, der das Schwert mit derselben Sicherheit gebraucht wie den Fiedelbogen. Von da ab stehen die zwei bis zum letzten Augenblick in Treue beisammen im Kampf gegen die Übermacht. In der ersten Nacht, als die Burgunderhelden im Saal in den kostbaren Betten zum Schlafe sich gelegt haben, da wachen draußen auf der Treppe Hagen und Volker, und von den Hunnen traut sich keiner heran an die hochaufragenden Helden. Und als am nächsten Tage der Kampf entbrennt, da führen sie, nebeneinander kämpfend, die niemals fehlenden Hiebe gegen die Schar der Gegner, bis Volker fällt und Hagen verwundet und gefangen wird. Ich weiß nicht, meine Damen und Herren, ob der Reichskanzler Fürst Bülow, als er von der Nibelungentreue sprach, vielleicht gerade dieses Bild, das letzte, das ich erwähnte, im Auge gehabt hat. Jedenfalls aber können wir es gebrauchen als Symbol des Verhältnisses von Deutschland zu Österreich-Ungarn. Der waffengewaltige, stolze, grimme Hagen auf der einen Seite, das Sinnbild Preußen-Deutschlands; und der heitere Spielmann auf der anderen Seite, der in Kampf und Lied gewandte Volker, das Sinnbild des sangesfrohen und kampfeslustigen Österreich-Ungarn. Ich weiß nicht, ob es gerade dieses Bild war, das dem Reichskanzler vorgeschwebt hat. Aber mit dem einen Worte von der „Nibelungentreue" hat er treffend und schön das Bündnisverhältnis bezeichnet, wie es zwischen dem Deutschen Reich und Österreich-Ungarn besteht.[45]

Als Treue zur heiligen Sache des Vaterlands im Kampf bis zum letzten Atemzug erscheint die Nibelungentreue dann wieder in der berüchtigten Rede, die Hermann Göring am 30. Januar 1943 im Ehrensaal des Reichsluftfahrtministeriums vor ausgewählten Angehörigen der Wehrmacht hielt. Die Rede, die vom Rundfunk übertragen und, in einer gekürzten und geglätteten Fassung, im *Völkischen Beobachter* abgedruckt wurde, stand im Zeichen der sich anbahnenden Katastrophe von Stalingrad. Die oft zitierte Passage lautet:

> [...] vom Nordkap bis zur Biskaya, hinunter bis in die Wüsten Afrikas und bis in den fernen Osten an der Wolga kämpft, blutet, aber siegt auch Deutschland. Und aus all diesen gigantischen Kämpfen ragt nun gleich einem gewaltigen, monumentalen Bau Stalingrad, der Kampf um Stalingrad heraus. Es wird dies einmal der größte Heroenkampf gewesen sein, der sich jemals in unserer Geschichte abgespielt hat. Was dort jetzt unsere Grenadiere, Pioniere, Artilleristen, Flakartilleristen und wer sonst in dieser Stadt ist, vom General bis zum letzten Mann, wer da jetzt kämpft gegen eine gewaltige Übermacht um jeden Block, um jeden Stein, um je-

---

[44] Wilhelm von Massow (Hg.) (1914), Bd. 5, 127f.
[45] Franz von Liszt 1914, 7 und 15f.

des Loch, um jeden Graben, immer wieder kämpft, ermattet, erschöpft – wir kennen ein gewaltiges, heroisches Lied von einem Kampf ohnegleichen, das hieß „Der Kampf der Nibelungen". Auch sie standen in einer Halle von Feuer und Brand und löschten den Durst mit eigenem Blut – aber sie kämpften und kämpften bis zum letzten. Ein solcher Kampf tobt heute dort [...].[46]

Die drei Zeugnisse zeigen deutlich den Reduktionsmodus, in dem die Handlung national mythisiert wurde. Der Untergang der Burgunden, wie ihn das Nibelungenlied erzählt, kann ja gerade nicht geeignet sein, patriotische Gemüter mit Siegeszuversicht zu erfüllen: Volker und Hagen und mit ihnen alle, die in der brennenden Halle kämpfen, gehen elend zugrunde. Die Ideologen, die sich auf die Untergangshandlung des Nibelungenliedes berufen haben, sind der katastrophalen Konsequenz des Bezugs in der Regel ausgewichen. So beeilte sich der Reichskanzler, ein mögliches Mißverständnis seiner Formel von der „Nibelungentreue" sogleich auszuräumen:

> Meine Herren, damit aber ängstlichen Gemütern nicht Bilder blutigen Kampfes emporsteigen, beeile ich mich, hinzuzufügen, daß ich gerade in unserem festen Zusammenstehen mit Österreich-Ungarn eine eminente Friedenssicherung erblicke.[47]

Entsprechend beteuerte sein Exeget Franz von Liszt, das „Ende des gemeinsamen Kampfes" der Deutschen und Österreicher im Weltkrieg werde selbstverständlich „nicht der Untergang, sondern der Sieg" sein.[48] Und auch Hermann Göring verließ abrupt die Linie des Vergleichs mit dem Nibelungenlied, indem er behauptete, Deutschland habe in Stalingrad „letzten Endes doch den Stempel zum Endsieg gesetzt".[49] Die Redner sind ersichtlich nicht am Handlungszusammenhang des Textes interessiert. In isolierender Rezeption, wie sie für den nationalideologischen Umgang mit dem Nibelungenlied generell charakteristisch ist,[50] reduzieren sie ihn auf einzelne Momente, die sie zur Formulierung von Sinnaussagen benutzen, denen das Prestige des „Nationalepos" Autorität verleihen soll. Das Verfahren erlaubte es auch, nicht nur Hagen als nationale Größe in Anspruch zu nehmen, sondern auch sein Opfer, das er hinterhältig ermordet hatte: „Wie Siegfried unter dem hinterlistigen Speerwurf des grimmen Hagen, so stürzte unsere ermattete Front; vergebens hatte sie versucht, aus dem versiegenden Quell der heimatlichen Kraft neues Leben zu trinken." Das ist die Fassung, die Hindenburg der berüchtigten Dolchstoßlegende gab, die die Niederlage der deutschen Truppen im Ersten Weltkrieg erklären sollte.[51]

Der nationale Nibelungen-Mythos war ein Wahnsystem. Doch haben wir kein Recht, aus der historischen Distanz empört oder kopfschüttelnd den Stab über die zu brechen, die diesen Mythos schufen und zur Geltung brachten. Es waren keineswegs nur Dummköpfe,

---

[46] Peter Krüger 1991, 180.
[47] Wilhelm von Massow (Hg.) (1914), Bd. 5, 128.
[48] Franz von Liszt 1914, 22.
[49] Peter Krüger 1991, 180.
[50] Joachim Heinzle 1991, 32ff.
[51] Zitiert nach Walter Hubatsch 1966, 380. Vgl. Gerd Krumeich 2002, zu Hindenburg 593f.

Verblendete, Verbrecher. Dazu abschließend ein Beispiel, das noch einmal das umfassende System nationaler Denk- und Anschauungsmuster in den Blick rückt, in das der Mythos eingebettet war.

Ich setze wieder bei einer Kriegsrede aus dem Jahr 1914 an, dem Vortrag *Von deutscher Art und Kultur*, den der prominente Germanist Gustav Roethe am 30. Oktober hielt. Im Mittelpunkt des Vortrags stand einmal mehr die deutsche Treue:

> In der deutschen *Treue* vereint sich alles, Leidenschaft, Idealismus, Ganzheit, Wahrhaftigkeit; die Leidenschaft zur Idee ist ihr innerster Kern. Schon Tacitus oder seine Gewährsmänner haben sie beobachtet. Dem Römer war sie eine *prava pervicacia*, eine schlimme Hartnäckigkeit: und steckt in Hagens Nibelungentreue, an der nicht nur er, sondern auch das Geschlecht seiner königlichen Herren zu Grunde geht, nicht wirklich eine verhängnisvolle Starrheit von Kopf und Herz? […] Und trotzdem, welch köstliche Mitgift deutscher Größe ist diese Treue! Es handelt sich um das rückhaltlose Einsetzen des ganzen Menschen, das nicht dingt, nicht wägt, nicht schwankt, sondern durchhält bis zuletzt, und mag der Erdball darüber in Trümmer gehen.[52]

Man begegnet dieser Tacitus-Stelle (c. 24) und der Art, wie Roethe sie benutzte, an einem Ort wieder, an dem man sie zuletzt erwarten würde: in dem berühmten Notizbuch eines Philologen, das der von den Nationalsozialisten seines Amtes enthobene und drangsalierte Romanist Victor Klemperer unter dem Kürzel „LTI" – für „Lingua Tertii Imperii" – geführt hat.[53] In einem Kapitel mit der Überschrift „Die deutsche Wurzel" macht sich Klemperer Gedanken darüber, wie „der grauenvolle Gegensatz der deutschen Gegenwart zu allen, wirklich allen Phasen deutscher Vergangenheit möglich" war. Die Erhellung bringt ihm eine Passage in Wilhelm Scherers *Literaturgeschichte*:

> Maßlosigkeit scheint der Fluch unserer geistigen Entwickelung. Wir fliegen hoch und sinken um so tiefer. Wir gleichen jenem Germanen, der im Würfelspiel all sein Besitztum verloren hat und auf den letzten Wurf seine eigene Freiheit setzt und auch die verliert und sich willig als Sklave verkaufen läßt. „So groß" – fügt Tacitus, der es erzählt, hinzu – „ist selbst in schlechter Sache die germanische Hartnäckigkeit; sie selbst nennen es Treue." Treue! Hartnäckigkeit im Guten wie im Schlimmen! Vielleicht gibt es keinen Begriff, der für uns charakteristischer wäre.[54]

„Damals zuerst leuchtete mir ein", schreibt Klemperer, „daß Bestes und Schlimmstes innerhalb des deutschen Charakters doch wohl auf einen gemeinsamen und dauernden Grundzug zurückzuführen seien. Daß es einen Zusammenhang gebe zwischen den Bestialitäten der Hitlerei und den faustischen Ausschweifungen deutscher klassischer Dichtung und deutscher idealistischer Philosophie."[55] Ein „dauernder Grundzug" des „deutschen Charakters" von germanischen Zeiten her: das ist einmal mehr die Tacitus-Rezeption, die seit dem Humanismus die nationale Selbstwahrnehmung der Deutschen bestimmte.

---

[52] Gustav Roethe 1915, 35f.
[53] Victor Klemperer 1975, 167.
[54] Wilhelm Scherer 1910, 20f.
[55] Victor Klemperer 1975, 169.

Die Kategorie des „Nationalcharakters" ist freilich keine deutsche Spezialität. „Chaque nation a son caractere particulier", heißt es im Grundbuch der Aufklärung, der *Encyclopédie* von Diderot und d'Alembert, die „damit die frühneuzeitliche Völkerkunde fortsetzt"[56] (die ihrerseits antiken Theorien verpflichtet ist). Im 19. und 20. Jahrhundert hat die Denkfigur bei der Herausbildung und Festigung der Nationalstaaten eine wichtige Rolle gespielt. Sie war ein Kernstück der „nationalistischen Glaubens- und Wertesysteme"[57], die den Bestand dieser Staaten nach außen und innen sicherten. Wie andere Romanisten seiner Generation hatte Klemperer die Denkfigur zum Axiom einer „Kultur- und Wesenskunde" gemacht, die das „Wesen" des französischen „Volkscharakters" im Unterschied zum deutschen zu bestimmen suchte.[58] Die Romanistik hat damit – was Klemperer im Rückblick schmerzlich bewußt wurde[59] – faktisch der Ideologie der Nationalsozialisten zugearbeitet, die den „Volks-" oder „Nationalcharakter" konsequent als „Rassencharakter" interpretierten. Dem wurde auch die traditionelle Deutung des Nibelungenliedes angepaßt, die den nationalen Gehalt des Werks in den Tugenden der Helden sah: Siegfried erscheint nun als „glückhafte Verkörperung rassischer Hochwerte", „Hagens Taten" erwachsen „aus der in die rassische Wertordnung gehörende Mannentreue".[60]

Wie absurd die Vorstellung ist, „Nationalcharaktere" seien unveränderliche, unauslöschbare Dispositionen, läßt sich gerade an der Behauptung zeigen, die Deutschen des 20. Jahrhunderts verfügten noch immer über die Charaktereigenschaften der Germanen des Tacitus. Seit Eduard Nordens Buch über die Germania, das zuerst 1920 erschienen war, konnte man wissen, daß die Aussagen des Tacitus über die Germanen im wesentlichen Topoi „einer langen, mehr als ein halbes Jahrtausend alten literarischen Tradition" sind, die „bis zu den ältesten ionischen Ethnographen, bis Hekataios und Herodot" zurückreicht:[61] „Wie alle literarischen Gattungen des Altertums, so ist auch die ethnographische einer Typologie verfallen. Das von einem Beobachter über ein bestimmtes Volk Ausgesagte wurde von einem anderen auf ein anderes Volk übertragen."[62] Klemperer muß Nordens Buch gekannt haben, das viel Aufsehen erregt und eine heftige Kontroverse bis in die Tagespresse hinein ausgelöst hatte. Daß er gleichwohl an der ethnographischen Authentizität des Tacitus-Berichts festhielt, verband ihn mit einer Phalanx patriotisch gesinnter Gelehrter, die Nordens Nachweise zu entkräften suchten oder einfach ignorierten und damit dafür sorgten, daß Tacitus im Nationalsozialismus der Kronzeuge für die rassische Überlegenheit des Germanentums werden konnte, dem eine „völkische Erneuerung" wieder Geltung verschaffen sollte.[63] Für Klemperer gab den Anstoß zur Beschäftigung mit Tacitus, die ihn zu der bei

---

[56] Winfried Schulte 1997, 41 mit 60f., Anm. 40.
[57] Norbert Elias 1989, 193.
[58] Vgl. Jürgen Trabant 1981.
[59] Victor Klemperer 1975, 168.
[60] Wilhelm Helmich 1939, 34f.
[61] Klaus von See 1994a, 31.
[62] Eduard Norden 1920, 56.
[63] Allan A. Lund 1995.

Scherer zitierten Stelle führte, die im Sinne der nationalsozialistischen „Lehre von der völkischen Kulturkontinuität"[64] verbreitete Behauptung, „von Arminius und seiner Gefolgschaft" habe „der geradeste Weg über Luther und Friedrich den Großen zu Hitler mit seiner SA und SS und HJ" geführt.[65] Die Formulierung klingt spöttisch, doch lehnte Klemperer den Kontinuitätsgedanken keineswegs ab, er verkehrte nur die Wertung: In der germanischen Maßlosigkeit wollte er den „entscheidenden Charakterzug" der Romantik ausgemacht haben und war überzeugt, daß aus dieser „deutschesten Geistesbewegung" der Nationalsozialismus „zwangsläufig" erwachsen mußte.[66] Es ist beklemmend, Täter und Opfer im selben wahnhaften Denksystem verstrickt zu sehen. Doch muß man sich hüten, es zu verdrängen, wenn man dieses System, wenn man den nationalen Mythos von den Nibelungen in seiner ganzen desaströsen Wirkungsmächtigkeit begreifen will.

Literatur

Assmann, Jan (1992): Das kulturelle Gedächtnis. Schrift, Erinnerung und politische Identität in frühen Hochkulturen, München.

Blitz, Hans-Martin (1977): „‚Gieb, Vater, mir ein Schwert!' Identitätskonzepte und Feindbilder in der ‚patriotischen' Lyrik Klopstocks und des Göttinger ‚Hain'", in: Herrmann / Blitz / Moßmann (1977), 80–122.

Bowra, Cecil M. (1964): Heldendichtung. Eine vergleichende Phänomenologie der heroischen Poesie aller Völker und Zeiten, Stuttgart.

Burkert, Walter (1981): „Mythos und Mythologie", in: Propyläen Geschichte der Literatur. Literatur und Gesellschaft der westlichen Welt. Bd. 1: Die Welt der Antike 1200 v. Chr.–600 n. Chr., Frankfurt a. M. / Berlin / Wien, 11–35.

Crueger, Johannes (1884): Die erste Gesammtausgabe der Nibelungen, Frankfurt a. M.

Elias, Norbert (1989): Studien über die Deutschen. Machtkämpfe und Habitusentwicklung im 19. und 20. Jahrhundert (hg. v. Michael Schröter), Frankfurt a. M.

François, Etienne / Schulze, Hagen (Hg.) (1992): Deutsche Erinnerungsorte, Bd. 3, München.

Füßli, Johann Heinrich (1973): Sämtliche Gedichte (hg. v. Martin Bircher und Karl S. Guthke), Zürich.

Graf, Klaus (1990): „Heroisches Herkommen. Überlegungen zum Begriff der ‚historischen Überlieferung' am Beispiel heroischer Traditionen", in: Petzoldt, Leander / Rachewiltz, Siegfried de / Schneider, Ingo / Streng, Petra (Hg.): Das Bild der Welt in der Volkserzählung. Berichte und Referate des fünften bis siebten Symposions zur Volkserzählung. Brunnenburg / Südtirol 1988, Frankfurt a. M. u. a., 45–64.

Gschwantler, Otto (1979) : „Die historische Glaubwürdigkeit der Nibelungensage", in: Nibelungenlied. Ausstellung zur Erinnerung an die Auffindung der Handschrift A des Nibelungenliedes im

---

[64] Klaus von See 1970, 77.
[65] Victor Klemperer 1975, 168.
[66] Ebd., 182.

Jahre 1779 im Palast zu Hohenems (Ausstellungskatalog des Vorarlberger Landesmuseums 86), Bregenz, 55–69.

Hagen, Friedrich Heinrich von der (1805): „Das Lied der Nibelungen. Probe einer neuen Ausgabe dieses Epos [...]", in: Eunomia, März 1805, 171–187.

Hagen, Friedrich Heinrich von der (Hg.) (1807): Der Nibelungen Lied, Berlin.

Haug, Walter (1975): „Andreas Heuslers Heldensagenmodell: Prämissen, Kritik und Gegenentwurf", in: ZfdA 104, 273–292.

Hegel, Georg Wilhelm Friedrich (1966): Ästhetik (hg. v. Friedrich Bassenge.), 2 Bde., Berlin / Weimar.

Heinzle, Joachim (1991): „Zweimal Hagen oder: Rezeption als Sinnunterstellung", in: Heinzle / Waldschmidt (1991), 21–40.

Heinzle, Joachim (1995): „Konstanten der Nibelungenrezeption in Mittelalter und Neuzeit. Mit einer Nachschrift: Das Subjekt der Literaturgeschichte", in: Zatloukal, Klaus (Hg.): 3. Pöchlarner Heldenliedgespräch. Die Rezeption des Nibelungenliedes (Philologica Germanica 16) Wien, 81–107.

Heinzle, Joachim (1996): Das Nibelungenlied. Eine Einführung (Überarbeitete Neuausgabe, 2. Aufl.), Frankfurt a. M.

Heinzle, Joachim (1998a): „Das Nibelungenlied: Ausgangspunkt einer deutschen Mythologie des Untergangs?", in: Krimm, Stefan / Zirbs, Wieland (Hg.): Wendezeiten. Acta Hohenschwangau 1997, München, 52–67.

Heinzle, Joachim (1998b): „Zum literarischen Status des Nibelungenliedes", in: Moser, Dietz-Rüdiger / Sammer, Marianne (Hg.): Nibelungenlied und Klage. Ursprung – Funktion – Bedeutung. (Symposium Kloster Andechs 1995 mit Nachträgen bis 1998) (Beibände zur Zeitschrift Literatur in Bayern 2), München, 49–65.

Heinzle, Joachim (1998c): „Zur Funktionsanalyse heroischer Überlieferung: Das Beispiel Nibelungensage", in: Tristram, Hildegard L. C. (Hg.): New Methods in the Research of Epic. Neue Methoden der Epenforschung (ScriptOralia 107), Tübingen, 201–221.

Heinzle, Joachim (im Druck): „Was ist Heldensage?", in: Jahrbuch der Oswald von Wolkenstein-Gesellschaft.

Heinzle, Joachim / Waldschmidt, Anneliese (Hg.) (1991): Die Nibelungen. Ein deutscher Wahn, ein deutscher Alptraum. Studien und Dokumente zur Rezeption des Nibelungenstoffs im 19. und 20. Jahrhundert, Frankfurt a. M.

Helmich, Wilhelm (1939): „Deutsch", in: Rassenpolitische Unterrichtspraxis. Der Rassengedanke in der Unterrichtsgestaltung der Volksschulfächer, Leipzig, 2. Aufl., 12–103.

Herrmann, Hans Peter / Blitz, Hans-Martin / Moßmann, Susanna (1977): Machtphantasie Deutschland. Nationalismus, Männlichkeit und Fremdenhaß im Vaterlandsdiskurs deutscher Schriftsteller des 18. Jahrhunderts, Frankfurt a. M.

Hubatsch, Walter (1966): Hindenburg und der Staat. Aus den Papieren des Generalfeldmarschalls und Reichspräsidenten von 1878 bis 1934, Göttingen.

Klemperer, Victor (1975): LTI. Notizbuch eines Philologen, Leipzig.

Krause, Arnulf (Hg.) (2001): Die Heldenlieder der Älteren Edda, Stuttgart.

Krüger, Peter (1991): „Etzels Halle und Stalingrad: Die Rede Görings vom 30. 1. 1943", in: Heinzle / Waldschmidt (1991), 151–190.

Krumeich, Gerd (2002): „Die Dolchstoß-Legende", in: François / Schulze (2002), Bd. 1, 585–599.

Lessing, Gotthold Ephraim (1987): Werke und Briefe (hg. v. Helmut Kiesel), Bd. XI/1, Frankfurt a. M.

Liszt, Franz von (1914): Von der Nibelungentreue (Deutsche Reden in schwerer Zeit 10), Berlin.

Lund, Allan A. (1995): Germanenideologie im Nationalsozialismus. Zur Rezeption der Germania des Tacitus im „Dritten Reich", Heidelberg.

Marquard, Odo (1971): Diskussionsbeitrag, in: Fuhrmann, Manfred (Hg.): Terror und Spiel. Probleme der Mythenrezeption (Poetik und Hermeneutik 4), München, 527–533.

Massow, Wilhelm von (Hg.) (1914): Fürst von Bülows Reden, Leipzig o. J. [1914].

Müller, Jan-Dirk (2001): „Nibelungenlied und kulturelles Gedächtnis", in: Heitmann, Annegret (Hg.): Arbeiten zur Skandinavistik. 14. Arbeitstagung der deutschsprachigen Skandinavistik, 1.–5.9.1999 in München, Frankfurt a. M. u. a., 29–43.

Müller, Johannes von (1786): Geschichten schweizerischer Eidgenossenschaft, Leipzig.

Norden, Eduard (1920): Die germanische Urgeschichte in Tacitus Germania, Leipzig / Berlin.

Pfalzgraf, Annegret (2002): Das „Nibelungenlied" auf dem Weg zur „deutschen Ilias". Homerbegeisterung und ästhetische Wertschätzung des „Nibelungenlieds" bei Johann Jakob Bodmer, Diss. (masch.) Marburg (Druck in Vorbereitung).

Roethe, Gustav (1915): Von deutscher Art und Kultur, Berlin.

Schaefer, Ursula (1994): „Zum Problem der Mündlichkeit", in: Heinzle, Joachim (Hg.): Modernes Mittelalter. Neue Bilder einer populären Epoche, Frankfurt a. M. / Leipzig, 357–375.

Scherer, Wilhelm (1910): Geschichte der deutschen Literatur, Berlin, 12. Aufl.

Schiff, Gert (1987): „Füssli: ‚Sivrit, ein beßrer Achilleus'", in: Storch, Wolfgang (Hg.): Die Nibelungen. Bilder von Liebe, Verrat und Untergang, München, 124–139.

Schlegel, August Wilhelm (1965): Geschichte der romantischen Literatur, in: ders., Kritische Schriften und Briefe (hg. v. Edgar Lohner), Bd. 4, Stuttgart.

Schopenhauer, Arthur (1977): Parerga und Paralipomena, Bd. II/2, Zürich (Zürcher Ausgabe 10).

Schulte, Winfried (1997): „,Sua cuique nationi discrimina'. Nationales Denken und nationale Vorurteile in der Frühen Neuzeit", in: Krimm, Stefan / Zirbs Wieland (Hg.): Die Deutschen und die andern: Patriotismus, Nationalgefühl und Nationalismus in der deutschen Geschichte. Acta Ising 1996, München, 32–66.

See, Klaus von (1970): Deutsche Germanen-Ideologie vom Humanismus bis zur Gegenwart, Frankfurt a. M.

See, Klaus von (1991): „Das Nibelungenlied – ein Nationalepos?", in: Heinzle / Waldschmidt (1991), 43–110.

See, Klaus von (1994a): „Der Germane als Barbar", in: ders., Barbar Germane Arier. Die Suche nach der Identität der Deutschen, Heidelberg, 31–60, 347–357.

See, Klaus von (1994b): „Die kulturideologische Stellung der Vǫlsunga ok Ragnars saga", in: Uecker, Heiko (Hg.): Studien zum Altgermanischen. Festschrift für Heinrich Beck (Ergänzungsbände zum Reallexikon der Germanischen Altertumskunde 11), Berlin / New York, 584–600.

Tieck, Luwig / Raumer, Friedrich von (Hg.) (1826): Solger's nachgelassene Schriften und Briefwechsel, Leipzig.

Trabant, Jürgen (1981): „Xenophobie als Unterrichtsfach. Das kulturkundliche Prinzip im Fremdsprachenunterricht und seine Folgen für das Fach Französisch", in: Dithmar, Reinhard / Willer, Jörg (Hg.): Schule zwischen Kaiserreich und Faschismus. Zur Entwicklung des Schulwesens in der Weimarer Republik, Darmstadt, 33–51.

Vilmar, August Friedrich Christian (1845): Vorlesungen über die Geschichte der deutschen National=Literatur, Marburg.

Werner, Michael (2002): „Die ,Germania'", in: François / Schulze (2002), Bd. 3, 569–586.

Wiedemann, Conrad (1993): „Deutsche Klassik und nationale Identität. Eine Revision der Sonder-
  wegs-Frage", in: Voßkamp, Wilhelm (Hg.): Klassik im Vergleich. Normativität und Historizität europäischer Klassiken. DFG-Symposion 1990 (Germanistische Symposien. Berichtsbände 13),
  Stuttgart / Weimar, 541–569.

Wohlleben, Joachim (1990): Die Sonne Homers. Zehn Kapitel deutscher Homer-Begeisterung. Von
  Winckelmann bis Schliemann, Göttingen.

Wyss, Ulrich (1990): „Zum letzten Mal: Die teutsche Ilias", in: Zatloukal, Klaus (Hg.): Pöchlarner
  Heldenliedgespräch. Das Nibelungenlied und der mittlere Donauraum (Philologica Germanica 12),
  Wien, 157–179.

STEFAN BREUER

Das Dritte Reich

Die Lehre vom Dritten Reich hat ihren Ursprung im Christentum, dessen Trinitätsgedanken sich für eine geschichtsphilosophische Nutzung des Dreierschemas geradezu anbietet.[1] Nach ersten Ansätzen in der Antike (Montanismus) gelangt das Schema zu voller Ausbildung im Werk des Abtes Joachim von Fiore (ca. 1135–1202), der die augustinische Konzeption, nach der die Menschheit im Reich der Kirche und damit bereits im Millennium, dem Endreich, lebt, durch die Vorstellung ersetzt, es stehe nach dem Reich des Vaters (Altes Testament) und dem des Sohnes (Neues Testament) noch ein Drittes Reich bevor: das Reich des Heiligen Geistes. Dem Anbruch des Dritten Reiches, den Joachim auf das Jahr 1260 datierte, sollte eine Zeit wachsender Drangsal und Prüfungen vorhergehen, in der der Antichrist auch über die Kirche Gewalt gewinnen werde. Sobald aber das ‚falsche Evangelium des Sohnes der Verderbnis und seiner Propheten‘ beseitigt sei, werde das Zeitalter einer höheren Form des Mönchtums beginnen, in dem alle ‚Fäulnis des Fleisches‘ aufgelöst und allein der Geist herrschend sein werde (Carozzi 1996, 123f.).

Haben wir es hier mit einem Mythos zu tun? Die Ansichten darüber gehen auseinander. Die einen bejahen diese Frage und verweisen zur Begründung darauf, daß für Joachim das Dritte Reich eine Revolution im buchstäblichen Sinne voraussetzt, „insofern ‚Geist-Menschen‘, die von der ‚Fäulnis des Fleisches‘ befreit sind, nur auf einer Erde leben könnten, die wieder zu einem irdischen Paradies ähnlich dem der Schöpfungsgeschichte geworden ist. Der Mythos vom dritten Zeitalter scheint auch eine Rückkehr zu den Ursprüngen zu markieren, was erklärt, warum es an der Basis des joachimitischen Systems kein wirkliches Fortschrittsdenken gibt“ (Carozzi 1996, 126). Die Wiederkehr dieser Denkfigur im Zwanzigsten Jahrhundert erscheint denn auch folgerichtig als Wiederkehr eines Mythos. „Hitler und seine Partei kamen an die Macht, getragen von einer Welle des Glaubens und der Hoffnung der Massen, die seit Monaten, wenn nicht seit Jahren ‚in der Erwartung‘ gelebt hatten, in der Atmosphäre eines Mythos, nämlich dem des Dritten Reiches“ (Neurohr 1999, 19).

---

[1] Vgl. Gabriel 1992. An weiteren wichtigen Darstellungen sind zu nennen: Dempf 1931/32; 1954; Petersen 1934; Hertel 1934; Kestenberg-Gladstein 1955, 1962; Lubac 1979–81; Scholtz 1991; Fenske 1992; Sieferle 1992; Neurohr 1999; Merlio 2000.

Andere indes bestreiten dies mit dem Argument, daß Joachims Lehre im Kontext der jüdisch-christlichen Religion gesehen werden muß, die sich in signifikanten Punkten vom
mythischen Weltbild unterscheide – stichwortartig: im Fehlen eines ontologischen Konti-
nuums von Gott und Welt, im Dualismus von Geist/Materie, in der Auffassung der Zeit als
eines gerichteten Prozesses mit einem Anfang und einem davon unterschiedenen Ende.[2] An
diese Sichtweise pflegen sich weitergehende Deutungen anzuknüpfen, die in der Drei-
Reiche-Lehre eine Vorwegnahme des neuzeitlichen Fortschrittsdenkens sehen, womit dieses, je nach Standpunkt, legitimiert oder delegitimiert werden kann.[3]

Wo die Fachleute derartig divergieren, hat sich der Laie zurückzuhalten. Ich werde deshalb die intrikate Frage offenlassen, ob es einen genuinen Mythos vom Dritten Reich gegeben hat, und mich statt dessen, ohne weitere Vorannahmen über den Anfang, mit den Metamorphosen befassen, die dieser Topos in der jüngsten Geschichte erfahren hat. Und auch
das kann ich im Rahmen eines Vortrags nur sehr selektiv leisten. Ich umgehe das weite Feld
der Philosophie und beschränke mich auf Literatur und Politik.

I.

Die literarische Karriere des Topos beginnt im deutschen Vormärz, als die alteuropäische,
christlich-bürgerliche Gesellschaft unübersehbare Auflösungssymptome zeigt und die
Strukturen einer neuen Ordnung erst in Umrissen erkennbar sind. Das alles beherrschende
Thema schon der idealistischen Philosophie – die Probleme der ‚Entzweiung‘, der ‚Zerris-
senheit‘ und der ‚Entfremdung‘ sowie die Frage ihrer Aufhebung – wird nun zum Gegenstand einer literarischen Kommunikation, die sich allerdings, dem Übergangscharakter der
Epoche entsprechend, noch nicht entschlossen als solche präsentiert, sondern sich an die
Problemkonstruktionen in älteren, vertrauteren Feldern anlehnt, speziell: der Religion.
Ludwig Börne, Heinrich Heine, Ludolf Wienbarg u. a. sehen den Grund der Zerrissenheit
im Christentum, das sie negativ gegen die antike Weltfreudigkeit absetzen. Gleichwohl
propagieren sie keine restitutio in integrum, sondern ein Weiterschreiten auf der einmal
eingeschlagenen Bahn in Richtung auf eine kommende ‚Zeit des dritten Testaments‘ (Börne), in der der Mensch Christ und Heide zugleich sein könne und der Erlöser erlöst werde
(Scholtz 1991, 373).

Ideen dieser Art wurden durch den Gang der Ereignisse, insbesondere in der Politik, zunächst beiseite gedrückt. Nachdem sich die Lage jedoch wieder beruhigt hatte und die Zeit
für literarische Kommunikation günstiger geworden war, rückten sie wieder in den Vordergrund. Dies geschah vor allem durch die Impulse, die von Henrik Ibsen ausgingen, einem

---

[2] Zur Abgrenzung des jüdisch-christlichen Weltbildes vom Mythos vgl. Löwith 1983; Hübner 1985,
    343f.; Uffenheimer 1987.
[3] Exemplarisch etwa für die zweite Variante: Löwith 1983; für die erste: Taubes 1991. Zum Vergleich
    beider vgl. die instruktive Studie von Mehring 1996.

Autor, der seinerseits stark von Heine und Hegel geprägt war und überdies seit Ende der 60er Jahre in Deutschland lebte (Bernhardt 1989, 44ff., 76ff.). In seinem Drama *Kaiser und Galiläer* aus dem Jahre 1873, das 1888 in deutscher Übersetzung erschien, bediente er sich der (übrigens ebenfalls bereits von jungdeutschen Autoren verwendeten[4]) historischen Gestalt des römischen Kaisers Julian, um den 'Kampf der Gegensätze' von Fleisch und Geist, Schönheit und Wahrheit zu illustrieren. Der christlich erzogene Julian gerät dabei unter den Einfluß des Mystikers Maximos, der ihn mit der Vorstellung lockt, er, Julian, sei berufen, nach den beiden bisherigen Reichen, die auf den Baum der Erkenntnis und auf denjenigen des Kreuzes gegründet seien, ein neues, drittes Reich zu schaffen: „das Reich des großen Geheimnisses, das Reich, das auf den Baum der Erkenntnis und des Kreuzes zusammen gegründet werden soll, weil es sie beide zugleich haßt und liebt, und weil es seine lebendigen Quellen in Adams Garten und unter Golgatha hat" (Ibsen 1899, 74). Julian folgt dieser Verheißung, allerdings mit einer folgenschweren Veränderung des Ausgangspunktes: er tritt vom Christentum zum paganen Polytheismus über und versucht, das Dritte Reich auf einem Weg herbeizuführen, der sowohl die Apotheose des Staates als auch die seiner eigenen Person einschließt. Damit aber, so muß er sich am Ende von Maximos vorhalten lassen, negiert er den Gang der geschichtlichen Entwicklung, versucht er, den Jüngling wieder zum Kind umzuschaffen, anstatt ihn zum Mann zu machen (ebd., 246). Des Fleisches Reich sei verschlungen vom Reich des Geistes und also nicht wiederherzustellen; das dritte, abschließende Reich, so kann man ergänzen, ist deshalb nur im Ausgang vom zweiten Reich zu gewinnen, mit den Mitteln des Geistes und nicht denen des Fleisches, des bloßen Verstandes und der politischen Macht.

Die ungewöhnlich starke Resonanz, die dieses Stück in Deutschland fand, dürfte darauf zurückzuführen sein, daß es einerseits das moderne Geschichtsbewußtsein bestätigte, andererseits aber eine deutliche Distanz zu dem 1871 prima facie so erfolgreichen Versuch markierte, das 'Reich' auf dem Wege der Staatsgründung herbeizuführen (Bernhardt 1989, 167ff.). Besonders groß war die Resonanz in Berlin, wo sich Anfang der 90er Jahre mit dem Friedrichshagener Dichterkreis eine zum bestehenden Staat in Opposition stehende Boheme gebildet hatte, die anfangs starke Sympathien in sozialistisch-anarchistischer Richtung aufwies, sich dann aber mehr dem Einfluß von Stirner sowie von monistischen und vitalistischen Strömungen öffnete (Kauffeldt / Cepl-Kaufmann 1994; 1998). 1890 schrieb der einflußreiche Literaturkritiker Heinrich Hart, zusammen mit seinem Bruder Julius sowie Wilhelm Bölsche und Bruno Wille der Mittelpunkt dieses Kreises, unter dem Obertitel *Am Ausgang des neunzehnten Jahrhunderts* eine „Betrachtung über Entwicklung, Sonderung und Ziel moderner Weltanschauung", in der er die Gegenwart hin und hergerissen zwischen den Extremen von Weltentsagung und Lebenslust sah. Der Einseitigkeit beider, die er am Werk von Tolstoi und Nietzsche exemplifizierte, hielt er Ibsen entgegen, insbesondere dessen Glauben an eine „Verschmelzung des Übersinnlichen und Sinnlichen", „an eine Versöhnung des Fleischlichen und Geistigen", wie er in *Kaiser und Galiläer* verkündet sei

---

[4] So bei Ludolf Wienbarg und David Friedrich Strauss. Vgl. dazu m.w.N. Scholtz 1991, 373f.

(Hart 1907, Bd. III, 193). Dies sei die Aufgabe: den innersten Kern der Religion zu retten und seine Verschmelzung mit moderner Erkenntnis und modernem Lebensdrang zu versuchen:

> „Eine Zukunftsreligion, als Harmonie gedacht von Erden- und Lebensfreude mit Jenseitssehnsucht und über den Tod hinausgehender Entwickelung des Individuums, erscheint in solchem Lichte betrachtet durchaus als kein Unding mehr. Bildet sie das nächste Ziel, so ist die Arbeit unseres Jahrhunderts keine vergebliche gewesen. Dann haben auf der einen Seite die Bibel- und Dogmenkritik, die nach dem wesentlichen Sinn des Christentums sucht, sowie der neuzeitliche Protestantismus nicht umsonst gewirkt, dann hat auch Tolstoi nicht umsonst gelebt, und auf der andern Seite bleibt die Bedeutung des Realismus, der sozialen Bestrebungen, ja auch Schopenhauers und Nietzsches in höchstem Sinne gewahrt. Und die Ahnung Ibsens von dem ‚dritten Reiche‘ wird zur Wirklichkeit" (ebd., 198).

Der Friedrichshagener Dichterkreis war eng verbunden mit den Kreisen um Richard Dehmel und Stanislaw Przybyszewski und unterhielt darüber hinaus Beziehungen zur skandinavischen Kolonie im ‚Schwarzen Ferkel‘ sowie zu vielen anderen Mitgliedern der Berliner Boheme, von Max Dauthendey über Peter Hille, Arno Holz, Johannes Schlaf bis zu Fritz Mauthner und Felix Hollaender. Dehmel und Przybyszewski benutzten die Formel um 1895, um ihre Vorstellungen von einer im ‚kosmischen‘ Sinne verstandenen Erotisierung auszudrücken.[5] Mauthner publizierte 1899 im *Berliner Tageblatt* einen Artikel über *Ibsens 3. Reich* (16.6.); Johannes Schlaf brachte ein Jahr später seinen Roman *Das dritte Reich* heraus, der die Lehre von der „intimsten Zusammengehörigkeit Gottes und Satans", die Auflösung der Gegensätze in ein Jenseits von Gut und Böse verkündete (Schlaf 1900, 17; vgl. Kafitz 1992, 128ff.); und auch in Felix Hollaenders Roman *Der Weg des Thomas Truck* (1902) stand es an herausragender Stelle: eine Gruppe von ‚Suchenden‘, bestehend aus einem von Stirner besessenen Volkschullehrer, einem Mechaniker, einem Zionisten und einem Dichter, gibt hier eine Zeitschrift heraus, in der die „Glocken des dritten Reiches" läuten sollen (Hollaender 1988, 307; vgl. auch 244f., 314; Kreuzer 1968, 109). Auch in die kunsthistorische Debatte der Jahrhundertwende, speziell über Max Klinger, fand der Topos Eingang, wie Eva-Maria Kaffanke in ihrer Studie über den ‚deutschen Heiland‘ belegt hat (Kaffanke 2001, 308ff.). Wie sehr er zum Arsenal der stehenden Redewendungen gehörte, zeigt ein Brief von Georg Simmel an Margarete Susman vom 22.9.1914, in dem er meint, man habe sich daran gewöhnt, „ziemlich ungestört im ‚Dritten Reich‘ zu leben" (Rammstedt / Popp 1995, 150).

Von der Friedrichshagener Boheme führt eine gerade Linie zum Eugen Diederichs Verlag, der sich zwar für die zeitgenössischen skandinavischen Autoren weit weniger stark machte als etwa S. Fischer, gleichwohl erheblich zur Verbreitung ihrer Ideen beitrug (Schier 1996). Diederichs selbst hat sich zu jener Generation gezählt, die Karl Wolfskehl einmal als „Ibsen-Jugend" bezeichnet hat (Ulbricht / Werner 1996, 132); in seinen eigenen Aufsätzen in der *Tat* hat er sich explizit zu Ibsens Lehre bekannt und nach ‚Jüngern des Gottmen-

---

[5]   Vgl. Przybyszewski 1990, 55f.; Dehmel 1920, Bd. 2, 132f. Nachgewiesen zuerst bei Kestenberg-Gladstein 1962, 276f.

schentums' verlangt, die „das dritte Reich, das Reich Gottes auf Erden" errichten sollten (Diederichs 1913, 410; 1918/19, 642ff.). In seinem Haus erschienen nicht nur wichtige Werke der Friedrichshagener, mit denen Diederichs persönlich bekannt war (Diederichs 1942, 23; Viehöfer 1988, 94ff.), sondern auch die Schriften Albert Kalthoffs, der sich für die religiöse Botschaft Ibsens einsetzte und es zur Aufgabe aller freien Geister erklärte, das dritte Reich zu bauen (Kalthoff 1905, 250). Ein anderer wichtiger Autor des Verlages war Eugen Heinrich Schmitt, ein ungarischer Tolstoi-Anhänger, der in seinen Monographien über Tolstoi und Nietzsche die Ideen seiner beiden Helden – den ‚Kultus der Geisteshoheit' und den ‚Kultus der Leibesschönheit' – in einem ‚dritten Reich' verschmelzen wollte, ganz auf der Linie Ibsens, dessen entsprechende Lehre er ausführlich dargestellt hat.[6]

Welch großen Widerhall diese Lehre hatte, läßt sich am Beispiel zweier weiterer Diederichs-Autoren zeigen, Heinrich Driesmans (1863–1927) und Ernst Krieck (1882–1947). Driesmans, Mitglied der Gobineau-Gesellschaft, betreute im Diederichs Verlag die Rubrik „Soziales Leben. Erziehung und Rassenfrage" und brachte dort eine zweibändige Kulturgeschichte der Rasseninstinkte heraus. 1912 ließ er, allerdings in einem anderen Verlag, seinen Roman *Jahrtausendwende* erscheinen, der im Ausblick auf ein künftiges „Drittes Reich" kulminiert, das, nach erfolgter rassischer Reinigung, von einem göttlichen Geschlecht von „Lichtmenschen" bevölkert wird, die die Erde in einen Garten Eden verwandeln – eine literarische Umsetzung der Bildwelt von Fidus.[7] Fünf Jahre später erschien bei Diederichs *Die deutsche Staatsidee* Ernst Kriecks, der, durchaus ibsenianisch, das ‚dritte Reich' als neues System geistigen Lebens nach Antike und Christentum verstand, es freilich dann, konträr zu Ibsen, nationalistisch definierte, indem er den „Glauben an das dritte Reich" vornehmlich als „Gegenstand des deutschen Nationalbewußtseins" faßte (Krieck 1917, 21, 25). Krieck gehörte später zum Kreis um die Zeitschrift *Gewissen* und hielt 1931 seine weitbeachtete *Rede am Feuer*, die mit dem Ruf „Heil dem dritten Reich!" ausklang; das brachte ihm, der damals an der Pädagogischen Akademie Frankfurt tätig war, eine Strafversetzung nach Dortmund ein.[8]

Die dritte und letzte Spur führt nach München, allerdings mit Umweg über St. Petersburg. Im Münchner Piper-Verlag erschienen seit 1907 die Schriften des russischen Symbolisten Dmitrij Mereschkowskij (1865–1941), der von Baudelaire, Nietzsche, aber auch von Ibsen beeinflußt war.[9] Sein Roman *Julian Apostata* (russ. 1896, dt. 1903) war eine Art Prosafassung von Ibsens *Kaiser und Galiläer*, die freilich weder in literarischer noch in philosophisch-theologischer Hinsicht das Niveau des Vorbildes erreichte. Dessen zentrales Thema der Versöhnung von Fleisch und Geist stand auch im Mittelpunkt von Mereschkowskijs

---

[6] Vgl. Schmitt 1902, 59; 1901, 472; 1908, 250ff. Zur Person vgl. Hanke 1993, 43f.

[7] Vgl. Driesmans 1912, 163ff.

[8] Ein Abdruck der Rede findet sich in: Der Jungstahlhelm. Beilage zu *Der Stahlhelm* Jg. 13, 1931, Nr. 37. Zum Thema ‚drittes Reich' hat sich Krieck wiederholt geäußert, so in *Gewissen*, Jg. 5, 1923, Nr. 48; *Vorstoß*, Jg. 1, 1932, H. 32; *Volk im Werden*, Jg. 2, 1934, 137–141. Zu Krieck vgl. näher Müller 1978.

[9] Zu Leben und Werk vgl. näher: Spengler 1972; Lauer 2000, 460f., 562f. Für wichtige Hinweise zu Mereschkowskij danke ich Hubert Treiber, Hannover.

Vergleich von Tolstoi und Dostojewskij, dem ersten Werk, in dem Mereschkowskij das
„Neue religiöse Bewußtsein" verkündete, das fortan zur Selbstbezeichnung seiner Gruppe
wurde (1919, 306; Scherrer 1973, 380). Tolstoi galt ihm darin als „Hellseher des Fleisches"
im Sinne eines Symbols für Welt und Geschichte, Dostojewskij dagegen als „Hellseher des
Geistes" als des Symbols für Asketismus und Kirchenchristentum: Figurationen, die zugleich für die Hauptstufen standen, über die sich die Evolution der Menschheit bislang
vollzogen habe (ebd., 417; Mereschkowski 1919, 105f., 157, 302). Das Reich des Fleisches
habe seinen Ausdruck in der ,Religion des Vaters' gefunden, dem ,Ersten Testament', das
im wesentlichen mit den vorchristlichen Religionen identisch sei; das Reich des Geistes in
der ,Religion des Sohnes', dem ,Zweiten Testament'. Was noch bevorstehe, sei die Versöhnung beider im Reich des ,Dritten Testaments', der ,Religion des Heiligen Geistes', die die
mystische Vereinigung der Gegensätze im ,geistigen Fleisch' bzw. im ,heiligen Fleisch'
bringen werde (Mereschkowski 1919, 301f.; Scherrer 1973, 378ff.; Garstka 1998, 112f.):
ein Programm, das gewisse Anklänge an Stefan Georges Formel von der Verleibung des
Gottes und der Vergottung des Leibes aufwies und deshalb von Autoren wie Thomas Mann,
die hierfür empfänglich waren, mit Begeisterung aufgenommen wurde – übrigens einschließlich der dazugehörigen Rede vom ,Dritten Reich' (Mann 1993, 37f., 369).

Mereschkowskijs Lehre von den Drei Testamenten wird oft als eine bloße Neuauflage
des joachimitischen Schemas verstanden (Sarkisyanz 1955, 103). Näher als zu Joachim
steht diese Lehre jedoch zur neuzeitlichen Geschichtsphilosophie von Hegel über Saint-
Simon bis zu Comte, die, bei allen Unterschieden, doch die Idee eines Fortschritts gemeinsam haben. Mereschkowskijs Idee einer ,neochristlichen', universalen Kultur versteht sich
als Fortführung und Vollendung jener ,unterirdischen Arbeit der Geschichte', die in all
ihren Stufen auf die Herstellung der ,Gottmenschheit' ausgerichtet ist (Scherrer 1973, 379).
Sie wendet sich zwar kritisch gegen die institutionelle Verbesonderung von Staat und Kirche und fordert deren Rücknahme in die Gesellschaft, will aber zugleich „die Gesamtheit
der Lebensbekundungen, Leistungen und Werke der Menschheit" bewahren (ebd., 416).
Nicht Befreiung des Geistes aus der Fäulnis des Fleisches ist das Ziel, sondern Heiligung
des Fleisches, des Lebens, der Welt; nicht Erfüllung des Zweiten Testaments, sondern Verwirklichung des Dritten, das jedoch erst über eine neue Offenbarung erschlossen wird (ebd.,
399). Wenn Chiliasmus die Erwartung bedeutet, „das irdische Geschehen münde aus in eine
tausendjährige Heilszeit (lat. millennium) unter der Weltherrschaft des erhöhten Christus"
(Theol. Realenc. VII, 723), dann kann das ,Neue religiöse Bewußtsein' nicht als chiliastisch
gelten. Dies im übrigen auch deshalb nicht, weil die angestrebte Synthese von Fleisch und
Geist bereits hier und heute in einem Bereich gleichsam antizipatorisch verwirklicht ist, der
dem eher ikonoklastisch gestimmten Chiliasmus anathema ist: der Kunst, genauer: der richtig verstandenen, symbolistischen Kunst (Scherrer 1973, 300).

Mereschkowskij war sicher kein in russische Verhältnisse versetzter Ibsen. Prägend für
ihn war die Herkunft aus dem „Dekadententum" (Mereschkowski 1908, 151ff.), das litera-
turgeschichtlich gesehen dem Ästhetizismus zuzurechnen ist, der Gegenbewegung zu dem

von Ibsen vertretenen Realismus und Naturalismus.[10] Parallelen aber bestanden sowohl in der progressistischen Verwendung des triadischen Schemas als auch in dem, was man den antipolitischen oder antistaatlichen – Carl Schmitt würde hinzufügen: antirömischen – Affekt nennen könnte. Wie für Ibsen der Staat eine Institution von zeitlich begrenzter Dauer war, die es aufzuheben galt, wenn das Reich der Kunst wirksam werden sollte (Bernhardt 1989, 149), so war für Mereschkowskij ‚das Reich, das da kommt' „nur durch die gänzliche Beseitigung des Staates und der Staatsgewalt herbeizuführen (1908, 111). Das machte Mereschkowskij noch nicht zum Anarchisten, denn sein Fernziel war immer noch eine Herrschaftsordnung, wenn auch diejenige Gottes, die ‚Theokratie' (128). Erreicht werden konnte dieses Ziel jedoch niemals mittels politischer Macht und politischer Institutionen, sondern einzig durch die Ausweitung der ‚Gemeinschaft' (*obschtschestwennost*), der wahren ‚Kirche': „das Leben der Kirche", hieß es dezidiert, „ist der Tod des Staates, das Leben des Staates – ist der Tod der Kirche" (1917, XLVII). Man sieht: es waren einige Umbauten erforderlich, bevor aus dieser dezidiert antipolitischen Version des Dritten Reiches die politische Version werden konnte.[11]

Zieht man eine Zwischenbilanz, so ist festzuhalten: die literarischen Evokationen des Dritten Reiches sind nicht primär mythisch zu verstehen. Sie reagieren auf das, was man soziologisch Probleme der Ausdifferenzierung nennt – es geht um die Versöhnung von Schönheit und Wahrheit (also ästhetischer und wissenschaftlicher Sphäre), um die Vereinbarkeit von Glaube und Wissen, Geist und Fleisch. Das alles setzt die Ablösung des Mythos durch Religion und der Religion durch andere autonome Teilordnungen voraus, womit nicht ausgeschlossen werden soll, daß die diversen Versöhnungskonzepte ihrerseits an mythische Denkfiguren appellieren. Der Struktur nach aber prozessiert die literarische Kommunikation jenseits des Mythos, im Bereich des Fiktiven; wie sie sich auch bereits jenseits der Religion bewegt. Man sollte deshalb auch nicht von „Säkularisierung" sprechen, weil damit immer die Vorstellung einer Projektion des Religiösen in Nichtreligiöses verbunden ist, das „Sichdurchhalten einer ihrem Ursprung entfremdeten Substanz" (Blumenberg 1966, 22, 25). Die literarischen Träume vom Dritten Reich wurzeln nicht mehr in einer durch den Mythos oder die Religion vereinheitlichten Welt, sondern in einer durch Differenzerfahrungen bestimmten Welt; es geht ihnen nicht darum, diese Differenzen zugunsten des ‚Einen' auszulöschen, sondern Formen des Ausgleichs, der Kompatibilität zu finden, in denen das Verschiedene verschieden sein kann, ohne *nur* verschieden zu sein. Und das ist, trotz mancher antimoderner Elemente wie Mereschkowskijs Antipolitik, ein genuin moderner Zug.

---

[10] Vgl. dazu näher: Hansen-Löve 1989. Zur Unterscheidung von Ästhetizismus und Realismus aus systemtheoretischer Sicht vgl. Plumpe 1995, 105ff., 138ff.

[11] Damit soll nicht gesagt sein, daß Mereschkowskij ein reiner Ästhet geblieben wäre. Sein politisches Engagement beschränkte sich jedoch, wenn man so will, auf Antipolitik, auf ein Sympathisieren mit dem anarchistischen bzw. sozialrevolutionären Flügel der Revolution. Zum bolschewistischen Flügel bestand dagegen eine Distanz, die sich mit der Oktoberrevolution zu scharfer Opposition verdichtete und Mereschkowskij 1920 in die Emigration trieb (Scherrer 1973, 409, 183; Lauer 2000, 520, 551).

II.

Im politischen Feld hat das Syntagma, wenn ich recht sehe, erst in der Weimarer Republik weitere Verbreitung gefunden, in der Publizistik der zahlreichen rechten Bünde und Parteien[12], und hier natürlich ganz besonders, wie allgemein bekannt, in der NSDAP (Paul 1989). Als wichtigstes Verbindungsglied zum literarischen Diskurs gilt dabei Dietrich Eckart (1868–1923), der von 1899 bis 1915 als Journalist und Bühnendichter in Berlin lebte und zeitweise im Kreis ‚Zum Schwarzen Ferkel' verkehrte, in dem auch viele Friedrichshagener vertreten waren, so daß es mehr als wahrscheinlich ist, daß der Begriff des Dritten Reiches auf diesem Wege zu ihm gelangt ist (Plewnia 1970, 15ff.; Kafitz 1992, 20f.). Darüber hinaus war er ein großer Bewunderer Ibsens und feierte seinen größten Erfolg 1914 mit der Übertragung oder besser Nachdichtung von *Peer Gynt*, so daß auch von hier aus eine Verbindung zum literarischen Diskurs über das Dritte Reich gegeben wäre. Dennoch möchte ich Eckart nicht die herausragende Bedeutung für die Politisierung dieses Begriffs zuweisen, wie dies Claus-Ekkehard Bärsch getan hat (Bärsch 1998, 55, 52). Eine Durchsicht von Eckarts Wochenschrift *Auf gut deutsch*, die von Dezember 1918 bis Mai 1921 in München erschienen ist, zeigt, daß der Begriff hier überaus selten und nie an herausragender Stelle verwendet wird.[13] Auch Hitler ist Eckart darin gefolgt (Sieferle 1992, 194). Er ist sogar

---

[12] Eine kleine Belegauswahl: Die 1923 gegründete Zeitschrift des Bundes Oberland hieß *Das Dritte Reich*; auch ein Aufsatz von Ernst Niekisch stand unter dieser Überschrift (in: *Widerstand*, Jg. 5, 1930, 134–139). Im *Jungdeutschen*, der Tageszeitung des Jungdeutschen Ordens, gab J. Schwahn im März 1927 eine kurze Begriffsgeschichte, die auch auf Ibsen einging (Jg. 2, 1927, Nr. 64, 5); weitere Bezüge finden sich in nationalrevolutionären Blättern wie dem *Arminius* (Jg. 8, 1927, Nr. 19, Dr. Martin), dem *Vormarsch* (Jg. 1, 1927, Nr. 1, 2) oder dem *Landvolk* (Jg. 1, 1929, Nr. 22, 1), in gemäßigteren Organen wie dem *Deutschen Volkstum* (Jg. 34, 1932, 2, 716ff.) oder in Zeitschriften der bündischen Jugend: vgl. *Die Kommenden* (Jg. 3, 1928, Nr.8, 86; Nr. 16, 182, Nr. 42, 514 u. ö.), *Die junge Mannschaft* (Jg. 1, 1931, Nr. 2, 6; Nr. 4, 5ff.). Besonders verpflichtet fühlte sich anscheinend die Presse des Stahlhelms dem Begriff. Die Bundeszeitung *Der Stahlhelm* stellte im März 1926 ihre verfassungspolitischen Vorstellungen unter den Titel „Das dritte Reich. Vom Staat, um den wir kämpfen" (Jg. 8, Nr. 13); in der Nr. vom 20.1. 1929 fragte eine Anonymus „Wer gründet das dritte Reich". In der Beilage *Der Jungstahlhelm* erschien 1932 eine mehrteilige Artikelserie „Bausteine für das ‚Dritte Reich'" (Jg. 14, Nr. 14–17). Auch der *Stahlhelm-Student* bezog sich mehrfach auf das Syntagma, u. a. in Form von Auszügen aus dem Buch des Monarchisten Friedrich Everling: *Organischer Aufbau des Dritten Reiches*, München 1931 (vgl. Jg. 3, 1930/31, Nr. 10). – Nicht unerwähnt bleiben sollte in diesem Zusammenhang, daß sich keineswegs die gesamte Rechte den Begriff des Dritten Reiches zu eigen machte. Distanziert blieben etwa Spengler, Jünger, Freyer oder die *Tat*; für Autoren wie Gerhard Günther, Friedrich Hielscher oder Franz Schauwecker gab es nur *ein* Reich, weshalb sie eine Zählung der Reiche ablehnten: vgl. Gerhard Günther: „Reich und Gegenreich", in: *Die junge Mannschaft*, Jg. 2, 1932, Nr. 1, 1–7; Friedrich Hielscher: „Das Reich, der Staat der Deutschen", in: *Stahlhelm-Sender* Jg. 1, 1932, Nr. 27, 12–14; Franz Schauwecker: „Verwandlung der Seele", in: Goetz Otto Stoffregen (Hg.): *Aufstand. Querschnitt durch den revolutionären Nationalismus*, Berlin 1931, 23–32.

[13] Die bekannteste Belegstelle findet sich 1919 in dem Aufsatz „Luther und der Zins", 297: „Die Befreiung der Menschheit vom Fluche des Goldes steht vor der Türe! Nur darum unser Zusammenbruch, nur darum unser Golgatha! Heil ist uns Deutschen widerfahren, nicht Jammer und Not, so arg wir's auch

noch weiter gegangen und hat die Verwendung des Begriffs 1939 per Erlaß untersagt (ebd., 201). Sehr häufig dagegen benutzten ihn die Exponenten des neonationalistischen Flügels in der NSDAP, die Brüder Strasser und Joseph Goebbels, über deren Quellen wir gut informiert sind. Otto Strasser hat sich immer wieder auf Moeller van den Bruck bezogen, und auch die Tagebücher von Goebbels weisen in diese Richtung.[14] In welcher Beziehung steht Moeller zum literarischen Diskurs?

Moeller, Jahrgang 1876, lebte von 1896 bis 1902 in Berlin, in engem Kontakt zu den Kreisen um Dehmel, Przybyszewski, Munch und die ‚Neue Gemeinschaft'.[15] Er verdiente seinen Lebensunterhalt mit Besprechungen und Kritiken der neuesten Literatur in Zeitschriften wie der *Gesellschaft*, dem *Magazin für Literatur* oder der *Freistatt*, die sich hierauf spezialisiert hatten. Seine Texte behandelten Dehmel, Przybyszewski, Dauthendey, Holz und Schlaf, dessen Roman *Das dritte Reich* er erwähnt (Moeller 1902, 483). 1904, und das ist nun schon nachgerade ein Indiz für entsprechende Affinitäten, schreibt er eine Besprechung über Mereschkowskijs Auseinandersetzung mit Tolstoi und Dostojewskij, der er bescheinigt, das Beste und Tiefste zu enthalten, was je über diese beiden Autoren geschrieben worden sei. Zwar erscheint ihm die dort vorgetragene Idee einer Versöhnung von Fleisch und Geist als „etwas mystisch" und im übrigen auch zu sehr auf Rußland zentriert, doch entdeckt er in der für Mereschkowskij zentralen „Sehnsucht nach einer großen kulturellen Synthese" durchaus seinen eigenen Wunsch, für dessen Verwirklichung er freilich ganz auf Deutschland setzt, nicht, wie Mereschkowskij, auf Rußland (Moeller 1904, 308).

1906 lernte Moeller, inzwischen in Paris lebend, Mereschkowskij auch persönlich kennen. Aus dieser Bekanntschaft entstand die erste deutsche Dostojewskij-Gesamtausgabe, die von 1906 bis 1919 in 22 Bänden im Piper-Verlag erschien, mit dem Impressum: „unter Mitarbeiterschaft Dmitri Mereschkowskis herausgegeben von Moeller van den Bruck" (Garstka 1998). Auch wenn diese Mitarbeiterschaft sich auf insgesamt vier Einführungen beschränkte, findet sich darunter doch diejenige zu den Politischen Schriften Dostojewskijs, in der Mereschkowskij unter der Überschrift „Die religiöse Revolution" ein Konzentrat seiner eigenen Ideen bot (Mereschkowski 1917). Moeller war also nicht nur mit der Friedrichshagener, sondern auch mit der Petersburger Auslegung der Ibsenschen Ideen bestens vertraut; und er dürfte es, um das Maß voll zu machen, auch mit der Diederichs'schen Variante gewesen sein, war er doch Autor der *Tat* und außerdem gut bekannt mit Ernst Krieck, der Moeller 1923 den entscheidenden Anstoß gab, sein Buch nicht ‚Der dritte Standort' oder ‚Die dritte Partei' zu nennen, sondern ‚Das dritte Reich' (Müller 1978, 58ff.).

---

jetzt noch empfinden. Nirgends auf Erden ein anderes Volk, das fähiger, gründlicher wäre, das dritte Reich zu erfüllen, denn unsres! Veni Creator spiritus!"

[14] Vgl. etwa Gregor Strasser: „Gedanken über Aufgaben der Zukunft", in: *Nationalsozialistische Briefe*, Jg. 2, 18. Brief, 15.6.1926; Ulrich von Hutten (= Otto Strasser): „Die Front kommt in Bewegung", in: *Nationalsozialistische Briefe*, Jg. 3, Nr. 4, 15.8.1927; Strasser 1948, 45ff.; Bartsch 1990, 27ff.; Goebbels 1927; Goebbels 1992, Bd. 1, 212, 215, 219, 323.

[15] Vgl. Schwierskott 1962, 15ff.; Kauffeldt / Cepl-Kaufmann 1994, 56, 261, 296f.; Kauffeldt / Cepl-Kaufmann 1998, 117, 120; Breuer 2000a; Kestenberg-Gladstein 1962, 278ff.

Dieser Umstand deutet darauf hin, daß Moeller erst relativ spät die Möglichkeit erkannte, eine Verbindung zwischen dem literarischen Diskurs über das Dritte Reich und seinen eigenen Konzeptionen herzustellen. Der Roman von Schlaf wird 1902 nur beiläufig erwähnt, Mereschkowskijs Lehre von den Drei Testamenten, wie schon gesagt, nur gestreift. 1906 spricht er sogar einmal verächtlich von den Ideologen, „denen ihre Epoche zwar klar war, denen sie sich aber immer wieder soziologisch-utopisch oder ästhetisch-utopisch verhüllte, und die nun vor lauter dritten Reichen, die sie sich aus unserer Zeit heraus zu erträumen versuchten, in dieser selbst gründlich ins Schwanken gerieten" (1906, 202). Noch 1923 nennt er den Gedanken des dritten Reiches – charakteristischerweise kleingeschrieben – einen solchen, der mit dem Verfall unseres ersten Reiches aufgekommen und schon früh mit der Erwartung eines tausendjährigen Reiches verknüpft worden sei (1931a, 6). Es ist diese chiliastische Komponente des Syntagmas, die ihn auf Distanz gehen läßt. Es sei zwar grausam, heißt es kritisch gegenüber dem Kommunismus, den Menschen ihre Hoffnung zu nehmen. „Aber hier muß eine Hoffnung genommen werden, die aus Torheit zum Verderben führt. Es gibt kein tausendjähriges Reich. Es gibt immer nur das Wirklichkeitsreich, das eine Nation in ihrem Lande verwirklicht".[16]

Man muß diese Sätze nur in die Nähe von Mereschkowskijs Geschichtsphilosophie rücken, um sogleich zu erkennen, daß sie bloß gegen den Chiliasmus, nicht gegen die Idee des Dritten Reiches als solche gerichtet sind. Moeller sieht die Kultur der Gegenwart wie Mereschkowskij und vor diesem bereits Nietzsche, von der asketischen Moral beherrscht, die durch das Christentum eingeführt worden sei; dieses habe die Natur des Menschen verleugnet und eine Religion der Lebens- und Wirklichkeitsfeindschaft begründet, die geradewegs in den Nihilismus eingemündet sei (1904–10, Bd. II, 7, 64; Bd. III, 15). Daran erneut anzuschließen, wie dies etwa Schopenhauer, Wagner und z. T. auch Chamberlain verlangten, kommt für Moeller nicht infrage. „Christus nun wieder in die Welt einzuführen, hieße einfach, all das Erreichte rückgängig und das Leben noch einmal wieder und verstärkt dualistisch machen" (1906, 119).

Ebensowenig infrage kommt indes auch der Rückgriff auf das, wozu das Christentum die Antithese gewesen sei, die Religion des Vaters in der Terminologie Mereschkowskijs. Nicht minder scharf als gegen das Christentum wendet sich Moeller gegen die neuhumanistische Aufwertung der Antike, wie sie zuerst von Winckelmann, dann von Goethe betrieben wurde. Nicht der Goethe der *Italienischen Reise*, der Goethe des Klassizismus, könne heute der Anknüpfungspunkt sein, sondern allein der Goethe des *Faust*, der *Wahlverwandtschaften*, der darin Ibsen und Dostojewskij vorweggenommen und sich aus dem Bann der Antike befreit habe (1904–10, Bd. VI, 151f.). Weder die naive Verklärung der Welt, des Stoffes, des Fleisches durch das antike Heidentum noch die christliche Verwerfung der Welt sei heute angesagt; vielmehr gelte es, eine „dritte Ebene" zu finden (1924, IX), einen „überlegenen dritten Standpunkt" (1904–10, Bd. IV, 174) jenseits der Gegensätze. Und so ist es denn

---

[16] Ebd., 158. Zur Kritik an der verbreiteten Lesart, die Moeller in die Nähe chiliastischer und mystischer Denkfiguren rückt, vgl. ausführlicher Breuer 2000b.

auch kein Widerspruch, wenn Moeller im gleichen Werk, in dem er die Ideologen des Dritten Reichs attackiert, sich dessen Idee zu eigen macht:

> „Wir erleben es heute, da einer modernen Zivilisation, die wir bekamen, eine moderne Kultur sich entreißt, die sie abschließt: da der Geist unserer Gegenwart und der Stoff unserer Gegenwart ihre letzte Bestimmung im Reich einer dritten Vereinigung suchen".[17]

So tief diese Konzeption ins neuzeitliche Fortschrittsdenken eingelassen und so groß die Nähe zum triadischen Schema Hegels ist, zu dem sich Moeller in der Widmung zum *Preußischen Stil* explizit bekannt hat, so wenig handelt es sich doch um eine Neuauflage der idealistischen Dialektik. Die Kritik am Christentum hat Moeller nicht gehindert, es für undenkbar zu erklären, „daß wir je aufhören werden, Christen zu sein" (1904–10, Bd. VI, 197); die Kritik am Neuhumanismus nicht, die Wahlverwandtschaft von Preußentum und Antike zu feiern (1931b, 101f., 112). Denis Goeldel hat darin eine Eigentümlichkeit der „dialéctique moellerienne" gesehen, daß sie im Unterschied zur Hegelschen Dialektik die Gegensätze intakt läßt, daß sie nicht ihre innere Negativität herausarbeitet und dadurch vermittelt, sondern sie einfach auf eine höhere Ebene hebt, auf der sie sich bewegen können (Goeldel 1984, 433). Diese Beobachtung ist auch für das Verständnis der politischen Dimension, die Moeller dem Begriff des Dritten Reiches verliehen hat, von Bedeutung.

III.

Politik spielt im Denken Moellers nicht erst seit dem Ersten Weltkrieg eine Rolle, wie Fritz Stern dies behauptet (1986, 248ff.). Schon die Bücher über *Die Zeitgenossen* (1906) und *Die Deutschen* (1904–1910) enthalten zahlreiche, durchaus nicht nur beiläufige politische Aussagen. Sehr wohl aber kann man sagen, daß die Formel vom Dritten Reich erst durch Krieg und Revolution ins Politische gehoben worden ist. Moeller operiert zwar schon davor verschiedentlich mit triadischen Schemata (Goeldel 1984, 426ff.), doch bedurfte es offenbar erst der Krise, in die das Zweite Reich durch den militärischen Zusammenbruch, die Revolution und den Versailler Vertrag gestürzt wurde, um über ein mögliches Drittes Reich nachzudenken.

Wann genau dies zum erstenmal geschah, könnte nur eine akribische Lektüre der Texte zeigen, die Moeller in dem 1919 gegründeten *Gewissen* geschrieben hat; die Zeitschrift ist jedoch im innerdeutschen Leihverkehr nicht erhältlich. Die ersten Belege, die ich gefunden habe, stammen vom Januar 1921. Am 5.1. schreibt Moeller im *Gewissen*: „Wo Marxismus endet, dort beginnt Sozialismus. Er ist nicht die Aufgabe eines dritten Reiches. Er ist seine Grundlage" (1921a). Knapp zwei Wochen später heißt es in einem Artikel in den *Braun-*

---

[17] Moeller 1906, 11. An anderer Stelle, im Kapitel über d'Annunzio und dessen Vision eines dritten Roms, heißt es, daß auch die Deutschen einen ähnlich zukunftsweisenden Gedanken besäßen: den des dritten Reiches, „den sie auf Erden allein zu erfüllen bestimmt sind" (ebd., 306).

schweiger Neuesten Nachrichten vom 18. Januar mit dem Titel *Das gegründete Reich*, daß das vor fünfzig Jahren installierte Reich in den Grundlagen erschüttert sei „und daß wir nunmehr wieder im Brüchigen, Schwankenden und Ungewissen dahintreiben" (1921b). Schuld daran sei, daß das Reich – das Zweite Reich – die letzte Probe nicht bestanden habe. Man habe sich 1871 mit der Gründung einiger neuer Institutionen begnügt, ohne die Hauptaufgabe anzugehen, die ‚Nationalisierung der Nation' – ein Mangel, den Moeller schon vor dem Krieg immer wieder beklagt hatte. Dem Land fehle, so hatte er 1911 geschrieben, eigentlich alles, was eine Nation ausmache, von der Nationalkirche über das nationale Geschichtsbewußtsein bis zur Nationalkultur (1911). Dieser Mangel habe dem Reich allmählich die Grundlage entzogen, woran auch die bedeutenden zivilisatorischen Leistungen nichts zu ändern vermocht hätten.

Immerhin hatte der Zusammenbruch für Moeller auch sein Gutes. Das Zweite Reich war in seinen Augen nur eine suboptimale Lösung, hatte es doch von den hundert Millionen Deutschen nur sechzig Millionen umfaßt und lediglich einen kleindeutschen Nationalstaat begründet. So unvermeidlich dies damals gewesen sei, so bestehe doch jetzt die Chance, daß man durch den „Zusammenbruch des zweiten Reiches" jenem „dritten Reiche" näherkomme, „das genau so wie Brandenburg zu Preußen und Preußen zu Deutschland führte, von Deutschland zu Großdeutschland führen muß" (1921b). Dies sei der „Mythos, der vor uns liegt" (ebd.), die Hoffnung darauf, daß nach dem bloßen „Zwischenreich", dem „unvollkommenen Reich" des Bismarckstaates, nun ein vollkommenes und dauerhaftes Reich entstehe, auch wenn natürlich das „Endreich" nie erfüllt bzw. „nur im Unvollkommenen erreicht" werde (1931a, 242ff.).

Wie Moeller schon kurz darauf klarmachte, beschränkte sich sein Drittes Reich jedoch nicht darauf, die 1848 nicht zum Zuge gekommene großdeutsche Lösung nachzuholen. In einer Studie über seinen Dichterfreund Theodor Däubler, mit dem er 1909, gemeinsam mit Ernst Barlach, in der Toskana gewandert war (Tessenow 1995, 30), umreißt Moeller eine weitere Drei-Reiche-Lehre, die nur im letzten Stadium auf Deutschland bezogen ist. Nach dieser, fast schon geomantisch zu nennenden Lehre inkarniert sich das „Eigenlicht der Erde", der Geist, zunächst im Orient in lauter stofflichen Gebundenheiten – erstes Reich –, nimmt dann im Mittelmeerraum die Form ‚orphischer' Geistigkeit an – zweites Reich –, um endlich, nach einer weiteren Ortsverlagerung, in der Zukunft die „Erfüllung eines dritten Reiches" zu erleben (1921c, 28). Der geographische Schwerpunkt dieses dritten Reiches werde im Norden liegen, allerdings nicht im Nordwesten, in der angelsächsischen Welt, sondern im Nordosten, einem nach Osten gewandten Deutschland. Däublers Geomantik mit Mereschkowskijs Neomystik verschmelzend, schrieb Moeller:

> „Deutschland wird nach Rußland ausholen müssen, nach dem Schneelande der weißen Zaren und einer weißen Antike, die auch hierher, durch byzantinische Buntheit hindurch, mit barbarischer Wucht ihren weiten Bereich vorschob. Es wird den ganzen Osten auf sich nehmen müssen, wo noch Menschen sind, die das weiße, das johanneische Mysterium verstehen. So entspricht es der Kurvenlehre, die der elliptischen Raumanschauung des Nordlichtes zugrunde liegt […]. Doch auch aus dem Osten werden wir wieder zurückkehren: doch nun nicht nach dem Westen, sondern endlich zu Uns selbst: nach dem Lande eines Volkes, dem verheißen ist,

daß ihm, wenn andere Völker ihren einen Tag in der Geschichte haben, die Ernte der ganzen Zeit vorbehalten sei. Die Erfüllung ‚der ganzen Zeit': das ist die Erfüllung im Raume. Wir müssen werden, was wir sind: das Durchgangsland zum Nordlicht. Deutschland blieb das Land einer Erwartung" (1921c, 30).

Was immer dies sein mag: säkularisierter Chiliasmus ist es nicht. Dagegen spricht Moellers oben erwähnte Ablehnung des Chiliasmus, spricht vor allem auch die signifikante Abweichung vom joachimitischen Schema, nach dem auf eine ursprüngliche Zeit der Einheit eine als Mangel, Defizienz, Entfremdung erfahrene Differenzierung tritt, die dann im dritten Stadium der wiederhergestellten Einheit weicht (Sieferle 1992, 184ff.). Denn unter den in Deutschland aufeinanderfolgenden Reichen markiert Moeller zufolge das erste weit mehr einen Zustand des Mangels und der Defizienz als das zweite, das als bleibende Errungenschaft immerhin den – wenn auch kleindeutschen – Nationalstaat vorzuweisen hat, wogegen die Kaiser des ersten Reiches ins Uferlose und Irreale schwärmten. Das Fundament aller deutschen Politik und Geschichte wurde erst durch Bismarck gelegt; und so sehr dessen Nachfolger dann auch eine falsche Richtung einschlugen, die Leistung als solche blieb doch verbindlich. Das dritte Reich ist deshalb mitnichten, wie in einer chiliastischen Perspektive, die Negation des zweiten. Es ist vielmehr seine Fortführung, seine Erweiterung. Die dynastische Form, die Bismarck seiner Gründung verliehen habe, mag zerschlagen sein. „Aber das Werk, das er schuf, wird den Umsturz überdauern, wenn er sich als ein Umweg herausstellt, um die Einigung der Nation zu vollenden" (1931a, 237). Gelinge dies, dann werde Bismarck, „der Gründer des zweiten Reiches war, […] über sein Werk hinaus auch noch der Gründer des dritten gewesen sein" (1931a, 231).

Kein Chiliasmus also, vielmehr Fortsetzung und Weiterführung des von Bismarck begonnenen nationalen Projekts. Seinen Inhalt erhält dieses Deutungsmuster aus dem deutschen Nationalismus[18], seine Form weder aus der Religion noch aus der politischen Theologie, sondern aus der Literatur der Jahrhundertwende, die das triadische Schema dekontextualisiert und trivialisiert hat und schließlich „das Dritte Reich zum beliebten Wort für alle nur erdenklichen Versöhnungsvisionen" gemacht hat (Scholtz 1991, 379). Auch die selbstgewählte Bezeichnung als „Mythos" dürfte dafür noch zu hoch gegriffen sein, operiert Moeller doch mit Bildern der Literatur, die als Bilder bekannt sind, die als Symbole und nicht als Realitäten erlebt werden. Für solche Zeichensysteme, die bewußt zur Erreichung bestimmter politischer Zwecke eingesetzt werden, hat Kurt Hübner den Begriff des „Pseudomythos" vorgeschlagen (Hübner 1985, 357). Das Dritte Reich in der Version Moeller van den Brucks ist ein solcher Pseudomythos.

---

[18] „Le ‚Troisième Reich', selon Moeller, c'est donc bien le triomphe du nationalisme allemand, réalisant pleinement l'idée de la nation allemande" (Goeldel 1984, 438).

Literatur

Bärsch, Claus-Ekkehard (1998): Die politische Religion des Nationalsozialismus, München.

Bartsch, Günter (1990): Zwischen drei Stühlen: Otto Strasser. Eine Biografie, Koblenz.

Bernhardt, Rüdiger (1989): Henrik Ibsen und die Deutschen, Berlin (DDR).

Blumenberg, Hans (1966): Die Legitimität der Neuzeit, Frankfurt a. M.

Breuer, Stefan (2000a): „Arthur Moeller van den Bruck: Politischer Publizist und Organisator des Neuen Nationalismus in Kaiserreich und Republik", in: Hübinger, Gangolf / Hertfelder, Thomas (Hg.): Kritik und Mandat. Intellektuelle in der deutschen Politik, Stuttgart, 138–150, 327–331.

Breuer, Stefan (2000b): „Religion und Mystik bei Moeller van den Bruck", in: Revue d'Allemagne 32, 289–298.

Carozzi, Claude (1996): Weltuntergang und Seelenheil. Apokalyptische Visionen im Mittelalter, Frankfurt a. M.

Dehmel, Richard (1920): „Weib und Welt", in: ders., Gesammelte Werke in drei Bänden, Berlin, Bd. 2, 7–142.

Dempf, Alois (1931–32): „Das Dritte Reich", in: Hochland 29.1, 36–48, 158–171.

Dempf, Alois (1954): Sacrum Imperium, Darmstadt (zuerst 1929).

Diederichs, Eugen (1913): „Haben wir eine religiöse Bewegung?" in: Die Tat 5.1, 409–411.

Diederichs, Eugen (1918/19): „Das Kommen des Dritten Reiches", in: Die Tat 10.2, 642–646.

Diederichs, Eugen (1942): Aus meinem Leben, 3. Aufl., Leipzig.

Driesmans, Heinrich (1912): Jahrtausendwende. In tausend und einem Jahr. Ein biosophischer Erziehungs-roman auf erdpolitischer Grundlage, Dresden / Leipzig.

Eckart, Dietrich (1919): „Luther und der Zins", in: Auf gut Deutsch 1, Nr. 19/20, 290–297.

Fenske, Hans (1992): „Das Dritte Reich. Die Perversion der Reichsidee", in: Martin, Bernd (Hg.): Deutschland in Europa. Ein historischer Rückblick, München, 210–230.

Gabriel, Gottfried (1992): Art. ‚Reich, Drittes', in: Historisches Wörterbuch der Philosophie, Bd. 8, Darmstadt, 496–502.

Garstka, Christoph (1998): Arthur Moeller van den Bruck und die erste deutsche Gesamtausgabe der Werke Dostojewskijs im Piper-Verlag 1906–1919, Frankfurt a. M. etc.

Goebbels, Joseph (1927): Wege ins Dritte Reich. Briefe und Aufsätze für Zeitgenossen, München.

Goebbels, Joseph (1992): Tagebücher, hg. v. Ralf Georg Reuth, 5 Bde, München / Zürich.

Goeldel, Denis (1984): Moeller van den Bruck (1876–1925) un nationaliste contre la révolution, Frankfurt a. M. / Bern.

Hanke, Edith (1993): Prophet des Unmodernen. Leo N. Tolstoi als Kulturkritiker in der deutschen Diskussion der Jahrhundertwende, Tübingen.

Hansen-Löve, Aage A. (1989): Der russische Symbolismus. System und Entfaltung der poetischen Motive, Bd. 1, Wien.

Hart, Heinrich (1907): „Am Ausgang des neunzehnten Jahrhunderts (1890)", in: ders., Gesammelte Werke, 4 Bde., Bd. III, Berlin, 159–199.

Hertel, Heinz (1934): Das Dritte Reich in der Geistesgeschichte, Hamburg.

Hollaender, Felix (1988): Der Weg des Thomas Truck, Rostock (zuerst Berlin 1902).

Hübinger, Gangolf (Hg.) (1996): Versammlungsort moderner Geister. Der Eugen Diederichs Verlag – Aufbruch ins Zeitalter der Extreme, München.

Hübner, Kurt (1985): Die Wahrheit des Mythos, München.

Ibsen, Henrik (1899): Kaiser und Galiläer, in: ders., Sämtliche Werke in deutscher Sprache, durchges. u. eingel. v. Georg Brandes u. a., Bd. 5, Berlin.

Kaffanke, Eva-Maria (2001): Der deutsche Heiland. Christusdarstellungen um 1900 im Kontext der völkischen Bewegung, Frankfurt a. M. etc.

Kafitz, Dieter (1992): Johannes Schlaf – Weltanschauliche Totalität und Wirklichkeitsblindheit, Tübingen.

Kalthoff, Albert (1905): Die Religion der Modernen, Jena / Leipzig.

Kauffeldt, Rolf / Cepl-Kaufmann, Gertrude (1994): Berlin-Friedrichshagen. Literaturhauptstadt um die Jahrhundertwende, München.

Kauffeldt, Rolf / Cepl-Kaufmann, Gertrude (1998): „Friedrichshagener Dichterkreis", in: Wülfing, Wulf u. a.. (Hg.): Handbuch literarisch-kultureller Vereine, Gruppen und Bünde 1825–1933, Stuttgart / Weimar, 112–126.

Kestenberg-Gladstein, Ruth (1955): „The ‚Third Reich'. A Fifteenth-Century Polemic Against Joachimism and Its Background", in: Journal of the Warburg and Courtauld Institutes 18, 245–295.

Kestenberg-Gladstein, Ruth (1962): „Das Dritte Reich", in: Bulletin des Leo Baeck Instituts 5, 267–285.

Kreuzer, Helmut (1968): Die Boheme. Analyse und Dokumentation der intellektuellen Subkultur vom 19. Jahrhundert bis zur Gegenwart, Stuttgart.

Krieck, Ernst (1917): Die deutsche Staatsidee, Jena.

Lauer, Reinhard (2000): Geschichte der russischen Literatur. Von 1700 bis zur Gegenwart, München.

Löwith, Karl (1983): Weltgeschichte und Heilsgeschehen, in: Sämtliche Schriften Bd. 2, Stuttgart.

Lubac, Henri de (1979, 1981): La posterité de Joachim de Fiore, 2 Bde., Nancy.

Mann, Thomas (1993): „Zum Geleit", in: ders., Essays Band 2. Für das neue Deutschland 1919–1925, hg. v. Hermann Kurzke und Stephan Stachorski, Frankfurt a. M., 30–42.

Mehring, Reinhard (1996): „Karl Löwith, Carl Schmitt, Jacob Taubes und das ‚Ende der Geschichte'", in: Zeitschrift für Religions- und Geistesgeschichte 48, 231–248.

Mereschkowski, Dmitri u. a. (1908): Der Zar und die Revolution, München.

Mereschkowski, Dmitri (1917): „Die religiöse Revolution", in: F. M. Dostojewski: Sämtliche Werke, Bd. 13: Politische Schriften, 2. Aufl., München, XXIX–LII (zuerst 1907).

Mereschkowski, Dmitri (1919): Tolstoi und Dostojewski als Menschen und als Künstler. Eine kritische Würdigung ihres Lebens und Schaffens, 2. Aufl., Berlin (zuerst Leipzig 1903).

Merlio, Gilbert (2000): „Politique et religion: l'idée du Troisième Reich", in: Revue d'Allemagne 32, 279–288.

Moeller van den Bruck, Arthur:

(1902): Die moderne Literatur in Gruppen und Einzeldarstellungen, Berlin / Leipzig.

(1904): „Tolstoi, Dostojewski und Mereschkowski", in: Magazin für Litteratur 73, 305–308.

(1904–10): Die Deutschen, 8 Bde., Minden.

(1906): Die Zeitgenossen, Minden.

(1911): Erziehung zur Nation, Berlin.

(1921a): „Das tausendjährige Reich", in: Gewissen, 3. Jg., Nr. 1, 5.1.

(1921b): „Das gegründete Reich", in: Braunschweiger Neueste Nachrichten, 18.1.

(1921c): „Theodor Däubler und die Idee des Nordlichtes", in: Deutsche Rundschau 47, H.4, 20–34.

(1924): „Der soziale Imperativ" (Einleitung zu F. M. Dostojewski: Arme Leute. Der Doppelgänger, München), 5. Aufl., VII–XV.

(1931a): Das dritte Reich, 3. Aufl., Hamburg.

(1931b): Der Preußische Stil. Neue Fassung, hg. v. Hans Schwarz, Breslau.

Müller, Gerhard (1978): Ernst Krieck und die nationalsozialistische Wissenschaftsreform, Weinheim / Basel.

Neurohr, Jean F. (1999): Der Mythos vom Dritten Reich. Zur Geistesgeschichte des Nationalsozialismus, ND Kettwig.

Paul, Gerhard (1989): „Der Sturm auf die Republik und der Mythos vom ‚Dritten Reich'. Die Nationalsozialisten", in: Lehnert, Detlev / Megerle, Klaus (Hg.): Politische Identität und nationale Gedenktage. Zur politischen Kultur der Weimarer Republik, Opladen, 255–279.

Petersen, Julius (1934): „Die Sehnsucht nach dem Dritten Reich in deutscher Sage und Dichtung", in: Euphorion 35, 18–40, 144–182.

Plewnia, Margarete (1970): Auf dem Weg zu Hitler. Der ‚völkische' Publizist Dietrich Eckart, Bremen.

Plumpe, Gerhard (1995): Epochen moderner Literatur. Ein systemtheoretischer Entwurf, Opladen.

Przybyszewksi, Stanislaw (1990): Vigilien (1895), in: ders., Werke, Aufzeichnungen und ausgewählte Briefe in acht Bänden, Bd.1, hg. v. Michael M. Schardt und Hartmut Vollmer, Paderborn, 43–72.

Rammstedt, Otthein und Popp, Michael (1995): „Aufklärung und Propaganda. Zum Konflikt zwischen Georg Simmel und Friedrich Gundolf", in: Simmel Newsletter 5, Nr.2, 139–155.

Rosenberg, Alfred (1926): „Nationalismus und Sozialismus", in: Arminius 7, H. 37/38, 20–22.

Rosenberg, Alfred (1933): „Der Grundstein zum Dritten Reich", in: Völkischer Beobachter, 31.1.

Sarkisyanz, Emanuel (1955): Russland und der Messianismus des Orients. Sendungsbewusstsein und politischer Chiliasmus des Ostens, Tübingen.

Scherrer, Jutta (1973): Die Religiös-Philosophischen Vereinigungen. Die Entwicklung des religiösen Selbstverständnisses ihrer Intelligencija-Mitglieder (1901–1917), Berlin.

Schier, Kurt (1996): „Die Literaturen des Nordens", in: Hübinger 1996, 411–449.

Schlaf, Johannes (1900): Das dritte Reich. Ein Berliner Roman, Berlin.

Schmitt, Eugen H. (1901): Leo Tolstoi und seine Bedeutung für unsere Kultur, Leipzig.

Schmitt, Eugen H. (1902): Friedrich Nietzsche an der Grenzscheide zweier Weltalter, Leipzig.

Schmitt, Eugen H. (1908): Ibsen als Prophet. Grundgedanken zu einer neuen Ästhetik, Leipzig.

Scholtz, Gunter (1991): „Drittes Reich. Begriffsgeschichte mit Blick auf Blochs Originalgeschichte", in: ders., Zwischen Wissenschaftsanspruch und Orientierungsbedürfnis. Zu Grundlage und Wandel der Geisteswissenschaften, Frankfurt a. M., 369–386.

Schwierskott, Hans-Joachim (1962): Arthur Moeller van den Bruck und der revolutionäre Nationalismus in der Weimarer Republik, Göttingen.

Sieferle, Rolf-Peter (1992): „Die Konservative Revolution und das ‚Dritte Reich'", in: Harth, Dietrich / Assmann, Jan (Hg.): Revolution und Mythos, Frankfurt a. M., 178–205.

Spengler, Ute (1972): D. S. Merezkovskij als Literaturkritiker. Versuch einer religiösen Begründung der Kunst, Luzern / Frankfurt a. M.

Stern, Fritz (1986): Kulturpessimismus als politische Gefahr, München.

Strasser, Otto (1948): Hitler und Ich, Konstanz.

Taubes, Jacob (1991): Abendländische Eschatologie, München.

Tessenow, Inge (1995): „‚...von der Zukunft allerlei gute Ahnungen...' Ernst Barlach in Florenz", in: Ernst Barlach Stiftung Güstrow (Hg.): Ernst Barlach. Berlin Florenz 1909, Güstrow, 13–51.

Theologische Realencyclopädie (1981): Art. „Chiliasmus", Berlin, Bd. VII, 723–745.

Uffenheimer, Benjamin (1987): „Mythos und Realität im alten Israel", in: Eisenstadt, S. N. (Hg.): Kulturen der Achsenzeit Bd. 1, Frankfurt a. M., 192–239.

Ulbricht, Justus H. / Werner, Meike G. (1996): „Die Diederichs-Verleger – Annäherungen", in: Hübinger 1996, 127–166.

Viehöfer, Erich (1988): „Der Verleger als Organisator. Eugen Diederichs und die bürgerlichen Reformbewegungen der Jahrhundertwende", in: Archiv für Geschichte des Buchwesens 30 (1988), 1–148.

Herfried Münkler

Der Antifaschismus als Gründungsmythos der DDR

Kosten und Nutzen politischer Mythen

Politische Mythen oder allgemein Mythen in der Politik sind zumeist mit der Vorstellung von Unwahrheit, Geschichtsklitterung, Täuschung und Betrug verbunden. Zumindest, so ein durchgängiger Verdacht, werde in politischen Mythen schöner Schein erzeugt, um eine weniger schöne Realität darunter zu verbergen. Politische Mythen haben dieser Auffassung nach vor allem die Aufgabe zu täuschen, zu betrügen und in die Irre zu führen, kurzum, die Menschen daran zu hindern, ihre wirklichen Interessen zu erkennen und wahrzunehmen.[1] Im Folgenden soll dieser verbreiteten Auffassung, wonach es sich bei politischen Mythen um eine Variante von Ideologie handele, gegen die eine Politik der Aufklärung nottue, nicht gefolgt werden, wie überhaupt die uns aus der Kulturgeschichte vertrauten Gegenüberstellungen von Mythos und Logos, Mythos und Aufklärung im Felde des Politischen weniger analytische als polemische Begriffspaare darstellen. Stattdessen sollen politische Mythen danach befragt werden, inwieweit sie durch sinnhaft strukturierte Erzählungen Sinn verbürgen, dadurch Vertrauen in die eigene Handlungsmächtigkeit stiften und so politisches Handeln im Sinne eines Zusammenhandelns von Menschen überhaupt erst ermöglichen. Zugespitzt: Sind wir auf Gründungs- und Orientierungsmythen angewiesen, um politisch handeln zu können, und ist womöglich der aufklärerische Kampf gegen politische Mythen gar kein Kampf gegen den Mythos in der Politik, wie er sich gerne gibt, sondern vielmehr ein Kampf gegen bestimmte politische Mythen, die Machtressourcen der Gegenseite darstellen und darum zerstört werden sollen? Dann wäre die Redewendung vom aufklärerischen Kampf gegen politische Mythen selbst ein politischer Mythos, mit dem die eine Seite sich munitioniert, während sie gleichzeitig der politischen Gegenseite das Pulver naß zu machen sucht. An die Stelle der üblichen Gegenüberstellung von politischen Mythen und politischer Aufklärung tritt dabei die Beschäftigung mit Mythen als politischen Handlungsressourcen, aus

---

[1] Für eine solche Sichtweise vgl. etwa Peter Glotz 1985, 115–130; theoretischer Bezug sind dabei die Überlegungen von Roland Barthes 1964, 85–151.

denen politische Akteure Legitimität und Zeitraum schöpfen, die für sie gleichzeitig aber auch Blickfeldbeschränkungen und Handlungsblockaden darstellen. Damit soll nicht infragegestellt werden, daß politische Gründungsmythen nicht den Regeln geschichtswissenschaftlich vertretbarer und zutreffender Aussagen folgen, doch soll diesem Problem im Folgenden nicht die Hauptaufmerksamkeit gelten. Untersucht werden soll vielmehr die Leistungsfähigkeit politischer Mythen, ihre Effekte für politische Systeme und die durch sie eröffneten wie verstellten Optionen politischer Akteure. Zu diesem Zweck wird der politische Gründungsmythos der DDR mit dem der alten Bundesrepublik verglichen, was auch darum naheliegend ist, weil beide sich über mehrere Jahrzehnte bekämpft und gegenseitig die Gültigkeit bestritten haben.

Um uns der Bedeutung von Mythen für die Politik zu vergewissern, soll mit einer Überlegung begonnen werden, die Hans Blumenberg in seinen umfangreichen Arbeiten zum Mythos entwickelt hat: Danach handelt es sich bei Mythen um narrative Bewältigungen einer Wirklichkeit, aus deren Unmittelbarkeit und Unvermitteltheit der Schrecken der Kontingenz und Gleichgültigkeit erwächst. Was im Mythos weggearbeitet wird, ist das, was Blumenberg den „Absolutismus der Wirklichkeit" genannt hat, was heißt, „daß der Mensch die Bedingungen seiner Existenz annähernd nicht in der Hand hatte und, was wichtiger ist, schlechthin nicht in seiner Hand glaubte".[2] Durch die mythische Erzählung wird danach die numinose Unbestimmtheit der Welt beseitigt, das Schreckende wird benannt und dadurch den Menschen, wenn auch zunächst nur sprachlich, verfügbar gemacht. Das Unheimliche wird im Mythos vertraut und ansprechbar. Alle religiösen Großerzählungen haben im Sinne der Blumenbergschen Mythenanalyse diese Funktion. Der Mythos wird von Blumenberg also begriffen als ein System des Willkürentzugs; um die Menschen nicht der unbestimmten Willkür der Welt zu überlassen, wird von der bestimmten Willkür der Götter und Heroen erzählt, die zu Anbeginn allen Geschehens gewirkt haben. Es ist die Erzählung vom willkürlichen Handeln der Götter und Heroen, die Weltvertrauen schafft. Der Mythos ist also „die Verarbeitung des Schreckens des Unbekannten und der Übermächtigkeit"[3], und Mythen sind demgemäß Garanten von Vertrautheit, Stifter von Zutrauen, Ermöglicher von Orientierung. Zur Paradoxie zugespitzt lautet der Grundgedanke Blumenbergs: Noch die Erzählung von den ärgsten Willkürhandlungen der Götter, also der Entscheidung zum Untergang Trojas und der anschließenden Vernichtung der Achaier in Seesturm und Ehezwist, oder der Entschluß eines Gottes, das Menschengeschlecht in einer großen Flutkatastrophe untergehen zu lassen, um nur zwei bekannte Mythen herauszugreifen, sind danach Erzählungen, die uns der Welt versichern und zu ihr Zutrauen fassen lassen. Durch sie wissen wir, wo wir sind und wer wir sind.

Blumenberg hat diese Überlegungen nicht auf die archaischen Mythen der Menschheit begrenzt, sondern die Funktion der Zutrauensstiftung auch an den politischen Mythen des 19. Jahrhunderts, etwa der Mythisierung Napoleons, ausführlich beschrieben. In den politi-

---

[2] Hans Blumenberg 1979, 9.
[3] Ebd., 424.

schen Mythen wiederholt sich, auf bestimmte Zeiten und begrenzte Gemeinschaften bezogen, was in den archaischen Mythen begonnen hat. Politische Mythen, so läßt sich im Anschluß an Blumenbergs Überlegungen zusammenfassen, sind Sinnstifter und Orientierungshilfen, Garantieversprechen und Perspektivierungen, mit deren Hilfe die Kontingenz geschichtlicher Verläufe wegerzählt, die Komplexität ökonomischer, sozialer und politscher Prozesse reduziert und die Fülle sozialer Bindungen und Loyalitäten auf eine zentrale Loyalität zurückgeführt wird. In diesem Sinn sind sie das Gegenteil dessen, was allgemein von ihnen angenommen wird: nicht Blockaden und Bremsen politischer Selbstverfügung, sondern umgekehrt gerade erst deren Ermöglichung, oder, wenn man es bescheidener haben will, deren Vehikel und Krücken.

Im weiteren sollen drei Funktionen politischer Mythen unterschieden werden:

Die *Reduktion vielfältiger sozialer Bezüge und Bindungen* auf eine einzige wichtige Bindung, aus der die verbindliche Loyalität des politischen Verbandes erwächst. Ich nenne dies die Reduktion von Sozialbeziehungen und spreche mit Blick auf das durch sie Bewirkte von Identitäts- und Loyalitätskonstitution. Vor allem Gründungsmythen von Gemeinschaften haben diese Funktion der Identitätsstiftung. Politische Mythen verbürgen also das Wissen um *politische Zugehörigkeit und politische Identität*.

Die *Reduktion von Komplexitäten* in einer Welt vielfältig miteinander zusammenhängender Ursachen und Indifferenzen. Wenn politische Mythen Komplexität reduzieren, so schaffen sie Orientierungswissen, das eine wesentliche Voraussetzung kollektiven politischen Handelns darstellt. Politische Mythen schaffen also Zutrauen in die eigene *Handlungsfähigkeit,* sie tragen bei zur Konstitution *politischer Handlungsmächtigkeit*.

Die *Reduktion von Kontingenz* durch das Wegerzählen des Zufälligen bei der Entstehung einer politischen Gemeinschaft, die Retuschierung der Vermutung, das, was die eigene Geschichte ausmacht, sei nicht mehr als eine Abfolge von Ereignissen, die auch ganz anders hätte ablaufen können. Gegen diesen Kontingenzverdacht setzt der Mythos eine Erzählung des Geschehens, die dessen Notwendigkeit und Zwangsläufigkeit, wenn nicht gar Providentialität hervorhebt. Politische Mythen stiften auf diese Weise *Zukunftsvertrauen*.

Nun sollte man freilich – und vor allem Sozialwissenschaftler sollten dies – nie davon ausgehen, derart grundlegende und weitreichende Voraussetzungen politischen Handelns könnten ohne weniger erwünschte, mitunter gar verhängisvolle Folgen eintreten. Dem Nutzen politischer Mythen stehen fast immer Kosten gegenüber, und die Kosten politischer Mythen sind zumeist hoch. Gerade mit Blick auf die deutsche Geschichte in der ersten Hälfte des 20. Jahrhunderts oder die des Balkans am Ende des 20. Jahrhunderts kann man mit guten Gründen zu dem Ergebnis kommen, sie seien zu hoch.[4] Diese Kosten sind die unmittelbaren Folgen der drei gerade skizzierten handlungsermöglichenden Reduktionen. Man kann diese Kosten, den Preis politischer Mythen, als eine umfassende Wahrnehmungseinschränkung

---

[4] Zum politischen Mythos von Siegfried und den Nibelungen und seiner verhängnisvollen Wirkung auf die Selbstwahrnehmung der Deutschen vgl. Herfried Münkler / Wolfgang Storch 1988, sowie ders. 1999, 247–264.

und Blickfeldverengung beschreiben: Die tatsächliche Komplexität der Zusammenhänge wird unterschätzt, die reale Kontingenz der Ereignisverläufe wird nicht wahrgenommen, und politisch konkurrierende Beziehungen und Loyalitäten werden unterdrückt und bekämpft. Das hat mitunter zur Folge, daß sich eine politische Gemeinschaft und ihre Akteure von allen Realitätsbezügen abkoppeln, die tatsächlichen Probleme unter- und die eigenen Fähigkeiten überschätzen, die Rechte anderer und die Verpflichtungen ihnen gegenüber negieren und so den Weg in die Katastrophe oder ins Verbrechen gehen. Politische Mythen haben dabei fast immer eine prominente Rolle gespielt – seien es nun der Mythos vom unverwundbaren Siegfried bzw. vom Endkampf der Nibelungen in Etzels Burg oder der von der Schlacht auf dem Amselfeld, sei es der Mythos vom Kampf der Kinder des Lichts gegen die Kinder der Finsternis oder der von der Erschaffung eines neuen Menschen als Auftakt zur Erschaffung eines neuen Himmels und einer neuen Erde. Aber es wäre kurzschlüssig, würde man daraus die Konsequenz ziehen, die Lösung aller politischen Probleme läge in einer Politik ohne Mythen, denn dabei wird außer Acht gelassen, was hier zunächst als der Ertrag politischer Mythen skizziert worden ist: die Ermöglichung politschen Handelns. Erst eine Welt ohne Politik würde eine Welt ohne politische Mythen sein. Aber das heißt bei weitem nicht, daß Mythos gleich Mythos ist. Die sozialwissenschaftliche Analyse politischer Mythen hat deren konkreten Ertrag und deren bezifferbare Kosten ins Auge zu fassen und beide miteinander in Beziehung zu setzen, und sie kann dies am präzisesten dort, wo sie sich der Methode des Vergleichs zu bedienen vermag. Deswegen wird im Folgenden der Gründungsmythos der DDR auch immer wieder zu dem der alten Bundesrepublik in Beziehung gesetzt werden.

Die sozialwissenschaftliche Beschäftigung mit politischen Mythen ist also die Analyse riskanter Erzählungen; sie ist die Suche nach Erklärungen für das Gelingen und Scheitern politischer Gemeinschaften nicht auf der Grundlage sozioökonomischer Daten, sondern im Bereich des ihnen jeweils zugrundeliegenden Orientierungswissens. Auf unser Thema bezogen heißt das: Natürlich war die DDR im Herbst 1989 bankrott, und der Weg der Eigenstaatlichkeit hätte nur fortgesetzt werden können, wenn die Bevölkerung zur Reduzierung ihres Lebensstandards um etwa ein Drittel bereit gewesen wäre.[5] Daß sie das nicht war, sondern statt dessen durch eine kleine Variation der Demonstrationsparole – von *das* Volk zu *ein* Volk – den Prozeß der Vereinigung beider deutscher Staaten zumindest beschleunigt hat, hat – so meine These – entscheidend mit den Gründungsmythen der beiden deutschen Staaten zu tun gehabt. Oder kurz und bündig: Zwischen Herbst 1989 und Frühjahr 1990 hat

---

[5]   In einer von Gerhard Schürer für den neuen Generalsekretär der SED Egon Krenz verfaßten Stellungnahme hieß es Ende Oktober: „Allein ein Stoppen der Verschuldung würde im Jahre 1990 eine Senkung des Lebensstandards um 20 bis 30 % erfordern und die DDR unregierbar machen. Selbst wenn das der Bevölkerung zugemutet würde, ist das erforderliche exportfähige Endprodukt in dieser Größenordnung nicht aufzubringen." Zit. nach Stefan Wolle 1998, 202. Neben der Ineffizienz der Arbeitsorganisation waren für den Staatsbankrott der DDR die Stützung stabiler Preise für Waren des Grundbedarfs und insbesondere für die Mieten verantwortlich; hier hatten sich die Kosten von 1971 bis 1989 im Bereich des Grundbedarfs versechsfacht und im Wohnungswesen verachtfacht; vgl. Matthias Judt 1997, 100ff. sowie 161.

die gravierende Mehrheit der DDR-Bürger den Gründungs- und Orientierungsmythos des eigenen Staates verabschiedet und sich für den konkurrierenden Gründungs- und Orientierungsmythos der Bundesrepublik Deutschland entschieden. Das ist ein historisch vielleicht nicht einmaliger, aber doch seltener Fall, der eine eingehende Behandlung lohnt.

Der antifaschistische Widerstand als Gründungsmythos der DDR

Man wird sich schwerlich gegensätzlichere Gründungsmythen vorstellen können als die der Bundesrepublik und der DDR während der 50er und 60er Jahre.[6] In der DDR bildete der Bezug auf den Widerstand der Arbeiterbewegung, insbesondere der Kommunisten, gegen Hitler und den ‚Hitlerfaschismus‘, wie es hieß, um das Wort National*sozialismus* zu vermeiden, den Kernbestand des Gründungsmythos, während in der Bundesrepublik der wirtschaftspolitische Neuanfang und damit verbunden vor allem Währungsreform und Wirtschaftswunder herausgestellt wurden.[7] Wenn man so will, machten die 1948/49 entstandenen beiden deutschen Teilstaaten unterschiedliche Legitimationsfronten gegeneinander auf, um auf ihnen ihre Konkurrenz, die von beiden Seiten zunächst ausdrücklich auf Gesamtdeutschland bezogen wurde, gegeneinander auszutragen.

Wenn in der DDR dabei die Erinnung an den Widerstand gegen den sogenannten Hitlerfaschismus im Mittelpunkt stand, so hatte das unmittelbar politisch-organisatorische Konsequenzen, denn aus den Erfahrungen dieses Widerstands wurden das *Erfordernis* wie die *Berechtigung* abgeleitet, die während des Ersten Weltkriegs entstandene Spaltung der Arbeiterbewegung in Deutschland nunmehr definitiv zu überwinden. Daß sich die Nazis hätten durchsetzen können, so die „Lehre“ des politischen Mythos, habe allein an der Spaltung der Arbeiterbewegung gelegen, und deswegen sei die Überwindung dieser Spaltung eine der ersten Aufgaben bei der Errichtung eines neuen Deutschland. So wurde die weniger freiwillige als eher erzwungene Vereinigung von SPD und KPD zur SED wesentlich aus der Erfahrung der Erfolge des ‚Hitlerfaschismus‘ und schließlich des antifaschistischen Widerstands begründet, ebenso übrigens wie der Anspruch der Kommunisten, innerhalb dieser geeinten Partei der Arbeiterklasse die politische Führung innezuhaben, da sie, so der Gründungsmythos, ja auch die Hauptlast des antifaschistischen Widerstandes getragen hätten, während die politische Führung der Sozialdemokratie, namentlich Otto Wels und Theodor Leipart, nur verhängnisvolle Fehler begangen habe.[8] Man knüpfte dabei an die Faschismus-

---

[6]   Zum Gründungsmythos der DDR vgl. jetzt auch Raina Zimmering 2000, 37–168.

[7]   Dazu gehörte eine weitgehende Nichtthematisierung der NS-Vergangenheit; vgl. dazu Norbert Frei 1996.

[8]   So hieß es im Geschichtslehrbuch für die 9. Klasse: „Die feste Bindung an den imperialistischen Weimarer Staat und der tief verwurzelte Antikommunismus hinderten sozialdemokratische Führer

formel Georgi Dimitroffs als der „offenen terroristischen Diktatur der reaktionärsten, am meisten chauvinistischen und am meisten imperialistischen Elemente des Finanzkapitals" an, was zur Folge hatte, daß nicht die Frage nach Demokratie oder Tyrannis, sondern die nach Sozialismus oder Kapitalismus auf die politische Agenda gesetzt wurde.

Der Hauptstoß des Faschismus, so der Mythos weiter, habe sich gegen die Arbeiterklasse gerichtet, da sich angesichts der Krise des Kapitalismus seit Ende der 20er Jahre die politischen Gewichte mehr und mehr zugunsten des Sozialismus verschoben hätten. Durch Demagogie und falsche Versprechungen habe der Faschismus es jedoch geschafft, bei vielen Bauern, Handwerkern, Geschäftsleuten, Beamten und Angestellten Einfluß und Anhänger zu finden, während ein umfassender Einbruch in die Reihen der Arbeiterklasse nicht gelungen sei. Das war die mithin entscheidende Legitimation des Führungsanspruchs der Arbeiterklasse in der Noch-SBZ, die sich zunächst nicht als sozialistisch, sondern als antifaschistisch verstanden hat. Aber der antifaschistische Gründungsmythos ging noch einen entscheidenden Schritt über die Rechtfertigung des Führungsanspruchs der Arbeiterklasse hinaus: Da nämlich die Führer der Sozialdemokratie im Kampf gegen den Faschismus versagt hätten, könnten die Sozialdemokraten auch keinen Anspruch auf eine politische Führungsrolle im Nachkriegsdeutschland erheben; diese Rolle stehe eindeutig den Kommunisten zu.[9] Diese Aussage des politischen Gründungsmythos der DDR war nicht zuletzt deswegen von ausschlaggebender Bedeutung, weil zum Zeitpunkt der Vereinigung beider Parteien die SPD die mitgliederstärkere Partei war und unter Verweis darauf für sich eigentlich die politische Führungsrolle hätte beanspruchen können.[10] Der antifaschistische Gründungsmythos hatte also die Funktion, die Bedeutung von Mitgliederzahlen bei der Gründung der SED zu marginalisieren und den ansonsten nur durch Verweis auf die sowjetische Besatzungsmacht durchzusetzenden Führungsanspruch der Kommunisten zu begründen. Er dunkelte gleichsam die Relevanz der sowjetischen Besatzungsmacht ab und rückte statt dessen die eigene Leistung der Kommunisten beim Sturz des nationalsozialistischen Regimes ins Zentrum der politischen Wahrnehmung.

Die geschichtspolitische Ansippung von SBZ und DDR an den antifaschistischen Widerstand war freilich zunächst vor allem auch darum naheliegend, weil sich dadurch die Niederlage des Deutschen Reichs im Zweiten Weltkrieg für die Bewohner der SBZ bzw. ab 1949 die Bürger der DDR in einen Sieg verwandeln und die Verantwortung und Schuld für die in

---

wie Otto Wels und Theodor Leipart […], gemeinsam mit der KPD den antifaschistischen Abwehrkampf aufzunehmen. Diese Führer waren voller Illusionen über den Faschismus und glaubten, daß die SPD und die Gewerkschaften weiterexistieren könnten, während der Faschismus bald abwirtschaften würde. Viele Mitglieder der SPD und der Gewerkschaften sahen jedoch weiter als ihre Führer. Sie erkannten, daß nur der gemeinsame Kampf dem Hitlerfaschismus eine Niederlage bereiten konnte." Lehrbuch Geschichte, Klasse 9, Berlin (DDR) 1970, 147.

[9] Damit sollte natürlich auch von den zahlreichen taktischen Bündnissen zwischen KPD und NSDAP – nicht nur beim Berliner Verkehrsarbeiterstreik im Jahre 1932 – sowie den politisch verheerenden Folgen der Sozialfaschismustheorie der KPD abgelenkt werden.

[10] Im Oktober 1945 hatte die KPD etwa 248.900 Mitglieder, die SPD dagegen 302.400; vgl. den Artikel „Sozialdemokratische Partei Deutschlands", in: Rainer Eppelmann u. a. 1996, 534.

deutschem Namen und von Deutschen begangenen Verbrechen auf eine kleine Gruppe fanatischer Nationalsozialisten beschränken ließ. Die Neubegründung der politischen Ordnung auf dem Gebiet der SBZ bzw. DDR suchte also dadurch an Legitimität und Zustimmung zu gewinnen, daß sie die Bevölkerung in ihrer Breite von Schuld und Verantwortung entlastete. Darin war sie funktionsäquivalent zu dem mit der Gründung der Bundesrepublik im Westen einsetzenden Beschweigen und Verdrängen der nationalsozialistischen Vergangenheit, das etwa bis Anfang/Mitte der 60er Jahre andauerte. Die Mythisierung des antifaschistischen Kampfes – Mythisierung in der eingangs beschriebenen Form der Sinnhaft- und Bedeutsammachung von Ereignissen, aber zweifellos auch im Sinne einer Überdehnung und Übersteigerung des Tatsächlichen – hatte, verglichen mit dem im Westen zunächst gepflegten Beschweigen des Nationalsozialismus, freilich den Vorzug, daß man zu den Opfern und Siegern und nicht zu den Tätern und Verlierern gehörte. Darauf hat die im weiteren Verlauf in der DDR immer wieder gebrauchte Redewendung von den „Siegern der Geschichte" aufgebaut. Was an der Vergangenheit störend und irritierend, bedrückend und beschämend war, wurde als etwas endgültig Beendetes und darum der Gegenwart nicht mehr Zugehörendes markiert und so aus dem Verständnis des Eignen entfernt. Das war gleichsam die andere Seite der Erbe-Theorie, die im Unterschied zur Misere-Theorie davon ausging, daß nicht alles an der deutschen Geschichte verfehlt und zu verwerfen sei, sondern man die humanistisch-progressiven Tendenzen darin sehr wohl beerben könne und wolle.[11] Den DDR-Gründungsmythos zusammenfassend, hieß es noch in einer 1989 kurz vor dem Zusammenbruch der DDR veröffentlichten Festschrift zu deren 40jährigen Bestehen: „Die DDR, der neue deutsche Staat, in dem das werktätige Volk unter Führung der Arbeiterklasse die Macht ausübt, nahm die progressiven Traditionen der deutschen Geschichte auf, zog die Lehren und richtete von Anfang an seine Politik darauf, eine dauerhafte Friedensordnung in Europa schaffen zu helfen, getreu dem Schwur, den die in Konzentrationslager und Zuchthäuser Gesperrten, in die Illegalität und das Exil Getriebenen geleistet hatten: ein friedvolles Land zu errichten, von dessen Boden nie wieder Krieg ausgehen darf, in dem auch die geistigen Wurzeln des Faschismus ausgerottet sind und demokratische Verhältnisse herrschen. Deutsche Antifaschisten waren die Unermüdlichen der ersten Stunde! Sie waren schon daran gegangen, Wege und Ziele abzustecken, die Keime des Neuen zu setzen, als der Krieg noch in den letzten Zügen lag."[12] – Die drei eingangs skizzierten Reduktionsfunktionen des politischen Mythos sind in dieser knappen Darstellung der Ursprünge der DDR allesamt aufzufinden: die Verbürgung der politischen Identität, das Zutrauen in die eigene politische Handlungsfähigkeit – „unter Führung der Arbeiterklasse", wie stets betont wurde –, und schließlich die Stiftung von Zukunftsvertrauen.

Der Mythos des antifaschistischen Widerstands, in dessen Tradition sich die DDR stellte, war also sowohl ein Instrument kommunistischer Herrschaftsansprüche als auch eine um-

---

[11] Damit war zugleich natürlich auch eine Aussage über die Bundesrepublik Deutschland getroffen, die als Fortsetzerin der inhuman-reaktionären Tendenzen der deutschen Geschichte attackiert wurde.

[12] Klaus Ullrich / Peter Seifert / Brigitte Müller / Horst Sauer 1989, 23.

fassende Bereinigung des kollektiven Gedächtnisses der DDR-Bürger, die Viele von
Schuldgefühlen entlastete und darum von einem Großteil der Bevölkerung bereitwillig
aufgegriffen wurde. Zweifellos war dieser Mythos politisch verordnet, aber da er von persönlichen Erinnerungen entlastete und von Schuldgefühlen freisprach, fand er längere Zeit
breite Akzeptanz und Aufnahme in der Bevölkerung. Obendrein stieß der antifaschistische
Gründungsmythos auf eine nicht unerhebliche Resonanz bei vielen Künstlern und Intellektuellen, die nach Kriegsende aus dem Exil nach Deutschland zurückkehrten und von denen
sich viele durch die in der SBZ eingeleitete Entwicklung stärker angezogen fühlten als
durch die in den Westzonen betriebene Politik.[13]

Der politische Gründungsmythos des antifaschistischen Widerstands grenzte aber nicht
nur gegen die Vergangenheit ab, gegen den Nationalsozialismus und gegen die Weimarer
Republik, und legitimierte nicht nur die neu an die Macht gekommene politische Elite, sondern er konturierte die DDR auch gegen den anderen deutschen Staat, die Bundesrepublik
Deutschland, wo man sich durch den Anspruch der Rechtsnachfolgeschaft des Deutschen
Reichs in eine anderen Traditionslinie gestellt hatte. Dort bestand, so die Aussage des Mythos, die faschistische Gefahr fort, wenn nicht schon längst wieder, wie immer wieder behauptet wurde, faschistische Eliten an die Schalthebel der Macht gelangt waren. Zumindest
während der 50er und 60er Jahre hat die DDR immer wieder mit diesem Propagandum gear-
beitet, das eine unmittelbare Ableitung ihres Gründungsmythos war. Und da in der Bundesrepublik keine Vereinigung von KPD und SPD stattgefunden hatte, sondern vielmehr die
KPD als verfassungsfeindlich verboten worden war, gab es aus der Sicht des DDR-
Gründungsmythos dort auch keine Kräfte, die dem Vordringen des Faschismus wirksam
Einhalt gebieten konnten. Der antifaschistische Gründungsmythos hatte also eine doppelte
Frontstellung: Abgrenzung gegen die Vergangenheit sowie Abgrenzung gegen die Bundesre-
publik Deutschland, wobei er die DDR in ein moralpolitisch günstiges Licht rückte.

Die Bedeutung dieses Gründungsmythos für die Legitimation der DDR zeigte sich am
17. Juni 1953, als die Vorgänge, bei denen es sich zunächst um einen Aufstand der Bauar-
beiter gegen staatliche Normerhöhungen, also gemäß der offiziellen Ideologie um eine Aktion der Arbeiterklasse, gehandelt hatte, ganz im Sinne des antifaschistischen Gründungsmythos als ein faschistischer Umsturzversuch interpretiert wurde, der mit der brüderlichen
Hilfe der Sowjetunion niedergeschlagen worden war. Das hat sich im August 1961 beim
Bau der als „antifaschistischer Schutzwall" legitimierten Berliner Mauer noch einmal wiederholt. Doch im Unterschied zu 1953 und 1961 hatte der antifaschistische Gründungsmythos im Herbst 1989/Winter 1990 seine integrierende und orientierende Kraft verloren. Bis
auf ein paar Schriftsteller, die mit dem Aufruf „Für unser Land" hervortraten und dabei
noch einmal an den antifaschistischen Gründungsmythos anzuknüpfen versuchten, wollte
kaum noch einer den mythischen Vorgaben folgen, und die Zweifel schienen bis in die

---

[13] Vgl. hierzu Wolfgang Emmerich 1996, 70ff. sowie ders. 1997, 95–114; vgl. dazu auch den Doku-
      mentationsband Erster Deutscher Schriftstellerkongreß. 4.–8. Oktober 1947. Protokolle und Doku-
      mente, hg. von Ursula Reinhold u. a., Berlin 1997.

Staats- und Parteiführung hineingereicht zu haben. Der politische Handlungsraum, der durch den Gründungsmythos des antifaschistischen Widerstands eröffnet worden war, war ob der ihm eigenen Blickfeldverengungen und der Erfordernis zum Verschweigen oder Leugnen von Offenkundigem sehr schmal geworden; im Herbst 1989 glich er einem Korridor – und dieser Korridor erwies sich nun als einer ohne angrenzende Räume und vor allem ohne Lichteinfall. Der DDR-Gründungsmythos hatte seine integrierende und orientierende Kraft verloren, und das hieß: Er vermochte die Menschen nicht mehr dazu zu motivieren, die Energien zu mobilisieren und die Einschränkungen hinzunehmen, die erforderlich waren, um den Weg der politischen Eigenständigkeit der DDR fortzusetzen.[14]

Währungsreform und Wirtschaftswunder als Gründungsmythos der Bundesrepublik Deutschland

Ganz anders stellt sich der Gründungsmythos der Bundesrepublik Deutschland dar, wo die öffentliche Auseinandersetzung mit der nationalsozialistischen Vergangenheit nach kurzem Aufflammen zunächst weitgehend unterblieb und erst seit Beginn der 60er Jahre in größerem Umfang einsetzt.[15] Aber auch dann bekam die Auseinandersetzung mit dem Nationalsozialismus und seinen Folgen niemals jene gründungsmythische Bedeutung, wie sie der Bezug auf den antifaschistischen Widerstand in der DDR dargestellt hat.[16] In der Bundesrepublik hat man sich der Schuld und Verantwortung aus der NS-Vergangenheit vor allem im Hinblick auf den Völkermord an den Juden – der übrigens im DDR-Gründungsmythos weithin beschwiegen wurde[17] – gestellt, aber daraus keinen Gründungsmythos gemacht. Die gerne und wiederholt verwendete Formel, Bonn sei nicht Weimar, diente der Abgrenzung gegenüber der gescheiterten ersten Republik, wobei vor allem Veränderungen in den Verfassungsinstitutionen herausgehoben wurden: die schwächere Rolle des Bundespräsidenten, die gegenüber dem Weimarer Reichspräsidenten auf repräsentative Aufgaben beschränkt blieb, das größere Gewicht des Verfassungsgerichts, das konstruktive Mißtrauensvotum und die dadurch gesteigerte Macht des Parlaments, die Fünfprozentklausel und der offensive Gebrauch des Parteienverbots. Aber das alles hatte keine gründungsmythischen Qualitäten. Der eigentliche Gründungsmythos der Bundesrepublik war nicht politischer, sondern wirtschaftlicher

---

[14] Für eine kurze Zusammenfassung des Zusammenbruchs der DDR vgl. Hermann Weber 1999, 356ff.

[15] Die zunächst vor allem in den neu gegründeten Kulturzeitschriften geführte Diskussion über den Nationalsozialismus erlosch spätestens mit der Währungsreform, in deren Folge viele dieser Zeitschriften aus wirtschaftlichen Gründen eingestellt werden mußten.

[16] Als Ausnahme ist hier auf das Hitler-Attentat vom 20. Juni 1944 zu verweisen, dessen Akzeptanz aber bis in die 60er Jahre hinein heftig umstritten war.

[17] Vgl. hierzu Jeffrey Herf 1998 sowie zur Thematisierung bzw. Nichtthematisierung des Völkermords an den Juden in der DDR Michael Wolffsohn 1995.

Art, und die Identifikation der Bürger mit ihrer Gemeinschaft wurde vor allem über die Narr-
rationen und Symbolisierungen der Währungsreform und des anschließenden Wirtschaftswunders hergestellt. Damit war, wie bei politischen Mythen durchweg, nicht der Vorgang der
Währungsreform als solcher gemeint, der neben der Einführung einer neuen Währung zunächst trotz Lastenausgleich eine erhebliche Vermögensumverteilung darstellte, da die Geld-
ersparnisse zum großen Teil entwertet und die Besitzer von Sachwerten und Produktivver-
mögen ebenso wie Schuldner begünstigt wurden.[18] Obendrein hatten nicht deutsche, sondern
amerikanische Stellen die Pläne für die Währungsreform ausgearbeitet und durchgesetzt, so
daß es sich eher um einen von außen verordneten als aus eigener Kraft in Gang gesetzten
Vorgang handelte, der schließlich, da sich die Sowjetzone der im Westen vollzogenen Währungsreform nicht anschloß, sondern eine eigenständige Währungspolitik betrieb, zum entscheidenden Schritt bei der Teilung Deutschlands wurde. Was im Gründungsmythos jedoch
schon bald, jedenfalls nach dem Korea-Boom, als Wirtschaftswunder narrativiert wurde, war
die Vorstellung, durch eigene Leistung und eigene Opfer zum wirtschaftlichen Wiederauf-
stieg des total zerstörten Lands beigetragen zu haben. Im kollektiven Gedächtnis der Westdeutschen wurden dabei die externen Faktoren – vielleicht mit Ausnahme des sehr bald
ebenfalls mit mythischen Qualitäten ausgestatteten Marshallplans – mehr und mehr gestri-
chen und statt dessen eigene Fähigkeiten und Tugenden in den Mittelpunkt gestellt. Der
Mythos der Trümmerfrauen, der in der Ära Kohl dann auch rentenpolitisch relevant wurde,
wurde schließlich zur rückwärtsgewandten Verlängerung des Wirtschaftswundermythos in
die Zeit vor 1948. Mit dieser Erinnerung haben sich die Westdeutschen in ihrer überwie-
genden Mehrheit gut identifizieren können, und zwar nicht bloß in der Form des *kulturellen
Gedächtnisses*, also jener Form der Erinnerung, die über öffentliche Medien, wie Rundfunk
und Fernsehen, Lehrpläne und Schulbücher etc. vermittelt wird und dementsprechend politisch kontrolliert ist, sondern auch in der Form des *kommunikativen Gedächtnisses*, also
durch individuelle Erinnerung, die als Beglaubigung des kollektiven Gedächtnisses durch
Augenzeugenschaft dient und in der die offizielle Erinnerungskultur in die Erinnerungsar-
beit kleiner Gruppen hinein verlängert wird.[19] Bis zum Ende der 60er Jahre war der Mythos
des Wirtschaftswunders und der Währungsreform, ergänzt um einige Additionsmythen, wie
etwa den des „Tags von Bern", den Sieg der deutschen über die ungarische Nationalmann-
schaft im Endspiel der Fußballweltmeisterschaft 1954[20], die vorherrschende Integrations-
und Legitimationserzählung, die zugleich davon berichtete, wie die Zukunft des Gemeinwe-
sens aussehen werde, wenn die Menschen anpackten und arbeiteten, wie sie es damals getan

---

[18] Während Bank- und Sparguthaben im Verhältnis von 1:6,5 umgetauscht wurden, wurden Aktien in
   der Relation von 1:1 umgestellt; Steininger hat die Währungsreform darum als „die größte Enteig-
   nungsaktion für Bargeldbesitzer in der deutschen Geschichte" bezeichnet; Rolf Steininger 1996,
   135; zum Mythos von Währungsreform und Wirtschaftswunder vgl. Dieter Haselbach 1994, 255–
   256, sowie Volker Hentschel 1988.
[19] Der Begriff des kollektiven Gedächtnisses wurde von Maurice Halbwachs geprägt; zur Unterscheidung von kulturellen und kommunikativen Gedächtnis vgl. Jan Assmann 1992, 52ff.
[20] Vgl. Arthur Heinrich 1994.

hatten. Wenn mit Blick auf den Weltmeistertitel von 1954 von Additionsmythen die Rede ist, so sind hier nachholend noch zwei Additionsmythen der DDR zu erwähnen: die Reformation und Bauernkrieg zusammenfassende sogenannte Frühbürgerliche Revolution sowie die Befreiungskriege, in denen sich Preußen im Bündnis mit Rußland der napoleonischen Herrschaft entledigt hatte – beides Erzählungen über zu beerbende und zugleich verpflichtende Etappen der deutschen Geschichte.[21] Auch beim Blick auf diese Additionsmythen fällt der starke politisch-historische Bezug in der DDR auf, während in der Bundesrepublik neben wirtschaftlichen Entwicklungen sportliche Ereignisse präferiert wurden.[22]

Zurück zum Gründungsmythos der Bundesrepublik: wie der der DDR war auch er polemisch gegen den anderen deutschen Staat gerichtet; so enthielt er eine klare Aussage darüber, auf welchem Gebiet die Systemkonkurrenz ausgetragen werden sollte und daß sich beim Wiederaufbau des zerstörten Landes die marktwirtschaftliche einer zentral gesteuerten Wirtschaftsordnung als eindeutig überlegen erwiesen habe. Die ständige Apostrophierung der D-Mark bei den Demonstrationen Ende 1989/Anfang 1990 war insofern immer auch ein Triumph des bundesrepublikanischen Gründungsmythos über den der DDR. Seinen deutlichsten Niederschlag fand er auf den Demonstrationen vom 21. Januar 1990, als erstmals die sich dann schnell ausbreitende Formel auftauchte: „Kommt die DM, bleiben wir, kommt sie nicht, geh'n wir zu ihr." Die DDR-Bevölkerung hatte sich für den Gründungsmythos der Bundesrepublik entschieden; das Ergebnis der Volkskammerwahl vom 18. März 1990, bei dem die auf den Kurs von Kanzler Kohl verpflichtete „Allianz für Deutschland" fast die Hälfte der abgegebenen Stimmen erlangte, hat dies dann offiziell bestätigt.[23]

Die mythische Erzählung von Währungsreform und Wirtschaftswunder war im Hinblick auf das parteipolitische Spektrum der Bundesrepublik freilich nie gänzlich neutral: von Anfang an bestätigte und bekräftigte sie den Regierungsanspruch der CDU, die es verstanden hatte, die wirtschaftliche Entwicklung seit 1949/50 untrennbar mit dem von ihr gestellten Wirtschaftsminister Ludwig Erhard zu verbinden und in seiner Person, in der rundlichen Figur, den dicken Backen und vor allem der Zigarre, zu symbolisieren. Vor allem von den politischen Karikaturisten sind diese Symbole unzählige Male benutzt und dementsprechend im kollektiven Gedächtnis der Westdeutschen verankert worden. Konsequenterweise trat mit der Regierungsübernahme durch die Sozialdemokraten, die erst möglich geworden war, nachdem die erste konjunkturelle Krise eingetreten und Ludwig Erhard von seiner eigenen Partei gestürzt worden war, der Wirtschaftswundermythos in den Hintergrund und machte Platz für keynesianische Vorstellungen der rationalen Planbarkeit wirtschaftlicher Prozesse,

---

[21] Vgl. hierzu Harald Bluhm 1996, 71–95.

[22] Es ist bemerkenswert, wie wenig erfolgreich die DDR erinnerungspolitisch im Gebiet des Sports gewesen ist – trotz ihrer gigantischen Anstrengungen, auf diesem Gebiet den Wettkampf der Systeme zu gewinnen, was bei Olympiaden ja auch regelmäßig der Fall war. Daß dies der DDR im Fußball trotz des 1:0-Sieges bei der WM 1974 mißlungen ist, bedürfte einer genaueren Behandlung; vgl. Thomas Blees 1999.

[23] Zur Bedeutung der angestrebten DM-Einführung für das Wahlverhalten vgl. Jürgen W. Falter 1992, 171.

die mit einer größeren Gerechtigkeit bei der Verteilung von Gütern und Lebenschancen verbunden sein sollten. So wie Ludwig Erhard zuvor zum Symbol des ersten Wirtschaftswunders geworden war, wurden nunmehr zunächst Karl Schiller und später der ‚Weltökonom' Helmut Schmidt zu Symbolen für die Überwindung der Rezession und des im Vergleich mit anderen europäischen Ländern höheren Lebensstandards und der größeren sozialen Gerechtigkeit in der Bundesrepublik. Gegen den Mythos des Wirtschaftswunders setzte die Sozialdemokratie den Mythos des ‚Modells Deutschland'. Bemerkenswert daran ist, daß auch dieser zweite Rechtfertigungs- und Orientierungsmythos der Bundesrepublik wirtschaftlich und nicht politisch-historisch ausgerichtet war. Als Konstitutivum politischer Handlungsräume setzte er auf Rationalität, Überschaubarkeit und Berechenbarkeit, womit er reale Komplexität und Kontingenz reduzierte, und auf dieser Grundlage hat er den Regierungsanspruch der Sozialdemokratie über zehn Jahre narrativ abgestützt und den Anhängern und Wählern der Sozialdemokratie Zutrauen in die Handlungsfähigkeit der Regierung vermittelt.

Aber der Mythos von Währungsreform und Wirtschaftswunder hat auch nach seiner Überlagerung durch Konzeptionen rationaler Wirtschaftssteuerung in den 70er Jahren nie gänzlich seine mythisch-integrative Bedeutung verloren, und mit dem Ende des sogenannten „sozialdemokratischen Jahrzehnts" trat er prompt wieder stärker hervor. Mit der Parole von der „geistig-moralischen Erneuerung", die das politische Programm der Regierung Kohl in den ersten Jahren ihrer Amtszeit umschreiben sollte, wurde implizit auf den alten Gründungsmythos der Bundesrepublik Bezug genommen, und explizit ist dieser Bezug dann hergestellt worden, als sich der politisch-ökonomische Zusammenbruch der DDR immer deutlicher abzuzeichnen begann und sich die Frage stellte, wie die politische Lage gemeistert und der Vereinigungsprozeß organisiert werden sollte. Jetzt wurde der Leistungsvergleich beider Gründungsmythen politisch brisant, und dabei zeigte sich sehr bald, daß die antifaschistischen Narrationen der DDR seit den 70er Jahren stark an integrierender und orientierender Kraft verloren hatten.

Die beiden Gründungsmythen vom Herbst 1989 bis zum Herbst 1990: Schließung und Öffnung politischer Handlungsräume

Mit der Situation, die im Herbst 1989 entstanden war und sich schnell kataklysmisch zuspitzte, waren zunächst alle relevanten politischen Akteure, und zwar in *beiden* deutschen Staaten, operativ überfordert: Was sich hier mit rasender Geschwindigkeit entwickelte, paßte nicht in die relativ starren politischen Orientierungen, wie sie sich seit den 60er Jahren bei den politischen Eliten, aber auch in der Bevölkerung vor allem der Bundesrepublik Deutschland entwickelt hatten. Die Wiedervereinigung stand allen Beteuerungen und Festreden zum Trotz nicht ernstlich auf der politischen Agenda, und man hatte sich bei allen politisch relevanten Parteien der Bundesrepublik mit kleinen Schritten bei der Verbesserung der Zusammenarbeit abgefunden. So war auch keiner der politischen Akteure auf die politisch-ökonomische Zusammenführung der beiden deutschen Staaten bzw. zunächst den Zusammenbruch eines von ihnen vorbereitet, und es fehlte erkennbar an Rahmenorientierungen, die als kurzfristige Aushilfe programmatischer Defizite hätten dienen können. Dies zeigte sich am dramatischsten bei den alten politischen Eliten der DDR, bei denen obendrein, da es ja ihr Staat war, der kollabierte, der Handlungsdruck am stärksten war; aber dieses Defizit zeigte sich sehr schnell auch bei den Reserveeliten, die nach dem Sturz der alten SED-Garde und bis zu den ersten freien Volkskammerwahlen das Gesetz des Handelns in die Hand zu bekommen suchten und es nicht bekamen.[24] Hans Modrow, Christa Luft und andere stehen heute für den friedlichen Übergang, aber gemessen an ihren eigenen Zielen und Vorstellungen sind sie im Winter 1990 sang- und klanglos gescheitert.[25] Schließlich zeigte sich das programmatisch-operative Defizit aber auch bei den Gegeneliten aus der Bürgerbewegung, die ihre Zielvorstellungen nicht plausibel zu entwickeln und für die Bevölkerung griffig umzusetzen vermochten und darum politisch schnell unter die Räder kamen.[26] Dieses Defizit zeigte sich freilich auch bei der parlamentarischen Opposition der Bundesrepublik, bei den Sozialdemokraten, die angesichts der politischen Herausforderung des politisch-ökonomischen Zusammenbruchs der DDR vor allem die Kosten der Einheit herausstellten, vor schnellen Entscheidungen warnten und an visionären Orientierungen wenig zu bieten hatten. Jetzt traten die Beschränkungen ihres politischen Mythos hervor, der seit Karl Schiller und Helmut Schmidt in einer keynesianischen Wirtschaftsregulierung bestand und auf die Abschwächung konjunktureller Zyklen und eine entsprechende Verstetigung der Konjunktur abzielte. Dazu kam die in der SPD vorherrschende Vorstellung vom Wandel durch Annäherung, in der der *Zusammenbruch* der DDR nicht vorgesehen war. So blieb die Komplexität der Situation und die Kontingenz der Ereignisse vor den politischen Akteuren der SPD unbearbeitet stehen, und es gelang ihnen nicht, sich politische Handlungsräume zu eröffnen.

---

[24] Vgl. hierzu im Überblick Klaus Schroeder unter Mitarbeit von Steffen Alisch 1998, 319–366.

[25] Gelegentlich wird in der Literatur für dieses Scheitern die Regierung Kohl verantwortlich gemacht, die nicht bereit gewesen sei, der DDR Kredite in einem solchen Umfang einzuräumen, daß ihr politisches Überleben möglich gewesen wäre. Notorisch unklar bleibt bei dieser Argumentation jedoch, was der Verpflichtungsgrund für solche Erwartungen an die Bundesregierung hätte sein sollen. Verschiedentlich findet sich der Verweis auf die unterschiedlichen Belastungen beider deutscher Staaten nach Ende des Zweiten Weltkriegs infolge der verschiedenen Besatzungsregime der Sowjets und der Westmächte. Aber dieser neuerliche Rekurs auf die NS-Zeit und den Zweiten Weltkrieg kam nichts weniger als einer Verabschiedung des DDR-Gründungsmythos bei, der einen eigenen Weg der Überwindung des „Hitlerfaschismus" behauptet und dabei die „brüderliche Hilfe" der Sowjetunion stets herausgestellt hatte. Wenn aber beides dementiert wurde – wo war dann die Legitimation der Eigenstaatlichkeit?

[26] Vgl. hierzu die breiten Einlassungen von Beteiligten bei Rainer Land / Ralf Possekel 1998, 107–125.

In dieser Situation hatten die CDU und Helmut Kohl das Glück, daß der zu einem guten Teil ohnehin CDU-freundliche bundesrepublikanische Gründungsmythos, über dessen Inanspruchnahme sich in den ersten Jahren der Kanzlerschaft Kohls viele Intellektuelle lustig gemacht hatten, für sie erneut zu einer politischen Handlungsressource avancierte, enthielt er doch gleichsam das politische Programm, nach dem der Vereinigungsprozeß gemanaget werden konnte: Keine Verfassungsdebatte, keine langwierige politische Willensbildung, keine Abstimmungen mit ungewissem Ausgang, sondern knapp und einfach: erst Währungsunion, dann blühende Landschaften. Diese schlagende Redewendung des Kanzlers war nichts anderes als eine Reaktivierung des alten Gründungsmythos der Bundesrepublik, die sich nun als die entscheidende politische Ressource des Kanzlers erwies und ihm für fast zehn weitere Jahre die Regierungsmehrheit sicherte. Aber auch hier galt einmal mehr, was für alle politischen Mythen gilt: Sie sind handlungsermöglichend, aber zugleich blickfeldverengend. Kohl hat die sich bietende Gelegenheit zur Vereinigung der beiden deutschen Staaten beim Schopfe ergriffen, aber vieles von den Problemen, die damit verbunden waren, hat er übersehen, wahrscheinlich sogar übersehen müssen, um entschlossen handeln zu können. Weil er einem politischen Mythos vertraute, in dessen Gültigkeit die Angehörigen seiner Generation geradezu hineinsozialisiert worden sind,[27] hat er die Probleme, Schwierigkeiten und Kosten unterschätzt, die mit dem Vereinigungsprozeß verbunden waren und sind. Aber wie bereits am Schluß der Einleitung festgehalten: Diese Kosten sind der Preis, der für den Ertrag politischer Mythen zu entrichten ist, und die deutsche Geschichte der letzten zwei Jahrhunderte hat selten eine so gute Relation zwischen beidem aufzuweisen gehabt.

Literatur

Assmann, Jan (1992): Das kulturelle Gedächtnis. Schrift, Erinnerung und politische Identität in frühen Hochkulturen, München.
Barthes, Roland (1964): Mythen des Alltags, Frankfurt a. M.
Blees, Thomas (1999): 90 Minuten Klassenkampf. Das Länderspiel BRD–DDR 1974, Frankfurt a. M.
Bluhm, Harald (1996): Befreiungskriege und Preußenrenaissance in der DDR, in: Rudolf Speth / Edgar Wolfrum (Hg.): Politische Mythen und Geschichtspolitik, Berlin, 71–85.
Blumenberg, Hans (1979): Arbeit am Mythos, Frankfurt a. M.
Busche, Jürgen (1998): Helmut Kohl: Anatomie eines Erfolgs, Berlin.
Emmerich, Wolfgang (1996): Kleine Literaturgeschichte der DDR, Leipzig.

---

[27] Hier wird ein Problem politischer Mythen deutlich, das hier nur knapp angerissen werden kann: ihre Bindung an bestimmte Generationen, mit denen sie emporsteigen und niedergehen. Daß freilich ein politischer Mythos von einem politischen Akteur so ernst genommen, so geglaubt werden kann, wie der vom Wirtschaftswunder von Helmut Kohl, hängt zugleich an Persönlichkeitsstrukturen, die nicht beliebig voraussetzbar sind; zu denen Kohls vgl. Jürgen Busche 1998, insbes. 146–156.

Emmerich, Wolfgang (1997): „Selektive Erinnerung. Selbstbegründungsmythen der literarischen Intelligenz in Ost und West nach 1945", in: Orientierung, Gesellschaft, Erinnerung. Rostocker Philosophische Manuskripte, Rostock, 95–114.

Eppelmann, Rainer u. a. (Hg.) (1996): Lexikon des DDR-Sozialismus, Paderborn / München.

Falter, Jürgen W. (1992): „Wahlen 1990. Die demokratische Legitimation für die deutsche Einheit mit großen Überraschungen", in: Eckhard Jesse / Armin Mitter (Hg.): Die Gestaltung der deutschen Einheit. Geschichte – Politik – Gesellschaft, Bonn, 163–188.

Frei, Norbert (1996): Vergangenheitspolitik. Die Anfänge der Bundesrepublik und die NS-Vergangenheit, München.

Glotz, Peter (1985): „Die Rückkehr der Mythen in die Sprache der Politik", in: Peter Glotz, Günter Kunert u. a.: Mythos und Politik. Über die magischen Gesten der Rechten, Hamburg, 115–130.

Haselbach, Dieter (1994): „‚Soziale Marktwirtschaft' als Gründungsmythos. Zur Identitätsbildung im Nachkriegsdeutschland", in: Claudia Meyer-Iswandy (Hg.): Zwischen Traum und Trauma – die Nation, Tübingen, 255–266.

Heinrich, Arthur (1994): Tooor! Toor! Tor. 40 Jahre 3:2, Berlin / Hamburg.

Hentschel, Volker (1988): Ludwig Erhard, die „soziale Marktwirtschaft" und das Wirtschaftswunder. Historisches Lehrstück oder Mythos?, Bonn.

Herf, Jeffrey (1998): Zweierlei Erinnerung. Die NS-Vergangenheit im geteilten Deutschland, Berlin.

Judt, Matthias (1997): „Aufstieg und Niedergang der ‚Trabi-Wirtschaft'", in: ders. (Hg.), DDR-Geschichte in Dokumenten. Beschlüsse, Berichte, interne Materialien und Alltagszeugnisse, Berlin, 87–102.

Land, Rainer / Possekel, Ralf (1998): Fremde Welten. Die gegensätzliche Deutung der DDR durch SED-Reformer und Bürgerbewegung in den 80er Jahren, Berlin.

Lehrbuch Geschichte, Klasse 9, Berlin (DDR) 1970.

Münkler, Herfried (1997): „Politische Mythen der DDR", in: Jahrbuch 1996 der Berlin-Brandenburgischen Akademie der Wissenschaften, Berlin, 123–156.

Münkler, Herfried (1998): „Antifaschismus und antifaschistischer Widerstand als politischer Gründungsmythos der DDR", in: Aus Politik und Zeitgeschichte, Beilage zur Wochenzeitung Das Parlament, B 45/98, 16–29.

Münkler, Herfried (1999): „Siegfried – Hermann – Barbarossa. Deutsche Mythen – ein fragwürdiges Erbe", in: Eva Schulz-Jander u. a. (Hg.): Erinnern und Erben in Deutschland, Kassel, 247–264.

Münkler, Herfried (2000): „Wirtschaftswunder oder antifaschistischer Widerstand – politische Gründungsmythen der Bundesrepublik Deutschland und der DDR", in: Hartmut Esser (Hg.): Der Wandel nach der Wende, Wiesbaden, 41–65.

Münkler, Herfried / Storch, Wolfgang (1988): Siegfrieden. Politik mit einem deutschen Mythos, Berlin.

Reinhold, Ursula u. a. (Hg.) (1997): Dokumentationsband Erster Deutscher Schriftstellerkongreß. 4.–8. Oktober 1947. Protokolle und Dokumente, Berlin.

Schroeder, Klaus unter Mitarbeit von Steffen Alisch (1998): Der SED-Staat. Partei, Staat und Gesellschaft 1949–1990, München.

Steininger, Rolf (1996): Deutsche Geschichte seit 1945, Bd. 1: 1948–1955, Frankfurt a. M.

Ullrich, Klaus / Seifert, Peter / Müller, Brigitte / Sauer, Horst (1989): Deutsche Demokratische Republik, Leipzig.

Weber, Hermann (1999): Geschichte der DDR, München.

Wolffsohn, Michael (1995): Die Deutschland-Akte. Juden und Deutsche in Ost und West. Tatsachen und Legenden, München.

Wolle, Stefan (1998): Die heile Welt der Diktatur. Alltag und Herrschaft in der DDR 1971–1989, Berlin.

Zimmering, Raina (2000): Mythen in der Politik der DDR. Ein Beitrag zur Erforschung politischer Mythen, Opladen.

MICHAEL FRIEDRICH

Chinesische Mythen und chinesische Mythologie

Am 7. Mai 2000 erschien in *People's Daily* ein Artikel mit der Überschrift *Home to Spirit of Yellow Emperor*, worin die englische Ausgabe des Organs des Zentralkomitees der Kommunistischen Partei Chinas das Mausoleum für „den legendären Ahnherrn der chinesischen Nation" vorstellte. Die prächtige Anlage auf dem Gipfel des Berges Qiao nördlich von Xi'an war seit 1992 mit Mitteln aus einem Pekinger Fond, ab 1998 im Rahmen eines staatlichen Investitionsprojektes mit einem Gesamtumfang von umgerechnet 18 Millionen US-Dollar gefördert worden. Zu den Maßnahmen gehörte auch eine knapp 100 km lange Autobahn von der Provinzhauptstadt Xi'an bis zum Mausoleum, die 2001 fertiggestellt wurde.

Wer war dieser Gelbe Kaiser? Er soll, so zitiert der Text einen Forscher des lokalen Kulturamtes, vor fünftausend Jahren am Fuße des Berges Qiao gelebt haben und ein großer Stammesfürst gewesen sein, der erstmals die chinesische Nation einte. Er habe die chinesische Zivilisation begründet, den Übergang vom Matriarchat zum Patriarchat vollendet und somit China in eine zivilisierte Gesellschaft überführt; seine Beamten hätten wichtige Kulturleistungen vollbracht. Ein erstes Opfer habe ein Fürst 442 v. Chr. dargebracht, später hätten die Kaiser diese Tradition gepflegt, darunter auch solche fremder Völker – er sei der Ahnvater aller in China lebenden Ethnien. Ferner wird berichtet, man habe Denkmäler für die Rückkehr von Hongkong und Makao unter chinesische Hoheit aufgestellt und bereits einen Platz für dasjenige von Taiwan reserviert. Am Totengedenktag im April erweise stets ein zahlreiches Publikum, darunter auch Menschen aus eben diesen drei Regionen, seinem Ahnherrn Reverenz. Das Bemühen, einen antiken Mythos in eine nationale Mythologie einzubauen, ist unverkennbar und steht in einem größeren Zusammenhang, auf den zurückzukommen sein wird.

Unter Mythen sind im Folgenden zu verstehen ‚Komplexe traditioneller Erzählungen, bezogen auf Ansprüche von Familien, Stämmen und Lokalitäten, auf Götter und Heroenkult'[1]; Mythologie ist die bewußte, deutende und gestaltende Auseinandersetzung mit die-

---

[1] Modifiziert nach der Ausschlußdefinition in Joachim Ritter / Karlfried Gründer 1984, 281.

sen Komplexen in Geschichte und Gegenwart. China war seit der Reichseinigung durch den im Westen gelegenen Staat Qin im Jahre 221 v. Chr. ein Vielvölkerstaat, und in jener Zeit müssen regionale und ethnische Unterschiede noch erheblich stärker ins Gewicht gefallen sein, als sie das bis auf den heutigen Tag tun. Was rückblickend als chinesische Kultur bezeichnet wird, ist das Werk einer kleinen, aber hochgebildeten Beamtenschicht, welche das Reich verwaltete.

Wenn nun, gleich ob in China oder bei uns, von chinesischen Mythen und von chinesischer Mythologie die Rede ist, sind meist die Überlieferungen aus archaischer und klassischer Zeit, aus dem Jahrtausend vor der Reichseinigung also, gemeint.[2] Das Interesse an der Frühzeit entspricht romantischen, nationalistisch motivierten Vorstellungen von ‚Ursprünglichkeit‘, welche im 19. Jh. eine Richtung der europäischen Mythenforschung bewegten und auf China zurückgewirkt haben. Das chinesische Wort für Mythos geht auf einen japanischen Neologismus zurück und findet sich schon in den 1920er Jahren in einem philosophischen Lexikon.[3] Im traditionellen China scheint es kein eigenes Wort für Mythos als unwahre im Gegensatz zu Logos als verantwortete Rede gegeben zu haben.

Ausgehend vom Mythos des Gelben Kaisers sollen im Folgenden einige Aspekte chinesischer Traditionen betrachtet werden, zunächst eine einflußreiche Quelle, auf die sich auch der zitierte Forscher vom Kulturamt stützte.

Reichsmythologie

Aus dem 1. vorchristlichen Jahrhundert stammt die älteste chinesische Universalgeschichte – ein Familienunternehmen, das von Sima Tan begonnen und von seinem Sohn Sima Qian (ca.135–ca. 93 v. Chr.) weitgehend abgeschlossen wurde. Beide hatten das Amt des Obersten Schreibers inne, des Kaiserlichen Hofastronomen der Dynastie Han (202 v. Chr.– 220 n. Chr.), welche die kurzlebige Qin beerbt hatte. Das erste von 130 Kapiteln, den sog. Fünf Urkaisern gewidmet, beginnt folgendermaßen:

> Der Gelbe Kaiser war Sohn des Shaodian, kam aus der Familie Gongsun und hieß mit Namen Xianyuan. Von Geburt an besaß er göttliche Kräfte, konnte bereits als Säugling sprechen und war schon als Kind aufgeweckt und lebhaft. In seiner Jugend war er ehrlich und tüchtig, im Mannesalter dann hellhörig und klarsichtig.

Der Text berichtet weiterhin, er sei in eine Zeit der Unordnung geboren worden, als der damalige Herrscher aus der Familie des Göttlichen Landmanns die Fürsten nicht mehr kontrollieren konnte. An seiner Stelle griff nun der Gelbe Kaiser ordnend ein, woraufhin sich die Fürsten ihm zuwandten. Als ein gewisser Chiyou nicht zur Räson zu bringen war, und

2　　Anne Birrell 1993 gibt neben einer kommentierten Auswahl von übersetzten Quellen einen Überblick über Forschungsgeschichte und -stand sowie weiterführende Literatur.

3　　Das sinojapanische Wort *shinwa* dürfte Ahn des chinesischen *shenhua* sein; Shangwu yinshuguan bianshenbu 1976, 501.

als der Flammenkaiser die Fürsten angreifen wollte, da übte sich der Gelbe Kaiser in Selbst-
zucht, stellte Truppen auf, ordnete die Menschen und schlug erst den Flammenkaiser, um
dann Chiyou zu vernichten. Daraufhin erkannten ihn die Fürsten als neuen Oberherrn an. Er
bereiste dann sein Reich nach Osten und Westen, nach Süden und Norden, richtete mit Hilfe
fähiger Berater eine Verwaltung ein und brachte Menschen und Natur in Übereinstimmung.
Sein Titel rühre daher, daß er im Zeichen des gelben Elements Erde regiert habe. Nach
seinem Tode habe man ihn am Berge Qiao begraben.[4] Von seinen Nachfahren sollen die
folgenden vier Urkaiser Zhuanxu Gaoyang, Ku Gaoxin, Yao und Shun sowie die dynastischen Häuser der drei Dynastien Xia, Shang und Zhou bis hin zu dem der reichseinigenden
Qin abstammen.

Sprachliche und inhaltliche Merkmale lassen erkennen, daß dieser Text aus verschiedenen Quellen zusammengefügt ist. Der Oberste Schreiber sagt selbst, die Fünf Urkaiser seien
die ältesten Fürsten, doch das *Buch der Urkunden* (*Shangshu*), eine Sammlung von Reden
verschiedener Fürsten des Altertums, beginne erst mit solchen des Yao, mit dem vierten
dieser Liste also. Was die Familientraditionen über den Gelben Kaiser sagten, entspreche
nicht dem Ziemlichen (*ya*), und was Konfuzius hierzu geäußert habe, werde von den Gelehrten seiner Zeit nicht beachtet. Er selbst habe auf seinen Reisen an verschiedenen Orten
die mündliche Überlieferung geprüft, die stets mit den Aussagen des Konfuzius zusammen-
gestimmt habe. Er habe dann aus anderen Schriften sowie den Aussagen des Konfuzius das
Ziemliche ausgewählt und diese Annalen an den Beginn des Werkes gestellt.[5]

Aus dem Gesagten geht hervor, daß Sima Qian bereits Systematisierungen älteren Mate-
rials vorlagen, die er nicht unbesehen übernahm, sondern an dem nicht näher erläuterten
Kriterium des Ziemlichen prüfte und mit Material aus weiteren Texten ergänzte, zumal
wenn es durch mündliche Überlieferung bestätigt wurde. Die längliche Rechtfertigung seines Vorgehens läßt vermuten, daß es nicht allein um eine rationale Auseinandersetzung mit
älterem Erzählgut ging. Vergleicht man des Sima Qian und seiner Quellen Konstruktion der
Vorgeschichte mit anderen Versionen, so weicht sie in mehrfacher Hinsicht ab: Einmal
fehlen andernorts genannte Herrscher sowohl vor als auch nach dem Gelben Kaiser, dann
stand in manchen dieser Listen der Gelbe Kaiser für mehrere Generationen eines Herrscher-
geschlechts; schließlich führen sie den von Sima Qian indirekt mit dem Flammenkaiser
identifizierten letzten Göttlichen Landmann getrennt auf.[6] Die von Sima Qian vorgenom-
mene Systematisierung ist also wenigstens eine zweiter Ordnung und dürfte eigene Absichten verfolgen. Wenn das monumentale Werk mit dem Gelben Kaiser beginnt, so steht dieser
nicht nur für den Ahnvater der fürstlichen Geschlechter, sondern auch für den einen von

---

[4] Sima Qian 1959, Bd. 1, 1–6, 10; Übersetzung auch der wichtigsten Kommentare bei Édouard
     Chavannes 1895, 25–36.
[5] Sima Qian 1959, Bd. 1, 46; Édouard Chavannnes 1895, 94–96; unter den von Sima Qian zitierten
     Titeln finden sich auch die von *Da Dai liji* 62 mit Konfuzius in den Mund gelegten Äußerungen
     sowie *Da Dai liji* 63 – der Passus mit dem Element Erde fehlt (Übersetzung in Richard Wilhelm
     1930, 281–289).
[6] Bernhard Karlgren 1946, 206–234 sowie 278–283.

zwei Namenspatronen einer taoistischen Richtung. Die Lehren von Huang, dem Gelben Kaiser, und Lao, dem taoistischen Philosophen Laozi, dominierten in den ersten Jahrzehnten der Han am Hofe; ihnen hing auch die Familie Sima an. Kaiser Wu (reg. 141–87 v. Chr.) hatte allerdings zwischen 135 und 120 v. Chr. einen Kanon sog. konfuzianischer Klassiker als eine Art Staatsdoktrin, die an der neugegründeten Reichsuniversität gelehrt wurde, bewußt gegen die Vorherrschaft der Huang-Lao-Anhänger etabliert.[7]

Der neue Kanon enthält nun keine Texte, die weiter zurückgehen als bis zu Yao, dem vierten der Urkaiser. Es gibt allerdings Sima Qian zufolge eine außerkanonische Überlieferung, für die ironischerweise der Name des Konfuzius bürgt, so daß dieser als Kronzeuge für den Gelben Kaiser herhalten muß. Wer die Systematisierungen vornahm, welche Sima Qian seinen Zwecken anpaßte, und für welches Publikum sie gedacht waren, ist nicht bekannt; in einem Falle lassen die Autoren Konfuzius sprechen und dürften darum zur Gelehrtentradition gehören. Der alte Weise antwortet allerdings eher unwillig auf die Fragen eines Schülers nach dem Gelben Kaiser: der sei schon lange tot, und über den lasse sich kaum etwas sagen.[8] Wenn dieser Text aus äußerlichen Gründen den Gelben Kaiser eingeführt hat, so mag Sima Qian dann, nicht ohne Hintersinn, unter umgekehrten Vorzeichen die konfuzianische Akkommodation beim Wort genommen haben.

Die teils komplizierten Genealogien, mit denen die Abstammung aller vorkaiserzeitlichen Herrscher und Dynastien vom Gelben Kaiser belegt wird, haben offenbar Materialien aus unterschiedlichen Zeiten und Regionen integriert, um den Eindruck einer unendlich potenten Familie zu vermitteln, die – nach traditioneller Rechnung – fast 2000 Jahre das beherrschte, was wenige Generationen vor Sima Qian erst China geworden war. Ob die blassen Figuren der Frühzeit Götter oder Menschen waren, scheint hier ohne Belang: Das nach der Reichseinigung in den Titel Kaiser eingegangene Wort *di* bezeichnete in archaischer Zeit eine Gottheit oder einen vergöttlichten Ahn. Ein Schöpfungsmythos fehlt, der Gelbe Kaiser wird in eine Zeit geboren, da Unordnung herrscht, und was nach dem Sieg mit seinem Vorgänger geschieht, bleibt unklar – der Gelbe Kaiser ist also nicht etwa Schöpfer, sondern nur Erneuerer der prinzipiell als gegeben vorausgesetzten kosmisch-gesellschaftlichen Ordnung. Der Hinweis auf das Omen im Zeichen der Erde – Späteren zufolge soll es ein gelber Drachen gewesen sein – verdeutlicht endlich, daß das Konstrukt einer imperialen Mythologie im Zeichen der Lehre von den Fünf Elementen steht, demzufolge kosmischen Zyklen solche politischer Herrschaft entsprechen. Über das für die Han zuständige Element herrschte lange keine Einigkeit.[9]

Abstammungsmythen scheinen manchmal Diskontinuitäten entweder verschleiern oder aber legitimieren zu wollen. Der Gelbe Kaiser erscheint erst spät in der schriftlichen Überlieferung; Versuche mancher Gelehrter, ihn mit früher belegten Figuren zu identifizieren, stehen auf schwankendem Boden. Eine Inschrift auf einem Ritualgefäß aus dem 4. Jh.

---

[7] Hans van Ess 1993a; Hans van Ess 1993b; Reinhard Emmerich 1995.
[8] Richard Wilhelm 1930, 281.
[9] Michael Loewe 1994b.

v. Chr. nennt herausragende Ahnen der Herrscher des Oststaates Qi, die sich auf den Gelben Kaiser zurückführten.[10] Hier mag sogar ein doppelter Bruch wirksam gewesen sein: Zum einen war dieses Geschlecht durch einen Coup an die Macht gekommen, bei dem die ursprünglich seit Jahrhunderten herrschende Familie ausgelöscht worden war, zum andern hatte der Fürst, für den die Ahnenschaft des Gelben Kaisers behauptet wird, kurz vorher seinen rechtmäßig regierenden Bruder ermordet. Auf den Staat Qi lassen sich auch viele der später mit dem Namen des Gelben Kaisers verbundene Lehrtraditionen zurückführen.

In den ersten Jahrhunderten der Kaiserzeit tritt der Gelbe Kaiser als Donner- und Regengott auf, und während manche Quellen eine Reihe von Kulturleistungen seinen ‚Beamten‘ zuschreiben, betrachten andere ihn selbst als Kulturheroen. Zu den ihm zugeschriebenen Errungenschaften zählen die Erfindung des Feuers und des Kochens von Speisen, die Erfindung des Wagens und der Guß von bronzenen Dreifüßen. Von einer Göttin soll er über militärische Dinge belehrt worden sein, was zu seiner Bedeutung als Ahnherr einer ganzen Reihe von Künsten paßt. Viele Texte der kaiserlichen Palastbibliothek tragen um die Zeitenwende seinen Namen im Titel, darunter taoistische und naturphilosophische, militärtheoretische und divinatorische; überliefert ist lediglich ein medizinisches Konvolut.[11] Er soll schließlich unter Hintanlassung seiner Gewänder auf einem Drachen zum Himmel aufgestiegen sein. Darüber wunderte sich bereits Kaiser Wu, als er dessen ‚Grab‘ besuchte.

Der erste Kaiser der Han hatte nicht nur dem Gelben Kaiser Opfer dargebracht, sondern auch dem Chiyou, den moderne Mythologen als Kriegsgott betrachten und dem offenbar in der frühen Kaiserzeit noch ein Kult gewidmet war. Zahlreiche Mythenfragmente sowie archäologische Zeugnisse machen die Bedeutung dieses Gottes für die Han deutlich, selbst wenn der Kampf mit dem Gelben Kaiser sekundär sein sollte. Chiyou muß noch bis weit ins erste nachchristliche Jahrtausend bekannt gewesen sein, wie Darstellungen aus einem 151 n. Chr. errichteten Grabschrein bezeugen, die ihn einmal als Erfinder von Metallwaffen, einmal bei seiner Exekution durch einen General des Gelben Kaisers zeigen.[12] Ein Spiel um Chiyou ist noch für das 5. Jh. belegt.[13]

Der zweite der Fünf Urkaiser, eine völlig farblose Gestalt, die von Sima Qian als Enkel des Gelben Kaisers im Anschluß an diesen mit wenigen Stereotypen charakterisiert wird, erscheint erneut in Kapitel 40 seines Werkes, der Geschichte des vorkaiserzeitlichen Südstaates Chu. Hier ist er Ahnherr des dort herrschenden Geschlechts, das sich auf eine Feuergottheit namens Zhuyong (oder Zhurong) zurückführte. Ein Manuskript aus dem späten 4. Jh. v. Chr. nennt sie unter den Ahnherrn der Königsfamilie von Chu[14]; der Schrein aus dem 2. Jh. n. Chr. setzt den Feuergott in seinem Bildprogramm abweichend von älteren reichs-

---

[10]   Guo Moruo 1954, 152–153.

[11]   Reinhard Emmerich 1995, 62–63.

[12]   Hung Wu 1989, 156–167, 244–252.

[13]   Dorothee Schaab-Hanke 2001, 204–205; weitere Materialien zu Chiyou bei Derk Bodde 1975, 120–124; zum Kampf mit dem Gelben Kaiser bei Michael Loewe 1994b, 236–248.

[14]   Die in Grab Baoshan 2 in Hubei gefundene Hs. nennt vor Zhuyong den auch aus der schriftlichen Überlieferung bekannten Laotong; Baoshan mudi zhujian zhengli xiaozu 1998, 26.

mythologischen Systemen zusammen mit zwei anderen prähistorischen Urkaisern oder Göttern vor den Gelben Kaiser.[15] Und im letzten Kapitel des Werkes, worin Sima Qian die Geschichte seiner Familie von den Anfängen bis zu seiner Zeit darstellt, da führt er sein eigenes Geschlecht auf einen Amtsträger diesen zweiten Urkaisers zurück, der in Kapitel 40 noch als dessen Nachfahre bezeichnet worden war. Derlei Widersprüchlichkeiten finden sich mehrfach im Werk des Obersten Schreibers und sind wohl nicht ohne Bedacht eingefügt.[16]

Das Interesse an der Genealogie und den damit verbundenen Mythen hat einen sehr realen Hintergrund: Der Begründer der Han-Dynastie, unter der das Geschichtswerk entstand, war ein Mann aus dem Volke gewesen und konnte, im Gegensatz zum alten Adel, eben keinen langen Stammbaum vorweisen, sondern wurde, wie auch Sima Qian berichtet, von einem Drachen gezeugt. Das genealogische Bedürfnis muß aber derart groß gewesen sein, daß man noch in vorchristlicher Zeit einen Passus über einen uralten Drachenzähmerclan in ein klassisches Werk einschob, der den gleichen Familiennamen wie die herrschende Dynastie trug. Diese Version fand dann Eingang in ein älteres Adels- und Familienregister, das noch aus der Vorkaiserzeit oder frühen Kaiserzeit stammte, und legitimierte die Herkunft des Kaiserhauses.[17] Wer sich also auf verbürgte alte Abstammung berief, meldete damit gegenüber der herrschenden Dynastie Ansprüche an – so wohl auch der Oberste Schreiber, der den Han sehr kritisch gegenüberstand. Da diese damals noch keineswegs das riesige Reich kontrollieren konnten, mögen derartige Mythen regional auch wirksam gewesen sein.

Die Reichsmythologie hat in der Gestalt, die Sima Qian ihr in Bearbeitung seiner Quellen gab, die chinesischen Auffassungen der Vor- und Frühgeschichte maßgeblich, jedoch keinesfalls ausschließlich, bis in die Gegenwart geprägt. Die Prinzipien der Identifikation (Flammenkaiser = Göttlicher Landmann) und der Integration (Zhuyong = Nachkomme des zweiten Urkaisers) führen zur Eingliederung eigenständiger Gruppen in ein größeres System – sie werden bis auf den heutigen Tag gern von Mythologen gebraucht. Schon die systematisierenden Quellen des Obersten Schreibers haben offenbar Partien älterer mythischer Erzählungen getilgt, um deren Integration zu ermöglichen. Soweit ein Vergleich möglich ist, hat Sima Qian noch weitergehend rationalisiert, so daß alte Götter und Heroen ihre mythischen Züge weitestgehend verloren und zu archaischen Herrschern wurden. Seine methodischen Überlegungen beinhalten implizit eine Kritik zeitgenössischer Mythen und der mit ihnen verbundenen Ansprüche. Das Kriterium des Ziemlichen mag sich auf in seinen Augen anstößige Aspekte der Mythen bezogen haben, grundsätzliche Ablehnung beinhaltet es nicht, wie die Anführung des eigenen Abstammungsmythos deutlich macht.

Auch in anderen Fällen lassen sich ältere Mythen nur mühsam aus den historisierten Bruchstücken der Gelehrtentradition rekonstruieren. So findet sich im Zusammenhang mit dem Flutmythos ein gewisser Gonggong einerseits als Personifikation der Flut, andererseits

---

[15]   Hung Wu 1989, 159, 248.

[16]   Sima Qian 1959, Bd. 4, 1689; Bd. 10, 3285.

[17]   Michael Friedrich 1995, 410.

als Beamter, der seine Pflicht vernachlässigt, schließlich aber auch als Usurpator, der den rechtmäßigen Herrscher bedroht.[18] Die methodischen Schwierigkeiten, aus diesen gelehrten und oft subtilen Umdeutungen ältere Stufen des Mythos zu rekonstruieren, sind oft kaum zu überwinden. Im Ergebnis bleiben von den alten Mythen, die an Umfang und Vielfalt denen der Griechen und anderer besser belegter Traditionen mit Sicherheit in nichts nachstanden, außer blutleeren Abstraktionen meist nur noch Fragmente. Man bedenke: Von Cang Jie, dem Erfinder der Schrift, wird in der dominierenden Gelehrtentradition nur gesagt, er sei der Schreiber des Gelben Kaisers gewesen, habe die Spuren von Vögeln und Vierfüßlern beobachtet und daraus Prinzipien für die Schrift abgeleitet. Ein einziger Satz aus einer weiteren frühen Quelle, daß nämlich nach seiner Erfindung die Geister nachts wehklagten, deutet auf einen komplexeren Mythos hin, der jedoch, wie so oft, nur fragmentarisch und kontaminiert in späteren Texten zitiert wird.[19]

Vor der Reichsmythologie

In einigen Fällen ist es möglich, hinter die gelehrten Bemühungen der Kaiserzeit zurückzugehen. Ein alter Mythos findet sich im kanonischen *Buch der Lieder* (*Shijing*). Aus dem 10. oder 9. Jh. v. Chr. stammend, erzählt ein Lied von Hou Ji, Fürst Hirse, dem mythischen Ahnherrn der Zhou, der Dynastie also, die von etwa 1050 bis 771 v. Chr. de facto, bis in die Mitte des 3. Jh. v. Chr. dann nur noch de iure im Norden des heutigen China herrschte. Die erste Strophe lautet in einer 1880 erschienenen Übersetzung:

> Der Ursprung des Geschlechtes war/ Von Jiang Yuan, die es gebar/ Und wie gebar sie dieß Geschlecht?/ Sie brachte Opfer, brachte Weih'n/ Daß sie nicht kindlos möge sein/ Trat in des HErren Fußspur schaudernd ein/ Wo's weit war, wo sie stand allein/ Und nun empfing sie, schloß sich ein/ Und nun gebar, nun säugte sie: –/ Und dieses eben war Hou Ji.[20]

Das Lied spricht anschließend von der sanften Geburt und davon, daß das Kind dreimal ausgesetzt wurde, jedoch dank der Fürsorge von Tieren und Menschen jedesmal überlebte und schließlich den Getreideanbau erfand. Am Ende des Liedes wird erneut Hou Ji gerühmt, der auch das Getreideopfer eingeführt habe. Das Geschlecht der Zhou stammt also von einem Gott ab, in dessen Fußspur die Ahnherrin trat und daraufhin schwanger wurde. Das Lied wurde vermutlich zum Erntedankopfer am Hofe der Zhou vorgetragen und zitiert vielleicht einen größeren epischen Zusammenhang[21]; man hat vermutet, es sei nach einer vorübergehenden Vertreibung der Zhou aus ihrer Hauptstadt im Gefolge erhöhten Legitimationsbedarfes entstanden.[22] Es wurde als Teil des im 2. Jh. v. Chr. kanonisierten Buches

---

[18] William G. Boltz 1981, 141–153; weitere Materialien bei Anne Birrell 1997.
[19] Yuan Ke / Zhou Ming 1984, 30.
[20] Victor von Strauss 1969, 410; die Transliteration wurde dem hier verwendeten Pinyin angepaßt.
[21] Chin Hsien Wang 1988, 73–114; aus dem Alten China sind keine Epen überliefert.
[22] Edward L. Shaughnessy 1999, 299.

überliefert, hat allerdings der späteren, patrilinear geprägten Auslegungstradition erhebliche Mühen bereitet. Da nämlich die Zhou im System der Reichsmythologie auf den dritten Urkaiser zurückgeführt wurden, mußte also die verheiratete Jiang Yuan von einem anderen als ihrem Manne geschwängert worden sein. Schon ältere Tradition erkannte in einer Opferordnung den sozialen Vater gegenüber dem leiblichen an.[23] Sima Qian gibt eine offenbar verbreitete Version mit weiteren Details.[24]

Abstammung von Halbgöttern wird auch für die den Zhou vorangehende Dynastie der Shang reklamiert: Laut dem Obersten Schreiber soll deren Ahnmutter Jian Di ein Ei verschluckt haben, das eine Schwalbe fallen ließ, und daraufhin schwanger geworden sein. Auch sie wird mythologisch mit dem dritten Urkaiser verheiratet, diesmal als zweite Frau. Eine Quelle des 3. Jh. v. Chr. erzählt detailfreudiger: Für zwei Töchter eines vornehmen Hauses wurde ein neunstöckiger Vergnügungspavillon errichtet, wo man sie mit Speis und Trank sowie Musik unterhielt. Gott schickte eine Schwalbe aus, um nach ihnen zu sehen; die beiden fingen sie, indem sie einen Korb über sie stülpten. Nach einer Weile hoben sie den Deckel und fanden zwei Eier, die sie schluckten, woraufhin die eine, nämlich Jian Di, schwanger wurde und den Ahnvater der späteren Dynastie Shang gebar.[25] Ähnliche Abstammungsmythen finden sich noch in nachchristlicher Zeit, so behauptet etwa die Historikerfamilie Ban ihre Herkunft von einem mit dem Königshaus verwandten Minister des Südstaates Chu, dessen Sohn ausgesetzt und dann von einer Tigerin gesäugt worden sei, woher sich der Familienname ableite, der wörtlich „Gesprenkelt" bedeutet.[26] Vornehme Familien, die sich auf Götter oder Helden zurückführten, tradierten ihre Abstammungsmythen in Kulten.[27]

Im frühen 3. Jh. v. Chr. soll der einflußreiche Text *Begegnung mit dem Leid* (*Lisao*) entstanden sein. Er wird Qu Yuan zugeschrieben, der aus einer Nebenlinie des Herrscherhauses der Chu stammte und hierin sein Leid klagt, das ihm durch Verleumdung am Hofe und Verbannung begegnete. Das Ich besingt seine Reinheit, die es dazu führt, einen zu ihm passenden Fürsten zu suchen. Auf dieser Suche unternimmt es eine Reise durch den gesamten Kosmos, nur um am Ende festzustellen, daß es sich nicht von seiner Heimat lösen kann. Der enigmatische Schluß wird meist so gedeutet, daß Qu Yuan sich in einen Fluß gestürzt habe. Qu Yuan selbst ist eine Figur von mythischer Wirkung geworden, die für ein geradezu erotisches Verhältnis zwischen Fürst und Fürstenberater steht und enttäuschte Zuneigung mit einer radikalen Lösung vergilt.[28]

Auf der Fahrt durch den Kosmos nun reflektiert das Ich über Herrscher und Heroen und trifft zahlreiche Götter, über manche von denen in der überlieferten Literatur noch fragmentarisch Kunde gegeben wird. Gun wird erwähnt, der die Sintflut eindämmen sollte und nach

---

[23] Bernhard Karlgren, 1946, 214–216.
[24] Sima Qian 1959, Bd. 1, 111; Chavannes, 209–210.
[25] Bernhard Karlgren 1946, 211.
[26] Ban Gu 1962, Bd. 12, 4197.
[27] Bernhard Karlgren 1946, 213.
[28] Laurence A. Schneider 1980.

seinem Mißerfolg hingerichtet wurde; Yi, der von anfänglich zehn Sonnen neun herunterschoß und die Gottheit des Gelben Flusses tötete; die Hängenden Gärten in den Kunlun-Bergen, wo Gott residiert und sich der Zugang zum Himmel befindet; Xihe, der (oder die) den Sonnenwagen lenkt; der Sonnenbaum Fusang im Osten, in dessen Zweigen die Sonne aufsteigt; die mächtigen Gottheiten des Windes und des Donners; Jian Di, die Ahnmutter der Shang; der Buzhou-Berg, Nordwestpfeiler des Himmels und einer der Eingänge in die Unterwelt, gegen den Gonggong im Kampf mit der Göttin Nü Gua stieß und so bewirkte, daß die Erde in eine Schieflage kam. Nur: auf die zugrundeliegenden Mythen wird höchstens mit wenigen Worten angespielt, erzählt werden sie nicht. Die Erläuterungen des Übersetzers zitieren spätere mythologische Traditionen.[29]

Vielleicht noch älter als die Begegnung mit dem Leid sind die *Himmelsfragen* (*Tianwen*). Der Text gibt in dem auch sonst belegten Genre der Rätselfragen einen langen Katalog, der Mythen und Stoffe von Erschaffung der Welt bis ins frühe 5. Jh. v. Chr. umfaßt. Hier erscheinen bekannte Personen, so etwa der Bogenschütze Yi: „Als Yi die Sonnen heruntergeschossen hatte, warum fielen da den Raben die Federn aus?" Die Antwort ist unbekannt, dürfte sich aber auf die Sonnenraben beziehen. Eine weitere: „Als Jian Di im Turm saß, wie erwies ihr Ku seine Gunst? Als die Schwalbe ihr Geschenk brachte, wie gebar das Mädchen?" Hier geht es um die Ahnmutter der Shang, die gebar, nachdem sie das Ei der Schwalbe verschluckt hatte. Viele der alten Götter waren Chimären, also Mischwesen. Die Frage „Wer zimmerte der Nü Gua ihren Körper?" bezieht sich vermutlich auf den Schlangenleib der Göttin – beantworten läßt sie sich nicht.[30]

Beide Texte, sowohl *Begegnung mit dem Leid* als auch *Himmelsfragen*, nennen, obwohl sie aus dem für seine eigenständigen Traditionen bekannten Südstaat Chu stammen sollen, Mythen und Sagen, genauer: mit solchen verbundene Personen und Orte, von denen die meisten auch für nördliche Texte belegt sind. Höfische Rhetorik und Didaktik scheinen sich also, falls die Texte tatsächlich aus dem vorkaiserzeitlichen Chu stammen, bereits an einer ‚chinesischen' Bildung zu orientieren. Der Feuergott Zhuyong wird keines Wortes gewürdigt, ebensowenig die höchste Gottheit des Südens, der Höchste Eine. Die Vielfalt der regionalen Kulturen im Alten China wird von der schriftlichen Überlieferung nur ansatzweise vermittelt.

Archäologische Funde bestätigen allerdings, daß die Realität anders ausgesehen haben muß. Bronzefiguren und andere Artefakte aus Sanxingdui in Sichuan aus dem späten 2. Jt. v. Chr. bezeugen eine hochstehende, eigenständige Kultur neben der ‚Dynastie' Shang mit Zentrum im heutigen Henan. Auf einer Dolchaxt aus dem Südstaat Chu, einer Zeremonialwaffe aus dem 4. vorchristlichen Jahrhundert, ist der Höchste Eine dargestellt, von dem die schriftliche Überlieferung nur noch Abstraktionen einer Sterngottheit bewahrt hat: Der mit einer Federkrone bekappte und Schlangen als Ohrschmuck tragende Gott steht auf Sonne

---

[29] David Hawkes 1959, 21–34.
[30] David Hawkes 1959, 45–58.

und Mond, in der Linken einen Drachen, in der Rechten ein zweiköpfiges Wesen.[31] Das berühmte Seidenbanner aus einem Grab in der südchinesischen Provinz Hunan stammt zwar schon aus der Kaiserzeit, zeigt aber neben gemeinchinesischen Vorstellungen wohl auch ältere Traditionen. Es fand sich auf dem Sarg der Grabherrin, einer Adligen, die in der Mitte des 2. Jh. v. Chr. gestorben ist; vermutlich wurde es bei der Prozession zum Bestattungsort vorangetragen, um der Seele den Weg zu weisen. Das ungemein detailreiche Bildprogramm ist bis heute nicht überzeugend interpretiert worden.[32] Zwei Ebenen sind wenigstens zu unterscheiden: eine kosmologische und eine genealogisch-biographische, die im unteren Register Unterwelt und Herkunft, im mittleren Diesseits und Leben, im oberen Himmel und Nachleben der Grabherrin verbinden.

Der weitreichende Verlust der antiken Mythen dürfte auf das Zusammenwirken mehrerer Faktoren zurückzuführen sein: Manche wurden vielleicht nur mündlich überliefert und verschwanden darum mit ihren Trägern; andererseits ist auch ein bedeutender Teil der schriftlichen Überlieferung in den Kriegen des 3. Jh. v. Chr., die der Einigung des Reiches erst unter den Qin, dann unter den Han vorangingen, sowie durch spätere Proskriptionen und erneute Vernichtung der Palastbibliothek im späten 2. Jh. n. Chr. verlorengegangen.[33] Ferner war sie den Gelehrten, denen wir die Überlieferung der Literatur weitgehend verdanken, seit dem späteren Mittelalter offenbar suspekt. Schon ein Aufklärer wie Wang Chong (27–97) artikulierte exemplarisch Zweifel an ungesicherten Überlieferungen und übte dabei auch an Sima Qian Kritik, der die Mythen von göttlicher Zeugung aufgenommen habe.[34]

In philosophischen Texten werden sie anders gebraucht. Konfuzianer wie Menzius (trad. 390–305 v. Chr.) setzen mythisches Material didaktisch ein, da etwa, wo die Flucht eines frühen Zhou-Herrschers vor seinen Feinden als Zeichen seiner Tugend gedeutet wird: Er habe sein Volk nicht leiden lassen wollen, woraufhin es seine Menschlichkeit erkannte und mit ihm zog.[35] In taoistischen Werken finden sich Reste kosmogonischer Mythen, die allerdings nicht selten bereits durch spätere philosophische Begrifflichkeit gebrochen sind.[36]

Falls das Alte China einen Homer oder einen Hesiod besaß, so kennen wir sie nicht. Mythographen hingegen, welche systematisierende Mythologie betrieben, gab es spätestens zu Beginn der Kaiserzeit. Ein Werk, welches Mythen anhand der Geographie systematisiert, ist über einen längeren Zeitraum hinweg entstanden und widerspricht im Detail nicht nur anderen Quellen, sondern nicht selten auch sich selbst.[37] Die Mythen des Alten China sind, verglichen mit denen des Mittelmeerraumes, blass und abstrakt. Nach dem Untergang der Kulte

---

[31] Zhao Dianzeng 1995; Jeonghee Lee-Kalisch 1995.
[32] Michael Loewe 1979, 17–59 gibt den damaligen, seitdem nur wenig fortgeschrittenen, Stand der chinesischen Forschung sowie eine Umzeichnung (36).
[33] Jens Østergaard Petersen 1995, 1–52.
[34] Etwa Alfred Forke 1962, Bd. 1, 318–324 zur Kritik an der göttlichen Empfängnis.
[35] *Mengzi* IB15; Übersetzung bei Richard Wilhelm 1982, 62–63.
[36] Etwa *Huainan zi* in Birrell 1993, 32.
[37] Riccardo Fracasso 1993; Rémi Mathieu 1983.

und der Gruppen, in denen sie tradiert wurden, gerieten sie entweder in Vergessenheit oder wurden in die politisch-didaktische Rhetorik der Gelehrtentradition integriert und damit depotenziert. Theatertraditionen, in denen manche von ihnen noch eine zeitlang lebendig blieben, gab es; doch fehlte ihnen der Status der griechischen Tragödie. Nicht sie wurden in der späteren Literatur psychologisiert, sondern jüngere Figuren, sei es in historischen Romanen und Theaterstücken, sei es in phantastisch-mythischen Werken. Der Prozeß der Mythenbildung hörte mit der Reichseinigung nicht auf, sondern setzte sich kontinuierlich fort, wobei naturgemäß die Quellenlage mit dem Fortschreiten der Zeit immer besser wird.[38]

Nichtchinesische Mythen

Im Zuge der Kolonisierung des Südens und des Westens stießen in nachchristlicher Zeit auch Mythen nichtchinesischer Völker auf Interesse, wobei man allerdings deutlich zwischen der eigenen, höherstehenden Kultur und den Traditionen der Barbaren unterschied. Aus letzteren dürften auch in sich konsistente Erzählungen stammen, die sich teils bis in die ersten nachchristlichen Jahrhunderte zurückverfolgen lassen. Hierzu gehört etwa die Geschichte des Geschwisterpaares Fuxi und Nü Gua, das nach einer Sintflut das menschliche Geschlecht erzeugte, oder der Bericht vom Weltenschöpfer Pan Gu, aus dessen Körperteilen Welt und Wesen entstanden. Das Geschwisterpaar bildet bis heute den Stoff für lange mündliche Dichtungen von Völkern, die im Südwesten des heutigen China und in Südostasien siedeln. Auch der Mythos des Hundes Pan Hu, der aufgrund seiner Verdienste die Tochter eines chinesischen Herrschers zur Frau erhält und mit ihr die zwölf Geschlechter der Yao zeugt, ist bereits seit dem 2. nachchristlichen Jahrhundert belegt. Zwei weitere Beispiele:

In der Gegend der heutigen Provinzen Sichuan und Hubei gab es einst fünf Geschlechter, die keinen Fürsten hatten. Nachdem ein Mann aus demjenigen der Ba zwei Proben bestanden hatte, machte man ihn zum Fürsten. Er zog dann zum Salzfluß, wo ihn dessen Göttin zum Siedeln aufforderte. Als der Führer sich weigerte, verwandelte sich die Göttin in ein Insekt und verdunkelte mit einem Schwarm weiterer mehr als zehn Tage lang die Sonne, woraufhin er sie mit einem Pfeil tötete. Als dann der Himmel wieder klar wurde, akzeptierten ihn die anderen Geschlechter endgültig als ihren Herrscher. Nach seinem Tod verwandelte sich seine Seele in einen weißen Tiger, dem man Menschenopfer darbrachte.

Ein weiterer Mythos schließt offenbar an diesen an: Als ein weißer Tiger mit einer ganzen Schar von Artgenossen Sichuan und angrenzende Gebiete unsicher machte, lobte ein König von Qin im 3. Jh. v. Chr. eine hohe Belohnung für dessen Beseitigung aus. Angehörige des Volkes der Brettschild-Man töteten ihn mit einer Armbrust aus weißem Bambus, alsdann herrschte Frieden. Der König sicherte den Man daraufhin eine Reihe von Privilegien zu, die als Bund in Stein gehauen wurden.

---

[38] Beispielhaft Barend J. ter Haar 1998.

Offenbar handelt es sich hier einerseits um den Abstammungsmythos der Ba im östlichen
Sichuan, andererseits um eine Erinnerung an deren letzte Versuche, sich der Unterwerfung
durch die reichseinigenden Qin zu widersetzen, die mit Hilfe eines anderen einheimischen
Volkes niedergeschlagen wurden. Diese Versionen gehen wohl auf das 2. Jh. zurück; andere wissen noch vom Beilager der Salzflußgöttin mit dem Führer der Ba.[39]

Nur im Vorübergehen sei erwähnt, daß auch buddhistisch oder taoistisch motivierte Kulte Mythen besaßen. Nicht selten kam es schließlich vor, daß neue Götter erschienen oder
historische Persönlichkeiten vergöttlicht wurden.[40] Wenn solche neuen Kulte amtliche An-
erkennung gefunden hatten, breiteten sich in ihrem Einflußbereich auch neue Mythen aus.

Nationalmythologie

Gegen Ende der Kaiserzeit, im Jahre 1904, erschien ein nationalistisches Pamphlet unter
dem Titel *Der Geist des Gelben Kaisers* von Liu Shipei (1884–1919). Unter ethnischen
Gesichtspunkten wird hierin zur Erhaltung der Rasse und damit zum Sturz der Mandschus
aufgerufen. Chauvinistische, ja rassistische Töne sind noch bis weit in die Republikzeit
(1912–1949) zu vernehmen.[41] Der Gelbe Kaiser wird einerseits als Symbol nationaler Einheit aller Völker in China verstanden, andererseits aber auch auf die Rolle als Ahnvater der
Han, der ethnischen Chinesen, reduziert. Angesichts der Bedrohung durch Japan nahmen im
Jahre 1937 Vertreter sowohl der Nationalisten als auch der Kommunisten an einer Opfer-
feier an seinem Grabe teil, wobei Mao Zedong (1893–1976) für letztere den Opfertext ver-
las. In Taiwan wurde 1957 offiziell eine Religion des Gelben Kaisers begründet, während es
nach Gründung der Volksrepublik bis zum Jahre 1976 dauerte, als erste Renovierungen des
Tempels vorgenommen wurden; seit 1979 wurde wieder regelmäßig geopfert.[42]

Generell überwog in der Wissenschaft des 20. Jh. eine kritische Haltung zu den alten
Mythen, die durch den Sieg der Kommunisten noch verschärft wurde. Erst in den 1980er
Jahren erwacht das Interesse an den Mythen wieder, sicherlich durch die zeitgenössischen
Moden im Westen befördert. Unter den zahlreichen Werken jener Zeit sind die des Mythen-
forschers Yuan Ke hervorzuheben, der drei Werke zur Mythologie publizierte, darunter eine
Quellensammlung sowie ein Wörterbuch.[43] Nachdem bereits 1986 der Konfuzianismus von
führenden Politikern vorsichtig rehabilitiert worden war, setzte eine umfassende Neubewer-

---

[39]   Birrell 1993, 179–180, 205, 266–267; Fan Ye 1965, Bd. 10, 2840, 2842 sowie Ren Naiqiang 1987,
       14–16; der weiße Tiger ist das Richtungstier des Westens. – Zum historischen Hintergrund Steven
       F. Sage 1992.
[40]   Gunter Diesinger 1984.
[41]   Frank Dikötter 1992.
[42]   Yvonne Schulz Zinda 2003.
[43]   Yuan Ke 1984 (überarbeitete und auf den doppelten Umfang gebrachte Neuausgabe von *Zhongguo
       gudai shenhua*, Shanghai 1950, das 1959 als ‚subjektivistisch' angegriffen wurde, hierzu Yuan Ke
       1982, 188–203); Yuan Ke / Zhou Ming 1984; Yuan Ke 1985.

tung der Tradition ein. Man fragte sich in China, sicherlich auch unter dem Eindruck erneuter Nietzsche-Lektüre, wo denn der chinesische Apoll, der chinesische Dionysos seien. Identifizierungsvorschläge, etwa den Sonnenwagenlenker Xihe für Apoll zu setzen, scheiterten schlicht am kärglichen Material. Die kulturkritischen Stimmen wurden allmählich lauter und fanden 1988 in der Fernsehserie *Heshang* Ausdruck, in der die traditionelle, stagnierende chinesische „gelbe Kultur" der modernen, dynamischen „blauen Kultur" des Westens konfrontiert wurde.[44]

Nach den Ereignissen von 1989 intensivierten Staat und Partei die Restauration von Traditionsgut, wozu auch das Mausoleumsprojekt für den Gelben Kaiser gehörte. Nicht nur verbal stellten sich Partei und Staat in die Tradition des Gelben Kaisers, sondern nahmen auch einen Brauch der Kaiserzeit wieder auf: Präsident Jiang Zemin (geb. 1926) und Premierminister Li Peng (geb. 1928) widmeten dem Grab Inschriften. Zum Totengedenktag am 5. April 2002 überschlugen sich die Meldungen[45]: Schon am 28. Februar hatte die amtliche Nachrichtenagentur Xinhua berichtet, man habe einen Ort in Südchina gefunden, den der Gelbe Kaiser besucht habe. Damit war auch der Süden historisch an den Ahnvater der chinesischen Nation angebunden. Und am 25. März wurde gemeldet, nach zwanzigjähriger Arbeit sei nun das erste ‚Mythenepos' mit mehr als 5 000 Versen erschienen, in denen die Geschichte bis zum Gelben Kaiser behandelt werde. Am Feiertag selbst, an dem eine Statue des Gelben Kaisers enthüllt wurde, kamen fast 100.000 Besucher, unter denen ein Lebender Buddha aus Tibet sowie Delegationen aus Hongkong, Makao und Taiwan eigens Erwähnung fanden; auch ein Mitglied des Politbüros der Kommunistischen Partei durfte nicht fehlen. Zur gleichen Zeit wurde ein fünftausend Jahre alter Meteorit in der Provinz Shaanxi entdeckt, womit eine Legende als historisch erwiesen galt, derzufolge der Gelbe Kaiser bei einer gewaltigen Eruption ums Leben gekommen sei. Diese Nachricht wurde am 9. April im Asien-Pazifik-Dienst der BBC weiterverbreitet.[46]

Am 30. September berichtete Xinhua von einem Opfer an den Gelben Kaiser, welches man in seinem Geburtsort in der Nähe von Qufu, der Heimat des Konfuzius, dargebracht habe. Damit hatte der Ahnvater nun auch einen gesicherten Geburtsort, der zudem noch durch die Nähe desjenigen von Konfuzius geadelt wurde. Am 26. Oktober fand in Peking ein Workshop statt, an dem höchste Kader der Kommunistischen Partei das Mausoleumsprojekt lobten. Li Ruihuan (geb. 1934), Mitglied des Ständigen Ausschusses des Politbüros der Kommunistischen Partei Chinas und zugleich Ehrenvorsitzender des Mausoleumsfonds, sagte, der Gelbe Kaiser sei ein Symbol der chinesischen Nation und ein solches des Nationalgefühls geworden, das alle Chinesen vereine. Nebenbei warb man etwa 2 Mio. US-Dollar an Spenden ein. Am 10. Januar 2003 wurde die Fertigstellung der großen Opferhalle mitgeteilt, die 5 000 Menschen fassen könne.

---

[44] Sabine Peschel 1991; Richard W. Bodman / Pin P. Wan 1991; Beate Geist 1996.

[45] Soweit nicht anders angegeben, werden im Folgenden die Meldungen nach dem Internetdienst von Xinhua zitiert: http://big5.xinhuanet.com/gate/big5/www.xinhuanet.com/ .

[46] http://news.bbc.co.uk/1/hi/world/asia-pacific/1918418.stm (28.04.03, 02:50).

Auch das Jahr 2003 brachte neben regem Besuch zum Totengedenktag neue Spenden, wie Xinhua am 7. April meldete, diesmal von internationalen Konzernen, darunter Sony und Siemens. Mit gleichem Datum wurde von einem dickleibigen Werk berichtet, das ein Forscher zur Geschichte der chinesischen Nation verfaßt habe – Gelber Kaiser und Flammenkaiser seien reale Menschen gewesen. Nachdem man das Grab des Letzteren identifiziert habe, sei 1994 ein Ort in der Provinz Hunan in Yanling (Grab des Flammenden) umbenannt worden.

Das Symbol der nationalen Einheit hat allerdings einen weiteren von den insgesamt vier Orten, an denen der Gelbe Kaiser oder seine Kleider begraben sein sollen, nicht davon abgehalten, ebenfalls ein Mausoleum zu bauen. Eine Tourismusorganisation der Provinz Henan macht im Internet Werbung für die 1992 in Sanmenxia als „Kleidergrab" errichtete Anlage – nach dem Gießen eines Dreifußes sei der Gelbe Kaiser hier aufgestiegen.[47] Und am 30. Dezember 2002 meldete Xinhua, der Kreis Wanrong in Shanxi habe alle Chinesen auf der ganzen Welt dazu aufgerufen, im kommenden Jahr der Nü Gua zu huldigen; am 5. April 2003 hieß es, in der Stadt Baoji seien Zehntausende zusammengekommen, um dem Flammenkaiser zu opfern. Inzwischen spricht man von den „Nachfahren des Flammenkaisers und des Gelben Kaisers", um alle Ethnien und vielleicht auch alle Parteien zu integrieren. Immerhin war der Flammenkaiser von seinem Widersacher besiegt oder gar getötet worden.[48]

Ebenfalls in den 1990er Jahren wurde ein gewaltiges Projekt aufgelegt, mit dem die alte chinesische Chronologie etabliert werden sollte. Verläßliche Daten gibt es erst ab 841 v. Chr., aufgrund von archäologischen Funden und schriftlicher Überlieferung läßt der Abschlußbericht nun die chinesische Geschichte um 2070 v. Chr. beginnen. Da nicht nur der Staat die Arbeiten der 280 Wissenschaftler finanziert hatte, sondern der Abschlußbericht von höchster Stelle abgesegnet wurde, bestehen Zweifel am wissenschaftlichen Wert des Unternehmens. Sogar in der *New York Times* entspann sich daraufhin Ende 2000 eine Kontroverse.[49]

Unstrittig ist, daß die neue chinesische Mythologie bewußt eingesetzt wird. Im Zuge der Indienstnahme der kulturellen Traditionen mag die herrschende Partei sich Kohäsionsgewinne im Innern versprechen. Mindestens ebenso bedeutsam dürfte jedoch die Wirkung auf die Auslandschinesen sein, die meist an kulturellen Traditionen der alten Heimat festhalten. Auch wenn in China selbst mehrere Motive – etwa die Förderung von Tourismus und strukturschwachen Gebieten – eine Rolle spielen mögen, darf nicht übersehen werden, daß gerade in der Diaspora über Mythen Identität gewahrt und vermittelt wird. So verkündet ein Herr Teoh aus Malaysia auf seiner Homepage stolz, er sei ein Nachfahre des Gelben Kaisers in der 149. Generation. Grundlage für diese Behauptung sei seine Genealogie, welche die Wanderungen der Familie seit jener Zeit bis nach Malaysia verzeichnet.[50]

---

[47] http://www.hnly.com.cn/english/scenery/sanmenxia/Huangdi.htm (05.11.01, 18:30).
[48] Hierzu Schulz Zinda 2003.
[49] http://www.umass.edu/wsp/methodology/antiquity/china/sandai.html (26.04.03, 22:17).
[50] http://www.asiawind.com/hakka/people.htm (26.04.03, 22:08).

Es bleibt abzuwarten, wie sich diese Art von Traditionspflege weiterentwickelt. Die literarisch und philosophisch ebenso schlichten wie anspruchsvollen Mythen des taoistischen Konvoluts *Zhuangzi* haben längst ihren Beitrag zur Weltliteratur geleistet. Eine kurze Erzählung, vielleicht aus dem 3. Jh. v. Chr. stammend, mag diese Bemerkungen zu chinesischen Mythen und chinesischer Mythologie beschließen:

> Der Herrscher des Südmeeres war Shu, der Herrscher des Nordmeeres Hu, und der Herrscher der Mitte Hundun. Shu und Hu kamen bisweilen im Gebiete des Hundun zu einem Treffen zusammen, und Hundun wartete ihnen sehr großzügig auf. So beratschlagten Shu und Hu, wie sie dem Hundun seine Güte vergelten könnten, und sprachen: „Die Menschen haben alle sieben Öffnungen, um zu sehen, zu hören, zu essen und zu atmen. Nur dieser allein hat keine. So laßt uns denn versuchen, sie ihm zu bohren." Täglich bohrten sie ihm ein Loch. Sieben Tage lang, und Hundun war tot.[51]

Literatur

Ban Gu (1962): Hanshu, 12 Bde., Peking.

Baoshan mudi zhujian zhengli xiaozu (1988): „Baoshan 2 hao mu zhujian gaishu", in: Wenwu 5, 25–29.

Birrell, Anne (1993): Chinese Mythology, Baltimore / London.

Birrell, Anne (1997): „The Four Flood Myth Traditions of Classical China", in: T'oung Pao 83, 213–259.

Bodde, Derk (1975): Festivals in Classical China, Princeton.

Bodman, Richard W. / Wan, Pin P. (Hg.) (1991): Deathsong of the River. A Reader's Guide to the Chinese TV Series Heshang, Ithaca / New York.

Boltz, William G. (1981): „Kung kung and the Flood: Reverse Euhemerism in the Yao tien", in: T'oung Pao 67, 141–153.

Chavannes, Édouard (1895): Les mémoires historiques de Se-ma Ts'ien, Bd. 1, Paris.

Diesinger, Gunter (1984): Vom General zum Gott. Kuan Yü (gest. 220 n. Chr.) und seine „posthume Karriere", Frankfurt a. M.

Dikötter, Frank (1992): The Discourse of Race in Modern China, London.

Emmerich, Reinhard (1995): „Bemerkungen zu Huang und Lao in der Frühen Han-Zeit. Erkenntnisse aus *Shiji* und *Hanshu*", in: Monumenta Serica 43, 53–140.

Ess, Hans van (1993a): „Die geheimen Worte des Ssu-ma Ch'ien", in: Oriens Extremus 36, 5–28.

Ess, Hans van (1993b): „The Meaning of Huang-Lao in *Shiji* and *Hanshu*", in: Études Chinoises 12, 161–177.

Fan Ye (1965): Hou Hanshu, 12 Bde., Peking.

Forke, Alfred (1962): Lun-hêng, 2 Bde., New York.

Fracasso, Riccardo (1993): „Shan hai jing", in : Michael Loewe (Hg.): Early Chinese Texts. A Bibliographical Guide, Berkeley, 357–367.

Friedrich, Michael (1995): „Die Ahnen und das Ich. Zu einem Archaismus in der Han-zeitlichen Dichtung und seiner Funktion", in: Helwig Schmidt-Glintzer (Hg.): Das andere China. FS für Wolfgang Bauer zum 65. Geburtstag, Wiesbaden, 405–434.

---

[51] Andrea Keller 1995, 138–139.

Geist, Beate (1996): Die Modernisierung der chinesischen Kultur, Hamburg.

Guo Moruo (1954): Shi pipan shu, Peking.

Haar, Barend J. ter (1998): Ritual & Mythology of the Chinese Triads. Creating an Identity, Leiden / Boston / Köln.

Hawkes, David (1959): Ch'u Tz'u. The Songs of the South, Oxford.

Karlgren, Bernhard (1946): „Legends and Cults in Ancient China", in: Bulletin of the Museum of Far Eastern Antiquities 18, 199–365.

Keller, Andrea (1995): „Kosmos und Kulturordnung in der frühen chinesischen Mythologie", in: Kulturstiftung Ruhr Essen (Hg.): Das Alte China. Menschen und Götter im Reich der Mitte, München (AK), 136–146.

Lee-Kalisch, Jeonghee (1995): „Dolchaxt (qi)", in: Kulturstiftung Ruhr Essen (Hg.): Das Alte China. Menschen und Götter im Reich der Mitte, München (AK), 311–313.

Loewe, Michael (1979): Ways to Paradise. The Chinese Quest for Immortality, London.

Loewe, Michael (1994a): „The *Chüeh-ti* games: a re-enactment of the battle between Ch'ih-yu and Hsüan-yüan?", in ders.: Divination, mythology and monarchy in Han China, Cambridge, 236–248.

Loewe, Michael (1994b): „Water, earth and fire: the symbols of the Han dynasty", in ders.: Divination, mythology and monarchy in Han China, Cambridge, 55–60.

Mathieu, Rémi (1983): Étude sur la mythologie de la Chine ancienne, 2 Bde., Paris.

Peschel, Sabine (Hg.) (1991): Die Gelbe Kultur. Der Film Heshang: Traditionskritik in China, Unkel a. Rhein / Bad Honnef.

Petersen, Jens Østergaard (1995): „Which Books Did the First Emperor of Ch'in Burn? On the Meaning of *Pai Chia* in Early Chinese Sources", in: Monumenta Serica 43, 1–52.

Ren Naiqiang (Hg.) (1987): Huayang guozhi jiaobu tuzhu, Shanghai.

Ritter, Joachim / Gründer, Karlfried (Hg.) (1984): Historisches Wörterbuch der Philosophie, Bd. 6, Basel.

Sage, Steven F. (1992): Ancient Sichuan and the Unification of China, Albany.

Schaab-Hanke, Dorothee (2001): Die Entwicklung des höfischen Theaters in China zwischen dem 7. und 10. Jahrhundert, Hamburg.

Schneider, Laurence A. (1980): A Madman of Ch'u. The Chinese Myth of Loyalty and Dissent, Berkeley / London.

Schulz Zinda, Yvonne (2003): „Die Historisierung nationaler Gründungsmythen und die Konstruktion von Tradition in Nordkorea und der VR China in den 1990er Jahren", in: Iwo Amelung / Joachim Kurtz (Hg.): Selbstbehauptungsdiskurse in Asien: China – Japan – Korea, München (noch nicht erschienen).

Shangwu yinshuguan bianshenbu (1976): Zhexue cidian, Taipeh (ND eines 1926 in Shanghai erschienenen Werkes).

Shaughnessy, Edward L. (1999): „Western Zhou History", in: Michael Loewe / Edward L. Shaughnessy (Hg.): The Cambridge History of Ancient China, Cambridge, 292–351.

Sima Qian (1959): Shiji, 10 Bde., Peking.

Strauss, Victor von (1969): SCHÎ-KÎNG. Das kanonische Liederbuch der Chinesen, Darmstadt (ND der EA Heidelberg 1880).

Wang, Chin Hsien (1988): From Ritual to Allegory: Seven essays in early Chinese poetry, Hongkong.

Wilhelm, Richard (1930): Li Gi. Das Buch der Sitte, Jena.

Wilhelm, Richard (1982): Mong Dsi. Die Lehrgespräche des Meisters Meng K'o, Köln.

Wu, Hung (1989): The Wu Liang Shrine, Stanford.

Yuan Ke (1982): Shenhua lunwenji, Shanghai.

Yuan Ke (1984): Zhongguo shenhua chuanshuo, 2 Bde., Peking (überarbeitete und auf den doppelten Umfang gebrachte Neuausgabe von Zhongguo gudai shenhua, Shanghai 1950).

Yuan Ke (1985): Zhongguo shenhua chuanshuo cidian, Shanghai.

Yuan Ke / Zhou Ming (1984): Zhongguo shenhua ziliao cuibian, Chengdu.

Zhao Dianzeng (1995): „Mittler zwischen Himmel und Erde", in: Kulturstiftung Ruhr Essen (Hg.): Das Alte China. Menschen und Götter im Reich der Mitte, München (AK), 115–129.

Hinweise zu den Autoren

Jan Assmann, geb. 1938, seit 1976 Professor für Ägyptologie in Heidelberg, 1984/85 Fellow am Wissenschaftskolleg zu Berlin, 1994/95 Scholar am J.P.Getty Center Santa Monica, 1998/99 Fellow der C.F.v.Siemens-Stiftung München. Gastprofessuren in Paris (Collège de France, Ecole Pratique des Hautes Etudes, EHESS), Jerusalem (Hebrew University, Dormition Abbey) und USA (Yale, Houston). Buchpublikationen und Aufsätze zur ägyptischen Religion, Geschichte, Literatur und Kunst sowie zur allgemeinen Kulturtheorie und Religionswissenschaft. *Neuere Publikationen*: Weisheit und Mysterium. Das Bild der Griechen von Ägypten (2000); Herrschaft und Heil. Politische Theologie in Altägypten, Israel und Europa (2000); Der Tod als Thema der Kulturtheorie. Todesbilder und Totenriten im Alten Ägypten (2000); Religion und kulturelles Gedächtnis. Zehn Studien (2000); Tod und Jenseits im Alten Ägypten (2001); Die Mosaische Unterscheidung oder der Preis des Monotheismus (2003).

Reinhard Brandt, geb. 1937, seit 1972 Professor für Philosophie an der Universität Marburg, 2002 emeritiert, Lehrtätigkeit an vielen Universitäten (Caracas, Bloomington, Bielefeld, Padua, Venedig, Halle, Canberra, München und Rom). Forschungsschwerpunkte: Philosophie der Aufklärung, Kant, Politische Philosophie der frühen Neuzeit, Ästhetik. *Neuere Publikationen*: Die Wirklichkeit des Bildes: Sehen und Erkennen – vom Spiegel zum Kunstbild (1999); Philosophie in Bildern. Von Giorgione bis Magritte (2000); Philosophie. Eine Einführung (2001); Universität zwischen Selbst- und Fremdbestimmung. Kants Streit der Fakultäten. Mit einem Anhang zu Heideggers Rektoratsrede (2003).

Stefan Breuer, geb. 1948, seit 1985 Professor für Allgemeine Soziologie und Gesellschaftstheorie an der Hamburger Universität für Wirtschaft und Politik. *Neuere Publikationen*: Grundpositionen der deutschen Rechten (1871–1945) (1999); Georg Jellinek und Max Weber. Von der sozialen zur soziologischen Staatslehre (1999); Ordnungen der Ungleichheit – die deutsche Rechte im Widerstreit ihrer Ideen 1871–1945 (2001); Moderner Fundamentalismus (2002).

Michael Friedrich, geb. 1955, seit 1994 Professor für die Sprache und Literatur Chinas an der Universität Hamburg, Arbeitsgebiete: Chinesische Geistesgeschichte, chinesischer

Buddhismus, Rezeption der chinesischen Kultur in Europa. *Neuere Publikationen*: (zus. mit M. Lackner u. F. Reimann) CHANG TSAI: Rechtes Auflichten / Cheng-meng (1996); (zus. mit Th. Höllmann) Botschaften an die Götter. Religiöse Handschriften der Yao (1999).

Joachim Heinzle, geb. 1945, seit 1984 Professor für Germanische und deutsche Philologie an der Universität Marburg, Herausgeber der „Zeitschrift für deutsches Altertum und deutsche Literatur" und Mitherausgeber der Buchreihe „Hermaea"; zahlreiche Veröffentlichungen zur deutschen Literatur des Mittelalters. *Neuere Publikationen*: Das Mittelalter in Daten (Hg. 1993, Neuausgabe 2002); Modernes Mittelalter (Hg. 1994, Studienausgabe 1999); Einführung in die mittelhochdeutsche Dietrichepik (1999).

Klaus Koch, geb. 1926, Professor für Altes Testament (ab 1962) und für Altorientalische Religionsgeschichte (ab 1969) an der Universität Hamburg, 1991 emeritiert, Gastprofessuren in Claremont (USA) und Bangalore (Indien), Mitglied der Bayerischen Akademie der Wissenschaften. Forschungsschwerpunkte: Das Verhältnis der altisraelitischen Religion zu den Religionen des Alten Orients und die apokalyptischen Bewegungen um die Zeitenwende sowie die Rezeptionsgeschichte des Buches Daniel im Abendland. *Wichtigste Veröffentlichungen*: Was ist Formgeschichte? Neue Wege der Bibelexegese (1964, [5]1989); Die Propheten I Assyrische Zeit (1978, [3]1995); Die Propheten II Babylonisch-persische Zeit (1982, [2]1988); Geschichte der ägyptischen Religion (1993); Europa, Rom und der Kaiser vor dem Hintergrund von zwei Jahrtausendende Rezeption des Buches Daniel (1997); Imago Dei – Die Würde des Menschen im biblischen Text (2000).

Katharina Krause, geb. 1960, seit 1996 Professorin für Kunstgeschichte an der Universität Marburg. Forschungsschwerpunkte: französische Kunst des 17. und 18. Jahrhunderts, Malerei in Süddeutschland um 1500, Fachgeschichte. *Neuere Publikationen*: Kommentare zu Bildern: die „Conférences de l'Académie Royale de Peintre et de Sculpture" (1667) (1999); Hans Holbein der Ältere (2002); Wie beschreibt man Architektur? Das Fräulein von Scudéry spaziert durch Versailles (2002).

Jürgen Leonhardt, geb. 1957, seit 1997 Professor für Lateinische Philologie an der Universität Marburg. Forschungsschwerpunkte: Lateinische Literatur der Klassischen Zeit (Cicero), Lateinische Metrik, Neulatein und Rezeption der antiken Literatur in der frühen Neuzeit. *Neuere Publikationen*: Melanchthon und das Lehrbuch des 16. Jahrhunderts (Hg. 1997); Ciceros Kritik der Philosophenschulen (1999); Triumphus Divi Michaelis (zusammen mit Barbara Bauer, 2000).

Stefan M. Maul, geb. 1958, seit 1995 Professor für Altorientalistik an der Universität Heidelberg; Leibniz-Forschungspreis der Bundesrepublik Deutschland und der Deutschen Länder, Mitglied der Heidelberger Akademie der Wissenschaften; Veröffentlichungen im Bereich der altorientalischen Philologie, Geistes- und Religionsgeschichte. *Neuere Publikationen*: La biographie antique: huit exposés suivis de discussions (1998); Sonnenfinsternisse in Assyrien (2000).

Herfried Münkler, geb. 1951, seit 1992 Professur für den Lehrbereich *Theorie der Politik* an der Humboldt-Universität zu Berlin; seit 1992 Mitglied der Berlin-Brandenburgischen

Akademie der Wissenschaften. *Neuere Publikationen*: Nationenbildung. Die Nationalisierung Europas im Diskurs humanistischer Intellektueller (zus. mit K. Mayer und H. Grünberger, 1998); Die Wiedergeburt des Krieges aus dem Geist der Revolution. Studien zum bellizistischen Diskurs des ausgehenden 18. und beginnenden 19. Jahrhunderts (Hg. zus. mit Johannes Kunisch 1999); Renaissance-Lexikon (zusammen mit Marina Münkler, 2000). Hobbes (2001); Die neuen Kriege (2002); Über den Krieg (2002); Der neue Golfkrieg (2003).

Reimar Schefold, geb.1938, Professor für Kulturelle Anthropologie und Soziologie von Indonesien an der Universität Leiden, 2003 emeritiert; seit 1986 Vorstandsmitglied und seit 1996 Vorsitzender des KITLV/Royal Netherlands Institute for Southeast Asian and Carribean Studies; Verschiedene Feldforschungen in Indonesien, vor allem bei den Sakuddei in Siberut (Mentawai-Inseln), den Sa'dan Toraja in Sulawesi und den Batak in Sumatra; besondere thematische Interessen: Symbolische Anthropologie, materielle Kultur, Ethnizität; Autor und Co-Autor von einem Dutzend Büchern, drei ethnographischen Filmen und zahlreichen wissenschaftlichen Artikeln. *Neuere Publikationen*: Treasure hunting? Collectors and collections of Indonesian artefacts (2002); Indonesian houses: Tradition and transformation in vernacular architecture (2003).

Renate Schlesier, geb. 1947, seit 2002 Professorin für Religionswissenschaft an der Freien Universität Berlin. Studien und Publikationen zur Faszination des Mythos, zur Remythologisierung und Entmythologisierung in der psychoanalytischen Theorie. *Neuere Publikationen*: Kulte, Mythen und Gelehrte: Anthropologie der Antike seit 1800 (1994); Reisen über Grenzen. Kontakt und Konfrontation, Maskerade und Mimikri (Hg. zus. mit Ulrike Zellmann 2003).

Steffen Schmidt, geb. 1969, promovierte mit einer Arbeit über Hegels *System der Sittlichkeit*. Wissenschaftlicher Mitarbeiter zunächst am Institut für Philosophie der Philipps-Universität Marburg, derzeit an der Humboldt-Universität zu Berlin.

Arbogast Schmitt, geb. 1943, Professor für Gräzistik an der Universität Marburg. Forschungsschwerpunkte: Das Verhältnis der platonisch-aristotelischen Erkenntnistheorie zur Erkenntnistheorie der Neuzeit sowie der sich aus diesem Verhältnis ergebenden Folgen für das unterschiedliche Verständnis von Ästhetik, Ethik und Politik in Antike und Moderne. Zu diesem Fragekomplex betreibt er seit 1982 ein breit angelegtes Forschungsprojekt. Weitere Forschungsgebiete sind das homerische Epos, die attische Tragödie, die Dichtung des Hellenismus sowie deren Rezeption in Neuzeit und Moderne. *Neuere Publikationen*: Der Einzelne und die Gemeinschaft in der Dichtung Homers und in der Staatstheorie bei Platon (2000); Die Moderne und Platon (2003).